몽골 제국과 고려 ③

고려 왕조의 위기, 혹은 세계화 시대

몽골
제국과
고려
③

고려
왕조의
위기,
혹은
세계화
시대

—
이승한
지음

푸른역사

포박당해 원으로 끌려간 충혜왕

1343년(충혜후 4) 10월 말, 원의 자정원사資政院使로 있는 환관 고용보高龍普가 고려에 왔다. 그는 오자마자 황제가 하사한 옷과 술을 충혜왕忠惠王에게 전달하는데, 그가 원 황제의 특명을 띠고 고려에 왔다는 사실을 고려 조정에서는 아무도 모르고 있었다. 나흘 후 고용보는 충혜왕과 함께 격구와 씨름을 관람하고 용사들에게 후한 선물을 내리기도 했다. 그렇게 고려에서 평범한 일정을 보내는 동안에 그가 왜 고려를 방문했는지에 대해 누구도 의문을 갖는 자가 없었다.

고용보가 고려에 머문 지 보름 남짓 지나서 원에서 갑자기 사신 8명이 도착하였다. 이들은 몽골 제국의 일급 무사들이었다. 이틀 후에는 또 6명의 사신이 황제의 조서를 들고 들이닥쳤다. 이들은 도착하자마자 조서를 반포한다는 명목으로 충혜왕에게 교외로 출영할 것을 요구하였다.

충혜왕은 병을 칭탁하고 출영하지 않으려 했다. 이때쯤에는 충혜왕도 심상치 않은 조짐을 느꼈는지 모르겠다. 충혜왕이 대궐 밖으로 출영하기를 망설이자 고용보가 나서서 거든다.

"황제께서 평소에 국왕을 불경하다고 여기시는데 만약 지금 출영하지 않으면 황제의 의심이 더욱 깊어질 것입니다."

충혜왕은 조복을 갖춰 입고 백관을 거느리고서 마지못해 출영하여 원의 사신을 맞았다. 이어서 정동행성征東行省에서 조서를 받는데, 그때 갑자기 원의 사신들이 달려들어 충혜왕을 에워싸고 발길질을 하였다. 너무나 갑작스런 일이라 주변에서도 어떻게 대응해야 할지 주춤거리는 사이, 원의 사신들은 충혜왕을 벌써 포박하고 있었다. 충혜왕은 다급히 "고원사!"를 외치며 고용보에게 구원을 요청했지만 그는 싸늘한 눈길을 보내며 오히려 충혜왕을 꾸짖었다.

순식간에 일어난 일이었다. 측근들이 국왕을 구하려고 나섰지만 칼을 빼들고 위협하는 원나라 사신들의 기세에 눌려 신속하고 적극적으로 행동하지 못했다. 아무리 그래도 재위 중인 국왕의 신상에 절체절명의 위기가 눈앞에서 벌어지고 있는데 보고만 있을 순 없었다. 국왕의 신변을 호위하는 몇몇 무장들이 한발 늦게 구출하러 나섰지만 조금도 망설임 없는 원 사신들의 깊은 칼날에 두 명이나 그 자리에서 즉사하고 말았다. 이 중대한 상황에 개입하려는 자는 어느 누구도 결코 살려두지 않겠다는 무서운 경고였다. 국왕 측근의 인물들이나 출영을 따라온 백관들은 혼비백산하여 달아났고, 그래도 용기를 내어 주춤거리다 뒤늦게 돌아서는 호위 무장들은 등에 창을 맞았다. 이 혼란의 와중에 창이나 칼에 맞아 중경상을 입은 자는 부지기수였다.

충혜왕은 원의 사신들에게 그렇게 폭력적으로 포박당하여 말에 태워진 채 원으로 끌려갔다. 1343년 11월 하순이었다. 한 달 후, 원의 대도(북경)로 끌려간 충혜왕은 황제로부터 계양현揭陽縣(지금의 광동성 조주 지방)으로 유배 조치를 받는다. 대도에서 2만 리나 되는 거리였다. 황제가 충혜왕을 유배 보내면서 내린 마지막 말은 이런 것이었다.

"너 왕정王禎(충혜왕의 이름)은 임금이 되어 백성을 탄압하고 갈취함이 너무 심하였다. 너의 피를 천하의 개에게 먹여도 오히려 부족한 일이다. 하지만 짐은 사람 죽이는 것을 좋아하지 않아 계양에 유배하노니 나를 원망치 말고 갈지어다."

그렇게 충혜왕은 함거에 실려 계양현으로 떠난다. 얼마나 철저하고 단호한 조치였는지 고려 조정에서는 어떤 도움도 줄 수 없었다. 다만 충혜왕의 애첩 하나가 간청하여 옷 한 벌만 전달했는데, 전달한 신하마저 따라가는 것이 허락되지 않아 혼자 몸으로 출발하였다. 시종하는 자가 아무도 없었으니 전달된 옷 보따리를 충혜왕이 손수 들고 갔다.

충혜왕이 원으로 끌려가 유배된 후 고려 조정에서는 재미있는 논쟁이 벌어진다. 국왕을 구원하기 위해 황제나 중서성에 청원이라도 해야 한다는 의견도 나오고, 어떤 자들은 그러고 싶지만 그러다가는 황제의 노여움을 사서 자신들까지 화를 당한다는 두려움을 드러내기도 하고, 혹은 어떤 자들은 속 시원한 일이니 내버려두자는 의견을 내놓았다. 심지어는 그는 국왕이랄 것도 없으니 죽어 마땅하다는 의견도 나왔다. 결국에는 아무 결론도 내지 못했고 당연히 구원의 손길도 없었다.

그런데 충혜왕은 유배 가는 도중 악양현(호남성)에서 죽고 만다. 시종하는 자가 아무도 없었으니 왜 죽었는지 어떻게 죽었는지 남겨진 기록이 없다. 독살 당했다는 얘기도 떠돌았고, 귤을 잘못 먹어 죽었다는 전언도 있었다. 1344년 1월, 충혜왕의 나이 30세였다.

어찌 이런 황당한 일이 일어났을까? 현재 재위 중인 고려 국왕이라는 지위는 눈곱만큼도 배려하지 않았다. 이무렵 몽골 제국과 고려 사이에 벌어진 사건들은 이런 황당한 일뿐이 아니었다. 심양왕을 고려왕으로 앉히려는 '심왕 옹립 책동'이나, 고려 왕조 자체를 아예 없애고 고려를 원 제국의 한 지방 행정구역으로 만들자는 '입성책동' 등 고려 왕조에 국가 존망의 위기가 밀어닥친다. 폭력적인 충혜왕 납치 사건은 그런 위기의 결정판이었다. 부마국 체제가 너무 깊어진 탓이었을까. 아니면 부마국 체제가 왜곡된 탓이었을까.

이번 책에서는 이런 문제들을 짚어볼 것이다. 이런 과정에서 부끄럽고 안타까운 장면도 나오겠지만 역사 기록 그대로 드러내어 가감 없이 정면으로 직시해보겠다. 자랑스러운 역사만이 우리 역사가 아니다. 어두운 면을 드러내 교훈으로 삼자는 것도 주된 목적은 아니다. 왜 그런 일들이 일어났으며, 그런 사건들은 우리 역사에서 어떤 의미를 지니는지 따져보는 것, 여기에 목적을 두겠다.

2015. 8. 2. 이승한

■고려 왕실 세계

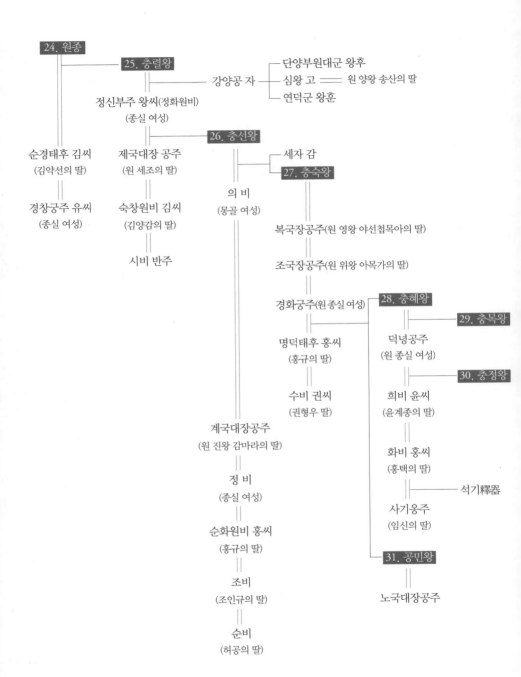

24. 원종

25. 충렬왕

강양공 자 ── 단양부원대군 왕후
심왕 고 ══ 원 양왕 송산의 딸
연덕군 왕훈

정신부주 왕씨(정화원비)
(종실 여성)

26. 충선왕

순경태후 김씨
(김약선의 딸)

제국대장 공주
(원 세조의 딸)

세자 감
27. 충숙왕

경창궁주 유씨
(종실 여성)

숙창원비 김씨
(김양감의 딸)

의 비
(몽골 여성)

시비 반주

복국장공주(원 영왕 야선첩목아의 딸)

조국장공주(원 위왕 아목가의 딸)

경화궁주(원종실 여성)

28. 충혜왕

29. 충목왕

명덕태후 홍씨
(홍규의 딸)

덕녕공주
(원 종실 여성)

30. 충정왕

수비 권씨
(권형우 딸)

희비 윤씨
(윤계종의 딸)

계국대장공주
(원 진왕 감마라의 딸)

화비 홍씨
(홍택의 딸)

석기釋器

정 비
(종실 여성)

사기옹주
(임신의 딸)

순화원비 홍씨
(홍규의 딸)

31. 공민왕

조비
(조인규의 딸)

노국대장공주

순비
(허공의 딸)

■몽골 황실 세계

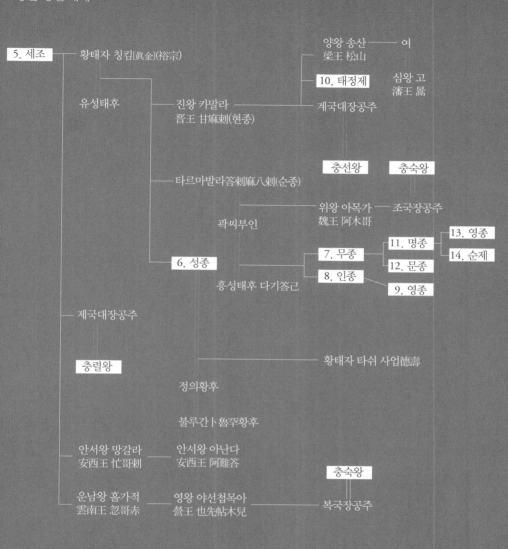

- 5. 세조
  - 황태자 칭킴[眞金](유종)
    - 유성태후
      - 진왕 카말라 晋王 甘麻剌(현종)
        - 양왕 송산 梁王 松山 ── 여
        - 10. 태정제
          - 계국대장공주
            - 심왕 고 瀋王 暠
      - 타르마발라答剌麻八剌(순종)
        - 충선왕
        - 충숙왕
        - 곽씨부인
          - 위왕 아목가 魏王 阿木哥 ── 조국장공주
      - 6. 성종
        - 홍성태후 다기荅己
          - 7. 무종
            - 11. 명종
              - 13. 영종
              - 14. 순제
            - 12. 문종
          - 8. 인종
            - 9. 영종
  - 제국대장공주
    - 충렬왕
      - 정의황후
        - 황태자 타쉬 사업德壽
      - 불루간卜魯罕황후
  - 안서왕 망갈라 安西王 忙哥剌
    - 안서왕 아난다 安西王 阿難答
  - 운남왕 홀가적 雲南王 忽哥赤
    - 영왕 야선첩목아 營王 也先帖木兒 ── 복국장공주
      - 충숙왕

차례

- 프롤로그 _ 포박당해 원으로 끌려간 충혜왕 _4
- 고려 왕실 세계 _8
- 몽골 왕실 세계 _9

제1장 _ 왕위 다툼, 심양왕과 고려왕

1. 제자리 찾는 충숙왕 _16
   충선왕의 티베트 유배 | 인사권 회복, 정방 복구 | 새로운 인사, 옛 인물 |
   핍박당하는 부왕 측근들 | 충선왕의 돈줄, 채홍철과 배정지 | 비리 감찰기구, 찰리
   변위도감 | 충숙왕의 새로운 인물들 | 갑작스런 입원

2. 심양왕 _42
   심양지방의 고려 유민들 | 고려 유민 관할권 문제 | 심양왕이라는 왕위 |
   심양왕 충선왕과 홍중희 | 입성책동이란? | 홍중희의 입성책동 | 두 왕위의 분리 |
   심왕 왕고와 고려왕 왕도

3. 심왕 옹립 책동 _72
   조적이라는 인물 | 심왕을 좇는 무리들 | 책동의 서막 | 충숙왕, 왕권을 정지당하다 |
   복위 환국을 요청하다 | 황제 직서 사건 | 충숙왕에 대한 모함 |
   재정 지원을 차단하라 | 심왕을 고려 국왕으로 | 심왕 옹립 책동, 거부당하다

제2장 _ 국가 존망의 위기, 입성 책동

1. 입성책동의 배경 _110
주동 인물, 유청신과 오잠 | 부원배가 살아가는 방식 | 원 제국에서 바라본 고려

2. 왕관의 반대 상서 _122
쿠빌라이 칸의 유훈을 지켜야한다 | 중국의 법과 제도로 다스릴 수 없다 |
백성들이 동요할 수 있다 | 수입보다 재정 부담이 크다 | 군대가 주둔해야한다 |
유청신과 오잠은 고려를 배반한 자다 | 왕관, 그는 누구일까?

3. 이제현의 반대 상서 _135
유구한 역사의 고려 왕조 | 양국 관계의 역사성 | 쿠빌라이 칸의 조서 문제 |
기타 반데 이유 | 직접 통치와 간접 통치

제3장 _ 왕위의 파행과 파탄

1. 돌아온 상왕 _146
충선왕 방환운동 | 황제 영종의 죽음과 충선왕의 방환 | 충선왕의 판단 |
절반의 왕권 회복 | 몸통은 놔두고 깃털만 | 계속되는 심왕의 영향력 |
충숙왕, 다시 원 공주와 결혼 | 충선왕이 마지막 한 일 |
불신의 시대, 혹은 격동의 시대

2. 충숙왕의 복귀 _177
충숙왕의 환국 | 물거품이 된 교서 | 계획된 양위 사건 | 심왕당, 유청신과 오잠 |
충숙왕, 고소당하다 | 고려 왕위 계승권 논쟁

3. 다시 나타난 중조 _199

　헝제 황제, 명종과 문종 | 자포자기 국왕 | 충숙왕의 양위 | 충혜왕 부타시리와 엘
　테무르 | 기시감, 왕 부자의 갈등 | 충혜왕에 대한 견제 | 또 입성책동 |
　짧은 충혜왕의 정치 | 충숙왕의 복위 | 중조의 그림자 | 마지막 황제, 순제 토곤 테
　무르 | 심왕, 화해의 제스처 | 중국인을 끌어들이다 | 중국인들에 의한 입성책동 |
　국정 거부, 의도적 자폐

4. 왕권의 파탄, 충혜왕 _258

　충숙왕의 죽음 | 다음 왕위 | 충혜왕의 입원 숙위 활동 | 여성 편력의 시작 |
　힘든 복위 관문 | 계속되는 섹스 스캔들 | 조적의 반란 | 충혜왕의 복위 |
　기황후 | 성욕과 폭력 | 기씨 친족들 | 공신 책정, 영합 혹은 회유 |
　환관 고용보와 기황후 | 성욕과 축재 | 국왕이기를 포기한 행동 | 신궁 조영 |
　압송 | 충혜왕의 유배, 그 후

제4장 _ 무위의 국왕, 유주들

1. 유주 시대의 개혁, 누가 어떻게 _334

　유주, 충목왕의 즉위 | 개혁, 누구를 앞세울 것인가 | 이제현과 이곡의 개혁안 |
　기황후의 경고 메시지 | 개혁의 시작 | 개혁의 후퇴

2. 휘둘리는 정치도감 _360

　김영돈, 김영후 형제와 왕후 | 개혁의 저항세력, 기황후 친족 | 정치도감의 설치 |
　개혁 프로그램 | 개혁 착수, 첫 걸림돌 | 기삼만 사건 | 개혁과 수구, 창과 방패 |
　강윤충과 덕녕공주 | 고용보와 강윤충 | 요동치는 정치도감 | 강윤충의 죄악 |
　개혁 대상자들 | 원 조정의 권력 판도와 정치도감 | 반동세력의 득세 |
　사라지는 정치도감

3. 다시 유주, 충정왕 424
　　충정왕의 왕위계승 | 유주의 생모, 희비 윤씨 | 유주 시대, 국정의 한 단면 |
　　갑작스런 유주의 폐위 | 왜구의 침략이 시작되다 | 제국의 내우외환

● 에필로그– 부원배, 혹은 세계화 시대의 주역 _448
● 참고문헌_ 456
● 찾아보기 _459

제 1장

왕위 다툼,
심양왕과 고려왕

충선왕은 '고려왕'과 '심양왕'이라는 두 왕위를 겸하고 있었는데
고려 왕위는 아들 왕도에게, 심양 왕위는 조카 왕고에게 따로 주었다.
충선왕이 티베트로 유배당한 후 충숙왕에게는 잠시 왕권을 정상적으로
행사할 수 있는 호기가 찾아왔지만 그건 잠깐이었다.
원으로 불려간 충숙왕은 왕권을 정지 당하는 수모를 겪고
이어서 심왕 왕고와 고려 국왕 자리를 놓고 심각한 왕위 다툼을 벌인다.
심왕의 주변에는 충숙왕이 입원하기 전부터 이미 그를 따르는 무리들이
형성되어 있었고, 이들은 심왕을 고려 국왕으로 옹립하기 위한 온갖 책동을 부린다.
이런 책동 속에서 충숙왕은 왕권을 제대로 행사하지 못했다.

1. 제자리 찾는 충숙왕

충선왕의 티베트 유배

1320년(충숙왕 7) 3월, 원에서 인종仁宗 황제가 죽고 그 아들 시데발라
碩德八剌가 새로운 황제로 즉위하면서 충선왕忠宣王에게 위기가 닥친
다. 충선왕의 강력한 후원자였던 인종의 죽음과 9대 황제 영종英宗의
즉위는 충선왕에게 그 자체로 권력의 추락을 의미했다. 하지만 이게
추락으로 끝나지 않고 극단적인 처분까지 내려질 수 있는 중대 사건
을 예고하고 있었다.

충선왕은 그런 위기 속에서 자신의 신변 안전을 위해 여러 길을 모
색했지만 새로운 황제 영종으로부터 결국 티베트 유배라는 처분을 피
할 수 없었다. 마침내 그해 12월 티베트로 유배를 떠나는데, 이 부분
에 대해서는 앞의 책《혼혈왕, 충선왕》에서 자세히 언급했으니 긴 설
명은 생략한다. 다만 충선왕의 티베트 유배가 고려와 원나라의 관계

에서 정치적으로 어떤 의미를 갖는 것인지 몇 가지만 강조하여 부언하고자 한다.

그 하나. 충선왕의 티베트 유배는 원 조정의 정치가 인종에서 영종황제로 교체를 전후하여 가파르게 전개되고 있었던 탓이 크다. 당시제국의 정치는 고려 국정 못지않게 파행적이었다. 원 조정에서는 무종武宗과 인종 양대에 걸친 모후의 섭정에 대해서 점차 불만이 높아갔고, 모후의 섭정을 옹호하는 세력과 반대하는 세력으로 크게 양분되었다. 영종의 즉위는 모후의 섭정을 옹호하던 세력의 실각을 의미했고 충선왕은 바로 그 한 중심에 서 있었던 것이다.

둘. 충선왕의 유배는 이와 같은 원 조정의 가파른 정치판도 속으로너무 깊숙이 빠져들어 나타난 결과라는 점이다. 그 단서는 충선왕이원의 무종과 인종 황제 옹립에 적극 가담하면서 시작된 일이었지만,충선왕이 이렇게 원의 황제 계승 싸움에 뛰어들 수밖에 없었던 것은바로 본국 고려의 국정이 중요한 문제일수록 원 조정에서 결판났기때문이다. 이는 고려의 관료집단이나 정치세력들이 본국에서 정치적우위를 차지하려고 틈만 나면 문제를 일으키고 이를 위해 원으로 달려가 권력자들에게 매달리던 탓이었다. 이는 부마국 체제라는 여원관계의 기본 틀에서 비롯된 것이었다.

셋. 따라서 충선왕의 유배는 부마국 체제가 왜곡되어 나타난 결과였다. 부마국 체제의 왜곡은 원 조정에서 고려의 내정을 간섭하기 위한 의도된 결과라기보다는, 원 조정에서도 예상치 못한 일로서 고려내정을 관리하는 데 부담으로 작용했고 또한 방해 요소였다고 할 수있다. 하지만 이러한 왜곡된 양국 관계는 부마국 체제를 원천적으로 해소하지 않는 한 극복할 수 없었다.

그래서 마지막으로 언급하고 싶은 것은, 충선왕이 유배당한 후의 여원 관계 역시 이런 왜곡된 부마국 체제로 지속될 수밖에 없었다는 사실이다. 이후의 고려 국정은 가닥을 잡을 수 없을 정도로 더욱 혼란에 휩싸이는 악순환을 거듭하게 된다. 소용돌이치는 회오리바람이 가속도가 붙어 더욱 깊고 넓은 혼돈의 상태를 연출하듯이 말이다.

충선왕은 1320년(충숙왕 7) 12월 대도(북경)를 출발하여 다음 해 10월 티베트에 이르고, 1323년(충숙왕 10) 11월 다시 대도로 귀환한다. 약 3년 정도 대도를 떠나 있었지만 티베트까지의 긴 왕복 시간을 제외하면 충선왕의 티베트 유배 생활은 1년 남짓이었다.

그런데 충선왕의 유배는 충숙왕忠肅王에게 호기이면서도 위기였다. 부왕의 그늘에서 벗어나 독자적인 왕권을 확립할 수 있는 계기였다는 점에서 호기라고 볼 수 있지만, 왕권을 지탱해줄 버팀목이 사라졌다는 점에서는 위기였다. 충숙왕에게 호기는 잠깐이었고 위기는 오래갔으니 위기는 뒤에서 자세히 언급하기로 하고, 충숙왕이 먼저 그 호기를 어떻게 활용했는지 살펴보자.

인사권 회복, 정방 복구

충선왕은 고려 왕위를 충숙왕에게 물려준 뒤에도 원에 체류하면서 고려 국정을 장악하고 있었다. 충선왕이 머물고 있던 대도의 만권당萬卷堂은 고려 국정을 관리하는 원격 통치의 지휘부 같은 기능도 했던 것이다. 그런 원격 통치는 충선왕의 측근 인물들이 고려와 원을 왕래하면서 인사권에 농간을 부리며 부정을 저지르는 더없이 좋은 환경이되었다.

이런 속에서 재위 중인 충숙왕이 왕권을 재량껏 행사할 수 없었다는 것은 두말할 필요도 없고, 당연히 그에 대한 충숙왕의 불만도 커져갔다. 물론 시간이 흐를수록 충선왕이 충숙왕에게 권력을 넘겨주는모습을 보이면서 원격 통치의 강도가 점차 약해지기는 했지만 충선왕은 인사권만은 끝까지 놓지 않았다. 대도의 충선왕이 건재한 동안에는 충숙왕은 부왕의 그늘에서 도저히 벗어날 수 없었던 것이다.

그런데 충선왕의 유배는 원격 통치를 더 이상 계속 할 수 없게 만들었고, 충숙왕에게는 국왕으로서 제자리를 찾을 절호의 기회였다. 왕위에 오른 지 7년째이고 나이도 27세로 충분히 부왕의 섭정을 벗어날시기였다. 독자적인 왕권을 확립할 호기라고 생각한 충숙왕은 부왕이유배 조치를 받자마자 제일 먼저 인사권을 장악한다. 정방政房의 설치가 바로 그것이다.

정방이 설치된 것은 1320년(충숙왕 7) 12월 말 경으로, 부왕이 티베트를 향해 대도를 출발한 지 한 달도 지나지 않은 때였다. 마치 부왕의 유고를 기다렸다는 듯이 조치를 취한 것이다. 이런 신속한 조치는부왕의 신변에 이상 조짐이 나타나던 수개월 전에 이미 준비해두었는지도 모를 일이다.

충숙왕이 이때 설치한 정방은 최씨 무인집권기 때 만들어진 인사행정 기구를 다시 복구한 것이었다. 무인정권이 붕괴된 후에도 정방은 얼마간 계속 존속하다가 충렬왕忠烈王 때에 와서 내부 편제를 대폭

개편하여 인사권 장악에 활용했었다. 이어 충선왕은 1차 즉위 때 이런 정방을 아예 폐지하고 사림원詞林院이라는 새로운 기구를 만들어 인사권 행사와 개혁 정치의 핵심 관부로 삼았다. 그런데 이제 충숙왕이 인사권을 되찾기 위해 그런 정방을 다시 부활시킨 것이다.

복구된 정방의 최고 책임자로 발탁된 인물은 대언代言(정3품)으로 있던 안규安珪였다. 여기 대언이라는 관직은 본래 승선承宣 혹은 승지承旨라고 불리던 국왕 비서관인데 원 간섭기에 대언으로 개칭한 것이다. 충숙왕은 안규를 정방의 책임자로 앉히면서 우상시右常侍(정3품) 임중연林仲沇과 의랑議郎(정4품) 조광한曹光漢, 응교應敎(정5품) 한종유韓宗愈도 함께 정방에 참여하도록 하였다.

이 네 인물에 대해서 좀 더 살펴볼 필요가 있다. 먼저 안규는 충숙왕의 왕자 시절에 시학侍學으로서 강학을 맡은 인물로 인연을 맺었는데 모나지 않는 부드러운 성품에 어눌한 편이었지만 윗사람의 뜻을 잘 맞추는 재주가 있었다. 그런 성품이 충숙왕의 마음에 들었는지 일찍이 부왕에게 천거해 관직에 들어왔고, 정방의 책임을 맡기 직전까지 인사 부서에서 일한 자였다.

임중연은 어떤 계기로 충숙왕의 눈에 들었는지 분명치 않지만, 충숙왕이 복구한 여기 정방에 참여하면서부터 승승장구한다. 하지만 임중연은 앞의 안규에 비해 여러 재주를 부렸는지 자잘한 사건을 일으키는 경우가 많았고 부정에도 연루되어 말이 많았다. 이 때문에 충숙왕으로부터 비판도 받았지만 관직 승진에는 별 문제가 없었다. 그리고 조광한은 충렬왕 때에 국왕이 직접 주재하는 약식 과거에 급제한 인물로 나오는데, 여기 정방에 참여한 일 외에는 그 전이나 이후에 아무런 행적이 없다.

한종유는 1304년(충렬왕 30) 18세의 나이로 과거에 급제한 후 주로 사관史官으로 활동하다가 정통 문한관의 길을 걸었던 인물이다. 그는 앞의 안규나 임중연이 충숙왕을 위하는 척하면서 사익을 위해 관직 생활을 영위했던 데 반해, 명확하게 왕권의 안정을 추구하면서 충숙왕이 어려운 처지에 놓일 때마다 확실하게 충숙왕을 변호한다. 한종유는 앞으로 자주 등장할 것이다.

새로운 인사, 옛 인물

정방을 복구하여 인사권을 장악한 충숙왕은 바로 대대적인 인사를 단행했다. 새로운 인사는 1321년(충숙왕 8) 1월과 그해 10월 두 차례에 걸쳐 이루어졌으며 충숙왕이 왕위에 오른 이후 직접 주도한 첫 인사로 그 의미가 컸다. 게다가 부왕의 원격 통치 10여 년 동안 소규모 땜질 인사를 해오다 대규모로 이루어진 첫 인사로서 주로 고위직을 중심으로 한 인사였다. 두 차례 인사에서 중복된 인물을 제외하면 30여명에 이른다. 이들 모두를 분석하기에는 너무 번잡하여 이번 인사의특징과 몇몇 특정 인물에 대해서만 살펴보겠다.

먼저, 당연한 일이겠지만 이번 인사에서 충선왕과 가까운 핵심 측근들은 모두 배제되었다. 이들은 인사에서 배척되는 정도가 아니라 다음에서 언급하겠지만 곧 바로 하옥당하거나 유배당하는 곤욕을 치르게 된다. 그리고 그 당연한 귀결로 이들은 이후 충숙왕을 철저히 배반하는 길을 걸으며 국왕을 곤경에 빠뜨리는 주역으로 다시 등장한다.

다음, 이번 인사에 발탁된 인물들은 크게 두 부류로 나눌 수 있으니, 한 부류는 그동안 충선왕의 원격 통치에서 소외된 인물들이고, 또 한 부류는 반대로 충선왕에 의해 발탁된 적이 있던 인물들이다. 전자는 당연히 충숙왕과 가까운 인물들이고, 후자는 상대적으로 충선왕과 가까운 인물들이다. 두 부류 모두 충숙왕의 처지에서는 자기 세력으로 만들고 싶었겠지만 이게 마음먹은 대로 그렇게 되지 않는다.

여기서 수수께끼 하나 내보자면, 위 두 부류 가운데 앞으로 충숙왕을 배신하는 자들은 어느 쪽에서 많이 나왔을 것 같은가? 답은 후자, 즉 충선왕에 의해 발탁된 적이 있던 인물들이다. 이건 어쩌면 정치판에서 당연한 일이었을지도 모른다. 하지만 충숙왕을 배신하는 자들은 뜻밖에도 전자, 즉 충숙왕에 의해 발탁된 자들 중에서도 나온다. 그래서 정확히 말하자면, 충숙왕을 배신하는 자들은 양쪽에서 모두 나오는데, 예상밖으로 전자에서도 충숙왕을 배신하는 자들이 생긴다는 뜻이다.

그런데 충숙왕의 인사에서 한두 가지 의문이 있다. 먼저, 충숙왕은 왜 부왕이 발탁한 인물들을 다시 등용했을까 하는 의문이고, 다음은 충숙왕이 발탁한 인물들이 왜 왕을 배신했을까 하는 의문이다.

두 번째 의문은 이에 해당하는 인물들을 살펴보면서 차츰 풀어보기로 하고, 우선 첫 번째 의문에 대한 답은 충숙왕의 왕권이 허약했다는 것으로 설명할 수 있다. 충숙왕은 왕위에 오른 지 10년이 다 되어가지만 제대로 왕권을 행사해본 적이 없었다. 이제 처음 자신의 소신대로 인사권을 발휘했지만 부왕을 따랐던 인물 모두를 배제하기는 어려운 상황이었다.

여기에 새로이 왕권을 확립해가는 충숙왕으로서는 부왕의 인물들이 필요할 수도 있었다. 그것은 부마국 체제라는 원과의 특수한 관계를 고려하지 않을 수 없었기 때문이다. 더구나 부왕이 발탁한 인물들은 대부분 그런 부마국 체제 속에서 정치적으로 성장하고 힘을 축적한 자들이었다. 이제야 제자리를 찾아 왕권을 행사하는 충숙왕이 어떻게 이들을 온전히 배척할 수 있었겠는가.

더구나 충숙왕은 선대의 충렬·충선왕이 그랬던 것처럼 원 공주와 결혼한 후 왕위를 계승한 것도 아니었다. 충숙왕은 왕위에 오른 뒤에야 1316년(충숙왕 3) 7월 쿠빌라이의 손자 영왕營王 야선첩목아也先帖木兒(에센 테무르)의 딸을 왕비로 맞이했지만 이 공주는 생산도 못하고 1319년(충숙왕 6) 갑자기 죽고 만다. 이 공주가 복국장공주濮國長公主인데, 그래서 충숙왕은 현재 원 공주와 결혼 관계가 없었다. 원 황실과 결혼 관계가 없다는 것은 왕권을 행사하는 데 가장 큰 장애 요소였다. 그러니 부왕의 인물들을 모두 배척할 수 없었던 것은 당연한 일이었다.

또한 충숙왕은 자신과 불편한 관계가 아니라면 굳이 부왕이 발탁한 인물들이라고 모두 배척할 필요도 없었을 것이다. 그랬다간 오히려 그들과 부러 갈등을 키우는 꼴이 되고 결국에는 충숙왕 자신이 곤경에 처할 수도 있기 때문이다. 충숙왕으로서는 할 수만 있다면 이들을 자신의 사람으로 만들고 싶었을지도 모른다. 충선왕이 유배당하여 정치적 복귀가 불가능하다면 그게 어려울 것도 없다고 판단했을 것이다.

아무튼 충숙왕은 여러 상황을 고려하여 부왕이 발탁했던 인물들을 상당수 그대로 중용했는데, 다음의 인물들이다.

① 김이용金利用 : 수첨의정승(종1품)

② 김 순金 恂 : 판삼사사(종1품)

③ 오 잠吳 潛 : 첨의찬성사(정2품)

④ 조 연趙 璉 : 첨의평리(종2품)

⑤ 김태현金台鉉 : 첨의평리(종2품)

⑥ 김원상金元祥 : 정당문학(종2품)

⑦ 조연수趙延壽 : 삼사사(정3품)

　수상격인 ① 김이용은 충선왕에 의해 처음 재상으로 발탁되었지만 정치 노선을 분명하게 드러내지 않은 인물이다. ② 김순은 대몽항쟁과 일본원정에서 이름을 날린 김방경金方慶의 셋째 아들로 과거에 급제한 후 주로 충렬왕 때에 활동하다가 충선왕이 공신 자손에 대한 예우 차원으로 중용하지만 역시 정치 성향을 강하게 드러내지 않았다. 두 인물은 이후에는 큰 활동이나 행적이 없는 것으로 보아 충숙왕이 첫 인사의 간판으로 내세운 인물로 보인다.

　③ 오잠은 충렬왕대에 충선왕 부자를 이간질 시키다 원에 압송되어 유배당한 전력이 있는 인물이다. 그런 그가 충선왕에 의해 재상 급으로 중용되었는데, 이제 충숙왕에 의해 또다시 중용된 것이다. 이런 인사를 어떻게 이해해야 할지 모르겠다. 충숙왕은 사건을 일으키고 말썽 많은 그를 달래려고 그랬을까? 하지만 오잠은 이후에 또다시 충숙왕을 배신하고 왕조를 배반하는 일의 중심에 선다.

　④ 조연과 ⑦ 조연수는 충렬왕대의 유명한 외교관이자 수상을 맡았던 조인규趙仁規의 둘째, 셋째 아들이다. 조연은 충렬왕 때부터 관직에

나와 충선왕에 의해서도 중용되었고, 조연수는 충선왕에 의해 처음 발탁되었는데, 두 사람 모두 충숙왕을 배신하고 심왕 옹립 책동에 참여한다.

⑤ 김태현은 충렬왕대에 과거에 급제하여 관직에 들어온 후 충선왕에 의해서도 계속 중용된 인물로, 여러 사건 속에서도 어느 한쪽에 치우치지 않고 올바르게 관직 생활을 유지하였다. 이런 점이 충숙왕에게 돋보여 다시 중용된 것으로 보인다. 이후 충숙왕 때에도 김태현은 여러 사건에 휩쓸리지 않고 관료집단의 중심에서 큰 역할을 한다.

⑥ 김원상은 충렬왕대에 과거에 급제하였지만 악곡을 잘 지어 발탁되었는데, ③ 오잠과 함께 말썽이 많았고 성향도 비슷한 인물로 충선왕 때에는 상당기간 관직에서 소외되었다. 그래서 그가 충숙왕에 의해 다시 발탁된 것은 재기의 발판을 마련한 것으로 볼 수 있다. 하지만 이후 김원상은 충숙왕을 배신하고 심왕 옹립 책동에 참여한다.

핍박당하는 부왕 측근들

충숙왕은 이렇듯이 전대의 중신들을 중용했지만 자신과 불편한 관계였던 자들은 사정없이 내친다. 그동안 충선왕의 원격 통치에 편승하여 농간을 부렸던 자들이었기에 당연한 수순이었다.

그 첫 대상자가 권한공權漢功, 김정미金廷美, 채홍철蔡洪哲 3인인데, 이들을 순군옥에 잡아 가둔 것은 1321년(충숙왕 8) 1월로 역시 부왕이 유배된 직후였다. 충숙왕의 신속한 조치로 보아 그동안 단단히 벼르고 있었던 모양이다. 이들 3인은 충숙왕의 눈 밖에 났다는 점은 모두 같았지만 내침을 당한 이유는 조금씩 달랐다.

권한공은 충렬왕 대에 과거에 급제해 관직에 나온 인물인데, 충선 왕이 폐위된 후 원에서 숙위하던 시절에 인연을 맺었던 인물이다. 그 는 충선왕이 두 번째 즉위한 후 벌써 재상 급으로 발탁되어 중용되었 고, 그 후 충선왕이 왕위를 지닌 채 대도에서 원격 통치를 하는 5년 동 안(1309~1313) 줄곧 대도의 사저에서 충선왕과 함께했던 핵심 측근이 었다. 그리고 충선왕이 충숙왕에게 왕위를 물려준 후부터 유배되기 직전까지(1313~1320)는 고려에 있으면서 중요한 일이 있을 때마다 사 신의 사명을 띠고 원을 수시로 들락거렸다.

권한공은 원에 사신으로 들어가면 몇 년씩 체류하면서 만권당에도 참여했는데 주로 충선왕의 중국 유람을 따라 호종하는 것이 그의 임 무였다. 충선왕의 강남 여행에 그가 함께 했던 것은 대표적인 사례다. 그러다가 가끔 고려에 들어오면 다시 원으로 향하기 일쑤였다. 고려 에 있으면서 원을 왕래했다기보다는, 원에 머물고 있는 충선왕 곁을 지키다가 특별한 일이 있을 때 환국했다고 보는 것이 더 맞을 것이다. 사신이라기보다는 대도에서 장기 체류하고 있는 부왕의 뜻을 고려의 충숙왕에게 전달하고 관철시키는 일이 더 중요했다고 보인다.

그러니 충숙왕에게는 권한공이란 인물이 자신을 감시하고 통제하 는 부왕의 대리인같이 비춰졌을 것이다. 충숙왕에게는 권한공의 그런 역할도 못마땅했지만, 더 큰 불만은 그가 인사권에마저 개입하여 월 권한다는 점이었다. 인사권이 대도의 부왕에게 있다 보니 그 인사 명 령을 고려에 전달하는 권한공의 전횡은 도를 넘었다. 자신의 친척이나 친구들에게 벼슬을 주거나 뇌물을 받고 관직 장사를 하는 등 권한 공의 인사 부정은 충숙왕뿐 아니라 조정의 모든 관리들에게 불만을 샀다. 그럼에도 충숙왕은 부왕의 눈치를 보느라 그를 마음대로 내치 지 못했으니 그에 대한 앙심은 오죽 했겠는가.

　권한공은 순군옥에 갇힌 지 한 달 후 정동행성 이문소理問所에서 국 문을 받는데, 변소 구멍으로 도망치다가 다시 체포당하는 수모를 겪 고 가산을 적몰당하여 먼 섬으로 귀양 조치를 받았다. 하지만 유배 가 는 도중에 충숙왕이 원으로 불려가면서 위기에 처하자 섬에 들어가지 도 않고 백성들에게 폐만 끼치는 횡포를 부렸다. 이후 권한공은 충숙 왕을 철저히 배신하고 심양왕의 편에 서서 충숙왕을 모함하는 데 앞 장서는데 이 부분은 뒤에서 언급할 것이다.

　김정미는 권한공과는 좀 다른 성격의 인물이다. 김정미는 충선왕의 2차 즉위 직후 밀직부사(정3품)에 중용되었지만 충선왕의 눈 밖에 났 는지 얼마 안 있어 지방으로 좌천된다. 그가 좌천당한 이유는 충선왕 의 환국을 요청한 김심金深이란 인물에게 붙었다는 이유였는데, 그 김 심은 환국의 방해 세력으로 지목된 권한공 등 충선왕의 핵심 측근들 을 원의 조정에 제소했다가 충선왕에게 오히려 미움을 사 내침을 당 했던 인물이다. 이를 보면 김정미는 크게 보아 충선왕 편에 선 인물이 긴 한데 권한공과 같은 핵심 측근은 아니었다.

　하지만 김정미는 몇 년 후 충선왕에 의해 곧바로 다시 재상 급으로 복귀한다. 이후 그는 부정에 연루되어 적발되기도 하는 등 문제가 많 았지만, 원으로 파견되는 사신으로도 자주 발탁되고 원에 가면 충선 왕의 곁을 지킨 덕택에 끄떡 없이 고위 관직을 유지하였다.

이러한 김정미의 경력에 의거하자면, 그는 처음에는 충선왕에 대한 비판적 지지 세력이었다가 점차 충선왕의 측근으로 다가갔음을 알 수 있다. 결국 그는 충숙왕에게 앞의 권한공과 같은 부류로 보였을 것이다. 하지만 김정미는 권한공과 달리 큰 처벌 없이 풀려나고 후에 충숙왕에 의해 다시 정계에 화려하게 복귀한다. 이를 보면 그는 양다리를 걸치고 있음이 분명했다. 아니면, 충선왕의 재기가 불가능하다는 것을 확신한 후 다시 충숙왕에게 충성 서약을 했든지.

다음의 채홍철은 충숙왕에게 핍박당한 후 왕을 철저히 배신했다는 점에서 김정미보다는 권한공과 비슷한 길을 걷는다.

충선왕의 돈줄, 채홍철과 배정지

채홍철이 충숙왕에게 내침을 당한 것은 앞의 권한공이나 김정미와는 다른 이유였다. 채홍철이 충선왕 계열의 인물임은 분명하지만 그는 앞의 권한공처럼 핵심 측근도 아니었고 권력만을 쫓는 인물도 아니었다. 그가 충선왕에게 발탁된 계기도 다른 측근들과는 사뭇 달랐다.

채홍철은 충렬왕 때에 과거에 급제하여 관직에 들어왔고 지방관으로 있을 때는 볼만한 업적도 있었지만 스스로 관직을 등지고 한거한 인물이다. 한거한 10여 년 동안 그는 불교에 심취하면서 악곡과 거문고를 좋아하여 이 두 방면에서 모두 대단한 경지에 이른다. 여기에 문장력도 뛰어나 문장과 기예 모두 탁월한 재능을 가지고 있었다. 그가 관직을 등진 것도 이런 예술지향적인 취향과 관련 있는 것으로, 어쩌면 충렬왕대의 혼란한 정치에서 벗어나기 위한 것이었다고 보인다.

이러한 채홍철을 충선왕은 강요하다사피 불러들인다. 그는 충선왕에게 특별한 관심을 받으며 몇 년 지나지 않아 지밀직사(종2품)라는 재상 급에 오른다. 충선왕은 권력이나 치부와는 거리가 먼 그에게 특별히 맡긴 일이 있었던 것인데, 그게 바로 전국의 토지를 새로이 측량하고 부세를 제정하는 일이었다. 즉, 오도순방계정사五道巡訪計定使라는 충선왕의 특별 사명을 받은 것이다. 1314년(충숙왕 1) 2월의 일인데, 이에 앞서 충선왕은 전국 주현의 부세가 공정치 못하니 이를 새로이 제정하겠다는 강한 의지를 천명했다.

하지만 충선왕의 특명을 받아 사업을 추진하던 채홍철은 여러 말썽을 일으킨다. 새로 제정된 부세가 오히려 공정치 못하여 백성들의 원성이 많았고 또한 채홍철 자신도 사리를 탐하여 치부를 했던 것이다. 여기에는 채홍철의 사욕도 한몫을했지만 보다 근본적인 이유는 다른 데 있었다.

애초부터 이 사업은 충선왕이 장기간 원에 체류할 것을 염두에 두고 그에 대한 재원 경비를 조달하려는 데 목적이 있었다. 채홍철은 충선왕의 그런 특명을 받은 것이었다. 그래서 충숙왕은 백성들의 불만을 사고 개인적인 치부를 한 채홍철을 내칠 수 없었고, 무리하고 성급하게 추진된 그 사업도 건드릴 수 없었던 것이다. 이에 부왕이 유배당하자 충숙왕은 기다렸다는 듯이 채홍철을 순군옥에 하옥시킨 것이었다.

채홍철은 가산을 몰수당하고 먼 섬으로 귀양 조치를 받았지만 충숙왕이 원으로 들어가 위기에 처하자 권한공과 마찬가지로 방자한 행태를 보인다. 그리고 이후에도 권한공과 함께 충숙왕을 배신하는 길을 확실하게 걷는다. 게다가 그의 아들 채하중蔡河中 역시 충숙왕을 배신하는 데 합류하여 부자가 같은 길을 걷게 된다. 이 부분은 뒤에 다시 언급하겠다.

채홍철이 충숙왕에게 핍박을 당한 것은 오도순방계정사라는 그의 특별한 임무 때문이었다. 그 과정에서 드러난 사회적 갈등이나 개인적 비리도 온전히 개인의 잘못이라기보다는 충선왕의 요구에 무리하게 부응하려다 생긴 부작용이라고 할 수 있다. 이렇게 본다면 그에 대한 핍박은 부당하게도 여겨졌을 것이니 부자가 함께 충숙왕을 배신한 것은 당연한 귀결이었다는 생각도 든다.

권한공, 김정미, 채홍철 3인을 하옥시킨 충숙왕은 이어서 이광봉李光逢과 배정지裵廷芝에게 장형을 가한 다음 귀양 보냈다. 이 두 사람 역시 충선왕의 측근 인물이라는 이유로 핍박을 당했다.

이광봉은 충선왕의 측근으로서 앞서 권한공과 비슷한 행태로 충숙왕의 미움을 샀던 인물인데, 권한공과는 달리 무관 출신이었고 또한 뒤늦게 측근 그룹에 들어왔던 자다. 하지만 충선왕의 원격 통치에 편승하여 인사 비리를 저지르는 일에서는 권한공 못지 않았다. 충숙왕에게 귀양 조치된 후 그 역시 권한공, 채홍철과 함께 충숙왕을 배신하는 일에 앞장선다.

그리고 배정지가 핍박당한 이유는 충선왕이 부여한 특수한 임무 때문이라는 점에서 채홍철과 비슷하다. 처음에는 배정지가 치부를 멀리하고 청렴했다는 점도 채홍철과 비슷하고, 그런 그를 충선왕이 발탁한 의도나 목적도 비슷하다. 그는 본래 무관 출신으로 기골이 장대하고 용맹하여 무용으로 이름을 날렸고 그래서 충선왕의 호위장군을 맡으면서 인연을 맺은 자였다.

충선왕이 배정지에게 부여한 특수 임무는 새로이 설치한 전농사典
農司의 책임을 맡아 곡식을 비축하라는 것이었다. 전농사 설치는 농사
를 일으키고 흉년에 대비한다는 명목이었지만 이 역시 충선왕이 채홍
철에게 부여했던 재원 경비 조달과 같은 맥락의 사업이었다. 장기간
원에 체류하고 있는 충선왕에게 가장 중요한 문제는 고려로부터 지속
적인 재정 지원을 받는 일이었다. 이 문제가 원활하게 추진되지 않으
면 충선왕의 장기간 재원 체류는 사실상 불가능하기 때문에 여기에
목을 맬 수밖에 없었던 것이다.

채홍철과 배정지는 충선왕의 이런 의도에 적합한 인물로 발탁되어
그에 부응하다가 충숙왕에게 유배당했던 것이다. 하지만 배정지는 유
배에서 풀려난 후 두문불출하면서 거문고와 바둑으로 세월을 보내다
1322년(충숙왕 9) 64세로 죽는다. 그가 세상을 등지고 있을 때 충숙왕
에게 핍박을 당한 자들은 배반을 시작했으니, 배정지는 특별한 인물
로 다가온다.

비리 감찰 기구, 찰리변위도감

권한공, 이광봉, 채홍철 등을 축출한 충숙왕은 바로 이어서 1321년(충
숙왕 8) 3월 찰리변위도감察理辨違都監을 설치했다. 이것은 그 명칭에서
알 수 있듯이 권력자의 부정축재를 다스리기 위한 것으로 토지나 노
비 등 은닉된 재산을 적발하여 본 주인에게 돌려주는 비리 감찰 기능

을 수행하는 기구였다. 충숙왕이 이런 기구를 설치한 데는 분명한 목적이 있었다.

찰리변위도감은 이전에도 한 차례 설치한 적이 있었다. 1318년(충숙왕 5) 5월에 설치한 제폐사목소除弊事目所가 그것인데, 이게 한 달 뒤 찰리변위도감으로 명칭이 바뀐 것이다. 명칭이 바뀐 뒤 이 기구는 곧 폐지되었고 지금 다시 설치한 것이지만, 그 명칭이야 무엇이든 전후 두 차례 설치했던 이 기구의 비리 감찰 기능은 마찬가지였다. 충숙왕은 왜 이러한 비리 감찰 기구를 두려고 했을까?

찰리변위도감을 처음 설치한 때는 충선왕의 원격 통치가 발휘된 때이고 나중에 설치한 때는 충선왕이 유배당한 직후였다. 첫 설치에서 그 설치 배경을 더듬어볼 수 있는데, 그것은 앞서 채홍철이 충선왕에 의해 오도순방계정사를 맡아 전국적으로 벌였던 토지 조사 사업과 관련이 있다.

이 사업으로 백성들의 원성이 커지고 채홍철의 개인 비리까지 드러나자 충숙왕은 자신이 특별히 임명한 두 사신을 전국 각도에 파견하여 이 사업의 비리를 적발케 하였다. 하지만 이들 사신이 국왕의 특명까지 받았지만 아무런 비리도 적발하지 못하자 충숙왕은 분노한다. 결국 애먼 이 두 사신만 곤장을 맞고 파면과 귀양을 당했는데, 문제는 그들 사신의 처지에서는 비리를 적발하는 데 한계가 있었다는 점이다. 왜냐하면 그 비리의 주범들이 바로 충선왕의 핵심 측근들이었기 때문이다.

충숙왕이 제폐사목소를 처음 설치한 때는 바로 이때, 사신 파견으로 권력자의 비리를 적발하는 데 한계를 드러낸 직후였다. 충숙왕으로서는 제도적인 장치를 마련하여 좀 더 근본적으로 권력자의 비리 감찰 문제에 접근해야 할 필요를 느꼈던 것이다. 하지만 그렇게 하려면 비리 감찰을 위한 특별 기구의 설치가 절실했는데 이 문제도 쉬운 일이 아니었다. 상설 기구의 설치는 원격 통치를 하고 있는 충선왕의 재가 없이는 어려웠기 때문이다.

그래서 1318년(충숙왕 5) 5월 제폐사목소의 설치는 충숙왕이 부왕의 허가를 받아 설치했다고 본다. 그건 아니라도 최소한 부왕의 묵인은 있었다고 봐야 한다. 충선왕도 당시 사회적으로 만연한 권력자들의 토지 탈점이나 비리를 모를 리 없었을 테니 반대할 명분이 부족했을 것이다. 마침내 제폐사목소라는 명칭의 특별 기구가 설치되어 활동에 들어간다.

처음 출발은 볼만했다. 권력자들이 강점한 토지나 노비를 적발하여 본 주인에게 돌려주니 중앙이나 지방에서 모두 환호하였다. 하지만 시간이 흐를수록 비리 감찰의 표적은 충선왕의 핵심 측근들에게 향하기 시작했고 이 특별 기구에 대한 불만도 커져 갔다. 이 불만이 충선왕의 귀에까지 들어가는 것은 시간 문제였다. 이즈음 제폐사목소의 명칭이 찰리변위도감으로 바뀌었다.

특별 기구의 명칭이 바뀐 것은 충선왕과 충숙왕이 타협한 결과가 아닌가 싶다. 이 특별 기구를 어떻게든 존속시키고 싶은 충숙왕이 비리 감찰의 정도나 범위를 완화시켜 부왕 측근들의 불만을 무마하려는 정치적 의도가 있지 않았나 하는 것이다. 하지만 여기에 속아 넘어갈 위인들이 아니었다. 그들은 충선왕에게 호소하여 결국 찰리변위도감을 폐지하고 만다. 명칭이 바뀐 직후였다.

이제 충선왕이 건재한 동안에는 권력자의 비리 척결은 불가능하다는 것이 판명되었다. 충선왕이 유배당하자마자 충숙왕이 기다렸다는 듯이 찰리변위도감을 다시 설치했던 것은 이를 여실히 보여준다. 하지만 불행히도 이번에는 충숙왕이 원으로 소환되어 위기에 처하면서 다시 설치했던 이 특별 기구는 아무런 활동도 하지 못했다.

이 대목에서 충선왕의 원격 통치 기간 동안 정치 사회적으로 문제가 되었던 핵심 측근들의 비리나 부정축재를 다시 생각해볼 여지가 있다. 그 핵심 측근들은 두말할 필요도 없이 앞서 거론했던 권한공, 이광봉, 배정지, 채홍철 등 충선왕의 인물들을 말하는데, 이들의 비리나 부정축재를 충선왕은 왜 그리 비호했을까 하는 의문이다. 분명한 것은 이들 측근들이 충선왕의 재원 체류 경비를 조달하는 일을 맡고 있었기 때문인데, 그래도 그 비호 정도가 너무 심했다는 점에서 의문이 남는다. 이들 핵심 측근들이 일으키는 비리를 묵인하고, 또한 그에 대한 정치 사회적 비난을 감수하면서까지 비호에 나섰다는 것은 좀 더 중요한 이유가 있지 않았나 하는 의구심이 드는 것이다.

충선왕의 재원 경비는 국고에서 지출할 수 있었다. 하지만 이는 국가 재정에 적잖은 부담을 지우는 일이었다. 충선왕이 원에 체류하는 기간이 길어질수록 국가 재정의 부담은 커졌고, 여기에 공식적인 체류 경비 외에도 사정을 밝힐 수 없는 사적인 경비의 지출도 많았다. 가령, 황실이나 원 조정의 권력자들에게 선물이나 혹은 뇌물 용도의 지출이 그런 것으로 이는 재정 부담을 더욱 가중시키는 일이었다. 지금으로 말하자면 정치자금 같은 것으로, 충선왕이 장기간 원에 체류하면서 발생하는 필연적인 문제였다. 이에 따른 국가 재정의 약화에 대한 비난도 적잖은 정치적 부담이었다.

그래서 국가 재정에 대한 부담도 덜고 사적인 비자금을 마련하자면 공식적인 국고의 지원만으로는 부족했다. 이를 해결하는 방법이 바로 핵심 측근들을 동원하여 비공식적인 재원을 확보하는 일이었다. 권한 공, 이광봉, 배정지, 채홍철 등의 부정축재나 비리는 그래서 생긴 일이 었고, 사리사욕을 채우기 위한 것만은 아니었다는 뜻이다. 물론 그러한 재원을 마련하는 과정에서 사사로이 축재도 함께 자행되었겠지만.

그렇게 모아진 재화는 드러나지 않게 충선왕에게 전달되어 원에서 요긴하게 지출되었다. 이게 중단되면 충선왕의 재원 활동은 지탱하기 힘들었을 것이니, 충선왕이 이들을 그렇게 비호했던 것은 그런 은밀한 임무를 띠고 있었기 때문이다. 하지만 충숙왕은 부왕의 측근들이 벌이는 그런 행태를 사리사욕을 위한 축재로 여겼을 뿐이고 나아가 왕권을 업신여기는 것으로 판단했던 것이다.

충숙왕의 새로운 인물들

충선왕이 유배당하자 충숙왕은 독단으로 새로운 인사를 단행했는데, 그중에는 부왕이 발탁했던 인물들이 많았다는 얘기를 앞서 했었다. 하지만 충숙왕에 의해 새롭게 발탁한 인물들도 많았으니 1321년(충숙왕 8) 10월에 이루어졌던 인사 발령이 그 점을 보여준다.

① 박허중朴虛中 : 첨의찬성사(정2품)

② 백원항白元恒 : 첨의평리(종2품)

③ 한 악韓 渥 : 첨의평리(종2품)

④ 진양필秦良弼 : 지밀직사사(종2품)

⑤ 전영보全英甫 : 지밀직사사 겸 대사헌(종2품)

⑥ 이의풍李宜風 : 동지밀직사사(종2품)

⑦ 임자송任子松 : 동지밀직사사(종2품)

⑧ 박효수朴孝修 : 밀직부사(정3품)

⑨ 임중연任仲沇 : 밀직부사(정3품)

⑩ 권 겸權 謙 : 우대언(정3품)

⑪ 안문개安文凱 : 좌대언(정3품)

⑫ 최지보崔之甫 : 우부대언(정3품)

⑬ 경사만慶斯萬 : 좌부대언(정3품)

이들이 모두 충숙왕에 의해 처음 등용된 인물들은 아니지만 그 이전 충선왕이 집권할 때는 크게 드러나지 않던 인물들이다. 그래서 대체로 충숙왕이 중용한 사람들이라고 봐도 큰 무리는 없을 듯하다. 이때의 인사는 충숙왕이 입원한 직후 원에서 단행한 것이었는데, 앞서 1월의 인사보다 좀 더 자신의 색깔을 분명하게 드러낸 것으로 볼 수 있기 때문이다.

그런데 이들 가운데 많은 인물들이 끝까지 충숙왕에 대한 지조를 지키지는 않는다. 특히 충숙왕의 핵심 측근에 있던 인물들 중에도 국왕이 곤경에 빠지면 배반하는 경우가 있었고, 그 정도는 아니더라도 사건의 고비마다 흔들리는 모습은 드러내는 경우는 허다했다. 바로 심양왕瀋陽王과 고려 국왕 사이에서 어느 쪽에 줄을 설 것인가 하는 문제인데 다음에 자세히 언급할 것이다.

관료집단의 이러한 표류 현상은 원 간섭기의 중요한 특징이었다. 그래서 여기서 이들에 대한 개별적인 언급은 생략하겠다. 충숙왕과 심양왕의 싸움 과정에서 앞으로 자주 거론할 것이며 자연스레 이들의 성향도 드러날 것이다.

갑작스런 입원

충선왕이 원에서 유배된 후 진정한 왕권을 행사할 호기를 맞은 충숙왕은 1321년(충숙왕 8) 4월 갑자기 원으로 들어간다. 충선왕이 티베트를 향해 출발한 지 반년도 지나지 않은 때였으니 아직 국왕으로서 제자리도 잡지 못한 상태에서 원으로 들어간 것이다.

입원하는 충숙왕은 4경(오전 1시~3시)에 대궐 문을 나섰는데, 얼마나 황급하게 서둘렀는지 문무백관이 미처 전송도 하지 못할 정도였다. 충숙왕은 입원 사실을 문무백관에게 제대로 알리지도 않고 호종할 신하만 급히 선발하여 출발한 것으로 보인다. 이때 국왕을 호종하여 함께 간 인물이 유청신, 오잠, 원충元忠, 한악, 윤석, 안규 등이었다.

유청신과 오잠은 전작 《혼혈왕, 충선왕》에서 빈번하게 언급된 인물인데, 유청신은 충선왕 계열의 인물로 여러 차례 원을 왕래하는 사신으로 활약했던 자다. 오잠 역시 원을 자주 왕래하면서 충렬왕 때부터 여러 차례 말썽을 일으켜 핍박도 받았지만 충선왕이 다시 중용했던 인물로, 앞서 충숙왕의 첫 인사에서도 다시 발탁된 것으로 보아 국왕에 대한 충성보다는 정치적 변신에 능한 자였다.

원충은 충렬왕 초에 수상을 맡았던 원부元傅의 손자로서 한때 충선왕의 신임을 크게 받았는데, 유청신이나 오잠보다는 국왕에 대한 충성심이 강하여 충숙왕의 신임도 받았다. 한악은 충선왕에 의해 처음 등용되었지만 충숙왕에게 중용되어 국왕이 곤경에 빠질 때마다 위험을 무릅쓰고 구원에 앞장선다. 윤석은 충선왕에 의해 무관으로 활동하다가 충숙왕에게도 크게 중용된 인물인데 아첨이나 처신에 능한 자였다. 안규 역시 충선왕에 의해 처음 발탁된 후 앞서 충숙왕에 의해 정방의 책임자로 다시 중용된 인물이다.

충숙왕의 입원에 호종한 이들 인물들은 별다른 특징이 없어 보이지만, 한 가지 공통점은 모두 충선왕에 의해 처음 발탁된 인물들이라는 점이다. 이는 충선왕과의 관계를 고려한 것으로 충숙왕이 자신과의 관계만을 생각하여 선정한 자들이 아니었다. 특히 오잠이 여기에 끼어든 것은 이해하기 힘든 일인데, 이는 아마도 그의 재주나 능력을 재원 활동에 활용할 생각으로 그런 것 같다.

충숙왕은 이렇게 몇몇 사람만을 동반하여 서둘러 개경을 떠나 원으로 향했다. 충숙왕이 서둘러 입원한 것은 우선 원으로부터 입조하라는 명령이 있었기 때문이다. 그 입조 명령은 충숙왕이 입원하기 3개월 전인 그해 1월에 이미 고려에 전달되었다. 이는 충선왕이 티베트로 유배를 떠난 직후로 부왕의 신변에 변화가 일어난 일에서 비롯된 것이 분명했다. 그러면 왜 3개월이나 지체한 후 입원한 것일까?

그 3개월 동안, 앞서 언급한 대로 충숙왕은 정방을 복구하여 인사권을 회복하고, 문제를 일으킨 부왕의 측근들을 잡아들였으며, 찰리변위도감이라는 개혁 기구를 설치하는 등 국왕으로서 권한을 행사하면서 제자리 찾기를 시도하였다. 여기서 강조하고 싶은 것은 이런 작업을 하기 위해 입조를 지체한 게 아니라, 입조 명령을 받고 보니 다급하게 이런 작업을 서둘렀다는 뜻이다. 이는 충숙왕이 입원한 후 원에서 벌어질 어떤 위기를 감지한 때문이었을 것이다.

원에서 체류를 끝낸 충숙왕은 1325년(충숙왕 12) 5월 환국한다. 정확히 만 4년을 왕위를 비우고 원의 대도에 머물렀던 것이다. 게다가 원에 체류한 그 기간 중 약 2년 정도는 아예 왕위를 빼앗기다시피 하여 고려 국왕으로서 아무런 권한도 행사하지 못하고 왕권 정지 상태에 빠진다.

충숙왕의 처지에서 원격 통치를 하는 부왕 충선왕의 존재는 고려 국정을 장악하는 데는 방해가 되었지만, 원과의 관계에서는 가장 큰 후원자요 방파제 같은 위치에 있었다. 그래서 충숙왕에게 부왕의 부재는 고려 국정을 장악하는 데는 호기였지만 원과의 관계에서는 위기일 수밖에 없었다. 대외적인 고려 국왕의 위상은 원에서 벌어지는 권력의 향방이나 원 황제의 의지에 따라 좌우되었고, 자칫 일이 어긋나면 왕위까지 빼앗겨야 한다는 사실은 충선왕의 1차 즉위 직후 폐위에서 이미 드러난 일이었다.

그런데 충숙왕에게 닥칠 위기는 당시 고려에 있는 정치 세력들이 충분히 예상하고 있는 일이었다. 특히 원을 자주 왕래하면서 대도에서 일어나는 권력의 향방에 민감한 자들은 말할 필요도 없다. 이들은 인종이 죽고 새로운 황제 영종의 즉위로 인해 제국의 권력판도에 큰 변화가 있을 것이란 점을 누구보다도 잘 알고 있었다. 충선왕의 측근 인물들이 대부분 여기에 해당하는데 유청신, 오잠 같은 인물이 대표적이다.

앞서 언급한 권한공, 이광봉, 채홍철, 배정지 등 충선왕의 측근 인물들이 서해의 먼 섬으로 유배 조치를 받은 것은 충숙왕이 원으로 출발한 지 닷새 후의 일이다. 원으로 들어간 충숙왕이 곤경에 처할 것이란 사실을 알았기에 이들은 섬으로 들어가지도 않고 홍주(충남) 근처에서 유유자적하며 유배 조치를 비웃었던 것이다. 그렇다면 충선왕의 부재에 따라 충숙왕에게도 위기가 닥치리란 사실은 누구나 알고 있었다는 얘기다.

충숙왕이 왕위를 비우고 장기간 고려를 떠나 있었기 때문에 위험에 빠진 것은 아니었다. 다시 말해서 고려에 있었다고 해도 역시 위험은 피할 수 없었다는 뜻이다. 충숙왕이 뒤늦게야 황급히 원으로 향한 것은 오히려 고려에 그대로 눌러앉아 있을 때 더 큰 위기를 생각했기 때문이고, 뒤늦은 입원은 이를 감지하고 타개하기 위한 것이었다고 할 수 있다.

그런데 원에 들어가서도 충숙왕의 처지에서는 다가올 위기를 타개한 마땅한 묘책이 없었다. 충숙왕은 부왕처럼 원 공주의 소생도 아니었고 원의 황실과 결혼 관계가 있는 것도 아니었으니 마땅히 기댈 곳도 없었다. 이를 보여주는 단적인 사례가 있는데, 충숙왕이 원의 대도에 당도해서 유숙한 거처가 바로 고려인 출신 환관 백안독고사伯顔禿古思의 집이었다는 사실이다.

백안독고사는 고려의 사노비 출신으로 스스로 거세하고 환관이 된

자인데, 그가 어떻게 원으로 들어가 인종 황제를 모시는 환관에까지 올랐는지는 분명치 않지만 황실의 대단한 실력자였다. 그는 바얀투쿠스라는 몽골식 이름으로 더 유명한데, 이 환관이 바로 충선왕과 알력을 일으키다가 충선왕을 티베트로 유배 보내는 데 결정적 역할을 했던 인물이다. 원으로 들어간 충숙왕이 부왕을 유배시킨 환관의 집에 거처를 정했다는 것은 몽골 황실 안에서 그 밖에 마땅히 의지할 언덕이 없었기 때문이다.

또한 충숙왕은 입원하기 직전의 인사에서 바얀투쿠스의 동생인 임서任瑞를 밀직부사에 발탁하기도 했다. 충숙왕의 이런 인사 발령 역시 황실의 실력자인 바얀투쿠스를 염두에 둔 처사였다.

충숙왕은 그만큼 고단한 왕이었고 고려 국왕으로서의 기반이 너무 취약했다. 고려에서나 원에서나. 여기에 심양왕瀋陽王이라는 자가 고려 왕위를 호시탐탐 노리면서 원의 대도에서 기회를 엿보고 있었으니, 바야흐로 충숙왕은 심양왕과 일전을 치르지 않으면 안 될 상황에 돌입한 것이다.

양자의 대결을 살피기 전에 우선 심양왕이란 존재에 대해서 알아봐야 할 것 같다.

2. 심양왕

심양 지방의 고려 유민들

입원한 충숙왕은 심양왕과 고려 왕위를 놓고 일전을 벌인다. 이것이 심왕 옹립 책동인데, 정확히 표현하자면 심양왕이 충숙왕으로부터 고려 왕위를 빼앗으려는 책동이었다. 이 책동의 주역인 심양왕에 대해 우선 살펴볼 필요가 있다.

심양왕이라는 왕호는 심양瀋陽이라는 지명에서 따온 것이다. 심양은 현재 중국의 요녕성(랴오닝성) 성도인 바로 그 심양(선양)인데, 이곳은 요양遼陽(심양 바로 아래)과 함께 원 간섭기 고려 유민들이 집단적으로 거주하던 곳이었다. 심양왕은 이러한 요양·심양 지방의 고려 유민들을 관할하는 문제와 관련이 있었다.

심양 지방에 고려인들이 집단적으로 거주하게 된 것은 몽골과의 긴 전쟁 기간 동안에 고려 유민들이 이곳으로 흘러들어갔기 때문이다.

이런 유민 속에는 고려를 배반하고 도망친 자, 몽골 군대에 의한 전쟁 포로나, 혹은 포로였다가 도망친 자, 전쟁이나 과중한 부세를 피해 자발적으로 흘러들어간 자 등 여러 부류가 있었다.

제일 먼저 고려를 배반하고 몽골에 투항한 자는 홍복원洪福源으로, 그 때가 몽골과의 전쟁 초기인 1231년(고종 18)이었다. 당시 변방의 지휘관으로 있던 홍복원은 편민編民 1,500여 호와 인근 군민을 이끌고 몽골에 투항했는데, 이후 전쟁 기간 동안 고려를 침략하는 몽골 군대의 향도 노릇을 충실히 했다. 홍복원은 그런 공로를 인정받아 귀부고려군민총관歸附高麗軍民摠管이라는 막중한 직책을 몽골로부터 받았다. 이 직책은 몽골에 투항한 요양·심양 지방의 고려 유민을 관리하는 자리였는데 그 관할 범위가 한때는 북계(평안도 지방)에까지 미쳤다.

이후부터 홍복원의 회유와 강압에 의한 이탈 주민이나, 혹은 전쟁을 피하려는 유민이 대량으로 발생하여 계속 요양·심양 지방으로 흘러들어갔다. 전쟁을 회피하기 위해 지역민 전체가 집단적으로 고려를 배반하고 몽골의 군대에 투항하는 경우도 여러 차례 있었다. 그럴수록 홍복원의 영향력은 커져 갔으니 그의 힘은 고려 정부에서 무시할 수 없을 정도가 되었다. 당시 최이崔怡 정권은 이 문제로 골머리를 앓다가 고려에 남아 있던 홍복원 일족에게 관직을 수여하는 등 회유책까지 동원할 정도였다.

또한 전쟁 기간 동안에는 몽골 군대에 끌려간 포로도 많았는데, 1254년(고종 41) 12월의 기록에는 20만 6천 8백 명의 남녀 포로가 북으로 끌려갔다는 기록이 있다. 이런 기록은 믿기지 않을 정도로 많은 숫자여서 생각해볼 대목이 많다.

이 많은 포로들은 그 한 해 동안에 끌려간 숫자가 아니라 몽골과 전쟁 동안 내내 북으로 끌려간 총수가 아닌가 하는 생각도 든다. 이런 엄청난 숫자가 모두 몽골 군대와 싸우다 사로잡힌 전쟁 포로들은 아니었을 것이다. 아마 이렇게 많은 포로들 중에는 군인 포로는 소수이고 대다수가 일반 백성들이 아니었을까 싶다. 즉 모두 강제적인 포로가 아니라 철수하는 몽골 군대를 자발적으로 따라간 피난민이거나 유민과 같은 처지의 사람들이라는 생각을 지울 수 없다.

그리고 1256년(고종 43) 2월의 기록에 의하면 고려 백성들이 몽골 군대의 침략을 반기었다는 내용도 나온다. 이는 강화도의 최씨 정권에서 파견한 지방관들이 백성들을 착취하고 탄압하는 것에 대한 저항의 표시였다. 이런 기록은 최씨 정권의 착취와 탄압도 유민 발생의 중요한 동기로 작용했다는 것을 시사한다.

특히 침략 길목에 있던 변경 지역에서는 지방세력가의 주도하에 집단적으로 몽골에 귀부하는 경우도 있었고, 심지어는 중앙에서 파견된 지방관이 군현의 주민을 선동하여 몽골 군영으로 들어가 배반하는 경우도 있었다. 이런 배반이나 귀부는 최씨 정권의 전쟁 수행에 대한 저항의 수단이었는데 모두 유민 증가의 원인으로 작용했다. 그렇게 몽골과의 전쟁이 종식될 때까지 유민은 계속 발생하여 북으로 흘러들어 갔다. 모두 다 최씨 정권의 끈질기고 기나긴 대몽항쟁이 드리운 짙은 그림자였다.

전쟁이 진행되는 동안 북으로 흘러들어간 고려 유민들은 점차 심양 지방에 집단적으로 모여 거주하게 되었다. 고려 유민들이 왜 하필 심양 지방을 중심으로 거주하게 되었는지는 잘 모르겠으나, 이 지역을 개발하기 위한 몽골 제국의 정책이 작용하지 않았나 생각된다. 심양은 요遼·금金 시대까지만 해도 군사 요충지로 중요한 곳이었는데, 금이 멸망하면서 병란으로 폐허가 되었다는 점에서 그런 생각이 든다.

이렇게 심양 지방에 거주한 고려 유민의 규모가 얼마나 되었는지는 직접적인 기록이 없어 정확히 알 수 없다. 다만, 앞서 홍복원이 고려를 배반하고 투항할 때 편민 1,500여 호와 인근 군민을 이끌고 투항했다는 기록을 참고할 수 있을 것이다. 그 이후에 30여 년 전쟁이 진행되는 동안에도 이곳으로 향하는 고려 유민은 계속되었으니까 심양 지방의 고려 유민은 그 몇 배가 되었으리라 짐작된다.

《원사》〈지리지〉'심양로瀋陽路' 조에는 1330년대를 기준으로 심양의 호수를 5,180호라고 기록하고 있고 인구 수는 기록이 없다. 참고로 인근에 있던 요양의 호수는 3,708호, 인구 수는 1만 3천 231명으로 나타나 있는데, 이를 참고하면 심양의 인구를 대략 1만 7천여 명으로 추정할 수 있다. 이들이 하나같이 모두 고려 유민들은 아니었을 테지만 대강 그 규모를 엿볼 수 있을 것이다.

고려 유민 관할권 문제

홍복원이 귀부고려군민총관으로서 요·심 지방의 고려 유민을 관할하면서 몽골 침략의 향도 역할을 하던 중에 중요한 사건이 하나 터진다. 홍복원이 고려 왕족 출신인 영녕공 왕준永寧公 王綧과 반목하다가 죽임을 당한 것이다. 1258년(고종 45) 6월의 일이었다.

영녕공 왕준은 1241년(고종 28) 4월 고려 정부에서 몽골에 인질로
보낸 인물이다. 당시 몽골이 항복 조건으로 국왕의 친조를 요구해서
영녕공을 국왕의 친자라 속이고 보냈는데, 이 왕준도 결국 귀화하면
서 몽골 군대의 향도가 되어 고려의 항복을 압박하는 데 앞장서게 된
다. 게다가 그는 몽골 황실의 여성과 결혼까지 하면서 그의 정치적 위
상이나 역할이 홍복원을 앞서게 되었다. 이 무렵 홍복원과 왕준은 고
려 유민을 양분하여 관할한 것 같다.

이 문제로 당연히 양자 사이에 갈등과 반목이 생기고 결국 홍복원
이 황제의 분노를 사서 죽임을 당하게 된 것이다. 홍복원의 죽음은 영
녕공과 요·심 지방의 고려 유민 관할권을 놓고 반목하다가 홍복원이
패배한 것을 의미했는데, 여기에는 영녕공 부인의 힘이 크게 작용했
다. 홍복원이 죽으면서 고려 유민에 대한 관할권은 자연스레 왕준에
게 넘어왔다.

그런데 홍복원의 아들 홍다구洪茶丘가 아비의 원한을 갚고자 고려
왕족에게 당했다는 화풀이로 더욱 고려를 괴롭혔다. 홍다구는 그 아
비가 했던 것보다 한 술 더 떠 고려의 항복을 받아내려는 몽골 군대의
앞잡이가 되어 막바지 전쟁에서 몸을 아끼지 않고 고려 침략의 선봉
에 선다. 그 공을 인정받아 홍다구는 1261년(원종 2) 세조 쿠빌라이로
부터 마침내 관령귀부고려군민총관을 제수받는다. 이 직책은 심양 지
방의 고려 유민 관할이라는 아비 홍복원의 직책을 그대로 세습한 것
이다.

이어지는 진도와 제주도의 삼별초 반란 진압과 두 차례 일본원정에
서도 홍다구는 항상 선봉에 서서 무공을 떨쳤다. 그 결과 정동행성征

東行省 우승右丞을 제수받았는데 이 무렵 홍다구의 위세는 고려 국왕도 안중에 없을 정도였다. 이어서 제국 내의 반란 진압에도 참여하면서 변함없는 쿠빌라이의 총애를 바탕으로 요양행성遼陽行省 우승에까지 오르고, 1291년(충렬왕 17) 48세의 나이로 죽는다. 여기 우승이라는 직책은 지방 정부의 차관 격으로 장관인 우승상右丞相이 결원일 때는 지방 장관으로서 고려 국왕과 맞먹는 직책이었다. 그의 눈부신 출세는 고려를 마음껏 탄압한 결과였다.

그 사이 1260년(원종 2) 총관을 맡아 고려 유민을 관할하던 왕준은 1283년(충렬왕 9) 61세로 죽는데, 그 전에 왕준의 둘째 아들도 고려 유민 관할권을 이어받고 홍다구와 함께 삼별초 진압과 일본원정, 제국 내의 반란에도 참여하여 홍다구와 거의 같은 길을 걷는다. 그리고 왕준의 셋째 아들에게도 고려 유민을 관할하는 총관 직과 함께 요양행성의 관직이 주어진다. 이를 보면 세조 쿠빌라이는 고려에서 귀부한 두 가문을 무공으로 경쟁시키며 적절히 통제했던 것으로 보인다.

한편 홍다구가 출세하면서 관직이 오르고 심양 지방의 고려 유민에 대한 관할권이 아들 홍중희洪重喜에게로 이어진다. 홍중희를 말하기 전에 먼저 홍다구의 동생인 홍군상洪君祥을 잠깐 언급하자면, 그도 처음에는 고려 유민 관할과 관련이 있었다. 1266년(원종 7)에 홍군상이 고려인 3백 명을 병사로 구성하여 만수산萬壽山 축성과 통주通州의 운하 개통에 참여했다는 사실에서 이를 알 수 있다. 하지만 이후 홍군상은 남송 정벌에 주로 참여하면서 고려 유민 관할에서 멀어지는데, 전성기 때 몽골 중앙 정부의 요직을 여러 차례 역임한다. 홍군상은 1309년(충선왕 1)에 죽는데, 그가 말년에 요양행성의 우승과 평장정사 등

요직을 두루 거친 것을 보면 요양·심양 지방이 그의 세력 근거였다는 것만큼은 짐작할 수 있다.

홍다구의 고려 유민 관할권은 아들 홍중희에게 정확이 세습되었다. 1276년(충렬왕 2) 홍중희가 고려군민총관을 이어받고 있는 데서 알 수 있다. 이후 그는 제국 내의 반란 진압에 주로 참여하면서 무공을 세우고 여러 관직을 겸직하지만 고려군민총관이라는 직책은 계속 유지하면서, 1306년(충렬왕 32)에는 숙부 홍군상이 맡았던 요양행성의 우승직도 겸직한다.

이상과 같이 심양 지방의 고려 유민 관할권은 홍복원-홍다구-홍중희 등 홍씨 직계로 정확히 세습되었음을 알 수 있다. 그 사이 홍복원에서 홍다구로 넘어오면서 영녕공 왕준과 그 아들들에게도 잠시 고려 유민 관할권이 분할되었지만, 왕준의 후손들은 그 후 중앙의 관직으로 진출하여 이후부터는 고려 유민 관할권에서 점차 멀어진 것으로 보인다.

그런데 고려군민총관과 요양행성의 장관으로 있던 홍중희는 1309년(충선왕 1) 갑자기 장주漳州(복건성)로 유배 조치를 당한다. 유배 가는 도중에 항주杭州에 이르러 사면을 받아 돌아왔지만 심상치 않은 일이었다. 그리고 다음 해에 죽는데, 숙부 홍군상이 그 전년에 죽었으니 연달아 홍군상과 홍중희 두 인물이 죽고 이후 홍씨 가문의 위상은 원 제국에서 빛을 잃게 되었다.

그렇게 승승장구하던 홍씨 가문은 왜 빛을 잃게 되었으며, 홍중희는 왜 갑자기 유배를 당하는 정치적 실추를 겪게 되었을까? 그 시점이 중요한데, 그 때가 바로 충선왕이 무종 황제를 옹립한 공으로 심양왕으로 책봉되었다는 사실을 놓칠 수 없다.

심양왕이라는 왕위

충선왕은 원의 황제 계승 싸움에 뛰어들어 무종 황제를 옹립하는 데 제국 내에서 제일 큰 공을 세우고 심양왕으로 책봉되었다. 이에 대해서는 앞의 책 《혼혈왕, 충선왕》에서 상세히 설명했으니 생략하겠지만, 그 때가 1307년(충렬왕 33)이었다. 그리고 부왕 충렬왕이 죽음으로써 다음 해 고려 왕위까지 세습한다.

이로써 충선왕은 한 몸으로 심양왕과 고려왕이라는 두 왕위를 겸하게 된 것이다. 이는 원 제국 내에서 전무후무한 매우 특별한 사례인데, 우선 여기서는 심양왕이라는 왕위에 대해서 주목하고자 한다. 심양왕이 지금까지 살펴보았던 심양 지방의 고려 유민 관할과 어떤 관계가 있는지가 중요한 문제이기 때문이다.

원대 제왕 체제에 의하면, 황제 아래에 여러 제왕諸王을 책봉해두고 있었다. 처음에는 황제의 여러 형제나 아들들을 우대하면서 황제 계승에서 제외된 대가로 책봉했었다. 그 후 황제의 사위나 친족으로까지 범위가 확대되고 국가에 대한 뛰어난 공신도 제왕으로 책봉했다. 이렇게 제왕 책봉이 확대된 것은 몽골 제국의 5대 칸인 세조 쿠빌라이 시대에 와서 그랬는데, 아마 광대한 제국을 화합시키기 위한 통치 차원이 아니었을까 생각한다.

제왕에는 '○○왕'이라 하는 이자二字 왕과 '○왕'이라 하는 일자一

字 왕이 있었는데 일자 왕이 더 우위에 있었다. 쿠빌라이의 아들 칭킴 태자에게 주어진 연왕燕王이나 충선왕의 장인인 카말라에게 주어진 진왕晉王이 그런 예다. 이런 일자 왕은 황제의 적통에게만 주어진 것 같다. 충선왕은 무종 황제를 옹립한 공신으로서 처음에는 심양왕으로 책봉되었으며 나중에 일자 왕인 심왕으로 격상되었다.

그런가 하면 제왕에는 지역 명칭을 띤 경우와 그렇지 않은 경우 두 가지가 있었다. 지역 명칭을 띠지 않은 경우는 왕위에서 물러나 있던 충렬왕에게 성종 황제가 내려준 일수왕逸壽王의 예가 있다. 이 경우는 실권이 전혀 없는 명예적인 작위로 그친 것 같다. 그리고 지역 명칭을 띤 경우는 운남왕雲南王·안서왕安西王·회녕왕懷寧王 등이 있는데, 이 경우는 해당 지역에 대한 영향력과 통치권을 행사했다. 서양 중세의 분봉제나 중국 고대의 제후 책봉 제도를 연상하면 좀 더 이해하기 쉬울 것이다. 심양왕은 지역 명칭을 띤 제왕이었으니 당연히 심양 지방에 대한 통치권을 행사했다.

그리고 지역 명칭을 띤 제왕에는 고려왕도 포함된다.《원사》〈제왕표〉에는 여러 제왕들과 함께 고려왕도 나열되어 있는데 그 순서가 심양왕 다음에 위치하고 있다. 이는 고려왕이 심양왕보다 서열이 낮았다는 것을 뜻한다. 아마 원 제국의 제왕 체제 속에서는 그러한 제왕들 간의 서열 인식이 있었던 것 같다. 충선왕이 두 왕위를 겸하고 있다가 양위할 때 고려왕을 먼저 양위하고 심양왕을 더 오래 지녔다는 사실도 고려왕보다 심양왕을 더 중히 여긴 탓이 아닌가 한다.

지역 명칭을 띤 제왕은 해당 지역에 대한 지배권을 행사했을 뿐만 아니라 그 왕위를 자식에게 세습할 수도 있었다. 그래서 심양왕도 당연히 자식에게 세습되면서 심양 지방에 대한 지배권을 행사했다. 그렇다면 앞에서 살펴본 심양 지방의 고려 유민 집단에 대한 심양왕의 영향력이나 지배권은 당연한 일이다.

이것을 뒷받침해주는 사실이, 1308년(충선왕 즉위년) 10월에 심양로 사람들이 충선왕에게 잔치를 베풀었다는 역사 기록이다. 이때는 충선왕이 심양왕에 책봉된 후, 충렬왕이 죽자 다시 고려 왕위를 계승하기 위해 원에서 환국한 직후다. 충선왕에게 잔치를 베푼 여기 심양로 사람들이란 바로 심양 지방의 고려 유민을 대표하는 사람들을 말하는데, 이들이 개경까지 찾아와 심양왕이 된 충선왕에게 연회를 베푼 것이다. 심양왕이 심양 지역의 고려 유민에 대해 아무런 구속력이 없었다면 이런 일은 이해하기 어려운 것이다.

또한 1310년(충선왕 2) 5월에는 황제가 특별한 명령을 내리는데, 심양 지방의 관리들은 반드시 심양왕을 거쳐서 황제에게 보고하라는 것이었다. 이런 조치는 심양왕이 심양 지방에 대한 통치권을 행사했다는 것을 직접 보여준다. 아울러 여기 심양의 관리들 속에는 당연히 고려 유민을 관할하는 총관도 해당될 것이니 심양왕이 고려 유민 집단을 관할했다는 것은 분명한 것 같다.

그리고 심양왕은 심양 지방을 지배하는 왕으로서 그 왕부王府의 존재도 기록에서 확인할 수 있다. 이 왕부는 심양왕의 행정 사무를 처리하는 일종의 관청 같은 것으로 여기에는 필요한 속료들도 구성되어 있었을 것이다. 그래서 심양 지방의 고려 유민들에 대해서도 심양왕의 왕부에서 당연히 관할했을 것이지만 더 이상 구체적인 기록이 없어 언급하기 어렵다.

이렇듯이 심양왕이 심양 지방의 고려 유민 집단에 대한 영향력이나 지배권을 행사했다면, 충선왕이 심양왕으로 책봉되었다는 사실은 지금까지 고려 유민 집단을 관할하던 홍중희에게는 큰 타격이었을 것이다. 이 부분에서 양자의 갈등을 쉽게 예상할 수 있다. 심양의 관리들에게 내려진 앞서 황제의 특별 명령은 그것이 잘 지켜지지 않았음을 반영하는 것이기도 한데 여기에는 홍중희의 방해 공작이 작용했을 개연성이 크다. 앞에서 언급한 홍중희의 갑작스런 유배는 이런 양자의 갈등에서 비롯되었으니 그 과정을 살펴볼 필요가 있다.

심양왕 충선왕과 홍중희

충선왕이 심양왕에 책봉되었을 때 홍중희는 고려군민총관이라는 고려 유민 관할 직책을 그대로 지니고 있었다. 그렇다면 양자가 모두 고려 유민 집단에 대한 관할권을 행사했을 것이다. 유민 관할권은 총관을 맡고 있는 홍중희가 직접적으로 행사했을 것이지만 심양왕은 총관보다 분명 우위에 있었다. 즉 충선왕은 홍중희보다 정치적으로 당연히 위상이 높았다. 그것은 충선왕이 심양왕에 책봉되었기 때문만이 아니라 무종 황제를 옹립한 공신이라는 정치적 위상이 있었기 때문이다.

홍중희의 처지에서는 충선왕을 상대하기에 버거웠다. 하지만 그도 원 황실과 선이 닿지 않은 것은 아니었다. 아비 홍다구가 삼별초 진압과 일본원정에서 세운 무공으로 세조 쿠빌라이의 절대적 신임을 받은 바 있었기 때문이다. 게다가 홍중희는 원의 황제 계승 싸움에서 충선왕과 노선이 같은 무종 황제를 지지하는 입장에 섰으니 쉽게 무시할 수 있는 존재도 아니었다. 이런 홍중희가 충선왕을 상대하려면 비빌 언덕은 원 황실밖에 없었다.

홍중희에게 마침 좋은 기회가 왔으니 황태후가 새로운 사찰을 조영한다는 소문을 들었다. 이 황태후는 당시 무종 황제의 모후인 흥성태후로서 충선왕과 숙위 시절부터 아주 친밀한 관계였다. 홍중희는 그 소문을 듣고 황태후에게 이렇게 제안한다. "백두산에는 좋은 제목이 많습니다. 심양의 군사 2천 명을 징발하여 벌채하고 이를 압록강으로 흘려보내 고려에서 배를 동원해 수송하면 편리할 것입니다."

이 사업은 홍중희의 생각대로 추진되었다. 불교를 혹신한 태황후를 잘 아는지라 당시 원에 머물고 있던 충선왕도 달리 이를 저지할 방법이 없었다. 1309년(충선왕 1) 3월, 이 사업을 위해 고려에서는 배 백여 척과 쌀 3천 석을 급히 마련하느라 한바탕 난리를 치른다. 여기서 홍중희가 황태후에게 심양의 군사를 거론한 것은 심양 지방의 고려 유민에 대한 자신의 영향력을 확인시키려는 수법이었다.

충선왕에 대한 홍중희의 견제는 이것으로 끝나지 않았다. 충선왕이 고려 관제를 함부로 고쳤다고 원의 중서성에 호소하기도 했다. 충선왕은 부왕이 죽고 고려 왕위를 계승한 직후 관부의 통폐합을 단행했었다. 중앙의 6부를 3부로 축소한 것이 대표적인데 이 과정에서 관직을 잃은 자, 강등된 자, 심지어 유배당한 자 등 희생이 뒤따랐다. 이 문제를 홍중희가 걸고넘어진 것이다. 충선왕은 1309년(충선왕 1) 3월, 통합된 중앙 3부部를 1년 만에 4사司로 다시 원상 복구시키고 유배당한 자나 강등된 자들을 복직시켰다. 여기에는 피해를 입은 관료집단의 반발도 작용했지만 홍중희의 견제가 더 강하게 작용했던 것이다.

충선왕은 홍중희를 간단히 퇴치할 수 있는 인물이 아니라는 사실을 깨달았다. 일개 환관이나 역관 정도만 되어도 고려 국왕을 얼마든지 궁지에 몰아넣을 수 있는 시대였다. 충선왕이 고려 왕위에 즉위하자 마자 황급히 다시 원으로 들어간 데는 이런 홍중희의 집요한 견제도 단단히 한몫했다는 생각이 든다. 원 조정에서 자신을 둘러싸고 어떤 일이 벌어질지 안심할 수 없었던 것이다.

마침내 홍중희는 충선왕을 향해 비장의 카드를 꺼내든다. 즉 충선 왕이 한 몸으로 두 왕위를 겸하고 있다는 지극히 타당하고 합리적인 문제를 원 황제에게 제기한 것이다. 충선왕으로서는 가장 아픈 곳을 찔리고 만 꼴이었다. 이러한 문제 제기는 누구나 할 수 있는 일이었지 만 홍중희에게는 심양 지방의 유민 관할권을 놓고 심양왕과 이해가 충돌하는 처지에서 아주 적절한 호재였다.

여기에 더하여 홍중희는 충선왕이 원의 국법을 따르지 않고 방자하 고 횡포하다며 중서성에 무고까지 하였다. 이 무고는 충선왕의 관부 통폐합과 같은 조치를 두고 한 말이었는데, 충선왕에게 아픈 기억과 함께 두려움을 안겨주기에 충분했다. 왜냐하면 10여 년 전, 충선왕은 1차 고려왕에 즉위한 후 수개 월 만에 왕위를 빼앗겼던 경험이 있었 기 때문이다. 그 때도 충선왕의 개혁을 두고 반대세력들이 국법을 따 르지 않는다는 모함을 했던 것이다.

홍중희는 충선왕을 중서성에 제소하면서 대질까지 요청했다. 고민 하던 충선왕은 홍성태후에게 손을 내미는데, 마침 고려인 출신 환관 방신우方臣祐(몽골명: 망골타이)가 태후궁에 입시하던 중이라 다행히 그의 도움을 받을 수 있었다. 방신우는 흥성태후에게 이렇게 알렸다. "홍중희는 고려에서 죄를 짓고 도망친 백성입니다. 감히 거짓말로 속이고 본국을 뒤엎으려고 하여 그 죄가 죽어 마땅한데, 도리어 국왕과 대질시킨다는 것이 옳은 일입니까?"

흥성태후는 사태를 깨닫고 대질 없이 당장 홍중희에게 장형을 내리고 조주潮州(광동성)로 귀양 보냈다. 태후는 홍중희와 충선왕 중에서 충선왕을 분명히 지지한 것인데 과거 인연을 생각한다면 당연한 일이었다. 이게 1309년(충선왕 1) 10월의 일로, 《원사》에는 앞서 언급한 대로 홍중희가 조주가 아닌 장주로 귀양 가다가 항주에 이르러 사면을 받고 돌아왔다고 하였다. 홍중희와 충선왕의 싸움에서 홍중희에게 너무 과중한 벌이 내려졌다는 판단으로 곧이어 사면이 내려진 것으로 보인다.

홍중희가 유배당하고 충선왕은 이듬해 4월 이자 왕인 '심양왕'에서 일자 왕인 '심왕'으로 위상이 더욱 높아진다. 충선왕에 대한 변함없는 원 황실의 지지 표시로 충선왕의 분명한 승리였다. 하지만 홍중희가 사면을 받고 돌아왔으니 안심할 일은 아니었다.

입성책동이란?

유배에서 사면 받고 돌아온 홍중희는 충선왕을 공격하는 마지막 방법으로 치명적인 수단을 동원했다. 그것은 고려에 행성行省을 세워 제국의 일개 지방 행정구역으로 만들자는 주장이었다. 이를 '입성책동立省

策動' 이라 부른다. 이런 입성책동에 대해서는 배경 설명이 좀 필요하다.

원 제국은 정복전쟁을 마무리 한 뒤 제국의 영역을 11개의 행성으로 나누어 지방 통치를 시행한다. 《원사》〈지리지〉에 의거하여 이들 지방 정부를 모두 열거하면 다음과 같다.

① 영북등처행중서성嶺北等處行中書省(영북행성)

② 요양등처행중서성遼陽等處行中書省(요양행성)

③ 하남강북등처행중서성河南江北等處行中書省(하남강북행성)

④ 섬서등처행중서성陝西等處行中書省(섬서행성)

⑤ 사천등처행중서성四川等處行中西省(사천행성)

⑥ 감숙등처행중서성甘肅等處行中書省(감숙행성)

⑦ 운남제로행중서성雲南諸路行中書省(운남행성)

⑧ 강절등처행중서성江浙等處行中書省(강절행성)

⑨ 강남등처행중서성江南等處行中書省(강남행성)

⑩ 호광등처행중서성湖廣等處行中書省(호광행성)

⑪ 정동등처행중서성征東等處行中書省(정동행성)

이들 11개 영역의 지방 정부는 제국의 중앙에 있는 중서성의 지방 출장소와 같은 것으로 지역 명칭 뒤에 행중서성(줄여서 행성)을 붙인 것이다. 이것은 지금의 미합중국에서 연방 정부 산하의 51개 주정부와 거의 성격이 같은 것으로, 현재 중국의 호남성이니 사천성이니 하는 지방 행정 단위인 성省의 기원이 여기 행성行省에서 시작한다.

여담이지만, 원 제국의 여러 제도를 살피다보면 정말 탁월했다는 생각에 감탄을 금치 못할 때가 많다. 그중에 하나가 지금 설명하고 있는 지방 행정제도인 행성 체제이다. 이게 지금까지 중국의 지방 행정 체제로 유지되고 있다는 것은 그만큼 생명력이 강했다는 얘기고, 또한 이게 광대한 대륙을 통치하는 데 탁월한 발명품이라는 뜻이다. 이게 문화적 전통도 보잘것없었던 유목 민족인 몽골족이 창안했다는 것은 정말 놀라운 일이 아닐 수 없다.

이 11개의 행성 중에서 ② 요양등처행중서성(줄여서 요양행성)은 지금까지 설명해온 고려 유민들이 집단적으로 거주한 심양과 요양 지방이 속해 있고, ⑪ 정동등처행중서성(줄여서 정동행성)은 바로 고려를 의미한다.

그런데 정동행성은 나머지 10개 행성과 비교하면 매우 독특한 성격을 지니고 있었다. 정동행성은 명칭에서 알 수 있듯이 일본원정을 계기로 설치했다가 일본원정을 포기하면서 폐지와 설치를 반복했다. 그 과정에서 정동행성의 성격은 제국의 다른 지방 행성과는 다르게 대일본 방어를 위한 원과 고려 사이의 단순한 연락 기관 정도로 변하였다.

정동행성의 치폐와 관계없이 고려 국왕은 당연 직으로 정동행성의 장관인 우승상이나 좌승상을 겸직하도록 했다. 하지만 장관인 우승상 이하의 여타 관리는 결원으로 놔두어 제국의 지방 행성과 같은 기능은 제대로 발휘할 수 없었다. 이는 형식적으로는 고려를 제국의 한 행성으로 취급한다는 것을 의미하지만, 실제는 정동행성의 기능이 제대로 발휘되지 않아 고려 왕조의 독립성을 크게 훼손하지는 않았다는 것을 말해준다. 제국 내의 다른 행성 체제와는 형식과 내용이 전혀 달랐기 때문이다.

하지만 정동행성의 우승상을 고려 국왕이 겸직하면서 동시에 그 이하 관원이 정원대로 채워지면 문제가 달라진다. 이럴 경우에 성을 세운다는 뜻으로 '입성立省'이라고 부르는데, 이때는 정동행성도 제국 내의 다른 행성 체제와 형식과 내용이 같아져 고려 왕조의 자주성에 큰 훼손을 가져오기 때문이다.

그러나 이런 입성의 경우에도 자주성에 상처를 입긴 했지만 실제로는 원의 내지와 똑같이 취급하지는 않았던 것 같다. 즉 원 간섭기 동안 몇 차례 입성이 이루어져 원 조정의 간섭과 통제가 강화되긴 했지만 독립 국가로서 고려 왕조는 유지되었던 것이다. '입성책동'은 이러한 '입성' 문제에서 출발한다.

지금 홍중희가 주장하는 입성책동은 이러한 입성에서 한걸음 더 나아가 고려 왕조를 아예 원 제국의 다른 행성과 같은 내지로 만들자는 것이었다. 이럴 경우 고려 왕위는 소멸되고 고려 국왕은 정동행성이라는 원 제국의 일개 지방 행정 단위의 장관으로 전락하는 것이다. 쉽게 말해서 고려 왕조는 사라지는 것이다.

그러면 당연히 몽골의 관원과 군사들이 상주하여 행정·군사·사법을 담당하고, 고려의 모든 중앙과 지방의 행정 기구는 혁파되어 원의 제도가 도입된다. 아울러 고려에서 거둔 조세도 원 조정의 재정 수입으로 일단 들어갔다가 다시 관리의 봉록 등으로 지출될 것이다. 결국 홍중희가 주장한 입성책동은 고려 왕조를 끝장내고 원 제국에 흡수 통합시키자는 것이었다.

홍중희의 입성책동

그런데 홍중희가 제기한 입성책동 이전에 첫 번째 입성책동이 1302년(충렬왕 28)에 있었다. 이때 정동행성을 제국 내 다른 행성과 같이 복원하고 ② 요양행성과 ⑪ 정동행성을 합쳐서 그 치소를 동경(요양)에 두자는 것이었다. 두 행성을 합쳐서 그 치소를 요양에 두자는 말은 정동행성을 제국 내 다른 행성과 같이 취급하고 이를 요양행성으로 흡수 병합하겠다는 뜻이다. 이는 고려를 원 제국의 일개 지방 행성으로 취급하는 것도 아닌, 요양행성의 통치를 받으라는 것이었다. 이는 단적으로 말하자면 고려 왕조의 완전한 멸망을 의미했다.

이때의 입성책동을 주도한 자는 누구였는지 드러나지 않는데, 요양행성에서 주장했다는 것으로 보아 홍씨 일족밖에 없다. 왜냐하면 이 입성책동이 성공해서 그대로 추진된다면 제일 크게 이익을 볼 사람이 그들밖에 없기 때문이다. 이 무렵 홍다구는 죽고 없었고 그 동생 홍군상은 요양행성의 우승으로, 아들인 홍중희는 고려 유민을 관할하는 총관 직을 맡고 있었다.

당시 충렬왕은 고려 왕조의 존망이 달린 이 입성책동을 반대하면서 황제(성종)한테 표문을 올리고 동시에 중서성에도 글을 올렸다. 그중 황제 표문 내용은 이렇다.

정동행성을 둔 것은 본래 왜구를 방어하기 위한 것입니다. 동경(요양)에서 개경까지 1천 5백 리요, 개경에서 합포(마산)까지 1천 4백 리나 되는데, 만약 정동행성을 동경으로 옮겨놓는다면 합포에서 긴급한 일이 발생하여 보고할 일이 생기면 오고가는 데 수천 리가 되어 제때에 미치지 못할 것입니다. 청컨대 옛 제도를 그대로 하여 동방을 진압하게 하소서(《고려사절요》 22. 충렬왕 28년 12월).

입성을 반대하는 표문 내용의 핵심은 일본 방어를 위해서 정동행성을 요양행성과 병합하지 말고 예전대로 존치하는 것이 반드시 필요하다는 것이었다. 일본원정이 실패로 돌아가고 합포(마산)에는 진변만호부鎭邊萬戶府라는 대일본 방어사령부가 있었는데, 이를 개경이 아닌 요양에서 관할하기에는 너무 멀다는 지극히 현실적인 이유였다.

이 첫 번째 입성책동은 다행히 충렬왕의 주장을 수용해 큰 문제없이 무위로 그친다. 이 무렵은 홍군상과 홍중희 등 홍씨 일족이 요양행성과 고려 유민을 관할하면서 그들의 영향력이 최고조에 달했을 때였다. 당시 충렬왕이 복위한 후 고려 정치가 혼란한 틈을 이용해 책동을 일으켰지만 충렬왕의 반발로 무산된 것이다.

이렇게 첫 번째 입성책동이 실패하고 지금 두 번째 입성책동이 홍중희에 의해 다시 벌어진 것이다. 첫 번째 경우와 다른 점은 두 행성을 합쳐 그 치소를 요양에 두자는 내용은 빠지고 고려에 대한 단일 행성 설치만을 주장하였다. 첫 번째 입성책동에 비하면 완화된 것이기는 하지만 역시 고려 왕조를 원 제국의 일개 지방 행성으로 전락시키는 것으로 내용은 크게 다를 바가 없었다.

과거에 무산되었던 같은 사안을 또 반복해서 제기했던 것은 홍중희에게 이 문제가 정치적으로 이용해 먹기 좋은 소재였기 때문이다. 아울러 실패하긴 했지만 다시 역전되어 성공할 가능성도 있다는 생각도 작용했을 것이다. 정동행성을 요양행성에 흡수 병합하여 그 치소를 요양에 둔다는 내용은 받아들이기 어렵다고 판단했는지 이번에는 제외시켰을 뿐이다.

이번 두 번째 입성책동은 홍중희가 사면 받아 유배에서 돌아온 직후인 1310년(충선왕 2) 무렵에 제기되었다. 이때 홍중희는 황제가 아닌 중서성에 이 문제를 제기했다. 원대 중서성은 각 지방의 행성을 총괄하는 중앙의 핵심 관부로, 미국에서 50개 주정부를 관할하는 국무성과 비슷한 위상이었다.

홍중희가 황제가 아닌 중서성에 이 문제를 제기한 것은 충선왕과 사적인 감정에서 비롯된 것이 아닌 순전히 제국의 지방 행정을 재편하는 차원의 문제로 보이기 위한 것이었다고 판단된다. 첫 번째 경우 황제한테 입성책동을 제기하다가 실패했으니 이번에는 중서성을 찔러야 승산이 있다고 생각했는지도 모른다.

당시 원에 있던 충선왕은 선대부터 몽골에 신복한 공로를 들면서 반대하여 이번 입성책동 역시 무위로 그쳤다. 하지만 이번 입성책동은 중서성에서 상당히 심각하게 논의되었던 것 같다. 왜냐하면 그 결론이 2년 후인 1312년(충선왕 4) 6월에야 내려지고 고려에 통보되었기 때문이다. 더구나 황제의 행정 명령인 제서制書를 통해 정식으로 고려 정부에 알려온 것이다.

그런데 그 사이 입성을 주장했던 홍중희는 1310년(충선왕 2) 죽는다. 그러니까 홍중희는 문제를 제기해놓고 죽었지만, 그가 죽은 후에도 이 문제가 계속 논의되었던 것이다. 그만큼 이번 입성책동은 사안이 심각했다는 뜻이다.

이번 입성책동은 원에서 깊게 논의하면서 상당히 긍정적으로 검토했던 것 같다. 여기에는 충선왕의 장기간 재원 체류가 그 원인으로 작용했다고 보인다. 심양왕과 고려왕 두 왕위를 한 몸에 지닌 충선왕은 계속 원에 머물고 있었는데 이게 고려 정부에는 말할 필요도 없고 원에서도 논란의 소지가 많았다. 특히 고려 왕위를 지닌 채 몇 년씩 원에 체류한다는 것은 누가 봐도 정상적인 처신이 아니었다.

홍중희는 바로 이 문제로 충선왕을 공격하면서 입성책동을 벌인 것이다. 여기에는 심양왕으로서 충선왕이 행사하는 요양·심양 지방에 대한 간섭과 지배를 배제하려는 의도가 작용하고 있었다. 다시 말해서 이번 입성책동은 요·심 지방의 관할권을 놓고 홍중희와 충선왕 사이의 다툼이 표출된 것으로 볼 수 있다. 두 왕위를 지니고 장기간 원에 체류하던 충선왕이 홍중희에게 약점을 잡히면서 이게 중서성의 관리들에게 먹혀들어 심각하게 논의되었던 것이다.

그런데 충선왕은 이번 홍중희의 입성책동이 있던 무렵인 1310년(충선왕 2) 1월 한때 고려 왕위를 양위하려고 생각했었다. 측근들의 반대로 양위는 무산되었지만, 그해 5월에는 충선왕이 스스로 아들 세자 감鑑을 죽이는 극단적인 행동을 저지르고 만다.

두 사건 모두 이해하기 어려운 일이었는데 이게 모두 홍중희의 입성책동과 무관치 않아 보인다. 충선왕이 갑자기 양위를 고려한 것은 고려 왕위를 지닌 채 장기간의 재원 체류에 대한 비난이 많았기 때문이다. 홍중희는 충선왕이 한 몸으로 두 왕위를 겸하고 있다고 비난하면서 충선왕을 공격하였고 이를 기회로 삼아 입성책동을 일으킨 것이었다.

그래서 충선왕이 양위를 생각했던 것은 홍중희의 입성책동을 막아보려는 계산도 작용했다고 보인다. 그리고 세자 살해는 그런 양위와 관련된 오해나 모함 속에서 저지른 일이 아닌가 싶다.

두 왕위의 분리

홍중희가 죽고 그가 제기한 입성책동도 무위로 그치면서 충선왕은 일단 한숨을 돌릴 수 있었다. 게다가 인종 황제가 즉위한 후에는 충선왕에게 더욱 우호적인 분위기였다. 충선왕을 환국시켜야 한다는 여론의 압박을 누르고 인종이 충선왕에게 원에 좀 더 체류해도 좋다는 허락을 한 것이나, 앞서 홍중희의 입성책동에 대해서도 그것을 수용하지 않겠다는 결정을 내린 것도 인종이 즉위한 후의 일이었다.

하지만 충선왕이 한 몸에 지닌 두 왕위는 홍중희뿐만 아니라 누가보더라도 말썽의 소지가 많았다. 이 문제를 해소하려면 두 왕위 가운데 하나를 벗어던져야 했는데 당연히 고려 왕위가 먼저였다. 왜냐하면 심양왕으로 있으면서 원에 체류하는 것은 당연한 일이었지만 고려왕위를 지닌 채 장기간 원에 체류하고 있다는 것은 비정상적인 일이었기 때문이다.

마침내 충선왕은 1313년(충선왕 5) 3월 고려 왕위를 죽은 세자 감의 동생인 강릉대군 왕도江陵大君 王燾에게 양위하는데 이 이가 고려 27대 충숙왕이다. 이때 충선왕은 39세였으니, 나이로만 보면 아직 양위할 시기는 전혀 아니었다. 하지만 충선왕의 처지에서는 환국에 대한 압박을 회피하기 위한 불가피한 결단이었다.

그런데 충선왕은 양위하면서 동시에 고려 왕세자까지 미리 정했다. 그 세자 자리는 조카인 연안군 왕고延安君 王暠에게 돌아갔다. 왕고는 충선왕의 이복형인 강양공 왕자江陽公 王滋의 둘째 아들로, 충선왕이 아들과 같이 사랑하여 어려서부터 궁중에서 길렀다는 인물이다.

세자 왕고의 몽골명은 완택독完澤禿인데, 나이는 정확히 알 수 없지만 충숙왕과 비슷한 연배가 아니었을까 생각된다. 몽골식 이름이 따로 있는 것이나, 충선왕이 성년 후 거의 대부분의 세월을 원에서 보냈다는 것을 감안하면 세자 왕고 역시 원에서 성장했을 것이다.

충선왕이 고려 왕위를 양위하면서 세자까지 미리 정한 것은 충숙왕에 대한 견제 수단으로써 고려 국정을 계속 장악하겠다는 의지를 드러낸 것이었다. 아울러 여기에는 왕고에 대한 배려도 작용했던 것 같다. 왕고의 아비 강양공은 충렬왕과 정화궁주貞和宮主 사이에 태어난 적손이었지만, 충렬왕이 후에 제국대장공주를 왕비로 들이고 그 사이에서 충선왕이 태어나면서 원 공주 출신 왕비의 소생이 아니라는 이유로 왕위 계승에서 밀려났다. 그에 대한 미안함 때문이었는지 충선왕은 강양공의 세 아들을 매우 우대하는데, 특히 그 둘째 아들 왕고를 대단히 사랑하였으니 세자로 삼은 것도 그 때문이었다.

그런데 충선왕이 고려 왕위를 양위하면서 고려 세자까지 미리 정한 것은 다시 생각해볼 여지가 있다. 이를 앞에서 충숙왕에 대한 견제 때문이라고 설명했지만 그것만으로는 해명이 충분치 않다. 왜냐하면 당시 충선왕의 위상이나 영향력은 인종 황제의 총애를 받으며 최고조에 이르렀으니, 아들 충숙왕을 견제해야 할 만큼 그렇게 민감하게 대응할 시기가 아니었기 때문이다.

충선왕이 양위하면서 충숙왕 다음 국왕인 세자까지 미리 정한 것은 고려의 왕통을 확실하게 세워두기 위한 목적도 있었다고 본다. 이렇게 왕통을 염려했던 것은 홍중희의 입성책동이 중요한 영향을 미쳤다고 할 수 있다. 입성책동은 고려 왕조의 존폐 문제가 걸린 중대한 사안이었으니까 충선왕은 장래의 왕위 계승 문제까지 확립해두지 않으면 불안하다고 판단한 것이다.

아무튼 충선왕은 이제 고려 왕위를 양위했으니 심양왕에서 승격된 심왕瀋王이라는 왕위만 지니게 되었다. 그런데 충선왕은 이 심왕위마저 양위하는데 1316년(충숙왕 3) 3월의 일이었다. 그 심왕위는 고려 세자로 이미 책봉되었던 조카 왕고에게 돌아갔다. 이렇게 하여 충선왕이 한 몸에 지니고 있던 고려왕과 심왕이라는 두 왕위는, 하나는 아들 충숙왕에게 또 하나는 조카 왕고에게 넘긴 것이다.

우선 궁금한 문제는 충선왕이 왜 심왕위마저 양위했을까 하는 점이다. 고려 왕위를 이미 양위한 터라 장기간의 재원 체류에 대한 비난은 수그러들었다. 조카 왕고를 우대하기 위한 것이었다고 생각해볼 수도 있지만, 왕고는 이미 고려 세자로 정해져 장차 고려 왕위에 오를 수 있었다. 이리저리 생각해봐도 석연치 않고 속시원하게 의문이 풀리지 않는다. 이 문제는 일단 제쳐두고 보자.

왕고는 심왕위를 세습하면서 원 공주를 왕비로 맞았다. 충선왕이 황제에게 요청하여 이루어진 것인데, 그 왕비는 원 황실의 종친인 양왕梁王의 딸이었고 양왕은 바로 충선왕의 처남이었다(몽골 황실 세계 참조). 충선왕이 조카인 심왕 왕고에게 얼마나 많은 관심과 배려를 했는지 알 수 있는 일이다.

그런데 충선왕이 심왕위를 왕고에게 양위하기 직전 그해 2월에 충숙왕도 원 공주와 혼인을 위해 원으로 들어갔다. 이어서 그해 7월 충숙왕은 영왕 야선첩목아의 딸에게 장가든다. 이 역시 충선왕이 황제에게 요청하여 이루어진 것이다.

여기서 강조하고 싶은 것은 충선왕이 심왕인 왕고에게 원 공주와 혼인을 맺게 하여 확실하게 고려 왕위에 오를 수 있는 자격을 부여했다는 사실이다. 다시 말하자면 충선왕은 충숙왕 왕도와 심왕인 왕고에게 완전히 동등한 위상을 갖게 만들어주었던 것이다. 이는 뒤에 설명하겠지만 그 의도가 다른 데 있었다.

여기서 왕도와 왕고 양자의 대립이나 갈등은 충분히 예상할 수 있는 일이다. 충선왕은 왜 그랬을까?

가령 이렇게 가정해보자. 충선왕은 자신이 그랬던 것처럼 왕도나 왕고 어느 한 사람에게 두 왕위를 모두 겸임하게 할 수도 있었을 것이다. 그럴 경우 조카보다는 아들인 왕도에게 두 왕위를 겸임하도록 하는 것이 편했을 것이지만 충선왕은 그렇게 하지 않았다. 자신이 한 몸에 두 왕위를 겸하면서 받았던 원 조정의 비난을 다시 감수하게 할 수는 없었기 때문이다.

충선왕은 두 왕위를 모두 양위하고 원에서 만권당을 통해 활동하면서도 고려 국정을 방임하지 않았다. 이를 보면 두 왕위의 양위가 곧 권력에 대한 회피나 염증은 아니었던 것 같다. 시간이 흐르면서 점차 고려 국정에서 멀어지기는 했지만 티베트로 유배당하기 직전까지 충선왕은 고려 국정에 절대적인 영향력을 행사했기 때문이다.

그런데 두 왕위의 분리, 이게 나중에 화근으로 작용한다. 정확히 표현하자면 한때 고려 왕세자였던 심왕 왕고와 충숙왕 사이의 왕위 쟁탈전이 벌어진 것이다. 이 문제가 두고두고 고려 국정을 혼란에 휩싸이게 만드는 불행의 씨앗이 될 줄은 당시에는 충선왕 자신도 까맣게 몰랐을 것이다.

심왕 왕고와 고려왕 왕도

고려왕 왕도는 부왕으로부터 고려 왕위를 계승했을 때 20세의 나이였다. 그때 세자가 된 왕고의 나이는 정확히 나타나 있지는 않지만 20세 전후로 왕도와 비슷했다고 보인다. 충선왕이 왕고를 아들처럼 사랑하여 궁중에서 길렀다는 말에서 그 정도로 짐작된다. 왕고가 고려 왕세자가 되었다는 점에서 어쩌면 왕도보다 나이가 많지는 않았을 수도 있다.

그런데 1315년(충숙왕 2) 1월 충숙왕 왕도에게 아들이 태어나는데, 왕위를 계승한 직후에 들였던 덕비德妃(후의 명덕태후)와의 사이에서 왕자 정禎(후의 충혜왕)이 태어난 것이다. 이 왕자를 생산한 덕비는 홍규洪奎의 딸로서 충선왕이 주선한 결혼인데, 충선왕 자신도 이 홍규의 딸을 왕비로 들인 적이 있었다. 아마 홍규가 권력에 사심이 없다는 점을 높이 산 것이 아닌가 한다.

그리고 왕도에게 왕자가 태어난 1년 후 충선왕은 심왕위를 조카 왕고에게 양위하였던 것이다. 이때 왕고는 고려 세자로 이미 정해진 상태였는데 심왕위를 계승한 것이다. 이 부분에서 앞서 제기한 의문이 풀린다. 충숙왕에게 왕자가 태어나자 고려 왕세자로 있던 왕고의 입지가 어렵게 된 것인데, 이 문제를 해결하기 위해 충선왕은 왕고에게 심왕위를 넘겼다고 볼 수 있다.

바로 이 부분이 나중에 큰 정치적 논란을 불러일으키게 된다. 즉, 왕고가 심왕위를 계승하면서 고려 세자의 자리를 그만두었는지, 아니면 고려 세자 자리를 그대로 유지한 채 심왕위를 계승했는지가 논란의 핵심이었다. 심왕 옹립 책동이 일어나면서 충숙왕은 전자라고 주장하였고 심왕은 후자가 옳다고 주장한 것이다.

충선왕은 심왕위를 조카에게 양위하면서 이 부분을 명확히 정리하지 못했고, 따라서 역사 기록에도 이게 명쾌하게 언급되어 있지 않다. 순리적으로 본다면 왕고는 심왕위를 계승하면서 세자 자리는 그만두었다고 보아야 옳다. 그게 충선왕의 본래 목적이기도 했다. 왜냐하면 고려 세자와 심왕위를 동시에 지녔다면 결국 왕고는 심왕위를 지닌 채 충숙왕의 뒤를 이어 고려왕을 차지할 테고, 그리되면 충선왕과 마찬가지로 두 왕위를 겸할 수밖에 없기 때문이다. 이는 충선왕이 의도한 바가 결코 아니었다.

또한 충숙왕에게 왕자가 태어난 직후에 충선왕이 조카 왕고에게 심왕위를 양위했다는 점도 그때 세자 자리는 그만두었다고 보는 쪽의 근거가 될 수 있다. 충숙왕에게 왕자의 생산은 세자로 있던 왕고의 위치를 애매하게 할 수 있기 때문이다. 하지만 이런 시각은 충숙왕 왕도 측의 생각일 뿐이었고, 심왕인 왕고는 자신이 세자로서 고려 왕위를 계승할 자격이 있다고 생각하였다.

왕고는 심왕에 오르기 전부터 원의 대도에서 생활하면서 충선왕 곁을 지켰다. 그리고 심왕이 된 후에도 왕고는 충선왕과 함께 원의 대도 만권당에서 활동하면서 충선왕을 충실히 따랐다. 1319년(충숙왕 6) 만권당 시절의 충선왕이 중국 남방의 보타산 기행을 할 때 왕고도 함께 호종했다는 사실에서 그런 사정을 짐작할 수 있다. 이렇게 보면 심왕 왕고는 고려왕 왕도 못지않게 충선왕에게 정치적으로 밀착된 인물임을 알 수 있다.

충선왕도 아들 왕도와 조카 왕고에 대해 동등하게 대우하면서 아무런 차별을 두지 않았다. 심왕과 고려 왕위를 두 사람에게 나눠주고, 이어서 두 사람 모두에게 원의 황실과 혼인 관계를 맺을 수 있도록 했다는 것은 바로 그 점을 여실히 보여준다. 하지만 아들인 충숙왕의 처지에서는 바로 그 점이 불만이었을 것이다. 게다가 심왕 왕고가 원의 대도에서 항상 충선왕의 측근에 있다는 것은 고려왕 왕도에게 매우 신경 쓰이는 문제가 아닐 수 없었다.

그러다가 충숙왕의 왕비로 들였던 원 황실의 공주가 갑자기 죽고 만다. 1319년(충숙왕 6) 9월의 일로, 이 공주가 정화공주靖和公主이며 후에 복국장공주濮國長公主로 추증된다. 충숙왕과 이 정화공주 사이에는 후사도 없었지만 더 중요한 문제는 충숙왕이 재임 중에 원 공주와의 결혼 관계가 끝나버렸다는 점이었다. 지금까지 전례로 보자면 이는 재위 중인 충숙왕에게 중대한 문제였다.

선대였던 충렬왕·충선왕 모두 원 공주와의 결혼 관계가 왕권을 행사하는 데 중요한 역할을 했다. 충렬왕은 그 왕비였던 제국대장공주齊國大長公主가 죽자 아들 충선왕에게 왕위를 넘겨야 했고, 충선왕은 그 왕비 계국대장공주薊國大長公主와 불화로 인해 큰 곤경에 처했던 전례가 있었다. 그래서 원 공주 출신 왕비인 정화공주의 죽음은 충숙왕에게 어두운 그림자를 드리우는 불길한 일이었다.

정화공주의 죽음은 심왕과 고려왕 양자의 정치적 균형이 깨지고 무게 중심이 왕고에게 쏠리는 계기가 되었다. 이에 따라 원에서 충선왕 곁을 지키고 있던 심왕 왕고에게는 좋은 기회가 될 수 있었다. 고려왕보다 심왕이 원 황실에서 정치적 우위를 차지하면서 왕고가 얼마든지 고려 왕위를 노려볼 만하게 된 것이다.

하지만 충선왕이 건재하는 동안 이를 실행에 옮길 수는 없었다. 충선왕은 여전히 심왕과 고려왕의 상위에서 양자를 통제하는 위치에 있었기 때문이다. 돌이켜보면, 충선왕은 아들 왕도와 조카 왕고 사이에서 정치적으로 민감한 문제들을 세심하게 판단하여 결단을 내렸던 것 같다. 고려왕 양위와, 이와 동시에 이루어진 세자 책봉, 이어진 심왕위까지 양위한 문제 등은 그 하나하나가 중대한 정치적 사안이었다.

그런데 충선왕이 내린 이런 정치적 판단에서 한 가지 근본적인 의문이 든다. 왜 심왕 왕고를 그렇게 정치적으로 키워줬을까 하는 점이다. 충선왕이 왕고를 아들처럼 사랑해서 그랬다고 설명하는 것은 정치적 맥락을 파악하는 데 아무런 도움이 안 된다. 더구나 이런 문제 때문에 아들 충숙왕과 조카 왕고 사이의 갈등을 예상하지 못하지는 않았을 텐데 말이다.

충선왕이 아들 충숙왕 못지않게 심왕 왕고의 정치적 위상을 제고하기 위해 노력했던 것은 요·심 지방의 고려 유민 관할이라는 본래의 목적을 원활하게 수행하게 하려는 분명한 의도가 있었다고 보인다.

충선왕이 이런 판단을 하게 된 이유는 홍중희와의 다툼에서 일어난 유민 관할 문제나 입성책동이 중요하게 작용한 때문이었다. 이런 문제들을 중심으로 보면 충선왕의 처지에서는 고려왕보다 심왕의 위상을 더 중요하게 판단했을 수 있다.

결국, 1320년(충숙왕 7) 12월 충선왕이 티베트로 유배를 당하는 처지가 되어 양자를 통제하던 권력의 공백이 일어나게 된다. 충숙왕은 고려왕으로서 이제야 제대로 왕권을 행사할 호기를 맞았지만 이는 오래가지 못했다. 앞서 언급한 대로 충숙왕은 황제의 입조 명령을 받고 원으로 들어가는데, 심왕 왕고와 고려 왕위를 놓고 일전을 치르지 않으면 안 될 상황이 기다리고 있었다. 바야흐로 심왕 옹립 책동이 일어난 것이다.

3. 심왕 옹립 책동

조적이라는 인물

충숙왕이 원에 도착했을 때는 심왕 왕고를 중심으로 이미 심왕의 무리들이 형성되어 있었다. 그 중심에는 조적曹頔라는 인물이 있는데, 우선 이 자에 대해서 살펴볼 필요가 있다.

조적은 여기서 처음 등장하는 인물인데 역리驛吏 출신이라는 설도 있지만 출신 신분이 불분명하다. 이는 양반 사대부 가문 출신이 결코 아니라는 뜻이다. 그는 충렬왕 때 내관으로 관직을 시작하였지만 얼마 안 있어 권력의 중심에 접근하였다. 여기에는 두 가지 기회가 작용했다. 하나는 그가 염승익廉承益 첩의 딸에게 장가들었다는 점과 다른 하나는 내관들을 총애했던 충렬왕의 정치와 관련 있었다.

조적의 장인이 되는 염승익은 정통 사대부 가문 출신이었지만 술사와 임기응변의 재주로 이름을 날리면서 충렬왕과 제국대장공주의 총애를 한몸에 받았고 한때 그의 권세가 나라를 기울일 정도였다는 인물이다. 조적이 내관으로 처음 발을 들일 수 있었던 것은 이런 염승익과의 인척 관계가 작용했다고 보인다. 이후 조적은 충렬왕이 정통 관료집단보다는 측근들을 총애하는 정치를 운영하는 속에서 내관으로 점차 권력의 중심으로 접근해갔다.

염승익은 1302년(충렬왕 28) 갑자기 삭발 출가하면서 정계를 은퇴하지만 조적은 그 무렵 내관에서 장군(정4품)으로 승진하였다. 그러다가 1305년(충렬왕 31) 11월 충렬왕이 원으로 들어갈 때 조적은 국왕을 호위하는 무관의 우두머리에 임명되어 충렬왕을 호종할 신하들을 선별하는 일에까지 간여한다. 충렬왕이 입원한 이때가 바로 공주 개가 책동(이에 대해서는 전작 《혼혈왕, 충선왕》 참조하기 바람)이 원으로 옮겨갈 무렵이었는데, 그런 중대한 시기에 국왕을 호종할 신하를 선별할 정도였으니 이미 조적은 그때 충렬왕의 신임이 컸다는 것을 알 수 있다.

그런데 충선왕이 즉위한 후에도 조적은 신임을 받아 중용된다. 여기에는 시류에 잘 편승하는 그의 재주도 한몫했지만 그럴만한 이유가 있었다. 다름 아닌 원으로 비화된 공주 개가 책동에서 사태가 충렬왕 측에 불리하게 전개되자 그가 제일 먼저 사건을 회피하고 도주해버린 것이다. 충렬왕의 핵심 무관으로 국왕을 수행했던 자가 도주해버렸다는 것은 충렬왕을 버린 것이었으니, 이는 충선왕 편에 선 것이나 다름없는 짓이었다. 결국 공주 개가 책동이 실패로 돌아가면서 조적은 충선왕에 의해 다시 중용될 수 있었다.

충선왕이 즉위한 후 국왕이 원에 체류하는 동안에 조적은 우상시(정3품)로 승진하고 사신으로도 발탁된다. 그동안 조적은 권력의 핵심에

서지는 못했지만 충선왕의 신임은 충분히 받고 있었다. 조적은 권한 공·이광봉·채홍철 등과 같이 충선왕의 핵심 측근은 아니었는데, 이게 충숙왕이 즉위한 후에도 실각하지 않고 살아남을 수 있는 발판이 된다. 다만 충숙왕 때도 조적은 권력의 핵심에 들어가지는 못했으니 이는 충숙왕 위에 충선왕이 건재하고 있다는 계산이 작용했을 법하다.

그러다가 조적은 충숙왕의 측근 세력과 정면으로 충돌하는 사태를 일으키고 만다. 조적을 공격한 충숙왕의 측근은 최안도崔安道와 이의풍李宜風이란 자로 그 발단은 사소한 재물 다툼이었다. 조적과 재산 다툼을 벌인 자는 자신의 장인인 염승익의 외손자 허경許慶이었는데, 이때 최안도와 이의풍이 허경을 도와 조적을 공격한 것이다.

최안도는 본관이 해주로 사대부 가문 출신이었다고 생각되지만, 그 어미는 궁비宮婢였다는 기록에서 모계 쪽은 비천한 자였다는 것을 알 수 있다. 그는 내관으로 들어와 충선왕을 원의 대도에서 섬기면서 정치적으로 성장하였으며 이후에는 충숙왕을 섬기는 속료가 된다. 그가 내관으로 출발했다는 점에서 조적과 비슷했는데, 아마 조적의 후배 내관쯤으로 보인다.

조적과 다른 점은 최안도가 충선, 충숙왕의 속료로서 오랜 기간 원에서 생활했다는 점이다. 충숙왕의 속료 생활도 국왕으로 즉위하기 이전 원에서의 일이었으며 그래서 그는 몽골어와 한어에도 능통했다. 이 공으로 최안도는 충숙왕이 즉위한 후 장군으로 발탁되고 많은 토지와 노비를 하사받아 측근 세력으로 자리 잡아갔다.

이의풍은 본래 송宋의 천주泉州 사람으로 고려에 귀화한 인물인데 말 타고 활 쏘는 것을 잘하여 사냥으로 충숙왕의 눈에 든 자였다. 이런 인연으로 이의풍은 10대에 벌써 초급 무관으로 발탁되었고 곧이어 중견 무관으로 승진했으며, 그리고 1321년(충숙왕 8)에는 앞서 인사 발령에서 살펴보았듯이 재상 급에까지 올랐다. 아첨에 능한 자질과 중국인으로 한어에 능통한 덕이었으니 그 역시 최안도와 함께 충숙왕의 측근으로 성장해갔다.

조적이 허경과 재산 다툼을 벌이면서 문제가 커지자 최안도와 이의풍은 조적을 충숙왕에게 모함하였다. 두 사람이 자신들과 무관한 재산 다툼에 끼어들어 조적을 공격한 것은 점차 성장하고 있는 그를 이 기회에 제압하려는 의도였다. 그런데 충숙왕은 이 사건에서 조적의 편에 서서 오히려 두 사람에게 장형을 가하여 귀양 보내버린다. 이때 충숙왕이 조적의 편에 선 것은 그가 충선왕의 총애를 받고 있다고 여겼기 때문이었다. 아마 이때까지만 해도 최안도와 이의풍은 충숙왕의 확실한 핵심 측근이 아니었던 것 같다.

그런데 최안도와 이의풍이 곧 풀려나고 나중에 충숙왕의 측근이 되어 권력의 핵심으로 자리 잡으면서 이제는 조적이 궁지에 몰리게 된다. 조적은 지난날의 복수심에 불타는 그들을 정면으로 상대할 수 없었다. 하는 수 없이 그는 장군으로 있던 고자영高子英이란 자와 함께 원으로 도망쳐 들어갔다. 이게 1319년(충숙왕 6) 12월의 일이었다.

이 사건을 알기 쉽게 설명하자면 충숙왕의 측근 세력들이 형성되어 가는 과정에서 일어난 우위권 다툼이라고 할 수 있다. 최안도와 이의풍이 충숙왕의 새로운 측근 세력으로 자리를 잡아가면서, 조적이 처음에는 승리한 듯 보였지만 결국에는 밀린 것이었고, 마침내 실각하여 원으로 도망쳐 들어간 것이다.

원으로 도망쳐 들어간 조적이 이런 상황에서 취할 수 있는 길은 원에 체류하고 있는 충선왕이나 심왕을 따르는 길밖에 없었다. 충숙왕의 측근들과 맞서려면 그 수밖에 없었다. 그리고 충선왕이 티베트로 유배를 당하자 이후에는 자연스레 심왕을 따르게 된 것이다.

심왕을 좇는 무리들

조적이 원으로 도망쳐 들어갔을 때는 충숙왕이 아직 입원하기 전이었고 그때 심왕 왕고의 주변에는 이미 무리들이 모여들고 있었다. 왕고가 특별한 정치적 야망이 있어서만이 아니라 충선왕의 총애 속에서 물려받은 심왕이라는 왕위 자체만 가지고도 그의 주변에는 무리들이 모여들 수 있었다. 여기에 왕고가 미래 권력으로 물망에 오른다면 말할 나위가 없고 스스로 야망까지 지녔다면 더욱 말할 필요도 없는 일이다.

게다가 불안하고 혼미한 정치상황 속에서는 그 틈을 타고 출세하려는 자들이 줄을 서고 있었다. 그 대부분이 개인적인 사감에 의한 복수심이거나 곤경에 빠진 자들의 새로운 돌파구로써 취한 선택이지만 모두 충숙왕을 위기로 몰아넣는 데 일조를 한다. 앞서 언급한 조적보다 먼저 들어와 일치감치 심왕을 따르는 인물로는 채하중蔡河中이 있었다.

채하중은 충선왕의 측근이었다는 이유로 충숙왕에게 내침을 당했던 채홍철의 아들인데 적자가 아니라 서자였다. 채하중이 언제 원으로 갔는지는 정확히 알 수 없지만 장군이라는 직책을 띤 것으로 보아 심왕을 대도에서 호위하는 무관이었을 것으로 짐작한다. 아비가 충선왕의 측근이었다는 사실을 감안하면 처음에는 충선왕을 원에서 호위하는 무관이었다가 심왕의 무관으로 전환했는지도 모르겠다.

이게 사실이라면 채하중은 진즉 원에 들어와 대도에서 세월을 보냈을 것이다. 그가 원에서 5품의 벼슬을 받았고 합라첩목아哈刺帖木兒라는 몽골식 이름을 갖고 있었다는 점도 일찍부터 원에서 생활했다는 것을 뒷받침한다. 아울러 이것은 그가 원에서도 상당히 활발하게 활동했다는 것도 짐작하게 해준다.

또한 심왕 측근에는 박인평朴仁平이란 인물도 있었는데, 그 역시 내관으로 대장군을 겸하고 있으면서 원으로 도망쳐 심왕의 무리에 합류하였다. 박인평이 내관으로 대장군을 겸하고 있었다는 것은 충숙왕의 총애를 받고 있었다는 뜻이다. 그런 그가 심왕 무리에 가담했던 것은 비리를 저질렀다는 죄목으로 충숙왕에게 내침을 당한 것에 대한 배반이었다.

박인평은 귀양을 당하고도 뇌물을 써서 모면하는데, 이게 1318년(충숙왕 5) 무렵이니 그 이후 언제인가 원으로 피신했던 것 같다. 그는 채하중보다 조금 늦게 심왕의 무리에 합류한 것으로 보인다. 다만 박인평은 채하중이나 조적과는 달리 심왕의 편에 있으면서도 충숙왕을 따르는 척하여 양다리를 걸치며 눈치를 보고 있었다.

심왕을 따르는 무리로 또 양안길陽安吉이란 자가 있다. 그는 조적의 양자로 들어가 환관으로 있었는데 언제 원으로 들어갔는지는 모르지만 원에서 황제를 모시는 위치에 있었다. 황제를 모시는 환관이라면 권력이 있든 없든 그 자체로 고려 국왕도 결코 무시할 수 없는 존재였다. 충숙왕은 그런 양안길의 환심을 사서 후원을 얻고자 양안길의 누이를 박인평에게 시집보내기도 했다. 그런다고 해서 심왕의 무리들이 충숙왕에게 충성할 가능성은 희박했다.

충숙왕이 입원하기 이전에 그렇게 심왕의 무리들은 대도에 이미 형성되어 있었고, 심왕을 위한 활동도 벌써 개시하고 있었다. 그런 속으로 충숙왕이 뛰어든 것이니 어찌 보면 호랑이 굴 속으로 들어온 것이나 다름없는 일이었다. 원에서 달리 비빌 언덕도 없는 충숙왕으로서는 고립무원의 처지라고 해도 크게 틀리지 않는 상황이었다.

그래서 충숙왕이 입원하면서 함께 따라 들어온 관리들도 심왕과 고려왕 사이에서 누구를 좇을지 어찌할 바를 모르고 눈치만 보고 있었다. 그중에는 조적에게 유혹되어 대도에 도착하자마자 심왕 편에 가담한 자가 한 둘이 아니었으니 다음의 유청신과 오잠이 그랬다.

유청신은 충렬왕 때 사신으로 여러 차례 발탁되어 이미 재상 급에 올랐고 충선왕이 즉위한 후에도 계속 중용된 원로대신이었다. 하지만 이는 변신에 능한 그의 처신술 때문이지 관료집단의 신뢰를 받아 원로대신의 역할을 하기에는 부족했다. 그가 원에 들어가서 심왕의 무리에 가담한 것은 조적의 유혹을 받아서만이 아니라 이해득실에 따른 상황 판단의 결과로 보인다. 누가 봐도 심왕의 세력이 힘을 얻고 있었기 때문이다.

오잠도 유청신과 마찬가지의 판단으로 심왕의 무리에 가담했다고 보인다. 다만 그는 지금까지 활동으로 보아 유청신보다도 더욱 신뢰하기 힘든 인물이었는데 어떻게 충숙왕을 따라 입원하게 되었는지 궁금할 뿐이다. 어쩌면 심왕의 무리에 가담하기 위해 충숙왕을 따라 입원했는지도 모르겠다. 그 역시 나이로 보면 원로대신이라 할 수 있지만 관료집단의 중심에 서기에는 함량미달이었다.

그런가 하면 은밀하게 심왕 편에 줄을 서는 자들도 많았다. 여기에 드는 인물이 조연, 조연수, 김원상 등이었다. 모두 충선왕에 의해 발탁된 인물들이었지만 앞서 인사 발령에서도 보았듯이 충숙왕에 의해서도 다시 중용된 자들이다. 이들은 드러내놓고 심왕의 무리에 가담하지는 않았지만 조적 등과 은밀하게 동조하고 있었다.

책동의 서막

충선왕은 티베트로 유배되어 부재 중이고 충숙왕은 입원하여 고립무원의 상태였으니 이제는 누가 봐도 심왕 왕고가 정치적으로 확실하게 부상하고 있었다. 충숙왕을 따라 입원한 그 측근들마저 심왕과 고려왕 사이에서 눈치를 볼 정도였다면 판세를 짐작할 수 있을 것이다. 게다가 심왕 왕고는 충선왕을 유배 보낸 새로운 황제 영종의 후원까지 받고 있었다. 이를 보면 심왕은 충선왕으로부터 심왕위를 물려받았으면서도 고려 왕위를 차지하기 위해 원 조정에서 나름대로 정치적 노력을 기울였던 것 같다.

그런데 고려 국정은 충숙왕이 입원한 후 그 측근들에 의해 농락되면서 난맥상을 드러내고 있었다. 이러한 충숙왕의 측근 인물로는 최안도, 이의풍, 윤석尹碩, 손기孫琦, 전영보全英甫 등이었다. 최안도와 이의풍에 대해서는 앞서 측근으로 언급했으니 생략하고 여기서는 윤석, 손기, 전영보에 대해 잠깐 살펴보겠다.

윤석은 충선왕 때 별장(정7품)이라는 하급무관을 시작으로 관직에 들어선 인물이다. 윤석은 왕위에 오르기 전부터 충숙왕을 따르다가 이후 장군으로 승진하여 충숙왕의 호위 무관으로 권력의 중심에 다가섰으며, 이로부터 충숙왕의 핵심 측근으로 성장한 인물이다. 윤석은 원에 파견되는 사신으로도 발탁되어 대도의 충선왕과도 접촉할 기회가 있었는데, 교언영색으로 비위를 잘 맞추는 그의 성품을 싫어한 충선왕에 의해 한때 핍박을 당하기도 했다. 하지만 그는 1321년(충숙왕 8) 1월 충숙왕의 첫인사에서 재상 급인 동지밀직사사(종2품)에 오른 것으로 보아 충숙왕이 변함없이 총애했던 인물임을 알 수 있다. 그럼에도 윤석은 이번 충숙왕을 따라 입원한 후 조적과 은밀하게 내통하면서 사태를 관망하고 있었다.

손기는 윤석과 마찬가지로 충숙왕의 호위 무관에서 시작하여 원에 사신으로도 파견된 적이 있는데 윤석과 함께 충숙왕의 단짝 측근이라고 할 수 있다. 그는 충숙왕이 입원할 때 따르지 않고 고려에 남아 있다가 충숙왕의 재원 경비를 전달하기 위해 원으로 들어간 후, 역시 윤석과 함께 조적의 무리와도 내통한다. 충숙왕은 자신의 측근들이 심왕의 무리와 이렇게 은밀하게 내통하는 것을 몰랐을 것이지만, 알았다고 한들 별 뾰쪽한 수도 없었다.

전영보는 사원 노비 출신으로 충렬왕 때 이미 무관으로 관직을 시작하여 충선왕에 의해서도 대장군으로 발탁되었다. 그는 부정축재로 치죄를 당하기도 했지만 충선왕의 비호를 받았고, 충숙왕에 의해서도 다시 중용되어 재상 급에 올라 측근으로 들어선 인물이다. 하지만 그는 충숙왕이 입원하여 곤경에 빠질 때 관망만 하고 있다는 비난을 받으면서도 별 탈 없이 이후에도 중용된다.

이러한 충숙왕 측근들의 관망과 은밀한 내통 속에서 심왕을 고려왕으로 옹립하려는 책동의 서막은 채하중이 시작하였다. 그는 충숙왕이 대도에 도착한 직후인 1321년(충숙왕 8) 8월 원의 사신과 함께 고려에 들어온다. 채하중은 고려에 들어오자마자 황제가 권한공과 채홍철을 사면하여 부르고 아울러 왕고를 고려 국왕으로 삼았다는 말을 전했다. 이튿날 백관들이 왕고의 어머니인 안비安妃에게 하례까지 드릴 정도였으니 고려의 관리들은 이 말을 그대로 믿었던 것 같다.

그러나 며칠 후 충숙왕의 호위 장군 하나가 원에서 돌아와 충숙왕은 무탈하다는 말을 다시 전하자 그때야 문무백관들은 채하중에게 속은 것을 알게 되었다. 황제의 조서도 없고 아무런 근거도 없는 말을 관리들이 믿었다는 것은 충숙왕이 입원한 후 곤경에 빠질 것이라는 점을 누구나 내다보고 있었다는 얘기다. 또한 채하중이 그런 중대한 거짓말을 서슴없이 했다는 것은 원 조정에서도 왕고를 고려 국왕으로 옹립하려는 책동이 먹혀들고 있었다는 뜻이기도 하다.

채하중이 이렇게 심왕 옹립 책동의 선두에 나선 데는 분명한 동기가 있었다. 그것은 아비 채홍철이 오도순방계정사로서 양전 사업을 추진하면서 비리와 부정을 저지르다 충숙왕에게 치죄 받았다는 점이다. 그때 채홍철은 권한공과 같은 죄목으로 찰리변위도감의 판결에 의해 토지와 노비를 추심당하여 본 주인에게 돌려주게 되었고 마침내 유배까지 당했는데 이에 대한 복수였다.

채하중은 환국한 지 한 달 만에 다시 원으로 들어가면서 그 당시 추심 판관들을 힐난하고 충숙왕을 몹쓸 국왕으로 매도하는 행패까지 부렸다. 그는 심왕 왕고가 고려 국왕이 되는 것은 시간문제라고 생각했던 것 같다. 어쩌면 채하중의 일시 환국은 고려 조정의 분위기를 탐색하고 심왕을 옹립하기 위한 사전 정지 작업 같은 것이 아니었을까 싶다.

그런가 하면, 심왕의 무리들은 충숙왕을 위기로 몰아넣는 작업도 병행하고 있었다. 채하중이 고려에 한 달간 체류하고 있는 가운데 원의 중서성에서 파견한 사신이 있었다. 이 사신이 고려에 파견된 것은 충숙왕의 원 공주 출신 왕비였던 정화공주(복국장공주)의 죽음에 대해 진상을 조사해 그 책임을 묻기 위한 것이었다. 중서성에서 그런 사신을 파견했다는 것은 심왕의 무리들이 원 조정에까지 손을 쓰고 있었다는 것을 보여준다.

이 사신은 오자마자 공주의 궁녀와 음식 만드는 옹인饔人들을 잡아 가두었다. 사신의 심문을 받은 옹인 가운데 한만복韓萬福이란 자가 이런 자백을 하고 만다. "지나간 8월에 왕이 덕비(충혜왕의 모후)와 연경궁에서 동침하는데 공주가 질투하다가 국왕에게 구타를 당하여 코피가 났으며, 또 9월에는 국왕이 묘련사에 갔을 때 공주를 구타하는 것을 주변에서 말렸습니다."

원의 사신은 궁녀와 한만복을 잡아 원으로 압송해갔다. 사건 직후 백원항白元恒과 박효수朴孝修 등이 나서서 중서성에 글을 올려 한만복 등의 무고를 거짓이라고 반박하였다. 이후 원 조정에서 이 사건에 대한 별다른 후속 조치가 없었던 것을 보면 한만복 등의 말은 충숙왕을 옭아매기 위한 신뢰하기 힘든 진술이었지만 먹혀들었다고 보인다.

충숙왕, 왕권을 정지당하다

한편, 원에서는 심왕의 무리들이 입원한 충숙왕을 옭아매기 위한 여러 책략이나 모함들을 준비하고 있었다. 그 가운데 하나가 충숙왕이 입원하기 전에 황제의 칙서를 손으로 찢은 적이 있다는 것이었다. 충숙왕이 황제의 칙서를 찢었다는 것은 사실 관계가 불확실하지만 황제의 명령을 충실하게 봉행하지 않은 것은 사실이었는데 사건의 경위는 이랬다.

백응구白應丘란 인물이 있었다. 이 자가 재물을 증식하는 데 능력이 있다고 하여 심왕 관저의 재정을 담당하고 있다가 어떤 이유인지는 모르겠지만 고려로 도망쳐 들어왔다. 이에 심왕이 황제께 요청하여 백응구를 찾아 돌려보내라며 사신을 고려에 파견하였다. 이때 아도라阿都剌라는 사신은 황제의 칙서를 보이며 백응구를 찾아낼 것을 요구했지만 충숙왕은 이를 따르지 않았다. 이때는 충숙왕이 입원하기 전의 일이었다.

그런데 충숙왕이 입원하자 심왕 왕고가 황제 앞에서 이 사건을 거론하며 충숙왕이 황제의 칙서를 찢어버렸다고 모함한 것이다. 이 모함은 충숙왕을 궁지로 모는 결정적인 계기가 되었다. 이에 화가 난 황제가 충숙왕을 힐책하며 그 자리에서 고려 국왕인國王印(국새)을 거두어들이고 아울러 사건의 진상을 조사하기 위한 사신을 파견하였다.

국왕인을 거두어들인다는 것은 왕권을 정지시킨다는 뜻이었다. 어쩌면 왕권을 정지당한 정도가 아니라 왕위를 빼앗겼다고 표현하는 게 더 적절할 지도 모르겠다. 이전의 충선왕도 폐위 당할 때 고려에 온 원의 사신에 의해 국왕인을 빼앗기고 그게 다시 충렬왕에게 주어지면서 왕위에서 물러났었다. 실제로 충숙왕은 국왕인을 빼앗긴 이후 다시 국왕인을 돌려받을 때까지 전혀 왕권을 행사하지 못하는 불능 상태에 빠진다.

다만, 충숙왕이 국왕인을 빼앗기긴 했지만 그게 심왕 왕고에게 돌아가지는 않았다. 이것으로 보면 충숙왕이 폐위 당하고 고려 왕위가 심왕 왕고에게 돌아갔다고 볼 수는 없다. 하지만 이후 충숙왕은 원에 체류하는 동안 고려 국왕으로서 왕권을 전혀 행사할 수 없었으니 폐위나 별반 차이가 없었다고 보인다.

충숙왕이 국왕인을 빼앗기고 왕권을 정지당한 시점이 정확히 명기되어 있지 않은데, 아마 1321년(충숙왕 8) 10월 이후로 짐작된다. 왜냐하면 그 10월에 충숙왕은 원에 체류하면서 대대적인 인사 발령을 내어 왕권을 행사하는 모습을 보이고 있기 때문이다. 인사권을 행사했다는 것은 그때까지는 아직 왕권이 정지당하지 않았다는 뜻이다.

하지만 심왕을 고려왕으로 앉히기 위한 심왕 옹립 책동은 이제 시작이었다. 충숙왕을 따르는 측에서는 이를 저지하기 위해 숨가쁘게 움직였다. 책동을 저지하기 위한 첫 번째 작업이 티베트로 유배당한 충선왕의 환국을 요청하는 일이었다. 심왕과 그 무리들의 책동을 막고 곤경에 빠진 충숙왕을 위기에서 구하는 방법은 그게 최선이라고 생각했을 것이다. 충선왕에 대한 환국 요청은 충숙왕이 왕권을 정지당하기 이전부터 있었다.

1321년(충숙왕 8) 7월, 고려에서 충선왕의 환국을 요청하기 위해 원으로 사신을 파견했다. 하지만 이것은 심왕의 무리들에게 저지당해 그 뜻을 충분히 전달하지 못했다. 심왕의 무리들이 충선왕의 환국 요청을 저지한 것은 생각할 것도 없이 자신들의 심왕 옹립 책동에 방해가 되기 때문이었다. 이런 방해 공작이 심왕 왕고의 의지가 반영된 것인지는 불확실하지만 심왕은 알고서도 묵인했을 가능성이 많다.

그해 12월에는 백원항, 박효수 등도 충선왕의 환국을 요청하는 글을 중서성에 올리기도 했다. 하지만 충선왕이 그 정도 건의로 유배에서 풀려날 수 없었다. 더구나 심왕 측에서는 충선왕에 대한 환국 요청을 저지하고 있었기 때문에 그런 문서가 황제에게 전달되기도 어려웠다. 이런 점은 원의 황실이나 조정을 상대로 한 로비나 외교 활동에서도 심왕 측은 충숙왕 측을 압도하고 있었다는 것을 보여준다.

여기 백원항과 박효수는 사익을 버리고 국왕을 진정 옹호하려는 몇 안 되는 관료들이었다. 특히 박효수는 충숙왕이 그 청백함을 인정하는 신하였다. 하지만 시대가 혼란할수록 그런 관리들은 힘을 쓰지 못한다. 혼미한 정치판을 그들 스스로 회피하려는 경향 때문이기도 하고, 그런 정치판에서는 진실이 잘 통하지 않는 탓도 있을 것이다.

그런데 충숙왕이 입원한 후 우선 당장 급한 것은 재원 체류 경비를 조달하는 문제였다. 재원 체류 경비에서 가장 중요한 명목이 원 황실이나 조정의 실력자들에게 바칠 선물 혹은 뇌물 용도였다. 더구나 중대한 정치적 문제의 로비를 위해서는 그것이 반드시 필요했으니 지금으로 말하자면 비자금 같은 것이었다. 충선왕의 장기간 재원 체류에서도 이 정치자금을 마련하는 과정에서 그 측근들이 여러 가지 정치·사회적 물의를 일으킨 바 있었다. 충숙왕 역시 고려에서 재원을 원활하게 지원받지 못하면 심왕과의 경쟁에서 어려울 수밖에 없었던 것이다.

그 임무를 맡은 자가 측근인 대장군(종3품) 손기였다. 충숙왕은 입원할 당시에는 얼마 동안 체류할 지 정확한 계산이 없었기 때문에 충분한 경비를 마련한 상태가 아니었다. 손기는 앞서 채하중이 환국하여 고려 국정을 탐색하고 있는 가운데 금·은·저포苧布 등을 마련하여 그 해 8월 원으로 들어가 충숙왕에게 전달한다. 저포는 지금의 모시로 원 간섭기 당시 화폐처럼 유용하게 쓰이는 물품이었다.

당연히 심왕 왕고 측에서는 이를 방치할 수 없었다. 다음 해 정월 심왕은 자신의 측근 관리 하나를 고려에 파견하여 수상인 김이용金利用을 문책하고 충숙왕에게 보내기 위해 쌓아둔 돈과 재물을 차압해버린다. 심왕이 이런 조치까지 취할 수 있었던 것은 황제의 명령이 내려졌기 때문이다. 이를 보면 심왕 왕고는 충숙왕을 압박하는 데 황제의 적극적인 지원까지 받고 있었고, 이로 인해 그는 이미 고려 국정에까지 영향력을 행사하고 있었음을 알 수 있다.

복위 환국을 요청하다

심왕의 영향력이 고려 국정에까지 미치는 상황에서 고려 안에서도 충숙왕을 구원하는 일이 쉽지 않았다. 고려 관료들 중에도 심왕과 내통하는 자들이 적지 않았기 때문이다. 1322년(충숙왕 9) 정월, 그런 위험 속에서 경사만慶斯萬과 김인연金仁沇이란 자가 충숙왕을 위해 몰래 일을 하나 꾸민다.

경사만은 충숙왕에 의해 처음으로 국왕 비서관인 좌대언左代言(정3

품)으로 발탁된 인물이고 김인연은 장군 직에 있던 인물인데, 이들이 왕명을 칭탁하고 최유엄崔有渰 등에게 충숙왕의 복위와 환국을 요청하는 글을 짓도록 부탁한 것이다. 글이 완성되면 이것을 원의 중서성에 올려 충숙왕의 복위와 환국을 성사시켜 보려는 것이었다. 이 일에 경사만이 최유엄을 앞세워 부탁한 것이다.

최유엄은 충렬왕 때부터 곧은 성품으로 정계의 주목을 받았지만 직언을 잘하여 어려움도 겪었고, 충선왕이 복위한 후에는 잠시 수상을 맡은 바 있었지만 국왕에게 편한 인물은 아니었던지 오래가지는 못했다. 하지만 최유엄은 이 무렵 고려 조정의 진정한 원로대신으로서 당시 관료집단의 중심에 있었고, 그가 움직이면 문무관료들도 대부분 움직일 수 있다는 계산을 한 것이다.

이런 최유엄의 노력에 힘입은 것이었는지 충숙왕을 복위 환국시키라는 요청의 문건은 곧 완성되었다. 이 문건에서 '복위' 라는 표현을 쓴 것은 황제에 의해 충숙왕이 국왕인을 빼앗긴 것에 대해 당시 문무관료들은 폐위된 것으로 간주했다는 것을 알 수 있다. 그만큼 중대한 사안이었다.

그런데 이 문건을 신속히 원 조정에 전달하는 것이 문제였다. 심왕측과 은밀하게 내통하는 자들이 많아 문건에 대한 비밀이 유지되기도 힘들었고, 또한 이를 원의 중서성에 올리는 것은 더욱 신경 쓰이는 일이었다. 이 일이 드러나면 사태가 어떻게 파급될 지 알 수 없었기 때문이다. 우선 이 문건을 묘각사妙覺寺에 감춰두고 믿을만한 자에게 지키도록 하였다. 하지만 심왕의 무리들은 벌써 낌새를 알아챘는지 이를 저지하려는 움직임을 보이고 있었다.

이 일을 주도한 경사만은 마음이 초조하였다. 은밀하게 이를 원의 중서성에 전달해야 하는데 심왕 무리들의 감시를 뚫고 이 일을 성사시키는 것이 쉽지 않았던 것이다. 하는 수 없이 경사만은 이 문건을 묘각사에서 몰래 빼내어 김지경金之鏡을 시켜 직접 중서성에 올리도록 하였다.

여기 김지경은 새롭게 충숙왕의 측근 그룹에 들어온 자인데, 나중에 충숙왕이 환국한 후에는 국왕의 최측근으로 성장하여 권력의 핵심을 차지한다. 김지경은 이 문건을 가지고 은밀하게 원으로 들어갔지만 결국 이 문건은 심왕의 손에 들어가고 말았다.

어느 대목에서 일이 어긋났는지 정확히 알 수 없지만, 원 조정에서 그런 문건이 제대로 전달될 수 없다는 것은 분명하다. 고려 내에서도 이 일에 대한 비밀이 유지되기 어려웠는데 하물며 심왕의 무리가 판을 치고 있는 원에서야 말할 나위가 없었다. 이 일이 왜 어긋나게 되었는지 그 후 충숙왕의 행동에서 암시 받을 수 있다.

중서성에 올리려던 문건이 심왕의 손에 들어간 몇 개월 뒤인 1322년(충숙왕 9) 7월, 충숙왕은 박인평을 고려에 파견하여 재상들을 꾸짖고 자신의 측근들에게 특별히 이런 말을 전한다. "전영보全英甫와 박허중朴虛中이 나를 곤경의 올가미 속에 놔두고 편안하게 앉아서 보고만 있다." 여기 박인평은 앞서 언급했듯이 이미 심왕의 무리와 내통하고 있으면서 겉으로 충숙왕을 따르는 척하는 인물이었다.

전영보와 박허중, 두 사람 모두 충숙왕의 핵심 측근이란 자들이다. 문제는 바로 충숙왕 자신의 측근들에게 있었던 것이다. 전영보와 박허중이 충숙왕의 측근으로 고려에 있으면서 사태를 방관했다는 질책이니, 이는 곧 심왕의 무리와 내통 가능성을 염두에 두고서 문건이 심왕의 손에 들어간 것도 이들에게 혐의를 두고 있다는 뜻이었다.

박인평이 고려에 들어온 그때 채하중도 함께 들어와 심왕의 모후인 안비에게 황제의 선물을 전달하는데, 이 무렵에는 황제가 심왕의 모후에게 내리는 선물 사행이 자주 있었다. 이런 선물 사행도 심왕의 요청에 의한 것일 가능성이 짙은데 황제가 변함없이 자신들을 후원하고 있다는 것을 고려의 문무관리들에게 보이기 위한 시위일 것이다.

그때 채하중은 따로 심왕의 지시를 받고 환국한 것이었다. 심왕의 손에 들어온 그 문건은 필사되어 채하중에 의해 고려 조정에 전달되고 재상들에게 모두 읽어보게 하였다. 고려 안에서 이루어진 충숙왕에 대한 복위 환국 요청이 실패로 돌아갔음을 공개하려는 것이었다. 이런 문건 공개는 고려에서 재상들이 아무리 그런 짓을 해봐야 결코 소용이 없다는 선언이기도 했다. 그 문건이 심왕의 손에 들어가고 다시 고려로 되돌아와 공개되었다는 것은 백마디 말의 협박보다도 더 큰 효과가 있었다.

황제 칙서 사건

한편, 충숙왕의 복위 환국을 요청하기 위한 문건이 완성된 직후인 1322년(충숙왕 9) 2월, 영종 황제의 황후 책봉을 축하하기 위한 사신으로 임중연林仲沇이 원으로 들어간다. 여기 임중연은 앞에서 거론했는데, 충숙왕이 인사권을 확보하기 위해 다시 설치한 정방에 참여한 충숙왕의 사람이라고 볼 수 있다.

그 임중연이 입원하기 위해 압록강을 건너 파사부婆娑府에 이르렀을 때 뜻밖의 난관에 부딪힌다. 파사부는 고려에서 중국으로 들어가는 관문으로 요양행성의 성도인 요양로 관할 지역이다. 이 파사부에서 원의 관리가 임중연에게 역마를 내주지 않은 것이었다. 그것은 입원을 허락하지 않는다는 뜻이었으니 범상치 않은 일이었다.

임중연은 황후 책봉을 축하하기 위한 고려의 공식 사절이니까 마땅히 역마를 지급받아야 했는데 그러하지 못한 것이다. 이것은 심왕 측의 사전 계략이라고 볼 수밖에 없는 일이었다. 심왕은 심양 지방에 대한 통제권을 행사할 수 있었으니 이런 영향력을 바탕으로 고려의 공식 사절을 입원하지 못하도록 사전에 조처한 결과였다. 이는 곧 심왕 측에서 충숙왕을 원 황제에게 음해하여 궁지로 몰기 위한 책략이었던 것이다.

이어서 그해 3월 원에서는 고려의 관리들을 신문하기 위해 사적沙的이라는 사신을 파견한다. 앞서 충숙왕이 황제의 칙서를 손으로 찢고 황제의 명령을 봉행하지 않았다는 것을 조사하기 위한 것이었다. 이 사신은 한 달 가까이 관련 인사들을 신문한 끝에, 칙서를 가지고 들어온 당시 사신 아도라, 이를 충숙왕에게 전달하는 경로에 있었던 식목도감 녹사를 비롯한 해당 관리들을 원으로 압송해간다.

이들 해당 경로에 있던 관리들이 칙서를 전달한 마지막 인물로 지목한 사람은 당시 대언代言으로 있던 안규安珪였다. 대언(정3품)이라는 직책은 국왕의 비서관 격이니 이 황제 칙서 사건의 진위를 가리는 열쇠 인물이었던 것이다. 더구나 그는 앞에서 언급했듯이 충숙왕이 입원하기 전에 설치했던 인사 기구인 정방의 책임자로서 충숙왕 정권의 핵심에 있었다. 맡은 직책으로 보나 칙서의 전달 경로로 보나 안규는 국문을 피할 수 없었다. 충숙왕이 입원할 당시 호종했던 안규는 그때 원에 체류하고 있었다.

안규는 그해 5월 원의 종정부宗正府에서 우승상인 배주拜住(바이주)에게 직접 국문을 당했다. 종정부는 제왕이나 부마와 관련된 형벌을 다루는 곳이었는데, 원의 수상이 직접 국문했다는 점에서 이 사안을 매우 중대하게 여겼음을 알 수 있다. 국문을 당하던 안규는 마침내 충숙왕을 지목하는데 충숙왕은 아무런 변명도 하지 못했다. 안규는 충숙왕을 끝까지 지켜주지 않은 것이고, 충숙왕이 아무런 변명도 못했다는 것은 잘못을 인정한다는 것과 다름없었다.

그 뒤의 사실 관계가 명확하게 기록되어 있지는 않지만 충숙왕이 황제의 명령을 충실히 따르지 않은 것은 사실인 것으로 보인다. 하지만 칙서를 충숙왕이 찢었다는 것은 심왕 측에서 동원한 모함이었을 것이다. 어쩌면 이런 모함까지 먹혀들었을지도 모르겠지만 말이다.

황제 칙서 사건을 국문한 우승상 배주는 충숙왕이 아무런 변명을 못하는데도 판결을 내리지 않고 미뤄두었다. 역사 기록에 의하면 배주가 이 사건 자체에 대해 의심했기 때문이라고 하였다. 사건 자체를 의심했다니, 이게 무슨 말일까?

아마 배주는 충숙왕에게 잘못이 있다는 점은 분명 인지했지만 그를 치죄하고 나아가 고려 왕위를 심왕으로 교체하는 것에는 매우 조심스러워 했던 것 같다. 왜냐면 이 사건의 배후에 심왕의 책동이 작용하고 있다는 사실도 감지했기 때문이다. 충숙왕을 치죄하자니 심왕에게 놀아나는 꼴이 되고 말기 때문이다. 게다가 충숙왕은 이미 황제에게 국왕인을 빼앗겨 왕권을 정지당한 상태였으니 그 벌은 충분히 받았다고 생각했을 것이다.

그런데 황제 칙서 사건에서 한 가지 의문은, 충숙왕이 왜 황제의 명령을 충실히 따르지 않았을까 하는 점이다. 그게 충숙왕 자신에게 결코 이롭지 못한 일이라는 것을 모를 리 없었을 텐데 말이다. 평상시 같으면 취할 수 없는 행동이기 때문이다. 이는 그렇게 대처해도 괜찮다고 충숙왕 나름대로 판단했던 결과로 보인다.

충숙왕은 원 황제가 자신을 압박하는 것에 대해 매우 부당하게 여겼다. 왜냐하면 그 압박의 배후에는 심왕의 로비나 책동이 작용하고 있다고 생각했기 때문이다. 그것을 알면서도 황제의 명령이나 압박을 순순히 수용한다는 것은 심왕에게 굴복하는 것이라고 여겼다. 가령, 충숙왕이 황제의 명령을 순순히 따랐다 해도 충숙왕이 곤경에 빠지는 것을 피할 수 없었을 것이다. 그것은 곧 심왕에게 굴복하여 왕권을 넘겨주는 결과로 이어질 수밖에 없기 때문이다.

간단히 말하자면 충숙왕이 황제의 칙서를 충실히 봉행하지 않은 것은, 황제에게 저항하려는 것이 아니고 심왕의 책동에 저항하려는 것이었다. 물론 그런 대처도 자신에게 최선의 선택은 아니었지만 그 밖에 다른 선택의 여지가 없었던 것이다. 이래저래 충숙왕은 심왕과의 왕위 다툼에서 패배할 수밖에 없었다. 원 조정의 권력판도에 변화가 와서 자신을 적극 후원하지 않는 한 말이다.

이후 심왕의 무리들은 황제의 후원을 받는 정치적 우위 속에서 충숙왕을 계속 공격하였다. 그 손쉬운 방법이 충숙왕을 계속 모함하여 궁지로 몰아붙이는 것이었다.

충숙왕에 대한 모함

충숙왕에 대한 모함은 원이 황제 칙서 사건을 조사하기 위한 사신을 파견할 무렵부터 본격적으로 시작된다. 이런 책동은 물론 충숙왕의 고려 왕위를 빼앗아 심왕 왕고에게 돌리려는 것이었다. 당시 충숙왕은 국왕인을 빼앗겨 왕권을 정지당한 상태였지만 그래도 폐위당한 것은 아니었고 새로운 국왕인의 주인은 아직 결정된 게 아니었기 때문이다.

충숙왕에 대한 모함의 중심에는 조적과 채하중이 있었다. 이들은 온갖 방법을 동원하여 충숙왕을 비난하였고 여기에 조연, 조연수, 김원상 등도 동조하면서 죄를 꾸며내는데, 모두 원에 체류하고 있으면서 부린 책동이었다. 이에 따라 사실 확인을 위해 원에서 파견한 사신이 연달아 왕래하면서 고려 조정은 불안하고 뒤숭숭한 분위기였다.

이런 속에서 앞서 황제 칙서 사건을 신문하기 위한 사신이 고려에 들어올 무렵, 심왕은 원 사신과는 별도로 자기 사람을 고려에 보내 문무 관리들을 닦달하였다. 충숙왕에 대한 비난이 주류였는데 문건으로 만들어진 장황한 내용이었다. 요약하자면 이런 것이었다.

첫째, 충숙왕은 사냥을 즐기고 술과 음악을 좋아하면서 정무를 게을리하고 황제의 사신도 제대로 영접하지 않았다.

둘째, 총애하는 신하 윤석, 이의풍, 손기 등이 왕명을 칭탁하고 자신들의 사욕만을 멋대로 부리고 있다.

셋째, 참소하는 말을 믿어 원통하게 사람들을 죽게 했고, 능력을 보지 않고 사적으로 벼슬을 내렸다.

넷째, 부왕(충선왕)의 신하들을 모두 내쫓거나 귀양 보내고 가산을 적몰하였다.

다섯째, 재상들은 이런 국왕의 비위만 맞추니 기강이 무너지고 사대의 예는 땅에 떨어졌다.

심왕은 이런 식으로 고려 재상들을 다그친 것인데 모두 맞는 말이기도 하고 틀린 말이기도 했다. 첫째 사냥이나 유흥문제는 그런 면이 있긴 했지만 조부인 충렬왕에 비하면 별것 아니었다. 다만 부왕인 충선왕에 비하면 심했다고 볼 수도 있다. 황제의 사신을 제대로 영접하지 않았다는 것도 그런 면이 없지 않았지만 이런 행동은 심왕에 대한 저항의 표시였다. 그 사신들은 모두 심왕을 옹호하는 사신들이었기 때문이다.

충숙왕 측근들의 월권을 지적한 둘째 사항은 충렬왕이나 충선왕에 비하면 정말 아무것도 아니었다. 충숙왕은 선대왕에 비하면 자신의 측근들을 충분히 양성할 시간도 많지 않았고 그 충성심도 허약하기 이를 데 없었다. 그래서 측근 중에서도 심왕과 은밀하게 내통하는 자들이 한둘이 아니었으니 위에 언급한 윤석이 대표적인 인물이다. 어쩌면 이런 압박은 충숙왕의 측근들을 분열시키기 위한 전략이었는지도 모른다.

참소를 믿어 사람을 죽였다는 셋째 사항은 과장으로 보인다. 역사 기록에 그런 특별한 일은 보이지 않고 있기 때문이다. 다만 능력 위주보다는 사적으로 벼슬을 내린다는 지적은 맞는 말이기는 하지만 역시 선대왕에 비하면 충숙왕 정도는 정말 약과다. 특히 충렬왕대의 사적인 폐행 정치는 이루 말로 다하기 힘든 정도였다. 하지만 이것도 원 간섭기 보편적인 인사행태였다.

넷째 사항은 권한공, 채홍철, 이광봉 등의 인물에 대한 탄압을 지적한 것으로 분명한 사실이었다. 충숙왕의 처지에서는 그럴 수밖에 없었지만, 심왕의 지적이 아니라도 부왕이 티베트 유배에서 돌아온다면 가장 괘씸하게 여길 수 있는 대목이다. 이런 지적 역시 충선왕의 측근들을 심왕의 무리에 합류하게 만드는 효과는 있었을 것이다.

다섯째, 재상들이 국왕의 비위만 맞춘다는 지적은 정말 말이 안 되는 소리이다. 당시 고려의 관료집단에서는 충숙왕을 옹호하려는 것보다 국왕을 배신하려는 분위기가 오히려 문제였다. 재상을 비롯한 문무 관료들이 드러내놓고 충숙왕을 배신하지는 않았지만 기회만 되면 돌아서겠다는 분위기가 팽배했다. 심지어는 충숙왕의 핵심 측근이란 자들 중에도 심왕의 무리와 내통하는 자들이 있었으니 지조를 지키며 충숙왕을 끝까지 옹호한 관료들은 몇 안 되었다. 그런 사정을 모를 리 없는 심왕이 이런 언급을 한 것은 역시 관료집단의 분열을 노린 것이었다고 할 수 있다.

위와 같은 내용의 비난은 조적이나 채하중 등 고려에서 원으로 도망쳐 들어가 심왕 측에 가담한 자들의 입에서 맨 처음 나온 것이었다. 이들은 고려 사정을 정확히 알고 있었고 충숙왕을 모함하는 방법이나 내용도 훤히 꿰뚫고 있었다. 이런 내용을 취합하여 심왕 왕고는 입원한 충숙왕을 황제에게 모함하면서 써먹었고 이를 다시 고려 재상들을 압박하는 데도 활용했던 것이다.

그런데 충숙왕에 대한 이러한 비난 내용을 고려 재상들에게도 알린 것은 심왕 자신의 지지 세력을 확보하려는 계산도 깔려 있었다. 실제로 시간이 흐를수록 심왕 측에 가담하는 자들은 늘어났으며 분명 효과도 있었다. 앞서 충숙왕이 자신을 곤경에 빠뜨려놓고 앉아서 구경만 하고 있다며 질책했던 전영보나 박허중이 대표적인 사람이다.

어떤 자들은 드러내놓고 심왕 측에 가담하고, 어떤 자들은 은밀하게 내통하고, 혹은 어떤 자들은 관망하면서 사태를 주시하고 있었다. 모두 각자도생의 길을 찾고 있었던 것이다.

재정 지원을 차단하라

심왕 왕고는 충숙왕을 비난하면서 한편으로 충숙왕에 대한 고려의 재정 지원을 차단하기 위해 힘을 쓰고 있었다. 그 방법으로 원 황제를 앞세워 이를 막고 관련자를 문책하는 것이었다. 앞서 충숙왕의 측근 무관으로 있던 손기라는 자가 금은과 저포를 가지고 원에 들어가 충숙왕에게 전달한 것이 문제가 되어 황제에게 고려 수상이 문책을 당한 적이 있었다.

하지만 이게 효과가 없었는지 충숙왕에 대한 재정 지원은 계속된다. 효과가 없었다기보다는 원에서 곤경에 빠진 충숙왕을 지원하기 위한 노력은 최소한이지만 계속되었다고 말하는 것이 옳을 것이다. 재물을 가지고 원으로 들어가는 자들은 고려 상황을 충숙왕에게 전달하는 역할도 했고 심왕의 동정을 살피기도 했으니 충숙왕에게는 꼭 필요한 존재들이었다.

고려 재상들을 압박하는 원의 사신이 왕래하는 속에서 무관 서너 명이 충숙왕에 대한 재정을 지원하기 위해 베[布] 2만 필을 선박에 싣고 원으로 들어간 적이 있었다. 물론 충숙왕의 지시에 의한 것이었다. 앞서는 육로를 통한 것이었는데 이번엔 해로를 통한 방법을 쓴 것이다. 앞선 사건 이후 고려에서 원으로 들어가는 육로의 검색이 강화되자 해로를 선택한 것으로 보인다.

그런데 이번 해로를 통한 재정 지원은 충숙왕에게 전달되기 전에 발각되어 수포로 돌아간다. 심왕 측에서 예의 주시한 결과였지만 그것이 아니라도 성공하기 힘든 일이었다. 고려에서 이런 작업을 은밀하게 추진하는 것도 힘든 일이었지만, 재물을 원으로 가지고 들어가 비밀리에 대도에 있는 충숙왕에게 전달하는 것은 더욱 힘든 일이었기 때문이다.

그런데 심왕은 이 사건이 발각된 후 따로 자기 사람을 고려에 파견하면서 황제의 명령이라 빙자하여 다음과 같은 지시를 내린다.

국왕이 조회하러 들어올 때 국가의 창고가 모두 비어 별도로 백성들에게 거두어 노자를 준비해왔다고 들었다. 국왕이 견책을 받게 되자 죄를 모면하려 권력자들에게 뇌물을 주느라 재물을 다 써버리고, 다시 손기 등을 보내어 거듭 백성들에게 거두어들이니 황제께서 이를 알고 형부에 명하여 그 재물을 모두 추징하였다. 그런데 국왕은 이런 일을 징계하여 고치지 않고 또다시 사람을 보내어 무리하게 백성들의 고혈을 빨아 잇달아 운송하게 하였다. 이에 황제께서 안문개安文凱를 종정부에 가두었고 나머지 관련자들은 황제의 명령에 따라 압송하니 마땅히 장형을 가하여 귀양을 보내야 할 것이다(《고려사절요》 24, 충숙왕 9년 6월조).

충숙왕을 위해 가지고 들어간 재물은 원의 형부刑部에 의해 추징당한 것이다. 뿐만 아니라 여기에 관련된 자들은 모두 가혹한 처벌까지 받았다. 이 일을 주도한 대언 안문개는 원의 종정부에 구속되었으며, 무관 네 명은 고려로 추방되어 곤장을 맞고 먼 섬으로 유배까지 당한 것이다. 모두 심왕을 후원하고 있는 황제의 명령에 의한 것이었다.

그리고 심왕은 재상들에게 따로 엄중한 경고를 내렸다. 윗글에 이어지는 내용이다.

너희 재상들은 국왕에게 간언하여 말리지 않고 도리어 이를 조장하여 백성들의 원망만 깊게 만들었다. 그대들이 다시 재물을 거두어 보내더라도 국왕이 마음대로 쓸 수 있는 것이 아니고 백성들의 원망만 더할 뿐이다. 이제부터는 이와 관련된 일체를 금지하고 위반한 자는 황제께 아뢰어 엄중히 징계할 것이다(위와 같음).

이 경고에서 주목할 부분은, 고려에서 재물을 거두어 보내더라도 국왕이 마음대로 쓸 수 없다는 내용이다. 이는 무슨 뜻일까? 입원한 충숙왕은 이미 국왕인을 빼앗겼으니 왕권을 정지당한 것은 확실한데, 고려에서 보내는 재물을 마음대로 사용할 수 없다는 지적은 이 문제와 관련 있어 보인다. 즉 충숙왕이 왕권을 정지당했다는 것은 고려 국왕으로서 누릴 수 있는 혜택마저 누릴 수 없었다는 뜻이다.

그런데 심왕으로부터 이런 경고를 받은 고려의 재상들은 어떤 심정이었을까? 우선 경고의 엄중함보다는 충숙왕이 더 이상 자신들의 임금이 아니라는 사실을 실감했을 것이다. 고려 재상들을 이 정도로 다

그칠 정도면 심왕은 고려 왕위를 차지하지는 않았지만 실제는 고려 국왕 행세를 하고 있는 셈이니 말이다.

충숙왕 측에서 가장 어려운 점은 황제의 후원을 받고 있는 이런 심왕을 도저히 어찌해볼 도리가 없었다는 것이다. 심왕의 무리들이 장벽을 치고 있는 원의 조정이나 황실에 따로 접근할 통로조차 없었다. 심왕 측에서는 이런 충숙왕의 고립된 처지를 마음껏 활용하고 있는 것이니 대세는 이미 결정된 것이나 다름없었다.

더욱 안타까운 점은 곤경에 빠진 충숙왕을 옹호하려는 사람들마저 이렇게 연달아 핍박을 받으니 이제는 발 벗고 나서줄 사람도 드물었다는 것이다. 따라서 고려 조정의 분위기도 그냥 가만히 앉아 사태를 보고만 있는 것이 주류였다. 문무백관 모두들 드러내놓고 심왕 측에 가담하지 않는 것만도 다행이라고 해야 할까. 이런 암울한 분위기 속에서 충숙왕에게 결정적인 타격이 가해진다.

심왕을 고려 국왕으로

마침내 심왕을 고려 국왕으로 옹립하자는 책동이 고려 안에서도 일어난다. 여기에 앞장선 자들은 권한공, 채홍철, 이광봉 등 충선왕의 핵심 측근들이었는데, 충선왕이 티베트로 유배를 당하자 충숙왕에 의해 곤장을 맞고 섬으로 유배를 당한 자들이었다. 하지만 충숙왕이 입원하면서 그 유배는 흐지부지되었고 이제 본격적으로 심왕을 옹립하기 위한 책동을 시작한 것이다. 1322년(충숙왕 9) 8월이었다.

이들의 책동은 말할 필요도 없이 그 유배에 대한 복수였고 그 중심에는 권한공이 있었다. 그런데 여기에는 채홍철의 아들 채하중도 끼어 있었는데, 그는 한 달여 전에 심왕의 모후 안비에게 황제가 내리는 선물을 전달하기 위해 고려에 들어와 있었다. 그는 이전에도 고려에 들어와 황제가 심왕을 고려왕으로 삼았다는 거짓말을 했다가 들통난 적이 있었다. 이를 보면 고려 안에서 일어난 이번 심왕 옹립 책동도 그가 심왕의 지시를 받고 배후에서 조종했을 가능성이 짙다.

권한공 등은 먼저 문무관리들을 자운사慈雲寺에 모아놓고 심왕을 고려 국왕으로 삼아야 한다는 점을 피력했다. 그들 중에는 원로대신으로 민지閔漬라는 인물이 있었다. 민지는 충렬왕대에 등장하여 권력의 중심에 있었고 세자 시절의 충선왕에게도 중요한 인물이었는데 충선왕이 즉위한 후에는 소외를 당한다. 민지는 충선왕이 티베트로 유배를 당한 후에야 충숙왕에 의해 여흥군驪興君으로 봉해져 겨우 원로 대접을 받지만 70세가 넘어 더 이상 관직은 맡지 않았다. 그런 그가 권한공의 무리에 참여한 것이다. 아마 적극적인 가담이라기보다는 권한공 등의 강권에 못 이겨 소극적으로 합류한 정도로 보인다.

하지만 원로대신인 민지의 참여는 의미가 적지 않다. 권한공 등의 무리들이 관료집단을 심왕 옹립 책동에 끌어모으는 데는 한계가 분명했기 때문이다. 아무리 각자도생의 길을 찾는 상황이었지만 충숙왕을 배반하는 일에 드러내놓고 나설 자는 많지 않았는데 민지는 이런 자들을 끌어들이기 위한 얼굴마담 격이라고 볼 수 있다.

권한공은 심왕을 고려 국왕으로 옹립하자는 주장을 하면서 원의 중서성에 올릴 문안을 내보였다. 여기에 서명하라는 것이었다. 그 문안을 약간 윤색하여 제시하면 이런 내용이다.

소방小邦이 성스러운 덕을 입어 백성들이 생업을 편히 하였는데 간신들이
국왕의 측근에 있으면서 해독을 끼치니 호소할 곳 없는 백성들은 그 고통
을 견딜 수 없습니다. 평소에 심왕 왕고의 천성이 자애롭다는 말을 듣고 목
마름에 물 기다리듯 하고 있습니다. 왕고 역시 충렬왕의 적손입니다. 이전
에 백원항, 박효수 등이 국왕의 환국을 요청하는 글을 올렸으나 뜻을 이루
지 못하자, 다시 경사만, 김인연 등이 국왕의 복위 환국을 요청하는 글을
짓고 왕명으로 서명하기를 독촉하여 부득이 서명하였습니다. 하지만 이는
경사만 등이 중서성을 농락한 것이니 잘 살피시기를 바랍니다(《고려사절요》
24, 충숙왕 9년 8월조).

예나 지금이나 사욕을 앞세운 위정자들이 백성이나 국민을 앞세우
는 것은 마찬가지인 모양이다. 새로운 국왕을 옹립하려는 문안치고는
치졸하기 그지없다. 명분이나 이유도 제대로 제시하지 못하고 있는
것이다. 내세울 명분이 없었으니 그럴 수밖에 없었겠지만.
그런데 위 내용을 잘 살펴보면 심왕을 고려 국왕으로 옹립하려는
문건치고는 매우 소극적임을 알 수 있다. 심왕을 옹립하자는 명분보
다는 이전에 경사만이 주동이 되어 충숙왕의 복위 환국을 요청했던
문건이 잘못된 것이었음을 지적하는 데 중점을 두고 있는 것이다. 이
는 경사만이 주도했던 그 문건이 어느 정도 효력이 있었다는 뜻이고,
또한 원 조정에서는 고려 관료집단의 여론 향배에 대해 주시하고 있
었다는 것을 시사한다.

권한공 등은 둘러앉은 문무관리들에게 문안을 읽어주고 서명하기를 독촉했다. 몇몇 사람이 서명을 하는데 갑자기 하늘에서 우박이 쏟아졌다. 이런 기상이변은 의롭지 못한 일을 감행하는 무리에게는 두려움이었고 이에 저항하려는 자에게는 용기를 주었다. 하늘이 노한 것이라고 생각해서 말이다.

맨 먼저 서명 강요에 저항한 사람은 감찰집의監察執義(종3품)로 있던 윤선좌尹宣佐였다. 윤선좌는 문장과 학문이 뛰어나 백원항과 함께 충숙왕에게 통감을 강의한 적이 있었고, 청렴결백하여 사대부의 표상이었지만 권력과는 거리를 둔 인물이다.

윤선좌는 일어나 "나는 우리 왕이 무엇을 잘못했는지 모른다. 신하가 왕을 고소하는 것은 개나 돼지도 하지 않는다"라고 말하며 침을 뱉고 나가버린다. 윤선좌의 강경한 태도에 서명을 하려던 관리들은 주춤거리고, 대간臺諫이나 문한 직에 있던 관리들은 용기를 얻어 모두 서명을 거부하였다.

이어서 민종유閔宗儒가 탄식하며, "신하가 왕을 위하여 허물을 숨기는 것은 바른 도리다. 더구나 그 허물이 거짓임에야 말할 필요도 없다. 내 어찌 차마 왕을 보고 짖을 수 있겠는가" 하며 거부를 선언하였다. 민종유는 학문과 행정 능력을 두루 갖춘 인물이었는데, 찬성사(정2품)로 있다가 퇴직한 당시 78세의 나이로 원로대신이었다. 그는 충숙왕의 환국을 보지 못하고 2년 후 죽는다.

윤선좌와 민종유의 강력한 서명 거부로 망설이던 관리들은 대부분 돌아섰다. 어떤 자들은 그러면서도 후환을 걱정하기도 하고, 어떤 자들은 후환을 걱정하는 자들에게 핀잔을 주기도 하였다. 그렇게 심왕을 고려 국왕으로 옹립하자는 서명은 소수에 그쳐 성공하지 못했다. 그 일등공신은 아무래도 맨 처음 거부에 나선 윤선좌에게 돌아가야 할 것이다.

나중의 일이지만 충숙왕은 이에 대해, "윤선좌가 헌사憲司에 있지 않았다면 나머지 사람들은 거취를 알 수 없는 일이었다"라고 윤선좌를 칭찬하며 안도하였다. 헌사는 관료집단을 감독하는 감찰사(어사대 혹은 사헌부)를 말하는데, 윤선좌가 그 차관 직에 있으면서 대간의 관리들이 서명을 거부하도록 앞장섰던 것이다. 이게 문무관리들의 향배에 영향을 미쳐 서명 거부로 이어졌고, 이어서 재상 급인 민종유가 쐐기를 박아 그 일을 실패로 만든 것이다.

원로대신으로 그 자리에 참여했던 민지는 윤선좌나 민종유처럼 강력하게 나서서 반대하지는 않았지만 서명에 참여하지도 않았다. 원로대신으로서 좀 미온적인 처신이었지만 이런 행동도 망설이던 관료들을 주저앉히는 데 도움이 되었을 것이다.

심왕 옹립 책동, 거부당하다

하지만 권한공 등은 이대로 그만둘 수 없었다. 이에 다시 권한공은 채하중과 함께 후속 작업에 나서는데, 바로 경사만, 김인연, 김지경 등 이전에 충숙왕의 복위 환국을 요청하는 글을 중서성에 올렸던 자들을 순군옥에 가둬버린다. 심왕의 뜻을 받든 것이었다.

그런데 이 후속 작업에서는 이광봉과 채홍철이 어쩐 일인지 빠진다. 이 두 사람은 처음부터 소극적이었고 애초에 이 일에는 권한공이 중심이었는데, 이광봉은 그 이유를 잘 모르겠고 채홍철은 아들 채하중이 나서고 있으니 그러지 않았을까 싶다. 여기서 앞서 채하중이 고려에 들어왔던 이유가 심왕을 옹립하기 위한 서명 작업 때문이었다는 것을 다시 확인할 수 있다.

경사만 등을 구속한 것은 다시 서명을 계속 받기 위한 정지 작업이었다. 관료집단을 억압하여 후환에 대한 두려움을 주고 강압적으로 서명에 동참시키려는 짓이었다. 하지만 이런 조치로 서명 작업을 반전시킬지는 의문이었다.

처음 서명 작업을 한 엿새 후인 1322년(충숙왕 9) 9월 초하루, 권한공 등은 다시 서명을 받기 시작하였다. 문무백관을 불러 모아 일을 막 시작하려는데 또 갑자기 뇌성벽력이 일어나고 매실 크기의 우박이 쏟아지면서 하늘이 캄캄해졌다. 참 괴이한 일이었다. 두 차례나 우연찮게 기상이변이 일어난 것이다. 하늘이 충숙왕을 도왔던 것인지 모였던 문무관리들은 흩어지고 서명 작업은 더 이상 전개할 수 없게 되었다.

이렇게 심왕을 옹립하려는 서명 작업은 두 차례나 시도했지만 의외로 소수에 그치고 만다. 서명에 참여한 자는, 처음부터 드러내놓고 심왕의 무리에 가담한 조연수나 김원상, 그리고 이 일을 주도한 권한공 등을 제외하면 대부분 중간급 이하 관리들이었다. 이보다 더 큰 문제는 중량감 있는 원로대신이나 재상급 관리들이 여기에 거의 참여하지 않았다는 점이다. 이래서는 특별한 정치적 의미를 띨 수 없었다.

이에 초조해진 권한공은 박전지朴全之를 떠올리고 따로 사람을 보내 서명을 요청한다. 박전지는 죽주(충주)가 본관인 신흥 명문 출신으로 약관이 못 되어 과거에 급제했고 학문과 문장이 뛰어나 충선왕의 사부였던 인물이다. 권한공이 박전지를 떠올린 이유는 그가 당시 73세로 이미 벼슬에서 물러났지만 뭔가 통할 수 있다고 판단한 때문이다.

박전지는 충선왕의 1차 즉위 후 개혁 기구였던 사림원을 주도하면서 권력의 핵심에 있었다. 그때 박전지는 충선왕의 절대적인 신임을 받으면서 개혁 정치를 주도하는데 충선왕이 반년 만에 갑자기 폐위당하자 큰 성과를 내지 못했다. 이에 반해 권한공은 충선왕의 2차 즉위 후에 권력의 핵심에 있으면서 많은 폐단을 일으켰다. 권한공은 박전지보다 훨씬 후배였지만 자신도 과거를 통해 관직에 나왔고, 시기는 서로 달랐지만 충선왕의 핵심 측근이었다는 점에서 상통할 수 있다고 생각한 것이다.

권한공은 박전지의 집으로 사람을 보내 은근한 협박조로 서명을 요청했다. 박전지는 이에 "이 개 같은 놈들아! 감히 나를 더럽히려고 하느냐"라고 벼락같이 소리를 질러 쫓아버린다. 권한공이 사람을 잘못 판단했던 것이다. 박전지와 권한공은 충선왕의 1차 즉위와 2차 즉위의 두 시기를 주도한 충선왕 권력의 핵심에 있었지만 성향은 정반대였던 것이다.

박전지는 서명을 거부했을 뿐만 아니라 아들 박원朴瑗을 원으로 보내 이 사실을 충숙왕에게 알렸다. 고려의 상황을 정확히 알지 못하는 충숙왕에게 이런 박전지의 처신은 큰 힘이 되었다. 후에 왕권을 되찾은 충숙왕은 박원에게 우부대언(정3품)이라는 중책을 맡겼다. 박전지도 중용하려 했지만 그 자신은 늙었다는 이유로 벼슬을 사양하자 수상 직을 내려 치사하게 하고 공신으로 책봉하는데, 그는 충숙왕이 왕권을 회복하고 환국한 직후 죽는다.

권한공과 채하중 등은 서명 작업을 더 이상 진척시킬 수 없게 되자 일단 지금까지 서명 받은 문건 그대로 중서성에 올리기로 하고 민부의랑(정4품)으로 있던 조식趙湜이란 자를 시켜 원으로 보냈다. 그런데 원의 중서성에서는 이 문건의 접수를 거부해버린다. 다시 한림원에 올렸으나 거기서도 역시 받지 않았다.

완전히 낭패였다. 서명 문건이 원으로 보내진 직후 채하중은 다시 원으로 들어갔다. 원 조정에서 그 문건이 거부당한 사실을 그도 알았을 것이다.

그런데 원 조정에서는 심왕을 고려 국왕으로 옹립하기 위한 서명 문건을 왜 거부했을까? 지금까지 황제가 심왕을 지지하고 후원했던 추세로 보면 궁금한 문제가 아닐 수 없다. 그 이유는 간단하다. 원 조정에서는 충숙왕의 왕권을 정지시키기는 했지만 그를 폐위시키고 심왕 왕고를 고려 국왕으로 삼을 생각은 결코 아니었던 것이다. 심왕이나 그 무리들이 충숙왕의 왕권 정지를 곧 폐위로 받아들이고 너무 앞서 나갔던 것이다.

그럼 왜 충숙왕의 왕권은 정지시켰는지 다시 의문이 들지 않을 수 없다. 이는 충선왕 때문이라고 본다. 충숙왕은 부왕의 뜻에 따라 고려 왕위를 세습했고 사실상 부왕의 대리인이나 다름없었다. 그 세습도 전대의 왕위 세습과는 다르게 원 조정의 사전 승인을 받지 않은 순전히 충선왕의 의지에 따른 것이었다. 충선왕이 그렇게 할 수 있었던 것은 당시 황제 인종의 총애를 한몸에 받고 있었기 때문이다. 그 충선왕이 티베트로 유배를 당하면서 마땅히 그 대리인이었던 충숙왕도 피해를 본 것이다.

심왕을 고려 국왕으로 옹립하려는 책동은 그 뒤에도 있었다. 그 주동자나 시기에 대해서는 정확하게 나타나 있지 않지만 여러 정황상 앞서의 서명 문건이 원에서 수용되지 않자 그 직후에 권한공 등이 다시 꾸민 일로 보인다. 대담하게도 이번에는 충선왕의 환국을 요청하는 글이라고 속이고 서명을 받은 것이었다. 서명 작업이 다수를 확보하는 데 실패하자 궁여지책으로 동원한 술책이었다.

심왕을 옹립하려는 서명 작업이 실패로 돌아간 그해 10월, 실패에 힘입은 것이었는지 충숙왕의 왕비인 덕비가 하옥된 경사만, 김인연, 김지경 3인을 석방시켰다. 왕비로서 충숙왕을 옹호하다가 핍박받은 그들을 그냥 방치할 수 없었을 것이다. 심왕의 영향력이 아직 살아있는 형국에서 위험할 수 있는 일이었지만 독단으로 감행한 것인데 여기에는 그럴만한 이유가 있었다.

먼저, 덕비는 충숙왕의 원 공주 출신 왕비인 복국장공주가 죽은 후 당시 유일한 왕비로 그만한 일을 할 수 있는 위치에 있었다. 그런데 이보다 중요한 이유는 그 덕비가 홍규의 딸이었으며, 경사만은 홍규의 아들인 홍융洪戎의 사위였던 것이다. 그러니까 덕비는 경사만에게 처고모가 되는 것이다. 덕비가 경사만 등 3인을 석방시킨 것은 그런 인연이 작용한 것이었다.

그렇다면 애초에 경사만 등이 충숙왕을 위해 그 위험한 일에 발 벗고 나선 것도 덕비의 부탁이나 사주가 있었기 때문이 아닐까 추측해 볼 수 있다. 경사만은 궁중에서 생활하다시피 하면서 덕비를 모셔 거의 환관이나 다름없었다니까 더욱 그런 심증이 간다.

제 2 장

국가 존망의 위기,
입성 책동

심왕 옹립 책동이 일어난 후 고려를 원 제국의 내지로 만들어
직접 통치를 받게 하자는 논의가 고려 관리들에 의해 제기된다.
이것이 처음이 아니고 세 번째 일어난 입성책동인데, 여러 차례의 입성책동 중에서
가장 심각한 것으로 4백 년 역사의 고려 왕조가 폐절될 심각한 위기였다.
이런 입성책동이 왜 고려 관리들에 의해 일어났으며,
원에서는 결국 이를 수용하지 않았는데 그 이유는 무엇일까?

1. 입성책동의 배경

주동 인물, 유청신과 오잠

심왕 왕고를 고려 국왕으로 옹립하려는 서명 운동이 원 조정에서 거부당하자 심왕 옹립 책동은 잠시 휴식기에 들어간다. 심왕과 고려왕 사이에서 관망하던 관료집단이었지만 막상 그 서명 작업에서는 대단히 소극적인 태도를 보인 탓이다. 또한 원에 있던 심왕이나 그 무리들도 원 조정의 반대 의지를 확인한 이상 그 일에만 매달릴 수 없었다.

하지만 책동은 계속된다. 옹립책동이 무산되자 심왕의 무리들이 새로운 돌파구를 찾기 위한 것이었는지 고려 왕조에는 더 큰 위기가 닥친다. 그것은 바로 이전에도 등장했던 입성책동이 다시 일어난 것인데 1323년(충숙왕 10) 1월의 일로 이게 세 번째 입성책동이다.

이것은 고려를 완전히 원 제국의 내지로 만들어 제국에 편입하자는 이전의 입성책동과 같은 주장이다. 마찬가지로 독립국가로서의 고려 왕조의 종말을 의미하는 치명적인 것이었다. 이를 전·현직 고려의 고위 관리들이 주장한 것이다.

그 주동 인물이 바로 유청신과 오잠이다. 이 두 사람은 앞에서 잠깐 언급했지만 여기서 이들에 대해 좀 더 자세히 살펴보고자 한다. 이 두 사람이 왜 그런 책동에 앞장섰을까 하는 궁금함을 풀어 보기 위해서다. 또한 이들의 전력에 대해서는 전작 《혼혈 왕, 충선왕》에서 자주 언급했지만, 궁금함을 풀기 위해서는 그것으로 부족할 것 같아서다.

유청신과 오잠은 1321년(충숙왕 8) 4월 충숙왕이 입원할 때 함께 원으로 들어와 입성책동을 제기할 당시 원에 체류하고 있었다. 이 두 사람은 어느 모로 보나 결코 충숙왕을 옹호할 위인들이 아니었는데 입원하는 충숙왕을 수행한 것이다. 이것부터가 의문이다.

유청신과 오잠의 입원은 충숙왕이 입원할 때 수행할 인물들을 자신의 입맛대로 선정할 수 없었든지, 아니면 충숙왕의 처지에서는 이들이 이용할 만한 가치가 있다고 판단했든지 두 가지 중 하나일 것이다. 다시 말해서 이 두 사람이 충숙왕을 따라 입원한 것은 자신들의 의지가 반영된 것인지, 아니면 충숙왕의 의지가 반영된 것인지의 문제인데, 얼른 판단이 서지 않으니 잠시 뒤로 미루자.

충숙왕을 따라 입원할 당시 유청신은 관직이 없었지만 오잠은 첨의찬성사(정2품)라는 관직을 지니고 있었다. 오잠의 첨의찬성사는 재상급 관료로서 전체 관직 서열로 보더라도 5위 안에 드는 최고위 직책이다. 이를 보면 오잠이 충숙왕 정권에서 결코 소외된 것도 아니라는 것을 알 수 있다. 그런 그가 충숙왕을 배신하고 왕조를 배반하는 행동을 한 것이다.

오잠은 동복(전남 화순) 출신으로 그 아비도 재상을 역임했고 자신은 충렬왕 때 과거에 급제하여 관직에 나온 인물이다. 고려시대 전통적인 명문은 아니었지만 신흥 명문에는 충분히 들어갈 만한 가문 출신이었다. 그런 그가 충렬왕의 측근이 된 이후에는 말썽의 연속이었다. 처음에는 김원상과 함께 충렬왕을 과도한 연회로 이끌어 비난을 받았지만 충렬왕의 측근으로서 이때 벌써 재상 급에 오른다.

이후 오잠은 충렬·충선왕의 중조가 이루어진 후 왕 부자를 이간질시킨다는 이유로 관료들의 집단 고소를 받았다. 그는 부자 갈등에서 충렬왕 측에 선 인물로서 충렬왕의 비호로 버티다가 군사까지 동원한 관료들에 의해 구금되고, 마침내 자신의 형제들과 함께 원으로 압송되어 안서 지방으로 유배당했다. 오잠은 이때 유배 전후 기간을 포함해 약 5년 정도 원에서 체류했던 것으로 보인다.

오잠을 한마디로 말하자면 모든 관료들의 질시와 증오의 대상으로 아첨과 모략의 전형적인 인물이 아닌가 한다. 과거에도 급제한 재상 가문 출신으로 그러기도 힘든 일인데 말이다. 더욱 재미있는 것은 그가 다시 충선왕에 의해 재상으로 발탁되었고, 이어서 충숙왕에 의해서도 더욱 승진하여 첨의찬성사에 오르며 귀성군龜城君으로까지 책봉된다는 사실이다.

이를 어떻게 설명해야 할지 모르겠다. 이 정도 되면 아첨만 일삼는 모리배라는 규정으로는 충분한 해명이 못 된다. 아무리 어지러운 세상이었지만 아첨만으로 그리되기는 어렵다고 생각하기 때문이다. 그가 우여곡절 속에서도 승승장구한 배경이 무엇일까? 아주 사악하지만 재주 많은 책략가여서 국왕들은 그가 말썽부리는 것을 두려워했을까?

　유청신이라는 인물은 오잠에 비하면 그리 복잡하지 않다. 유청신은 고이高伊 부곡(전남 고흥) 출신으로 5품 이상을 오를 수 없는 한품 대상자니까 명문은 고사하고 사대부 출신도 아닌 평민 이하의 신분이었다. 그런 그가 출세한 배경은 어려서부터 영특하고 담력이 있어 몽골어를 익힌 덕분이었다. 그는 원종 때 하급 무관으로 관직에 들어와 원을 왕래하면서 충렬왕대에는 유력한 통역관으로 성장한다. 통역관으로서 공로를 인정받아 충렬왕은 그의 고향 고이 부곡을 고흥현(전남)으로 승격시켜주고 한품 대상에서도 풀어준다.

　유청신 역시 오잠과 마찬가지로 충렬·충선 양대에 모두 중용되어 재상 급에 오른다. 충선왕에 의해서는 한때 수상까지 맡았고 고흥부원군高興府院君으로 봉해진다. 또한 충숙왕에 의해서도 잠시 대리 수상을 맡은 적도 있었는데 그 후에는 관직 소식이 없다. 그의 관직 승진은 뛰어난 통역 외교관으로서 충분히 그럴 만했다. 그를 한마디로 말하자면 학문은 부족했지만 통역관으로서 임기응변의 재주가 탁월한 관리였고, 이 때문에 권세를 부리면서 비난을 좀 받기는 했지만 오잠 정도는 아니었다.

　유청신과 오잠은 충숙왕과 함께 원으로 들어가 심왕의 무리에 가담했는데, 한 가지 이상한 점은 입성책동을 들고 나오기 전까지는 심왕을 위해 특별한 활동을 하거나 혹은 충숙왕을 배신하지도 않았다는 사실이다. 심왕당의 핵심인 조적에게 포섭되어 입술과 이빨처럼 가까워졌다는 기록만 있을 뿐이다. 추측에 불과하지만 이들이 입성책동을 제기한 것은 심왕당과는 무관하다는 생각도 든다.

그래서 이들이 입성책동을 일으켜 고려 왕조를 배신한 이유를 이들의 성향과 과거 이력에서 찾아보고자 한다. 두 사람의 공통점은 대단히 영리하고 간사하여 임기응변과 책략이 뛰어났다는 점, 이런 자질 때문이었는지 역대 국왕들에게 모두 중용되었다는 점, 그리고 원 제국의 정치 사회를 충분히 경험하여 국제적인 인물로 볼 수 있다는 점이다.

세 가지 공통점 가운데 주목되는 부분은 이들이 원 제국의 정치 사회를 폭넓게 경험했다는 점이다. 유청신은 통역관으로서 수없이 원 조정을 왕래했으니 말할 필요가 없다. 오잠은 원으로 압송되어 판결을 받고 유배 생활까지 했으니 그 역시 원 조정의 정치를 깊숙이 경험한 것이다. 충숙왕이 입원할 때 이 두 사람을 적극적으로 끌어들여 수행하게 했다면 이런 외교적 감각을 활용하기 위한 것이 아니었을까 싶다. 여기에 그들의 개인적인 자질까지 더해진다면 도움 받을 일도 분명 있었을 것이다.

이 두 사람이 원 조정의 정치 사회를 깊숙이 경험했다는 것은 원의 정치 판도를 잘 이해하고 있었다는 뜻이다. 이는 고려의 내정만을 보는 관리들과는 다른 차원의 판단을 할 수 있는 경험을 말한다. 쉽게 말하자면 유청신과 오잠은 세계 제국의 시각에서 고려를 볼 수 있다는 뜻이다. 더 간명하게 말하자면 이들은 핵심 친원파이면서 부원배 附元輩라는 뜻이다.

부원배가 살아가는 방식

원 간섭기 정치 사회를 주도한 세력을 부원배 세력이라고 부른다. 말 그대로 원 제국에 붙어서(아부하여) 성장하고 세력을 키웠으며 원과의 관계 속에서 영향력을 행사한 자들을 말한다. 이들의 성장 배경으로 가장 중요한 개인적 자질이 당시 국제어였던 몽골어와 한어에 대한 구사 능력이었다. 이런 국제어를 익히려면 당연히 원 문화를 접촉해야 했다. 앞서 유청신은 원을 자주 왕래하면서, 오잠은 원에서 생활하면서 국제어를 익혔던 것이다.

당시 원이라는 세계 제국의 문화를 접촉하는 가장 보편적인 수단이 입원하는 국왕을 수행하는 것이었다. 입원하는 국왕을 수행하는 데 빠질 수 없는 자들이 호위 무관과 국왕 측근의 내관들이었다. 이들은 대부분 한미한 가문 출신이거나 평민 이하의 신분으로서 이름 없는 수행원들이었다. 하지만 이들은 누구보다도 먼저 제국의 문화를 접촉할 기회를 갖게 된다.

그런데 부마국 체제가 깊어지면서 한번 국왕이 입원하면 길게는 몇 년씩 원에 체류하는 경우가 허다했고 그런 경우가 재위 중에 여러 차례 반복되었다. 충선왕의 경우는 아예 원에서 죽을 때까지 생활했으니까 말할 필요도 없다. 이런 비정상적인 장기 체류에서 국왕을 수행했던 무관이나 내관들도 함께 장기 체류하면서 원 제국이 지배하는 세계 질서와 문화를 적극적으로 수용하며 성장하게 된다. 이들을 좋게 평가해서 말하자면 그 시대를 앞서가는 국제인이고 세계인이었던 것이다.

이러한 국제인 혹은 세계인들은 고려의 전통 질서 안에서는 사회적 기반이 취약하거나 부족하여 신분 상승에 대한 제약이 많았지만, 원과의 관계 속에서는 신분 상승의 중요한 기회가 되기도 하였다. 원 간섭기에 이렇게 성공한 인물이 한 둘이 아닌데 통역관으로서 입지를 다진 평양 조씨인 조인규趙仁規 가문을 대표적으로 들 수 있다. 이렇게 국제인으로서 신분 상승에 성공한 자들은 문벌을 중시하는 고려의 전통 사회 질서 안에서 별로 인정받지 못했으니 이들이 이상적으로 지향하는 곳은 항상 원 제국이었다.

또한 이 국제인들은 그동안 축적한 실력을 기반으로 본국 고려를 떠나서도 원 제국의 사회에 쉽게 적응하고 정착할 수 있었다. 통역관 조인규의 아들들이 심왕의 무리에 가담한 것도 그래서 우연이 아니었다. 원 제국이 지배하는 국제사회에 적응하는 그 첫 번째 요소가 국제어 구사 능력이었다면, 그 두 번째 요소는 경제적 기반이라고 할 수 있다.

원 제국 내에서의 경제적 기반은 간단히 말해서 먹고 사는 문제를 해결할 수 있는 일상적인 생활기반을 말한다. 이 시대를 공부하면서 항상 떠나지 않는 의문은, 이들 국제인들이 몇 년씩 원에서 장기 체류하면서 도대체 어떻게 재정 문제를 해결했을까 하는 점이었다. 관찬 사서에는 이와 관련된 기록이 사실상 전무하여 추론에 의지할 수밖에 없다.

충선왕이나 충숙왕 같은 경우에는 고려 본국에서 재정 지원을 받아 생활했다. 그럼 국왕을 수행한 무관이나 말단 관리들은 어떻게 이 문제를 해결했을까? 방법은 공식 수행원으로서 국왕의 재정 지원에 의탁하든지, 아니면 개인적으로 따로 본국에서 조달 받아야 했을 것이다. 하지만 한두 달도 아니고 수년 씩 장기 체류하는 경우 그것만으로는 한계가 있었을 것이다. 따라서 이들은 일상적인 생활에 필요한 재정을 원 제국 내에서 자체 해결했을 것으로 보인다.

이 시대의 역사 기록을 보면 고려의 관리이면서도 개인 자격으로 원을 들락거린 자들이 많다. 또한 죄를 짓고 도망쳐 들어간 자도 있고, 억울함을 풀기 위해 들어간 자들도 있으며 고려 왕조에 배신감을 느끼고 출세를 위해 자진해서 들어간 자들도 있다. 이들은 원 제국 안에서 어떻게든 생활기반을 마련해야 했다. 먹고 살기 위해서 말이다. 이들 가운데는 아예 눌러앉아 원에서 관리 생활을 한 자들도 부지기수다.

원에서 장기 체류했던 고려 국제인들은, 가령 원 제국의 관료사회에 편입하여 말단 관리로 복무하든지, 토지를 이용한 농업 경영에 참여하든지, 상업이나 잡다한 금융 서비스업에 종사하든지, 그도 아니면 부정한 방법이라도 동원하여 생활기반을 마련했을 것이다. 앞서 심왕의 측근이었던 채하중 같은 경우는 원에서 관리 생활을 한 자였고, 심왕부의 재정을 담당하다 고려에 도망쳐 들어왔다는 백응구란 자는 상업이나 고리대에 종사했을 것으로 보인다.

국제인들의 원 제국 내에서 생활기반은 양국 관계가 밀착되면서 확대되고 더욱 강화되었을 것이다. 앞서 심왕 무리에 가담한 조적이란 자가 원으로 도망칠 수 있었던 것은 그런 능력이 있었기 때문에 가능했다. 심왕 왕고와 같은 경우는 줄곧 원에서 생활했으니까 제국 내에서의 경제기반이 누구보다도 확실하게 갖춰져 있었을 것이다.

유청신이나 오잠 같은 경우도 마찬가지다. 유청신과 오잠은 입성책동 이후 그 죄 탓에 고려에 들어오지 못하고 결국 원에서 생을 마감하는데, 오잠은 언제 죽었는지 나타나지 않지만 유청신은 1329년(충숙왕 16)에 원에서 죽는다. 유청신이 원에 체류한 기간은 무려 8년이었다. 이들의 장기간 재원 체류는 원에서 충분한 생활기반이 마련되어 있지 않고서는 불가능한 일일 것이다.

요컨대 강조하고 싶은 점은, 고려의 정치 사회에 불만을 품은 자들이 원으로 들어가 심왕 옹립 책동을 일으키고, 유청신이나 오잠 같은 무리들이 원으로 들어가 고려를 원 제국에 편입하자는 입성책동을 일으킨 것은, 모두 원 제국 내에서 살아갈 만한 경제기반이 있었다는 것과 무관치 않다는 사실이다. 이들은 고려를 벗어나도 얼마든지 살아갈 수 있었고 독립왕조로서 고려라는 나라가 별 의미가 없었다. 고려 왕조의 신민이 아니라 원 제국의 일원으로서 국제인이고 세계 시민이었으니까.

그렇다면 양국 관계가 밀착되면서 등장한 입성책동은 자연스런 일이었다. 그래서 또한 입성책동은 이번 말고도 앞으로도 계속 일어날 수밖에 없는 것이다. 고려 왕조가 원 제국의 지배와 간섭을 받으면서 그에 편승하여 성공하고 제국에 안착한 자들은 독립된 고려 왕조가 오히려 불편하고 적응하기 힘든 사회였기 때문이다. 그런 자들은 모두 국제인이었고 세계인이었다.

심왕 옹립 책동이나 입성책동 등 이들이 저지른 행동이나 처신은 지금의 민족주의적인 관점에서 본다면 비난받아 마땅하다. 일제강점기 나라를 팔아먹은 친일 매국노와 조금도 다를 바 없기 때문이다. 이들 친일 매국노들의 행위는 지금도 우리 사회에 영향을 미치고 있어 어떤 방식이든 도덕적 평가가 불가피하다. 역사에서 도덕적 잣대를 들이대는 것은 자제되어야 하지만, 친일 매국노에 대한 평가는 역사를 떠나 이 시대를 살아가는 시민으로서의 의무라고 생각하기 때문이다.

하지만 원 간섭기 부원배 세력의 매국적인 행동이나 처신에 대해서는 도덕적 평가를 내리는 것만으로는 너무 안이하다는 생각이 든다. 오히려 그런 문제는 부차적이고 이들이 왜 그런 행동을 하게 되었는지를 해명하는 것이 연구의 본령이 되어야 한다고 생각한다. 늑대는 악한 동물이고 개는 선한 동물이라고 판단하는 동물학자는 없을 것이다.

원 제국에서 바라본 고려

유청신과 오잠이 고려에 성을 세워 원의 내지와 같이 만들라는 글을 중서성에 올리자 맨 먼저 여기에 반대한 자가 뜻밖에 원의 관리였는데, 이게 좀 이상하다. 왜 원의 관리가 먼저 반대했을까 하는 궁금함이다.

추측이지만 혹시 이번 입성책동은 유청신과 오잠이 들고 나오기 전에 원 조정에서 먼저 논의된 것이 아닐까? 당연히 심왕 측에서나 유청신과 오잠 등도 이런 입성책동을 반겼을 것이다. 특히 유청신과 오잠은 원 조정의 그런 분위기를 누구보다도 먼저 간파하고 공로를 세우기 위해 선수를 친 것이 아닐까 생각한다. 이 두 사람은 원 조정의 정치 흐름을 잘 읽고 있어 그럴만한 능력이 충분했으니까.

그렇다면 원 조정에서 고려를 제국의 내지로 만들자고 논의한 배경을 우선 살펴볼 필요가 있다. 원 조정에서 이 문제를 먼저 들고 나오지 않았을지라도 이번 입성책동은 심각하게 논의되었다는 점을 고려

할 때 이는 반드시 짚고 넘어갈 필요가 있다.

몽골 제국과 고려, 양국의 지배-종속 관계가 시작되면서 결정적인 사건이 바로 충렬왕이 원 공주와 결혼한 일이었다. 이는 우리 역사상 매우 특별한 사건인데, 이로부터 부마국 체제라는 특수한 양국 관계가 시작된다. 충렬왕 이후의 왕들도 계속 그런 혼인을 통해 왕위를 계승하고 왕권을 행사하면서 부마국 체제는 고착화된다. 하지만 충렬왕의 왕비였던 원 공주가 갑자기 죽자 왕 부자간에 양위와 중조가 일어나면서 고려 국정이 잠시 혼돈에 빠지는데, 1302년(충렬왕 28)에 일어난 1차 입성책동은 이 문제와 관련 있었다.

부마국 체제가 고착화되는 과정에서 발생한 또 한번의 결정적인 사건이 원의 황제계승 싸움에서 충선왕이 공을 세운 사건과 이와 얽혀 일어난 공주 개가 책동이었다. 이 사건은 부마국 체제를 왜곡 변질시키는 계기가 된다. 부마국 체제가 왜곡 변질된다는 것은 양국 관계가 비정상적으로 밀착된다는 뜻이다. 양국 관계가 비정상적으로 밀착되면서 고려의 중요한 국정은 원 조정에서 이루어졌다.

여기에 충선왕의 장기간 원격 통치가 진행되면서 원 조정은 고려 조정이나 다름없었고 제국의 수도인 대도는 고려의 수도이기도 했다. 이것은 양국 관계가 실질적으로는 한 제국의 울타리 안에서 돌아가는 제국과 변경, 중앙과 지방의 차이 정도밖에 아니었다는 뜻이다. 1312년(충선왕 4)에 홍중희에 의해 제기된 2차 입성책동은 충선왕을 공격하기 위한 것이었지만 본질적으로는 이 문제와 관련 있다.

그러면서도 고려는 독립왕조로서 지위를 고수해야 했다. 제국에서는 이를 거부하지 않고 허용했지만 지배 통제 관계는 방치하지 않고 계속 유지했다. 하지만 시간이 흐를수록 그에 따른 비용이 늘어나고 비효율성도 높아졌다. 예를 들면 고려 국왕의 장기간 재원 체류, 심각한 왕위 다툼, 그리고 양국에 걸친 정치 사회적 갈등과 모함, 이에 따른 빈번한 사신 왕래 등 여러 문제가 발생했다. 이런 문제들로 인한 정치 사회적 부담은 원 조정에서 결코 의도한 바가 아니었고 예상하지도 못한 일이었다.

원 조정에서나 위정자들은 고려 왕조를 골치 아픈 존재로 생각했을지도 모른다. 방치하자니 제국의 위상이나 체면에 손상이 되었고 일사분란하게 통제하자니 그도 쉽지 않았다. 제국에서 자초한 면도 있었지만 비정상적으로 밀착된 양국 관계가 심화되면서 나타난 불가피한 면도 있었다.

원 제국의 처지에서 이를 해결하는 방법은 고려를 아예 제국의 내지로 만들어 지방 행정 단위로 편입해버리는 것이었다. 고려의 국정 운영이 혼미한 상황을 벗어날 수 없다면 이런 논의는 끊이지 않을 것이다. 부마국 체제에서 성장하고 세력을 키운 부원배, 즉 국제인들은 이를 조장하면서 환영했다. 이것이 1323년(충숙왕 10)에 일어난 3차 입성책동의 본질로서 고려 왕조에 불어닥친 존망의 위기였다.

이후에도 입성책동은 두세 차례 더 일어나는데 이번 3차 입성책동만큼은 심각하지 않았다. 고려의 혼미한 정국은 시간이 흐를수록 깊어졌지만 그때마다 제기된 입성책동은 오히려 큰 문제 없이 끝난다. 아마 이번 3차에서 고려 왕조의 존립 문제를 심각하게 논의한 후라 내지 편입에 대한 부정적인 견해를 충분히 반영했던 결과로 보인다.

2. 왕관의 반대 상서

유청신과 오잠의 입성책동에 대해서 맨 먼저 반대한 자는 통사사인通
事舍人으로 있다가 퇴직한 원의 관리 왕관王觀이라는 자였다. 그는 우
승상(수상)에게 입성책동을 반대하는 장문의 글을 올린다. 왕관은 입
성책동에 반대하는 이유를 여섯 조목으로 나누어 언급했다. 번잡을
피하기 위해 필자가 이 여섯 조목에 대해 각각 핵심 요지를 앞에 제시
하고 상서문의 내용을 바탕으로 이에 대해 부연 설명하겠다.

쿠빌라이 칸의 유훈을 지켜야 한다

왕관은 첫째로, 고려를 제국의 내지로 편입하는 것은 세조 황제(쿠빌
라이 칸)의 유훈遺訓이나 계책과 맞지 않다고 반대하였다.

쿠빌라이 칸은 황제위에 오르자마자 고려의 독자성을 지켜주겠다

고 조서로써 약속한 바 있었다. 세조 황제의 유훈은 이를 말하는데, 고려 측에서는 자주권이 침해당할 때마다 쿠빌라이의 이런 약속을 거론하여 조서에 어긋난다고 주장하곤 했었다. 고려인이 아닌 원의 관리였던 왕관이 입성책동에 반대하면서 쿠빌라이의 유훈에 어긋난다는 점을 제일 먼저 거론한 것은 이채롭다.

왕관은 이에 대한 보충 설명으로, 고려는 그동안 제국에 의리를 지키고 조정을 섬겨 신하로서 예의를 잃지 않아 세조 황제가 공주를 하가시켰고 총애가 융숭했다고 하였다. 그래서 고려의 예禮·악樂·형刑·정政은 본국의 습속을 그대로 따르게 하였고 원 조정의 전장典章으로 구속하거나 제한하지도 않았다고 주장하였다. 또한 동방에 일이 있으면 제국에서는 군사를 내어 도왔으며 이로 인해 요하 동쪽 땅 만여 리가 진정되었고 고려는 제국의 동쪽 울타리로서 현저한 공로와 효과가 있었다고 하였다. 왕관의 지적은 이 모든 것이 세조의 유훈을 잘 따른 결과라는 것으로, 이제 와서 고려를 제국의 내지로 편입한다는 것은 옳은 계책이 아니라고 주장한 것이다.

특히 고려가 원 제국의 동쪽 울타리 국가로서 효과가 크다는 주장은 주목할 만하다. 이는 당시 원 제국의 미정복국으로 남아 있던 일본을 의식한 것이다. 이를 울타리 '번' 자를 써서 번국 체제藩國體制라고 하는데 지금의 미국이 한반도를 대하는 동아시아 전략과 크게 다르지 않다. 재미있게도 고려 말에 원 제국이 쇠망해가면서 한반도와 중국 동해안 지역에 왜구의 침략이 빈번해지니, 이는 제국과 울타리의 관계가 해체되어 나타난 일로 판단할 수 있다.

이렇게 볼 때 세조 쿠빌라이 칸이 애초에 고려의 항복을 받고도 그

독자성을 유지시킨 것은 세계전략에 따른 구상이었다는 것이다. 고려가 제국에 편입되고 제일 먼저 일본원정에 동원되었던 것도 그런 전략의 실천이었다. 하지만 두 차례나 단행했던 그 원정이 실패로 끝나고 일본은 동아시아에서 유일한 원 제국의 적대 국가였다.

그런데 사실은 당시 일본의 침략이나 위협은 별로 의식할 필요가 없는 것이었다. 일본원정이 실패로 끝난 후에도 일본은 단 한 차례도 대륙이나 한반도에 대해 반격한 적이 없기 때문이다. 그래서 왕관이 주장하고자 한 것은 일본의 침략을 대비하여 그 울타리로써 고려의 독자성이 그대로 유지되어야 한다기보다는, 세조의 유훈은 중요하니까 반드시 지켜야 한다는 쪽에 무게가 실려 있는 말이었다. 이는 충분히 설득력 있는 주장이라고 볼 수 있다.

중국의 법과 제도로 다스릴 수 없다

왕관이 입성책동을 반대하며 거론한 두 번째 주장은 고려가 중국과는 다르다는 것이었다. 고려는 본국과 수천 리 떨어진 먼 곳으로 풍토가 다르고 습속이 다르다고 주장하였다. 그 다른 점을 구체적으로 형벌刑罰, 작상爵賞, 혼인婚姻, 옥송獄訟 제도 등을 거론하였다. 여기 작상이라는 것은 작위 제도와 포상 제도를 말하는 것 같다.

이런 고려의 여러 제도들이 원 제국의 제도와 분명히 다른 것은 사실이다. 그래서 제도나 풍속이 다른 고려를 중국의 법과 제도로 다스리게 되면 반드시 문제가 생긴다는 것이었다. 실제로 고려가 원 제국에 예속되어 지배와 간섭을 받으면서 그 다른 점 때문에 양국 간에 갈등과 문제가 생긴 적도 있었다. 대표적인 예를 든다면 충렬왕 때 고려의 특수한 노비 제도를 원에서 강제로 고치려다 반론에 부딪혀 그만둔 적이 있었다. 또한 고려 왕실에서 종친 간의 동성결혼을 원 황실에서 문제 삼은 적도 있었다.

따라서 왕관이 제도나 풍속의 차이를 들어 고려를 제국의 내지로 편입하는 것에 반대한 것은 역시 설득력 있는 주장이라고 할 수 있다. 제도나 풍속이 다른 고려를 원 제국의 법속이나 제도를 가지고 직접 통치한다면 이에 따른 부작용이 더 크다는 지적이었던 것이다.

백성들이 동요할 수 있다

왕관이 세 번째로 주장한 것은 백성의 동요였다. 이를 뒷받침하기 위해 왕관은 먼저 고려의 경제적 가치를 매우 낮게 평가하였다. 고려는 산이 많고 바다가 막혀 새벽하늘의 별처럼 뿔뿔이 흩어져 백성들은 가난하며 풍요로운 군현이 없다고 하였다. 이 부분에서 왕관은 빈약한 고려의 농업만을 지적한 것이 아니라 부진한 상업도 염두에 두고 있었다. 이런 것은 중국과 비교할 수도 없었을 테니 사실은 맞는 얘기라고 할 수 있다.

세계 제국인 원에 비하면 적은 인구, 좁은 땅, 빈약한 상업 등 고려는 무엇 하나 볼만한 경제적 가치가 없었다. 그럼에도 제국의 내지로 편입한다면 그 얻는 이익은 적고 오히려 손실만 키운다는 것이었다.

이어서 왕관은 그런 빈약한 경제적 가치에도 불구하고 고려를 제국의 내지로 편입하려면, 우선 조세를 징수하기 위해 새로운 호구 조사와 호적을 만들어 법적인 제도 정비를 해야 한다고 생각하였다. 그 과정에서 백성들은 놀라고 동요하여 도피하기도 하고, 때로는 서로 선동하여 뜻밖의 어려운 일이 발생할 수 있다고 판단하였다. 뜻밖의 어려운 일이란 백성들의 동요에 따른 농민 반란 같은 것을 예상한 것 같다.

평상시 고려 자체 내의 새로운 조세 제도의 도입도 백성들의 동요로 나타날 수 있다. 백성들에게는 먹고사는 문제이니 항상 민감할 수밖에 없는 문제다. 그러니 제국의 내지로 편입되어 강압적으로 시행될 새로운 조세 제도는 동요로 나타날 것이 분명할 것이다. 백성들에게는 제국의 내지로 편입된다는 사실보다는 새로운 징세에 대한 저항이 더 클 것이다.

왕관의 이런 주장은 매우 현실적인 판단으로 보인다. 특히 그가 고려의 경제적 가치를 낮게 본 것은 주목할 만한 주장인데 이런 주장은 이것이 처음이 아니었다. 부마국 체제가 성립되기 이전에 원에서 무리한 공물 요구가 있을 때마다 고려 측에서 그 부담을 줄이기 위해 빈약한 생산력을 내세우곤 했다. 일본원정 과정에서도 징발되는 물적 자원의 부담을 줄이기 위해 고려에서는 그런 주장을 반복했다. 그런 주장을 고려 관리가 아닌 원의 관리가 입성책동을 반대하면서 내세운 것이다. 이 점이 좀 특별하게 느껴지는데 뒤에 다시 거론하겠다.

수입보다 재정 부담이 크다

왕관은 더욱 현실적인 판단으로 입성책동을 반대하는데, 그 네 번째 주장이 제국의 재정 부담 문제였다. 이는 앞의 세 번째 주장과 맥락이 통하는 내용이다.

고려를 제국의 내지로 만들면 그 관리들의 봉록을 모두 제국의 중앙 정부에서 지급해야 한다는 것이었다. 이것만이 아니라 공용 경비 또한 마찬가지로 제국에서 부담해야 한다고 주장하고 있다. 왕관이 이에 대한 예를 들지는 않았지만, 가령 대궐이나 저수지 축조 같은 국가의 토목 사업이라든지, 혹은 흉년이 들어 굶주리는 백성을 구제하는 일이라든지, 국가를 운영하는 데 소요되는 기타 재정 비용이 모두 해당된다.

이어서 왕관은 고려에서 들어오는 재정 수입만으로는 이 모든 비용을 감당할 수 없으니 제국의 중앙 정부가 부담하는 재정 지출은 오히려 늘어날 수밖에 없다고 하였다. 그래서 재정적 측면으로 봐도 고려를 제국의 내지로 만들자는 주장은 손해라는 주장이다. 정말 날카로운 지적이 아닐 수 없다.

충렬왕 때 원에서 고려의 관청과 관리 수가 너무 많다고 문제 삼은 적이 있었다. 이게 1301년(충렬왕 27)의 일로서 1차 입성책동이 일어나기 바로 전년이다. 이때 원에서 고려의 관청이나 관리 수를 조사했던 것은 관리 녹봉이나 관청 유지비 등 경상 지출을 가늠해보려는 의도였다고 보인다. 그리고 이는 고려를 제국의 내지로 편입했을 경우 재정 부담의 손익을 계산하기 위한 것이 아니었나 싶다.

원의 관리였던 왕관이 제국의 재정 부담 문제를 거론하여 내지 편입을 반대한 것은 원 조정에서 과거에 그런 재정적인 예측 회계를 한적이 있었기 때문에 나온 주장으로 판단된다. 이것이 사실이라면 원 제국에서는 고려를 내지로 편입하는 문제에 대해 진즉 재정상의 손익 계산을 끝냈다는 얘기가 된다. 왕관은 이 문제를 다시 상기시킨 것이었다.

이 대목에서 19세기 제국주의 시대의 식민지 문제가 떠오른다. 만약 입성책동이 받아들여진다면 고려가 원 제국의 직접 통치를 받는 식민지 상태와 크게 다르지 않을 것이다. 왕관은 고려의 경제적 가치를 들어 식민지로 만드는 것에 반대했는데 지금의 제국주의 논리로 따지자면 이는 전혀 맞지 않는 얘기인데 말이다.

제국주의 시대에는 자본주의가 발달하면서 식민지의 경제적 가치가 지금 논의하는 이 시대의 그것과는 차원이 다른 것이었다. 산업혁명 이후 제국주의 시대에는 원료의 공급지와 상품 시장으로서의 식민지 확보는 필연이었고, 자본주의는 식민지 확대 전쟁으로 나아갈 수밖에 없었다. 하지만 산업화 이전의 전근대 사회에서는 그런 생각을 도저히 할 수 없었던 것이다.

군대가 주둔해야 한다

왕관은 다섯 번째로 군대 주둔 문제를 들어 반대하였다. 고려를 제국의 내지로 직접 통치하려면 군대 주둔은 당연히 따르는 문제다. 왕관은 여기서 중국 강남의 예를 들고 있다. 남송을 멸망시킨 원 제국이 강남을 직접 통치하면서 군대를 주둔시켰듯이 고려에도 제국의 군대를 주둔시켜야 한다는 논리였다.

그런데 왕관의 반대 논리는 그 다음에서 빛이 난다. 군대를 적게 주둔시키면 동방을 제압하기 어렵고 많이 주둔시키면 그 비용 부담을 감당할 수 없다는 것이었다. 여기서 동방은 고려뿐만 아니라 일본까지 포함한 것으로 보인다. 또한 더욱 중요한 문제로서 왕관은 제국의 군대가 각각 정해진 임무와 정원이 있는데 어디서 차출하느냐는 문제도 제기하고 있다.

일본원정이 실패로 돌아간 직후에 고려에 원의 군대가 주둔한 적이 있었다. 그 규모가 어느 정도였는지 정확히 나타나 있지 않지만 합포(마산)에 있던 진변만호부가 바로 그것이다. 진변만호부에 있던 원 군대는 시간이 지나면서 점차 고려의 군대로 대치되었다.

여기 주둔군 사령관을 만호萬戶라고 불렀고 그 만호는 황제의 임명을 받아야 했는데, 그 만호도 차츰 고려 무관으로 대체했다. 부마국 체제가 성립한 충렬왕대 이후에는 사실상 원의 군대는 주둔하지 않았고 충선왕 이후에는 그 진변만호부 이름조차 거의 등장하지 않는 것으로 보아 유명무실해진 것이 아닌가 한다.

그런데 고려가 제국의 내지로 편입된다면 진변만호부의 규모보다 훨씬 많은 제국의 군대가 고려 여러 곳에 주둔해야 할 것이다. 그런 대규모 군대의 차출과 비용 문제를 들어 왕관은 반대한 것이다. 제국의 중앙과 각 지방에 이미 배치되어 고유 임무가 정해진 군대 중에서 어느 군대를 빼내어 고려에 파견할 것이며, 또한 파견 후 그 주둔군의 비용은 어떻게 충당하느냐의 문제였다.

현재 한반도에 주둔하고 있는 주한미군을 생각하면서 지금의 시각으로 보더라도 정말 날카로운 지적이 아닐 수 없다. 현재 세계를 통제하고 있는 미국의 처지에서 주한미군 재배치 문제는 군사상의 문제를 넘어 동아시아 외교 전략상 중요한 숙제가 되고 있다. 아울러 그 주둔군 비용에 대한 부담 문제도 한미 양국의 중요한 현안 문제다.

이런 문제를 왕관은 그 시대에 벌써 제기한 것이니 놀랍지 않은가. 이런 문제 제기는 군사 전략적인 사고나 경험이 있지 않고서는 나올 수 없는 것이다. 원의 말단 관리였던 왕관이 어떻게 이런 탁월한 생각을 하게 되었는지 뒤에 따로 살펴볼 것이다.

유청신과 오잠은 고려를 배반한 자다

왕관이 입성책동을 반대하면서 내세운 마지막 근거는 배반자의 주장을 받아들여서는 안 된다는 것이었다. 유청신과 오잠은 고려의 재상 출신으로 참소와 이간질을 하다가 국왕에게 미움을 받아 독심을 품고 자신의 본국을 배반한 것이라고 주장하였다. 이는 왕관이 고려 국정에서 두 사람이 저질렀던 과거 비행에 대해 정확히 인지하고 있었다는 뜻이다.

오잠이 충렬왕대에 참소와 이간질로 고소를 당하고 원으로 압송되어 유배형을 받았다는 얘기는 앞서 했었다. 유청신 역시 충렬왕 때 무고 사건에 연루되어 원으로 압송된 적이 있었고, 그 후 또 다른 사건에 관련되어 고려에서 잠시 하옥된 적이 있었다. 이런 두 사람의 전력에 대해서 왕관은 정확히 알고 있었던 것이다.

하지만 유청신과 오잠이 입성책동을 제기한 것은 이런 치죄를 당한 보복으로 그런 것만은 아니었다. 왕관의 주장은 이 두 사람의 책동이 과거 그런 전력으로 보아 신뢰할 수 없고, 이들은 결코 제국에 충성하기 위한 것이 아니라 자신들의 일신상 이익을 위한 것일 뿐이라는 뜻이었다.

그래서 왕관은 이들을 짐승만도 못한 자들로서 오히려 처벌해야 마땅하다고 하여, 고려 왕조를 배반한 유청신과 오잠에 대한 노골적인 감정을 숨기지 않았다. 원의 관리였던 왕관은 왜 유청신과 오잠에 대해 그런 적대적인 감정을 드러냈을까?

왕관, 그는 누구일까?

왕관이 고려를 원 제국의 내지로 만들자는 입성책동에 반대한 여섯 가지 이유를 살펴보았는데, 그 논리 전개와 이해득실을 따져가는 정확한 전략적 계산은 놀라울 정도로 치밀했다. 이런 주장을 펼친 왕관은 과연 어떤 인물일까 궁금해진다.

왕관의 반대 논리를 따라가다 보면 그가 혹시 고려 관리가 아닐까 하는 의심이 들 정도로 고려 왕조의 처지에서 변호하며 주장을 펼치고 있다. 더욱 중요한 사실은 왕관이 고려 사정을 너무나 잘 알고 있다는 점이다. 그에 대한 몇 가지 예를 들자면 이런 것이다.

먼저, 왕관이 고려의 낮은 생산성을 거론한 점이다. 이는 이전에도 고려에 대한 무리한 징발이 있을 때마다 고려 정부에서 들고 나온 논리였는데 왕관이 이를 다시 거론한 것이다. 이 문제를 원의 관리였던 왕관이 제기했다는 것은 고려의 처지를 그대로 대변한 것으로 보인다.

다음으로, 고려의 자연환경에 대한 묘사에서 고려를 이미 친숙하게 잘 알고 있다는 느낌을 받는다. 산이 많고 바다가 막혀 있다는 표현은 차치하고서라도, 지방 군현에 대한 설명에서 '새벽하늘에 별처럼 뿔뿔이 흩어져 있다'는 표현은 정말 정확한 묘사다. 이는 당시 희박한 인구가 적은 평야나 산간 지대에 뿔뿔이 흩어져 살아가는 농촌 풍경을 묘사한 것으로 고려에 살아보지 않은 사람은 생각할 수 없는 표현이다.

또한, 유청신과 오잠의 과거 전력에 대해 너무나 잘 알고 있다는 점이다. 원의 관리가 고려 재상 출신의 과거 전력에 대해 아는 것이 당연하다고 생각할 수도 있지만 이는 매우 특별한 일이다. 유청신과 오잠이 치죄를 당한 것은 20여 년 전 일이었는데 이를 정확히 알고 있다는 것은 고려에 대해 평소부터 특별한 관심을 기울이지 않고서는 어려운 일이다. 물론 왕관이 입성책동을 반대하기 위해 이를 제기한 유청신과 오잠을 특별히 조사하여 얻은 결과라고 볼 수도 있겠지만 말이다.

유청신과 오잠을 짐승만도 못하다는 식으로 감정을 드러내어 비난한 점도 그냥 지나칠 수 없는 대목이다. 원의 관리로서 입성책동의 이해득실을 따져 논지를 전개하면 그만이지 감정을 드러낼 일은 아니라는 판단에서 그런 것이다. 그래서 추측에 불과하지만 왕관이라는 인물이 혹시 고려 왕실의 종친으로 원에 귀화한 인물이 아닐까 하는 생각을 갖게 한다.

왕관의 전직인 통사사인通事舍人이라는 관직도 주목된다. '통사' 라는 관직은 품관에도 들지 못하는 미관말직이다. 원대 중앙 부처의 관직 체계를 보면 통사라는 관직이 여러 곳에서 눈에 보인다. 그중에 교통 통신 시설인 역참驛站을 담당했던 통정원通政院이라는 관청이 눈에 들어오는데, 이 통정원의 9품직으로 통사가 있었다.

그런데 역참을 관리했던 것은 몽골 초기부터 있었지만 이게 강화되어 독립된 관청으로 설치된 것은 세조 쿠빌라이 때 일본원정을 추진하면서부터였다. 제국 각 지역과 연락 체계가 중요시되고 특히 고려와의 교통 통신이 중요시되면서 이때 처음으로 통정원이라는 명칭의 관청이 독립적으로 만들어졌다.

그리고 일본원정이 실패로 돌아간 후에는 그 통정원이 치폐를 반복하는데, 치폐 과정에서 통정원은 잠시 병부에 통합된 적도 있었다. 통정원이 병부에 통합되기도 했다는 것은 그 군사적 목적과 상통했기 때문이다. 통정원의 이런 부분도 심상치 않다.

통정원이 일본원정과 관련된 군사적 목적에서 설치되었다면 고려인 출신 왕관은 그에 적격이었다고 보인다. 당시 고려와의 연락 관계가 매우 중요한 때였기 때문이다. 이어서 왕관은 이 통정원의 통사로 재직하다가 그 치폐 과정에서 그만두지 않았을까 하는 생각이 든다. 왕관이 입성책동을 반대한 근거로 제시한 군사 주둔 문제는 그의 실무 경험에서 나온 판단이었을지도 모른다.

이왕에 추측을 했으니 정리하자면, 왕관은 고려 왕실의 방계 종친으로서 언젠가 원으로 들어가 일본원정 무렵에 통정원의 통사로 발탁되었다. 일본원정 후 통정원이 치폐를 반복하는 과정에서 그 직책을 그만두고 물러나왔다. 그러다가 입성책동을 접하고 전직 통사사인으로서 그에 대한 반대 주장을 펼친 것이라고 추측해본다면 너무 빗나간 것일까.

이런 추측이 크게 틀리지 않다면, 그가 입성책동에 대한 반대 주장을 펼치면서 고려 왕조의 처지에서 고려를 변호하고 옹호하려는 생각을 드러낸 것은 이해가 된다. 왕관에 대한 인물이나 행적에 대해서 원측 기록에는 전무하지만 《고려사절요》에는 그의 입성책동에 대한 반대 주장이 상세하게 기록되어 있다는 점도 이와 같은 추측을 뒷받침하는 것이 아닐까.

3. 이제현의 반대 상서

유청신과 오잠의 입성책동에 대해 왕관의 반대 상서가 있던 같은 시기에 이제현李濟賢도 원의 도당에 그에 대한 반대 글을 올린다. 이제현은 충선왕이 만권당에서 활동하던 시절 고려를 대표하는 유학자로서 불러들여 원의 명사들과 대면시킬 정도로 충선왕의 신임이 두터운 인물이었다.

이제현은 충선왕의 티베트 유배 이후 입원하여 계속 원에 체류하고 있었다. 그동안 충숙왕 정권에서나 고려 조정에서는 소외되었던 것 같다. 하지만 이제현은 입성책동에 대한 원 조정의 심각한 분위기를 감지하고 자신도 반대에 나선 듯하다.

왕관의 반대 상서는 여섯 조목으로 분명하게 내용을 구분하여 논리를 전개하고 있지만 이제현의 반대 상서는 그런 구분이 없다. 그래서 필자 나름대로 내용을 몇 가지로 구분하여 왕관의 반대 상서와 같은 방식으로 설명해보겠다.

유구한 역사의 고려 왕조

이제현은 맨 먼저 고려 왕조의 오랜 역사를 강조하면서 입성책동에
반대하였다. 유학자다운 발상이다. 이제현은 왕씨 고려가 개창한 이
래 4백여 년이 되었고, 그 가운데 원 제국에 신복臣伏하여 공물을 바친
기간만도 1백여 년이었다고 강조하였다.

이제현은 4백 년이 넘는 왕업王業을 폐절시키고 종묘사직을 끊어지
게 한다는 것은 사리에 맞지 않다고 주장하였다. 유구한 역사의 고려
왕조를 무위로 만든다는 것은 부당하다는 뜻일 것이다. 당연히 옳은
말이지만 제국의 논리나 현실 정치 외교상에서는 별로 힘을 발휘할
수 없는 당위론적 주장이다. 그래서 앞서 왕관이 현실적인 이해득실
문제를 거론하여 반대한 주장과는 전혀 관점이 다르다.

또한 고려가 원 제국에 신복하여 공물을 바친 기간을 1백여 년으로
본 것도 약간 과장이다. 크게 보아 몽골과 전쟁이 시작된 1231년(고종
18)으로부터 계산하더라도 백년이 못되고, 원에 완전히 굴복하여 강
화도에서 개경으로 환도한 1270년(원종 11)부터 계산하면 50년 정도
밖에 안 된다. 그럼에도 이제현이 백년이 넘는 기간을 신복했다고 제
시한 것은 고려의 변함없는 신복을 강조하여 제국의 내지로 병합되는
것을 막아보려는 생각에서 그랬을 것이다.

하지만 그런 오랜 기간의 신복만 가지고는 설득력이 부족하다. 어
떻게, 어느 정도 제국에 복종하고 공로를 드러냈는지를 설명해야 할
것이다. 그래서 이제현은 양국 관계의 역사성을 이어서 설명했다.

양국 관계의 역사성

이제현은 우선 여몽전쟁 이전부터 고려가 몽골 제국에 협조했음을 들고 있다. 이것이 유명한 1218년(고종 5)의 강동성(평남) 전투로서, 당시 몽골 군대에 쫓긴 거란(요)의 잔여 세력이 고려 경내로 밀려들어오면서 벌어진 전투였다. 이 전투에서 몽골 군대는 고려 정부로부터 군량미를 지원받았으며 결국 고려·몽골 양국 군대의 연합 작전으로 거란군을 물리치는 데 성공한다.

거란군을 물리친 후 양국군의 사령관인 김취려金就礪와 합진哈眞 사이에는 우호적인 분위기 속에서 형제 맹약이 맺어졌는데, 이제현은 이 사건을 맨 먼저 거론하여 양국 관계의 역사성을 설명한 것이다.

이어서 이제현은 1259년(고종 46: 원종 즉위년) 충경왕(원종)이 세자 시절 중국으로 들어가 장강에서 회군하는 쿠빌라이를 대면한 일을 들고 있다. 이때 쿠빌라이는 황제위에 오르기 전이었는데, 고려 세자가 자신을 찾은 것에 대해 앞으로 전개될 황제 계승 싸움의 길조로 받아들이고 대단한 환대를 했다.

원종이 친조를 마치고 환국하여 왕위에 오르면서 이 사건은 고려가 몽골에 공식적으로 항복을 선언한 셈이 되었다. 또한 쿠빌라이 역시 황제위에 오르면서 이후부터 유화적인 대고려정책을 추진해갔으니 가히 역사적 사건이라 할 만한 중요한 전환점이었다.

이제현이 양국 관계의 역사성에서 다음으로 거론한 것은 고려가 두 차례나 일본원정에서 선봉에 섰던 일과 합단哈丹 적의 토벌에 나섰던 일이었다. 두 차례의 일본원정은 고려의 모든 국력을 기울인 전쟁이었으니 양국 관계의 역사성에서 빼놓을 수 없는 일이었다. 그리고 합단(카다안) 세력은 쿠빌라이 정권에 반발한 제국 내부 반란으로 한때 고려 영내까지 쳐들어와 위협했고 고려는 이를 진압하는 데도 동원된 것이다.

이제현이 이런 사건을 거론한 것은 그동안 고려가 원 황실을 위해 바친 공로를 내세우기 위한 것인데, 이밖에도 공로는 헤아릴 수 없이 많다고 하면서 공주를 하가시킨 것도 그런 공로에 대한 대가였다고 하였다.

그런데 이제현이 양국 관계의 역사성으로 제시한 고려의 원 제국에 대한 신복과 공로는 사실 냉철하게 따진다면 입성책동의 반대 논리로는 설득력이 약하다. 왜냐하면 원 제국이 고려를 제국의 내지로 만들겠다고 나선 이유는 고려가 그동안 신복 정도나 공로가 적어서 그런 것이 아니었기 때문이다. 입성책동은 고려의 신복 정도나 공로의 다소와는 무관한 문제였다.

고려가 원 제국의 질서에 저항하는 태도를 드러낸다든지, 아니면 제국의 통제로부터 이탈하려는 움직임을 보인다든지, 해서 입성책동이 일어났다면 이제현의 논리는 정확히 맞다. 하지만 고려는 원 제국에 신복한 이래 한 번도 그런 성향을 드러낸 적이 없었다. 오히려 그런 성향으로 비칠까 봐 조심스러워하는 지경이었다. 원 제국에서 고려를 내지로 만들자는 논의가 일어난 배경에는 고려에 대한 보복이나 징벌 차원이 결코 아니었던 것이다.

그래서 입성책동에 대한 이제현의 반대 논리는 앞서 왕관의 반대 논리와 비교하더라도 추상적이고 비현실적이다. 유학자의 한계였을까.

쿠빌라이 칸의 조서 문제

이어서 이제현은 왕관과 마찬가지로 세조 쿠빌라이 칸의 조서 내용을 들어 입성책동을 반대하였다. 고려를 제국의 내지로 만들면 고려의 옛 풍속을 고치지 않고 종묘사직을 보전하겠다는 세조의 조서에 어긋난다는 것이었다. 이후의 입성책동에서도 쿠빌라이 칸의 조서는 전가의 보도처럼 중요한 근거로 거론된다.

그런데 사실은 세조의 조서에 고려의 종묘사직을 보전해주겠다는 명시적인 표현은 없었다. 쿠빌라이가 황제로 즉위한 직후인 1260년(원종 1) 8월에 세 조목의 조서를 고려에 보냈는데, 그 둘째 조목에 "의관은 본국의 풍속을 쫓아서 모두 고치지 말 것이며衣冠從本國之俗 皆不改易"라고 하였으며, 셋째 조목에는 "진실로 백성을 풍족하게 하고 나라를 이롭게 하는 것이라면 형편에 맞게 편의대로 하라苟裕民而利國 當適便而隨宜"라고 되어 있다.

앞의 조목은 고려의 풍속을 그대로 유지하라는 것이고, 뒤의 것은 국가 경영은 편의대로 하라는 것으로, 고려의 풍속을 유지하고 국가 경영은 간섭하지 않겠다는 뜻이다. 이를 좀 확대 해석하자면 고려의 독자성이나 독립성을 지켜주겠다는 의미일 것이다. 이를 근거로 고려에서는 위기가 닥칠 때마다 '불개토풍不改土風'의 원칙으로 내세웠는데 이제현은 종묘사직의 보전으로까지 확대 해석한 것이다. 이제현이 입성책동을 종묘사직에 대한 위기로 생각한 탓에 크게 틀린 말은 아니지만 조서의 내용을 정확히 언급한 것은 아니었다.

다만 이제현은 쿠빌라이의 조서만을 거론하지 않고 현 황제(영종)의 조서도 이와 연결시켜 언급했다. 현 황제 영종이 즉위하면서 반포한 "중통中統과 지원至元의 정치를 회복한다"라는 조서의 한 부분을 언급한 것인데, 중통과 지원은 세조 쿠빌라이 칸 시대의 연호다. 이는 현 황제가 세조의 정치를 본받겠다는 것이니, 그러려면 세조의 조서 내용도 그대로 지켜져야 마땅하고 당연히 이를 고려에도 적용되어야 한다는 뜻이었다. 이런 부분은 이제현의 학자다운 예리함이 돋보이는 대목이다.

기타 반대 이유

이밖에도 이제현은 고려의 좁은 땅과 이로 인한 빈약한 생산을 들어 반대하였다. 천리가 되지 않는 영역에다 국토의 10분의 7이 산이나 쓸모없는 땅이어서 세금을 거두어도 조운 비용에도 못 미치고 관리들의 봉록도 충족할 수 없다고 하였다. 이제현은 이를 한마디로 원 제국의 재정과 비교하면 구우일모九牛一毛에 지나지 않는다고 하였다. 이는 앞서 왕관이 반대했던 재정상의 이유와 같다.

이어서 이제현은 언어와 풍속의 다름이나 백성들의 동요에 대한 염려를 거론하며 반대하였다. 이런 문제 역시 왕관의 반대 이유와 일맥상통하지만 이 부분에서 이제현의 주장은 왕관의 주장에 비해 상세한 논거나 부연 설명이 부족했다. 아마 이제현은 이런 현실적인 문제를 중요하다고 여기지 않은 탓에 간략하게 언급한 것으로 보인다. 사실은 이런 현실론적인 근거가 더 중요할 것인데 말이다.

그런 중에도 이제현이 미정복국 일본을 거론하면서 고려를 제국의 내지로 편입하는 것에 반대한 점은 주목된다. 앞서 왕관도 일본을 의식하여 내지로 만드는 것에 대해 반대 논리를 전개하기도 했는데, 그것은 일본에 대한 울타리 국가로서의 효과였다.

하지만 이제현은 고려가 제국의 내지로 편입되면 일본이 우선 반겨할 것이라는 이유로 반대하였다. 원 제국에 끝까지 저항한 일본의 처지에서는 자신들의 저항을 잘한 계책이라고 판단하게 만든다는 것이었다. 쉽게 말해서 미정복국인 일본이 반겨할 일을 하지 말라는 뜻이었다.

여기서 이제현은 고려를 제국의 내지로 만드는 것을 원의 징벌적 차원으로 이해하고 있음을 다시 드러내고 있다. 이는 마치 징벌을 당할 국가는 원 제국에 저항한 일본이지 고려가 아니라는 인식에 다름 아니다. 그래서 정작 원 제국에 신복을 거부한 일본이 제국의 내지로 전락한 고려의 처지를 본다면 반겨할 일이라는 것이었다.

이는 이제현이 입성책동 문제를 옳고 그름의 당위적인 차원에서 판단하고 있다는 것을 그대로 드러낸 것이다. 이게 옳은 판단일까?

직접 통치와 간접 통치

그런데 궁금한 문제는, 이제현이 왜 고려를 제국의 내지로 만드는 문제에 대해 원 제국의 징벌적 차원으로 이해했을까 하는 점이다. 이를 역으로 말하면, 고려가 원 제국에 신복하고도 지금까지 내지로 편입되지 않은 것은 시혜적인 차원으로 받아들였다는 뜻이다. 이 지점에서 이제현의 판단은 왕관의 생각과 정반대로 갈린다.

지금까지 고려는 원 제국에 신복하고도 내지로 편입되어 직접 통치를 받은 것이 아니었다. 부마국 체제가 성립하면서 직접 통치에 가까운 강한 통제나 압박으로 때로는 자주성에 손상을 입긴 했지만 고려 왕조의 존망이 달린 위기는 아니었다. 그래서 원 간섭기를 크게 보면 간접 통치라고 할 수 있다.

그렇다면 원 제국에서는 왜 고려 왕조를 내지로 만들어 직접 통치하지 않았을까? 그 답은 왕관의 입성책동 반대 상서에 여섯 조목으로 정확히 개진되어 있다고 생각한다. 즉 정치 경제 군사상의 현실적인 이유에서 제국의 이익에 부합되지 않았기 때문이다. 그런 간접 통치에 대한 기본 틀을 확립한 인물이 바로 세조 쿠빌라이 칸이었다. 왕관이 입성책동을 반대하면서 제일 먼저 쿠빌라이의 유훈을 거론한 것은 그래서 문제의 핵심을 정확하게 파악하고 있었다는 뜻이다.

그런데 이 문제를 이제현의 반대 상서에서는 당위론적으로 판단하고 있다. 유구한 역사를 가지고 제국에 충실하게 신복을 한 고려 왕조를 하루아침에 폐절시킨다는 것은 도리에 맞지 않는 일이라는 것이다. 이제현의 이런 생각은 간접 통치를 제국의 변함없는 정책으로 생각하는 당시 고려 지배층 대부분도 마찬가지였다고 본다. 과연 어느 쪽이 옳은 판단일까?

왕관의 논리를 알기 쉽게 말하자면 간접 통치이든 직접 통치이든 원 제국의 이해득실을 따져 이루어져야 한다는 뜻이다. 이를 달리 표현하면 직접 통치는 원 제국의 이익에 부합되지 않았다는 말이다. 또한 이는 원 제국이 처한 상황에 따라 이해득실이 바뀌게 되면 언제든지 고려를 내지로 만들어 직접 통치로 전환될 수 있다는 것도 당연히 전제로 하고 있다.

그런데 이제현의 논리는 직접 통치는 고려에 대한 징벌적 차원이고 간접 통치는 고려에 대한 시혜적인 차원이라는 뜻이다. 이런 논리 속에서는 원 제국의 이해득실을 따지는 현실적인 문제는 개입할 여지가 없다. 그렇다면 원 제국에서 지금까지 고려를 간접 통치한 것은 고려를 배려하기 위해 제국의 이익에 배반되는 선택을 한 것이었을까? 그건 도저히 아니라고 본다.

일제강점기 식민지 시대가 직접 통치였다면 원 간섭기는 간접 통치였다. 일제가 우리를 직접 통치했던 것이 일본 제국주의의 이해득실을 충실히 따른 것이었다면, 원 제국이 고려를 간접 통치했던 것도 역시 그 이해득실을 떠나 생각할 수 없는 것이다. 예나 지금이나 마찬가지겠지만 지구상의 어느 제국주의가 자국의 이익에 배반하는 길을 선택하겠는가. 14세기 원 제국과 고려의 관계에서 직접·간접 통치 문제도 마찬가지다.

왕관과 이제현의 반대 상서가 있어 그랬는지 고려를 제국의 내지로 만들자는 3차 입성책동에 대한 논의는 더 이상 진척되지 않고 무산되었다. 두 사람의 반대 주장이 효과가 있어 그런 결정이 내려졌다면 이제현보다는 왕관의 반대 상서가 더 주효했을 것이라고 본다. 당연히 원 제국에서는 자국의 이익을 따지는 현실론적인 판단을 할 수밖에 없기 때문이다.

제3장

왕위의
파행과 파탄

충선왕은 유배에서 풀려나 돌아왔지만 곧 죽고,
충숙왕은 왕권을 회복하여 오랜만에 환국했지만 국정을 추스르지 못했다.
이런 속에서 심왕당의 책동이 계속되면서 충숙왕은 다시 곤경에 처한다.
이런 곤경을 만회해보려고 그랬는지 왕위를
아들 충혜왕에게 양위까지 했지만 왕 부자의 갈등만 커진다.
다시 충숙왕이 복위하면서 왕위 계승은 파행을 면치 못하고
복위한 충숙왕은 무력감에 빠져 국정을 방기하다시피 했다.
그 후 충숙왕이 죽고 충혜왕이 다시 복위했지만
그는 국왕으로서 용인할 수 없는 처신을 하다가
결국 원으로 압송 유배되고 만다.
이런 어처구니없는 일은 왜 또 일어났을까?

1. 돌아온 상왕

충선왕 방환 운동

유청신과 오잠에 의한 입성책동을 막기 위해 왕관과 이제현에 의한
반대 상서가 원 조정에 올라간 바로 그때, 그러니까 1323년(충숙왕 10)
1월 고려에서는 티베트에 유배 중인 충선왕의 방환을 요청하는 운동
도 함께 일어난다. 이는 입성책동에 대한 원 조정의 결론이 아직 나오
지 않은 상태에서 있었던 일이다.

　고려에서 충선왕 방환을 요청한 것은 입성책동을 저지하기 위한 방
안의 하나였을 것이다. 고려 조정에서는 충선왕이 돌아와야만 이 문
제를 해결할 수 있다고 판단했던 것 같다. 심왕 옹립 책동이나 입성책
동이 일어난 것은 모두 충선왕의 유배로 인한 유고에서 비롯된 일로
보았기 때문인데 크게 틀리지 않은 판단일 것이다.

　그리하여 충선왕의 방환을 요청하기 위해서 민지와 허유전許有全 등

원로대신들이 나섰다. 허유전은 충렬왕의 측근 정치를 비판하다가 곤욕을 치른 적이 있었고 이후 충선왕의 신임을 받았던 인물이다. 그는 당시 81세로, 연로함을 무릅쓰고 민지와 함께 원으로 향했다.

원으로 들어간 이들은 충선왕의 방환을 요청하는 글을 황제와 도당에 각각 올렸다. 글은 민지가 작성하였는데, 충선왕이 세조의 외손으로서 5조를 섬긴 공로를 거론하고 신하로서 임금을 그리워한다는 내용이었다. 하지만 이들의 노력은 심왕당의 방해 공작에 부딪혀 뜻을 이루지 못하고 반년 만에 빈손으로 돌아올 수밖에 없었다. 심왕당은 그때까지도 자신들의 책동에 미련을 버리지 않고 있었던 것이다.

민지와 허유전의 노력이 수포로 돌아가자 같은 무렵 이제현과 최성지崔誠之가 충선왕의 방환을 위해 다시 나선다. 이제현은 앞서 입성책동을 반대하는 상서를 올리고 그에 대한 결과가 나오지 않자 다시 충선왕의 방환을 요청하는 글을 올린 것이다. 이제현은 당시 30대 중반의 젊은 나이로 충선왕 유배 이후 아무런 관직 없이 원에 체류하고 있었지만 충선왕의 지극한 사랑을 받은 신하로서 충선왕의 유배를 그냥보고 있을 수 없는 인물이었다.

최성지도 당시 이제현과 함께 원에 체류하고 있었는데, 그는 권한공과 더불어 충선왕의 최측근 인물이었다. 하지만 권한공과는 성향이 다르고 비리도 없어 충숙왕에게 핍박을 당하지 않았고 심왕을 옹립하려는 책동에서도 적극적으로 서명을 거부하였던 인물이다. 최성지 역시 이제현과 함께 충선왕의 유배를 누구보다도 안타까워해야 할 인물로 그가 충선왕 방환 운동에 참여한 것은 당연한 일이었다.

이제현이 작성한 충선왕의 방환을 요청하는 글은 중서성의 해당 관리와 수상인 바이주[拜住]에게 보내는 두 가지였다. 고려가 그동안 원 황실에 세운 공로와 충선왕이 세조의 외손이라는 점을 강조하였고, 특히 충선왕이 유배 도중 겪어야 할 고충과 힘든 상황을 구구절절하 게 묘사하였다. 이제현의 장기인 탁월한 문장력이 돋보이는 간절한 내용이었다.

이제현의 글 중에 주목되는 점은 수상인 바이주에게 보내는 글에 서, 처음에 충선왕을 구원했듯이 끝까지 은혜를 베풀어달라는 내용이 다. 이는 충선왕이 애초에 티베트 유배가 결정되었을 때 사실은 바이 주의 구원에 힘입어 다행히 유배형으로 그쳤던 것을 말한 것인데, 바 이주의 구원이 아니었다면 극단적인 처분도 내려졌을 위기를 넘긴 일 을 상기시킨 것이었다.

바이주는 당시 수상으로서 황제 영종 시대의 최고 실력자이기도 했 으니, 이제현이 그에게 선을 대고 글을 올린 것은 정확히 문제 해결의 요로를 찾은 것이었다. 그 바이주의 영향력이 발휘되었는지 다행히 충선왕은 1323년(충숙왕 10) 2월 티베트에서 타사마[朶思麻, 도스마]로 양이[量移]된다. 양이는 유배형을 감형하여 가까운 지역으로 옮기는 조 치를 말하는데 타사마는 티베트와 대도 중간쯤에 해당하는 지역이다.

고려 조정에서는 충선왕이 티베트 유배에서 감형을 받았다는 것만 으로도 반가운 소식이었다. 충선왕의 방환을 기대하고 혼미한 정국을 추스를 수 있는 희망이 보였기 때문이다. 하지만 이 조치를 불안한 시 선으로 대하는 자들도 있었으니 바로 심왕당이었다.

심왕 왕고는 충선왕이 감형된 그해 3월 자신의 측근 인물을 고려에 파견하여 모든 부고를 봉쇄하는 조치를 내린다. 부고를 봉쇄한다는 것은 국정을 정지시킨다는 것과 다르지 않은 것으로, 물론 황제의 명령으로 취한 조치였다. 충선왕의 감형 소식을 듣고 초조하고 다급해진 마음에서 그랬을 것이다.

충선왕의 유배는 심왕 옹립 책동이나 입성책동이 일어나는 직접적인 계기가 되었다. 그의 유고로 인한 부재는 권력의 공백 상태를 초래하여 고려나 원에서 부화뇌동하는 무리들이 새로운 권력을 찾아 움직이는 동기가 되었기 때문이다. 충선왕이 방환되어 돌아온다면 당연히 그 무리들의 지금까지 저지른 책동은 물거품이 될 것이고 아울러 그에 대한 처벌도 충분히 예상되는 일이었다.

그래서 심왕당에서는 충선왕이 방환되어 돌아오는 것을 꺼려했다. 입성책동을 일으킨 유청신이나 오잠도 이 점에서는 다를 바 없었다. 어떻게든 지금과 같이 자신들에게 유리한 정국이 계속 이어지기를 바라면서 충선왕의 방환 운동을 저지했던 것이다. 그리고 한편으로 심왕 측에서는 고려 조정을 압박하는 수단으로 부고의 봉쇄 같은 다급한 조치를 취했던 것이다.

영종의 죽음과 충선왕의 방환

여기서 잠시 원 조정에서 일어난 권력의 변화를 살펴볼 필요가 있다. 원 조정의 권력 판도는 고려의 정치적 문제를 풀어가는 중요한 관건이기 때문이다.

원에서 황제 인종의 뒤를 이어 1320년(충숙왕 7) 3월 그 아들 영종이 즉위하면서 권력 판도에 변화가 오고 이런 와중에 충선왕이 티베트로 유배당했다는 얘기는 앞서 했었다. 새 황제로 즉위한 영종은 무종과 인종 양대에 걸친 흥성태후(무종과 인종의 모후)의 섭정을 반대하면서 친정 체제를 점차 시도해나간다. 이 과정에서 태후의 섭정 세력들은 차츰 소외되어가고 그에 반대하는 세력들이 부상하게 된다.

하지만 영종이 즉위한 후에도 흥성태후는 태황태후(영종의 할머니) 로서 영향력을 계속 발휘하고자 하였고 그 태후가 살아있는 한 완벽한 친정 체제는 사실상 어려웠다. 새로운 황제 영종은 친정 체제를 계속 추진하면서 양대 세력 간에 갈등이 커지는데 그러던 중에 1322년 9월 흥성태후가 죽고 그녀의 시대는 마감된다. 말할 필요도 없이 흥성태후의 죽음은 영종이 친정 체제를 강력하게 밀어붙이는 계기가 되었다.

영종은 친정 추진의 핵심인 수상 바이주를 앞세우고 흥성태후의 섭정 세력을 제거하는 데 박차를 가한다. 이때가 바로 입원한 충숙왕을 심왕의 무리들이 모함하면서 고려 왕위를 빼앗기 위한 책동을 일으키고 고려를 제국의 내지로 만들자는 입성책동을 선동할 무렵이었다. 영종과 그 친정 세력들은 그런 심왕당의 책동을 지원하면서 충숙왕을 곤경으로 몰았던 것이다.

그런데 영종과 친정 세력들은 그 무렵 흥성태후 섭정 세력을 제거해나가는 과정에서 오히려 자신들이 역습을 당하고 만다. 1323년 8월, 황제 영종은 여름 수도인 상도에서 겨울 수도인 대도로 이동하고 있었다. 이동 도중 남파점南坡店에서 야영하는데 어사대부 철실鐵失(테쿠시)를 비롯한 반대 세력들에게 암살을 당했던 것이다. 수상인 바이

주도 이때 죽음을 당했는데 분명한 쿠데타로서 그 주역들은 물론 흥성태후의 섭정을 지지하던 세력이었다.

영종은 그때 21세의 나이로 3년 남짓의 짧은 재위로 끝났다. 중국 역사에서나 우리 역사에서나 황제나 국왕의 짧은 재위는 항상 정치 불안으로 이어지기 쉽다. 영종 이후 등장한 황제들 역시 짧은 재위로 마감하면서 원 제국은 불안한 정국이 계속되고 확실하게 내리막길을 걷게 된다.

영종이 죽고 정변 세력에 의해 그해 9월 새로운 황제가 즉위하는데 10대 황제인 태정제泰定帝 이순 테무르[也孫鐵木兒]이다. 태정제의 즉위로 유배 중인 충선왕에게 서광이 비친다. 당시 31세였던 태정제는 충선왕의 장인인 진왕 카말라[甘麻剌]의 아들로 충선왕과는 처남 매부 사이였다. 하지만 이런 인척 관계로 충선왕이 유배에서 풀려난 것은 아니었다.

태정제의 정변에 의한 즉위는 영종의 친정 체제 구축이 실패로 돌아갔다는 것을 의미했다. 이는 달리 말하자면 인종과 흥성태후의 섭정 세력이 재기할 수 있는 전기가 마련된 것이었다. 인종이나 흥성태후와 가까웠던 충선왕이 유배에서 풀려난 것은 원 조정의 이런 정치 판도의 변화에서 가능한 것이었다. 충선왕과 새 황제와의 인척 관계는 별 의미가 없는 것이었다.

1323년(충숙왕 10) 9월 태정제가 즉위하고 그해 11월, 충선왕은 대도에 들어와 새 황제를 대면했다. 충선왕이 타사마에서 대도까지 오는 시간을 감안하면 새 황제 즉위와 동시에 충선왕에 대한 방환 조치가 이루어진 것으로 보인다. 어쩌면 새 황제 즉위 이전에, 즉 영종이

살해되고 정변이 성공하면서 이미 충선왕에 대한 방환 조치는 결정되었는지도 모른다.

당시 원 조정의 급변하는 정국은 즉각적으로 고려에 전달되었다. 황제 영종의 죽음은 한 달 만에 고려에 알려지고, 그 보름 후에는 새 황제의 즉위와 충선왕에 대한 방환 소식이 전해진다. 영종의 죽음은 공식적인 사절이 아닌 개인이 알려왔지만 새 황제의 즉위와 충선왕에 대한 방환 소식은 원에서 공식적인 사절을 파견하여 알려왔다. 고려에서는 새 황제의 즉위보다 충선왕의 방환이 더 중요한 일이었을 것이다.

영종의 죽음과 새 황제의 즉위는 그 정치적 효과가 여러 곳에서 즉각적으로 나타났다. 충선왕의 방환뿐만 아니라 충선왕의 유배에 간여했던 환관 바얀투쿠스의 처형을 통해서도 알 수 있다. 그는 황제 영종의 죽음 직후 벌써 처형되고 가산을 몰수당했던 것이다. 또한 그 바얀투쿠스의 동생 임서는 형의 처형 소식을 듣고 도망하였고 가산은 몰수당했다. 그 임서는 충숙왕이 입원하면서 바얀투쿠스의 후원을 기대하고 벼슬까지 내려준 인물이다.

그런데 새 황제가 즉위하고서도 충숙왕에 대한 긍정적인 조치는 한참 뒤에야 나타난다. 충선왕이 대도에 돌아온 후에야 충숙왕에 대한 왕권 회복 조치가 이루어지는데, 이는 새 황제의 즉위에 따른 즉각적인 조치로 시행되지 않았다는 뜻이다. 그 이유는 입원한 충숙왕이 바로 바얀투쿠스의 집에 거처하면서 그와 관계를 맺고 있었던 사실과 관련이 있을 것이다. 원 조정에서 달리 기댈 만한 곳이 없었던 충숙왕이 어쩔 수 없이 선택한 길이었지만 잠시 줄을 잘못 댄 것이었다.

아무튼 새 황제의 즉위와 충선왕에 대한 방환 조치는 혼미한 고려 정국에서 문제 해결의 새로운 실마리를 찾는 단서가 되었다. 특히 왕권을 정지당하고 원에 억류 중인 충숙왕에게는 의미가 컸다.

충선왕의 판단

충선왕은 티베트 유배 중에도 고려의 정치 상황을 접하고 있었다. 고려 조정에서 보내는 유배 생활에 필요한 물품을 지원받고 있었기 때문에 소식을 접했을 것이다. 특히 타사마로 감형된 후에는 충선왕을 따르는 관리들이 유배지까지 찾아가기도 했다. 앞서 이제현과 최성지가 그런 인물이었다. 그러니 충선왕이 유배 중이라도 심왕 옹립 책동이나 입성책동과 같은 사건을 모르지 않았을 것이다.

방환되어 돌아온 충선왕은 어떤 생각을 하고 어떤 판단을 했을까? 충선왕은 대도에 돌아오자마자 고려의 재상들에게 다음과 같은 간략한 글을 보냈다.

> 과인은 (1323) 11월 10일 대도에 도착하여 지존을 뵈었다. 돌이켜 생각하니 국왕의 나이가 어려 간사하고 아첨하는 무리들과 가까이 하면서 바르지 못한 일을 많이 하는데 경들은 벼슬을 보존하기만 생각하여 바로잡지 못하니 그런 재상을 무엇에 쓴단 말인가. 지금부터는 숙의하여 나라 일을 잘 보필하라《고려사》 35, 충숙왕 10년 12월 을유).

충선왕은 이 편지글에서 고려 재상들을 나무라고 있다. 또한 아들 충숙왕도 어려서 미덥지 못한 왕으로 탓하고 있다. 왜 심왕 옹립 책동을 일으킨 그 무리들에 대해서는 아무런 언급이 없는지 의문이다. 또한 입성책동과 같은 국가의 존립과 관련된 중차대한 문제에 대해서도 함구하고 있다. 다른 문제는 몰라도 고려를 제국의 내지로 편입하자는 입성책동은 그냥 넘어갈 수 없는 문제였는데도 말이다.

충선왕이 질책한 고려 재상들은 심왕의 무리나 입성책동을 일으킨 자들까지 포함해서 말하고 있는지는 모르겠지만 그런 것 같지는 않다. 그 책동에 가담한 핵심 인물들은 대부분 원에 체류하고 있었기 때문이다. 심왕당의 핵심인 조적이나 채하중, 그리고 입성책동을 일으킨 유청신과 오잠 등은 당시 원에 있었다.

게다가 당시 고려의 어지러운 정치는 재상들의 잘못된 보필에 근본 원인이 있었던 것이 아니었다. 그들의 잘못이 전혀 없는 것은 아니었지만 그것은 소극적인 처신 때문이었고, 어지러운 정치의 진정한 원인은 적극적으로 책동을 일으킨 자들에게 있었기 때문이다. 이들의 처신에 대해 충선왕은 모르고 있었는지 눈감고 있는 것이다. 왜 그랬을까?

유배 때나 대도로 돌아온 충선왕에게 정보를 전달한 자들은 주로 원에 체류하고 있던 무리였을 것이다. 이들의 주류는 심왕의 무리에 가담한 자들이었고 조카인 심왕 왕고조차도 충선왕의 총애를 받은 인물이었다. 즉 심왕이나 그를 따르는 인물들은 대부분 충선왕과 가까운 자들이었다. 이런 상황 속에서 대도로 돌아온 충선왕에게 객관적이고 정확한 정보 전달이 이루어졌을 리 없다.

위 재상들에게 부친 글은 마치 심왕의 주장을 그대로 전달한 것이 아닌가 하는 생각이 들 정도로 그 무리들의 입장을 그대로 대변했다고 보인다. 그런 점에서 보면 충선왕의 위와 같은 판단에는 심왕의 의지가 반영된 결과로도 볼 수 있다. 유배지에서 방환되어 돌아온 충선왕에게 가장 가까이 접근할 수 있는 사람은 심왕이라는 생각에서다.

이 부분에서 앞서 거론한 이제현을 다시 언급하고 싶다. 그는 충선왕이 감형되어 타사마로 옮겨오자 그때 배소까지 찾아간 인물로서 정확히 자신의 문학작품에 그 사실이 나타나 있다. 유학자이자 역사가로서 만권당 시절부터 충선왕이 총애하는 신하였던 이제현은 그때 고려의 정치 상황이나 돌아가는 시국을 충선왕에게 전달했을 것이다. 어쩌면 이제현은 유배지에서 방환된 충선왕의 판단에 가장 크게 영향을 미칠 인물이라고 해도 지나치지 않다.

그런데도 충선왕은 위 편지글에 나타난 바와 같이 어린 충숙왕을 탓하고 보필을 잘못했다고 고려 재상들을 질책하는 판단을 한 것이다. 이는 이제현의 생각도 이와 크게 다르지 않았다는 것을 말해준다. 이제현은 원에 체류하면서 심왕 무리들의 책동에 대해서 아무런 판단도 개입도 하지 않았다. 이제현은 왜 그랬을까?

이것은 그가 입성책동에서는 적극적으로 반대 상서를 올렸고, 함께 원에 체류하고 있던 최성지가 심왕을 옹립하려는 책동에서 적극 반대한 점과 잘 대비된다. 이제현의 이런 처신은 조금 의문인데, 이는 그가 충선왕의 측근 세력으로 치부되어 충숙왕으로부터 소외된 탓으로 보인다. 다시 말해서 이제현은 충숙왕의 정치를 긍정적으로 볼 수 없는 인물이었던 것이다.

게다가 충선왕도 아들 충숙왕에 대해서 못마땅하게 생각했음이 분

명하다. 충숙왕이 왕권을 정지당하고 원에 억류된 상태였지만 권한
공, 채홍철, 이광봉 등 자신의 핵심 측근들을 내쳤으니 괘씸하게도 생
각했을 것이다. 그래서 권한공이 심왕을 옹립하려는 책동에 대해서
도, 권한공의 잘못을 탓하기보다는 그 책임이 충숙왕을 보필한 재상
들과 충숙왕 자신에게 더 있다고 생각했을 법하다.

　요컨대 유배지에서 막 돌아온 충선왕에게 정확하고 객관적인 고려
상황을 알려줄 인물이 많지 않았고, 게다가 충선왕 자신도 충숙왕을
못마땅하게 판단했다. 충선왕이 유배 3년여 만에 대도에 돌아와 고려
재상들에게 보낸 위 서신의 행간에는 그런 생각의 일단이 드러나 있
다. 하지만 충선왕의 처지에서는 아들 충숙왕을 내칠 수도 없는 일이
었다.

절반의 왕권 회복

원에서 억류당해 있던 충숙왕에게 환국 조치가 내려지고 다시 국왕인
(국새)이 반환된 것은 1324년(충숙왕 11) 1월에야 이루어졌다. 이는 새
황제의 즉위 후 수개월이나 지나서 이루어진 조치로 대도에 돌아온
충선왕의 노력이 더해진 것으로 보인다. 충숙왕의 실제 환국은 그 1
년 뒤에야 이루어졌지만 이는 일단 충숙왕의 왕권을 다시 회복시킨
조치라고 할 수 있다.

　그리고 바로 그해 2월 새로운 인사명령이 고려에 전달된다. 이 새로
운 인사에서 최유엄과 김심을 수첨의정승으로 수상에 앉히는 등 고위

관리들에 대한 임명이 있었다. 이는 충숙왕이 입원하면서 단행했던 인사발령 이후 3년 만의 일로 왕권 회복의 상징이었다.

최유엄은 입원한 충숙왕이 왕권을 정지당하자 원로대신으로서 경사만 등과 함께 국왕의 복위 환국을 위해 애쓴 결과였고, 김심은 충선왕의 지난 시절 원격 통치와 권한공을 비롯한 그 측근들을 비판하다 충선왕에게 곤욕을 치른 인물이었는데 그 점을 늦게야 인정받은 것으로 보인다. 최유엄과 김심, 이 두 사람은 10여 년 이상 관직 없이 지내다 수상에 발탁되었으니 그 의미가 적지 않았다.

아울러 이번 인사에서는 공신 책정도 이루어졌는데 박전지, 임중연, 박인간朴仁幹 등 다섯 명이었다. 박전지는 심왕을 옹립하려는 서명 작업에서 강력하게 반대한 공로를 인정받은 것이었는데 관직은 사양하고 공신호만 받았다. 임중연은 충숙왕이 입원하기 직전 설치한 정방에 참여하였고 국왕이 원에 체류하는 동안 사신으로 왕래하면서 충숙왕을 따랐는데, 그는 이때 재상급인 첨의평리(종2품)에 오르고 공신호를 제수받았다. 박인간은 충선왕이 티베트로 유배를 떠날 때 끝까지 고난을 함께한 공로로 지밀직사사(종2품)에 오르고 역시 공신으로 책정되었다.

그런데 이번 인사가 충숙왕의 독단으로 이루어진 것만은 아니었다. 충숙왕이 왕권을 다시 회복했다고는 하지만 부왕 충선왕의 의사를 반영할 수밖에 없었다. 박인간을 재상 급으로 발탁하고 공신으로 책봉한 것은 충선왕의 의지가 정확히 반영된 결과라 할 수 있다. 또한 충선왕의 유배 직후 소외되거나 핍박받았던 이제현, 권한공, 김정미 등이 다시 발탁된 사실에서도 그 점을 확인할 수 있다.

특히 권한공에 대한 처리가 주목되는데, 그에게는 관직이 주어지지는 않았지만 이때 예천군醴泉君으로 책봉되었다. 심왕을 옹립하려는 책동의 중심에 있던 그를 처벌하기는커녕 예우를 해주었다는 것은 충선왕의 의지가 충숙왕의 의사를 누르고 단행되었다는 점을 보여준다. 이는 권한공에 대한 사면 복권이나 다름없는 조치로서, 충숙왕은 부왕의 이런 처사에 대해 대단히 불만이 많았을 것이다.

충숙왕에 의한 독단적인 인사는 그해 4월과 5월에 걸쳐 소규모로 단행되었다. 4월에는 자신을 위해 애썼던 김인연을 지신사(정3품)로, 경사만을 우대언(정3품)으로 임명한다. 이 두 사람은 충숙왕의 복위 환국을 요청하는 글을 올렸다는 이유로 심왕에 의해 하옥되는 고초를 겪었으니 다시 복귀한 것이었다.

이런 와중에 며칠 후 충선왕도 상왕으로서 인사권을 행사했다. 이광봉을 삼사사(정3품)로, 장원지張元祉를 공신으로 책봉하고 밀직부사(정3품)로 임명하였다. 장원지는 박인간과 함께 충선왕의 티베트 유배를 시종했던 인물인데 모두 충선왕의 의지가 관철된 인사였다. 특히 충숙왕에게 내침을 당했던 부왕의 측근 이광봉을 다시 발탁했다는 것은 충숙왕에게 다시 불만을 샀을 것이다.

이어서 5월에는 충숙왕 자신의 측근이었던 임중연을 첨의찬성사(정2품)로 다시 올리고, 전영보와 윤석을 첨의평리로, 원선지元善之를 동지밀직사사(종2품)로, 김인연을 밀직부사(정3품)로 임명했다. 원선지는 여기서 처음 등장하는데, 충렬왕 때 응방으로 권세를 부리던 원경元卿의 아들로 김심과 함께 지난 시절 충선왕의 원격 통치를 비판하다가 핍박을 당했던 인물이니 충숙왕에게는 필요한 인물이었다. 이는 오로

지 충숙왕의 의지가 반영된 인사로 보인다.

이렇듯 돌아온 상왕 충선왕과 왕권을 회복한 충숙왕 사이에서 인사 문제가 파행적으로 이루어지고 있었다. 왕 부자가 마치 경쟁하듯이 자기 사람 챙기기에 급급한 모습을 보인 것이다. 그럴 수밖에 없는 노릇이, 두 왕 모두 어려운 곤경을 딛고 복귀하였으니 챙겨야 할 사람이 한두 사람이었겠는가.

하지만 더 중대한 문제는 충선왕이 임명한 사람들 중에는 충숙왕이 도저히 수용할 수 없는 자들이 끼어 있다는 사실이다. 권한공과 이광봉처럼 충숙왕이 내친 인물들을 부왕이 다시 발탁하고 있으니 말이다. 왕권을 회복했다고는 하지만 충숙왕의 위신이 말이 아니게 생겼다.

물론 상왕의 영향력은 원격 통치 시절의 예전 같지는 않았다. 하지만 심왕과 경쟁하고 있는 충숙왕의 처지에서는 그런 부왕밖에는 달리 기댈 언덕도 없었다. 충숙왕이 왕권을 회복하기는 했지만 돌아온 상왕의 영향력을 완전 배제할 수는 없었던 것이니 그 처지가 곤혹스럽기 짝이 없게 된 것이다.

정작 중요한 사실은 충숙왕이 진정 처결하고 싶은 일을 독단으로 할 수 없었다는 점이다. 왕권을 회복한 충숙왕에게 가장 중요한 일은 바로 심왕 옹립 책동에 가담한 자들을 단죄하는 일이었지만 그게 마음대로 되지 않은 것이다. 권한공에 대한 상왕의 비호에서 그 점은 여실히 드러나고 말았다.

몸통은 놔두고 깃털만

앞서 권한공에 대한 예우 조치는 앞으로 심왕 옹립 책동에 참여했던 자들에 대한 처리 방향을 가늠할 수 있는 단서를 제공한다. 그 책동자들을 엄중하게 처벌할 수 없을 것임은 자명할 것이다. 하지만 그럴 경우 충숙왕의 불만도 높아질 것이며, 재발을 방지하고 국정의 혼란을 바로잡기도 힘들 것이다. 이게 충선왕의 고민이었다.

그런 문제 때문이었는지 1324년(충숙왕 11) 2월 첫 인사발령 직후 심왕의 무리에 가담했던 김원상과 조연수에 대한 단죄가 이루어진다. 이들을 순군옥에 가두고 가산을 적몰하였으며 마침내 장형을 가하여 섬으로 귀양을 보냈다. 그리고 이어서 심왕 왕고의 친동생인 연덕대군 왕훈王塤을 하옥시킨다. 간통죄를 범했다는 죄목이었지만 원에 체류하고 있는 심왕에 대한 견제가 분명했다. 그나마 충숙왕의 의지가 관철되었다고 보이는 대목이다. 하지만 몸통은 놔두고 깃털만 건드린 꼴이었다.

그해 3월에는 충숙왕의 교서에 의해 심왕 옹립에 가담한 자들의 녹봉을 정지하라는 조치가 내려진다. 하지만 이 조치도 3품 이상의 관리에게만 제한된다. 녹봉 정지라는 조치도 미온적인 처벌이었지만 이렇게 제한된 범위로 처벌이 이루어진 이유는 부왕의 의사를 반영한 결과로 보인다. 왜냐하면 심왕 옹립에 가담한 자들은 대부분 충선왕의 인맥으로 추정되기 때문이다. 아니면 해당한 모든 관리들에게 처벌을 확대시킬 경우 그 범위가 너무 넓어 부작용을 우려한 때문이었는지도 모르겠다. 어쨌든 미온적인 조치라는 비난을 피하기 어려웠다.

그래서 그랬을까, 그해 4월에는 심왕 왕고를 위해 서명한 자들을 모두 파면한다는 중대한 조치가 다시 내려진다. 이제야 심왕 옹립 책동에 가담한 자들에 대해 정상적인 단죄가 이루어진 것인데, 이게 또 의문이다. 왜 진즉 이런 처벌을 내리지 않고 이제야 실행하게 되었는지 말이다. 지금까지 책동자들에 대한 처벌이 강온을 반복하며 단속적으로 이루어진 배경에는 충선왕과 충숙왕 그리고 심왕, 이 3자 간에 밀고 당기는 힘겨루기가 작용한 것이 아닌가 싶은데 이 문제는 조금 뒤로 미뤄두자.

그런데 정말 주목해야 할 사실은, 조적이나 채하중과 같은 심왕의 핵심 인물이나 유청신, 오잠과 같은 입성책동을 일으킨 자들에 대해서는 어떤 단죄도 이루어지지 않았다는 점이다. 이 자들을 권한공과 함께 누구보다도 먼저 단죄해야 하는데 그런 것이다. 권한공은 충선왕의 핵심 측근으로서 비호를 받을 만했다고 쳐도, 그 나머지 인물들은 충선왕의 측근도 아니었으니 정말 의문이 아닐 수 없다. 어쩌면 조적, 채하중이나 유청신과 오잠 같은 인물은 처벌을 할 수 없었는지도 모른다.

그 이유로 두 가지 정도 짐작할 수 있다. 하나는 이들이 고려의 통치권에서 벗어난 자들로 처벌이 불가능했을 것이란 점이다. 앞서 언급했듯이 이들의 활동 무대는 고려가 아닌 원 제국이었고 국외에서 활동기반을 갖추고 있어 고려 국적을 벗어난 것이나 다름없었다. 이런 국제인들을 처벌하려면 원 조정에서 나서는 수밖에 없을 것이다.

채하중은 원에서 관리생활을 한 적이 있었는데, 심왕 옹립 책동을 전후로 여러 차례 고려를 들락거렸고, 새 황제 태정제가 즉위한 직후에도 고려에 들어와 있었지만 어떤 제재도 받지 않았다. 또한 조적은 원으로 도망쳐 들어간 이후 한 번도 고려에 들어온 적이 없었다. 원으로 도망쳐 들어갔다는 것은 고려 국적을 버린 것이나 다름없는 일이다.

그리고 유청신과 오잠은 충숙왕의 공식 수행원으로 입원했지만 입성책동 이후에는 고려에 들어오지 않았다. 이들도 처벌이 무서워 고려 국적을 버린 것으로 볼 수 있다. 이런 국제적인 인물들을 어떻게 단죄할 수 있었겠는가. 요즘 식으로 말하자면 미국 시민권을 가지고 미국에 살고 있는 한국인을 한국 정부가 처벌할 수 없는 것과 마찬가지다.

조적과 채하중, 유청신과 오잠이 고려 통치권에서 벗어나 있었다면 심왕 왕고는 그 점에서 더욱 말할 필요도 없다. 그는 충선왕과 마찬가지로 어린 시절을 제외하고는 고려에서 살아본 적도 없을 뿐만 아니라, 심왕이라는 왕위 자체가 원 제국의 책봉으로 이루어진 것이니까 말이다. 심왕 왕고는 의심할 여지없이 확실한 원 제국의 일원이었다.

그래서 이들을 단죄할 수 없었던 그 두 번째 이유는 심왕의 철저한 비호를 받았을 것이란 점이다. 심왕이 충선왕에게 요청하여 이들에 대한 처벌을 막았을 수도 있겠지만, 어쩌면 충선왕도 심왕을 마음대로 통제할 수 없었는지도 모른다. 이는 첫 번째 이유와 맥락이 통하는 얘기다.

충선왕은 티베트 유배에서 돌아온 후 그의 정치적 위상이 예전 같지 않았다. 무종과 인종 그리고 흥성태후라는 막강한 정치적 후원 세력은 이미 사라졌기 때문이다. 충선왕의 전성기는 끝난 것이다. 다만 상왕으로서 고려 국정에 대한 영향력만 겨우 유지하고 있었다. 이런 마당에 충숙왕은 말할 필요도 없겠지만 충선왕조차도 그런 국제적인 인물들을 단죄하는 데 한계가 분명했다고 보인다.

반면, 심왕 왕고는 충선왕의 전성기만큼은 아니었지만 원 조정에서 나름대로 정치적 기반을 가지고 있었다. 심왕이라는 제국의 왕위만 가지고도 충분히 영향력을 발휘할 만했다. 또한 그의 영향력은 고려에도 여전히 미치고 있었다. 심왕의 그런 고려에 대한 영향력을 그나마 제어해줄 인물은 충선왕밖에 없었는데, 이런 점에서 충숙왕은 부왕이 꼭 필요했다.

하지만 충선·충숙 왕 부자의 정치적 이해관계가 그리 간단치 않았으니, 선대인 충렬·충선 왕 부자의 갈등이 다시 재현될 조짐을 보이고 있었다. 여기에 심왕이라는 또 하나의 권력이 여전히 변수로 작용하고 있었다.

계속되는 심왕의 영향력

1324년(충숙왕 11) 4월, 그러니까 왕 부자의 인사권이 주거니 받거니 파행적으로 이루어지던 바로 그 무렵이고, 심왕을 위해 서명했던 자들에 대해 파면 조치가 내려진 직후이다. 조적과 채하중은 원에 체류하고 있던 무뢰자제無賴子弟 2천여 명의 서명을 받아 중서성에 충숙왕을 고소하였다. 충숙왕은 국왕으로서 무능하고 자격이 없다는 내용이었다.

여기 서명한 무뢰자제란 자들이 정체불명이다. 또한 그 숫자가 2천여 명이라니 이 자들이 도대체 어떤 무리들인지 궁금해진다. 우선 이 무리들이 고려인 출신이라는 점은 분명한 것 같다. 고려 국왕을 고소하는 데 효력이 있으려면 몽골인이나 중국인이 아닌 고려인의 서명을 받을 수밖에 없기 때문이다.

또한 '무뢰'라는 표현에서 일정한 직역이 없는 자들이라는 것을 암시받을 수 있고, '자제'라는 표현에서는 기성세대가 아닌 젊은이라는 의미가 담겨있다. 그렇다면 무뢰자제는 일정한 직역이 없이 원의 대도에서 떠돌며 살아가는 고려인 출신 젊은이들을 말한 것 같다.

원의 대도에는 전성기 때 수만 명의 고려인들이 상주했다고 한다. 이렇게 많은 상주 인구는 전쟁 중에 피난하러 들어온 자나 납치나 포로 등 강제로 끌려온 자들로부터, 전쟁이 끝나고 왕래가 빈번해지면서 장사나 무역을 위해 들어온 자, 죄를 짓고 고려에서 도망쳐 들어온 자, 가난하여 먹고 살기 위해 자진해서 들어온 자, 혹은 고려 전·현직 관리나 그 가족에 이르기까지 여러 부류가 있었다. 무뢰자제는 이런 고려 이주민의 자제를 말하는 것으로 보인다.

심왕당의 핵심인 조적과 채하중이 이런 고려인 출신 무뢰자제의 서명을 받아 충숙왕을 모함한 것이다. 이는 심왕이 대도의 고려인들에 대해 상당한 영향력을 행사하고 있었음을 시사한다. 그래서 어쩌면 이들 무뢰자제 중에는 고려 유민이 집단적으로 거주했던 요양과 심양 지방에서 대도로 흘러들어온 자들도 있었을 것이란 생각이 든다. 그러니 2천여 명이나 서명에 참여한 것이다. 물론 고소를 주도한 조적과 채하중은 이런 무뢰자제들을 움직이는 중심에 있었을 것이다.

재미있는 사실은 그때 그 시절에도 서명을 통한 고소가 가능했다는 사실이다. 민주주의가 발달한 요즘 시대의 서명을 통한 청원이나 탄원 같은 것을 연상케 하기 때문이다. 어쩌면 이런 대중적인 정치 운동은 당시 원 제국의 정치 사회 체제가 개방된 체제였기 때문에 가능한 것이 아니었을까 하는 생각이 들기도 한다.

아무튼 심왕이 고려인 출신 무뢰자제 2천여 명의 서명을 받아 고려 국왕을 모함했다는 것은 원에서 심왕의 영향력이 충숙왕을 계속 압도하고 있었음을 말해준다. 서명을 받아 중서성에 제출한 그 고소 사건이 어떻게 결론 났는지는 그 뒤 아무런 언급이 없지만, 심왕의 책동은 충선왕이 방환되어 돌아왔음에도 계속되고 있음을 보여주고 있다. 이제 심왕의 영향력은 충선왕의 존재와 무관하게 행사되고 있는 것이다.

심왕의 영향력은 이뿐이 아니었다. 원 중서성에 그 고소가 접수된 직후 탈탈첩목아脫脫帖木兒라는 사신이 고려에 들어온다. 이 사신은 앞서 재산을 몰수당하고 섬으로 유배되었던 김원상과 조연수를 사면시키고, 또한 간통죄로 하옥된 심왕의 동생 연덕대군도 석방시켜버린다. 모두 황제의 명령으로 내려진 조치였는데 이 사신은 중서성의 고관이었다.

원의 사신이 황제의 명령으로 연덕대군이나 김원상, 조연수 등을 석방한 것은 충숙왕을 중서성에 고소한 사건의 후속 조치였다고 보인다. 그렇다면 심왕의 핵심 측근인 조적과 채하중이 무뢰자제들의 서명을 받아 충숙왕을 고소한 것은 심왕의 무리들에 대한 처벌을 무산시키려는 조치였다고 볼 수 있다. 또한 이후에도 심왕의 무리들을 탄압하면 결코 좌시하지 않겠다는 경고도 했을 것이다.

그런데 주목되는 점은 새로운 황제가 즉위했음에도 심왕의 영향력은 여전하다는 사실이다. 심왕의 영향력이 힘이 빠진 충선왕의 존재와 무관하게 행사된다는 것은 그렇다 쳐도, 새로운 황제 체제 아래서도 심왕은 건재했던 것이다. 이는 원 조정에서 심왕의 정치적 기반이 충선왕을 넘어서고 있다는 것을 말해준다.

이런 정치 판도에서 힘이 빠진 충선왕이 할 수 있는 일은 많지 않았다. 충선왕이 적극적으로 심왕을 통제하기는 이제 능력 밖이었다. 그렇다고 심왕의 편을 들어 충숙왕을 몰아붙일 수는 없었다. 미우나 고우나 충숙왕을 지원하는 수밖에 없었는데 이게 간단하지 않았다.

충숙왕, 원 공주와 다시 결혼하다

그런데 국왕인을 다시 돌려받고 왕권을 회복한 충숙왕은 아직도 원에 머무르고 있었다. 하루 속히 환국하는 것이 당연할 터인데 그러지 못한 것이다. 무슨 곡절이 있음에 분명했다.

1324년(충숙왕 11) 5월, 수상인 최유엄은 탈탈첩목아가 원으로 돌아갈 때 문무백관을 거느리고 전송하면서 중서성에 국왕의 환국을 요청하는 글을 올렸다. 문무백관이 도열한 그런 전송 자리에서 글을 올린 것은 고려 조정의 일치된 의지를 전달하려는 것이었다. 효과가 있을지는 모르겠지만.

최유엄의 이 글에 의하면 충숙왕은 심왕당의 방해를 받아 환국을 못한다는 뜻을 내비치고 있었다. 충숙왕의 환국 지연에는 다분히 그럴만한 소지가 있었다. 고려 국왕 자리를 여전히 노리고 있는 심왕 측에서는 어떻게든 충숙왕을 대도에 묶어둘 필요가 있었기 때문이다. 앞서 무뢰자제를 동원하여 충숙왕을 고소한 것은 그런 효과도 노린 일이었을 것이다.

환국하지 못한 충숙왕이지만 계속 인사권은 원에서 행사하고 있었다. 여기에 부왕이 가끔 개입하여 온전한 인사권 행사는 아니었고, 또한 원에 머물고 있는지라 제한적이었지만 국왕으로서 국정 수행도 발휘하고 있었다. 충선왕이 여기에 거스를 필요는 없었다. 충숙왕의 정상적인 왕권 수행은 상왕으로서도 바라는 일이었기 때문이다. 다만 환국이 지연되고 있다는 것이 문제였다.

충숙왕이 정상적으로 왕권을 행사하려면 환국보다 더 중요한 문제가 있었다. 그것이 바로 원 공주와의 결혼 관계. 충숙왕은 이전에 원 공주와 결혼한 적이 있었지만 그녀가 일찍 죽어 혼인 관계가 없는 상태였다. 이제 원 공주와의 혼인 관계를 다시 구축할 필요가 있었다. 이게 충숙왕이 국왕으로서의 권위를 유지하고 왕권을 행사하는 데 관건이었기 때문이다.

마침내 1324년(충숙왕 11) 8월 충숙왕과 원 공주의 결혼이 대도에서 성사된다. 상대 공주는 당시 17세로 위왕魏王 아목가阿木哥(아무칸)의 딸이었다. 이 공주가 금동공주金童公主이고 사후에 조국장공주曹國長公主로 추증된다. 여기 위왕은 무종·인종 황제와 이복형제이고 현 황제인 태정제와 4촌간이었다(맨 앞의 〈원의 황실세계〉 참조). 이런 인적 관계로 보면 충숙왕은 처음 결혼보다 원 황실에 좀 더 가까이 다가간 혼인을 한 셈이었다.

그런데 충숙왕에게 장인이 되는 여기 위왕은 고려와 인연이 깊은 인물이었다. 그는 고려에 유배온 적이 있었는데, 1317년(충숙왕 4) 1월로 탐라(제주도)에 귀양 왔다가 곧 바로 대청도로 옮겨진다. 그리고 그 위왕이 유배에서 풀려나 원으로 돌아간 것은 1323년(충숙왕 10) 10월이었다. 6년여의 짧지 않은 유배 생활을 고려에서 보낸 것이다.

위왕이 유배당한 것은 인종 황제 때인데, 추측컨대 황제와 이복형제로서 황제 계승 과정에서 뭔가 문제가 있었던 것으로 보인다. 그리고 태정제가 즉위한 직후 유배에서 풀려난 것이다. 이러한 유배 전후 정치 상황으로 보면 위왕은 그 정치 역정이 순탄한 인물이 아니었고, 앞으로의 정치 도정에서도 굴곡이 있을 가능성이 있었다. 이런 점에서 충숙왕이 위왕의 딸과 결혼한 것은 이전의 혼인보다 못한 것으로 볼 수도 있다.

그렇다면 위왕을 다시 생각해볼 대목이 있다. 그가 고려에서 귀양살이 하는 동안 심왕을 고려왕으로 옹립하려는 책동이 있었는데, 그 심왕의 무리들은 당시 황제 영종과 원 조정의 후원을 받으며 마음껏 고려 국정을 휘젓고 있었다. 대청도에서 귀양살이를 하던 위왕은 고려 국정의 이런 상황을 알고 있었을 것이다. 충숙왕은 입원하여 국왕인을 빼앗긴 채 억류당한 상태였고 위왕은 황실의 종친으로 실각하여 유배 생활을 하고 있었으니 동병상련의 처지를 느끼지 않았을까. 게다가 양인 모두 황제 영종의 체제 아래에서 탄압을 받고 있었으니 말이다.

그 위왕이 유배에서 풀려나 대도로 소환된 것은 태정제 즉위 직후인데, 이때 충선왕도 유배에서 방환되어 대도로 돌아온다. 이 부분도 심상치 않다. 이런 사실은 충선왕과 위왕이 서로를 동지적 관계로 생각하는 계기가 되지 않았을까. 동지까지는 아니라도 최소한 어려운 처지에 있다는 감정은 서로가 충분히 느꼈을 것이다.

그래서 충숙왕의 이번 원 공주와의 혼인은 충선왕이 주선했다고 보인다. 환국이 지연된 것도 꼭 심왕당의 방해가 있어서만이 아니라 이 혼인을 성사시키기 위한 충선왕의 준비 과정이 아니었나 하는 생각이 든다. 상왕의 처지에서 아들 충숙왕을 지원하는 길은 그것이 최선이었을 것이다. 더구나 충숙왕은 심왕의 견제로 왕위에 대한 위협을 계속 받아야 했으니 원 공주와의 혼인 관계를 다시 구축하는 것은 선택의 문제가 아니라 필수였다.

그렇게 충선왕은 부왕으로서 충숙왕을 위해 큰 숙제를 하나 해결해 준 셈이었다. 그런 노력을 과시할 의도였는지 결혼 직후 충선왕은 전지를 내려 충숙왕의 인사 문제에 또 제동을 걸고 나섰다. 판삼사사(종1품)로 있던 박허중을 거론하여 나이 80인데도 녹봉만 탐하고 있다고 비난하였다. 충선왕에게 뭔가 밉보였던 탓인데, 그가 충숙왕 계열의 인물임은 분명하지만 굳게 충성하는 자는 아니었다.

충선왕은 또한 그해 5월에 충숙왕이 독단으로 처리했던 인사에서 발탁된 한악, 원선지, 김인연 등에 대해서도 비난하였다. 이들은 확실하게 충숙왕 계열의 인물이었지만 티베트 유배 이전에 충선왕에게 잘못한 죄과가 있었던 탓이었다. 충선왕은 고려 조정에 전지를 내려 박허중과 이들 3인을 특별히 거론하여 출사하지 못하도록 못을 박은 것이다.

이런 면에서 보면 충선왕의 존재는 충숙왕에게 방해가 되었다. 국왕의 인사권에 대한 제약이 분명했기 때문이다. 부왕이 발탁한 인물들은 아들이 수용할 수 없었고, 아들이 발탁한 인물들은 부왕이 반대하고 나섰다. 충선왕은 충숙왕의 왕권 행사에 필요한 존재이면서 동시에 방해가 되는 존재이기도 했으니 왕 부자의 관계가 얄궂은 일이 아닐 수 없었다.

충선왕이 마지막 한 일

1324년(충숙왕 11) 11월 충선왕은 의미 있는 내용의 편지를 고려 조정에 보낸다. 충숙왕은 여전히 환국하지 못하고 있었는데, 고려의 문무백관뿐만 아니라 나라 사람들 모두에게 자신의 생각을 전하려는 것이었다. 장문의 글인데 중요한 내용만 알기 쉽게 개조식으로 나열하여 제시해 보겠다.

① 고려 국왕 자리는 아들에게 전하고 심왕 자리는 조카에게 전하여 여생을 편히 살다가 마치기를 원했으나 토번(티베트)으로 쫓겨나는 것을 면치 못했다.

② 돌아와 보니 신하들이 국왕과 심왕을 이간질하고 형제 간에 싸우는 변고를 일으켰는데, 승상을 통해 황제께 아뢰어 다시 국왕인을 돌려주고 왕위를 확고히 하였다. 하지만 아직도 간신들은 허황된 무고를 함부로 하여 형제가 다시 화목하지 못하고 있다.

③ 다행히 황제께서 일을 바로잡아 국왕과 공주를 결혼시키고 환국을 허

락하셨으며, 두 왕과 그 종신들을 불러 화해하도록 하였으니 이후에는 이 간하는 말에 현혹되지 말고 국왕을 섬겨 나라를 편안히 하라.

④ 심왕 옹립을 요청하는 글에 간신의 꼬임으로 부득이 서명에 참여한 자는 내가 국왕에게 일러 옛날의 잘못을 생각하지 말라고 하였다.

⑤ 또한 책동을 주동한 한두 사람이 자신들의 죄를 모면하고자 서명에 따랐던 4천여 명에게 죄를 둘러씌우고 이들을 요양·심양으로 옮기고자 하는데, 이들은 협박으로 따랐던 자들로 죄가 없으니 향리와 친척을 떠나 살게 할 수 없다.

⑥ 국왕도 이러한 나의 뜻에 감동하여 일체를 용서하였으니 그 모든 사정을 잘 알지어다.

눈여겨볼 대목이 몇 가지 있지만 세부적인 내용은 좀 뒤에 살펴보기로 하고, 한마디로 충선왕의 뜻은 심왕 옹립 책동에 참여했던 무리들을 모두 용서하겠다는 것이었다. 여기에 충숙왕도 동의했다고 하니 이제 다시는 이들에 대한 처벌은 거론할 수 없게 된 것이다. 충선왕의 이 서신은 고려 조정에서 심왕 옹립 책동에 가담한 자들을 불러 모은 자리에서 그 내용을 모두 경청하도록 했다.

우선 ③에서 두 왕, 즉 충숙왕과 심왕의 종신들을 불러 화해시켰다는 내용이 주목되는데, 물론 충선왕이 주선한 일일 것이다. 충선왕은 유배에서 돌아온 애초부터 심왕 옹립 책동에 참여했던 자들을 처벌할 생각이 없었던 것으로 보인다. 그들의 숫자가 너무 많아서 그랬든 심왕의 요청을 받아서 그랬든 처음 이들에 대한 앞서의 조치에서 이미 드러난 일이었다.

또한 ④에서 보듯이 이들을 모두 주동자의 꼬임에 빠진 소극적인 참여자로 간주하였다. 실제로 이들이 꼬임에 빠진 것으로 생각하여 그런 판단을 할 수도 있고, 애초부터 처벌할 생각이 없어서 그런 판단을 내릴 수밖에 없었을 수도 있다. 어느 쪽으로 보든 충선왕은 이들을 처벌할 생각이 없었다는 것을 재차 확인할 수 있다.

정말 주목되는 부분은 ⑤의 내용이다. 책동을 주동한 한두 사람은 말할 필요도 없이 조적과 채하중을 가리킨다. 이들에 대해서는 처벌이 불가능했다는 것은 앞에서 언급했는데, 조적과 채하중이 주동하여 서명 받은 자가 4천여 명이나 되었다니 놀랍다.

앞서 조적과 채하중이 대도에서 무뢰자제 2천여 명의 서명을 받아 충숙왕을 고소했다는 얘기는 했는데, 여기 4천여 명의 서명은 심왕을 옹립하기 위한 그와 별개 다른 사건이었는지 모르겠다. 충선왕은 이들을 모두 심왕 측의 협박에 따른 것으로 판단한 것이다. 여기서 주목할 점은 심왕의 책동에 동원된 고려인 숫자다.

그런데 더 중요한 내용은 조적과 채하중이 이들 4천여 명을 요양과 심양 지방으로 이주시키려는 생각을 했다는 점이다. 이 부분에서 생각해볼 대목이 많다. 이들은 처음부터 대도에 들어와 살던 고려인이나 그 후예들인 것으로 짐작된다.

심왕 측에서는 이들을 동원하고 서명을 받아 심왕 옹립 책동을 일으켰지만 그 일이 실패로 돌아갔다. 이에 그 책임을 이들에게 씌워 요·심 지방으로 강제 이주를 생각한 것이다. 심왕이라는 왕위 자체가 요·심 지방의 유민 관할이라는 점을 상기하면, 이들을 요양과 심양 지방으로 이주시키려 했다는 것은 심왕 자신의 통제 아래 두기 위한 조치가 아니었을까 여겨진다. 심왕 자신의 정치 사회적 기반으로 계속 활용하기 위해서 말이다.

아니면 그 반대로도 생각해볼 수 있다. 이들의 본래 터전은 고려 유민이 집단적으로 이주해 살아가던 요·심 지방이었는데 시간이 흐르면서 이들이 점차 수도인 대도로 흘러들어와 살게 되었을 수도 있다. 이들이 대도로 흘러들어온 것은 생업을 찾아 그랬을 수도 있고 심왕당에 유혹되어 들어왔을 수도 있다. 요·심 지방보다는 제국의 수도가 삶의 터전으로는 더 유리했다고 보이기 때문에 그게 자연스런 흐름이었을 것이다. 심왕 측에서는 이들을 정치적으로 이용하려다 여의치 않자 다시 요·심 지방으로 강제 이주 조치를 생각한 것으로 볼 수도 있다.

어느 쪽으로 보든 ⑤의 내용을 통해 알 수 있는 확실한 사실은 대도에 사는 고려인이나 요·심 지방에 사는 고려 이주민은 심왕의 정치 사회적 기반이었다는 점이다. 이들 역시 모두 국제사회를 살아가는 국제인, 즉 교민僑民들이었다. 심왕은 이러한 정치 사회적 기반을 활용해 고려 국왕을 위협하고 왕위 경쟁을 벌인 것이다. 알기 쉽게 말하자면 미국에 있는 우리 교민사회를 기반으로 강력한 힘을 가진 자가 대한민국의 국정과 통치권에 간섭하는 것과 비슷한 현상으로 볼 수 있다.

그런데 위 글은 충선왕이 고려 조정에 보낸 마지막 당부가 되고 만다. 1325년(충숙왕 12) 5월 충선왕이 대도에서 생을 마감한 것이다. 그래서 심왕 옹립 책동에 가담한 자들을 용서한 것은 부왕이 충숙왕과 심왕을 화해시키기 위해 마지막으로 한 일이기도 했다. 여기에 충숙왕은 불만이 없지 않았을 테지만 더 이상의 것을 기대하기도 힘든 상황이었다.

한 가지 의문인 것은 충선왕이 끝까지 입성책동에 대해서는 함구했다는 점이다. 왜 그랬을까? 추론을 남발하는지는 모르겠지만 충선왕스스로 고려를 제국의 내지로 편입하는 것에 대해 암묵적으로 동의하지 않았을까? 동의는 아니라도 최소한 적극적으로 반대하지 않았다는 사실은 분명하다. 충선왕은 죽을 때까지 이 문제에 대해서 일언반구도 없었으니까.

불신의 시대, 혹은 격동의 시대

충숙왕의 환국은 아직도 이루어지지 않고 있었다. 황제의 환국 명령은 이미 떨어졌고 원 공주와의 결혼도 성사되었는데 어쩐 일인지 지연되고 있었다.

1324년(충숙왕 11) 12월, 그러니까 앞서 충선왕의 서신이 고려에 전달된 지 한 달쯤 후에 수상인 최유엄은 86세 노구를 이끌고 신년을 축하하기 위한 하정사로 입원하였다. 이때 원의 중서성에 보내는 의미있는 문서를 최유엄이 가지고 가는데, 고려 재상들의 연명으로 이루어진 특별한 상서였다. 그 내용은 이런 것이었다.

충선왕은 티베트로 유배를 떠나고 충숙왕이 입원하여 원에 억류당해 있는 동안, 고려 조정에서 심왕당에 부화뇌동하는 간신들이 심왕을 옹립하기 위한 문서를 충선왕의 방환을 요청하는 문서라고 속이고 사람들을 끌어 모아 백지 서명을 받았는데, 그게 거짓이니 속지 말라는 내용이었다. 아울러 그 거짓 서명 문서가 아직도 해당 관청이나 심왕당의 수중에 있을 수 있으니 잘 살펴보라는 말도 덧붙였다.

이 상서 내용이 사실이라면 고려 조정에서 간신들의 작란이 이만저만한 것이 아니었다는 것을 알 수 있다. 충렬왕 때도 충선왕을 모함하기 위한 이런 종류의 백지 서명 사건이 있었는데, 당시는 이런 식의 서명이 유행했던 모양이다. 아울러 이런 서명 운동이 당시 중요한 정치 사회 운동의 흐름이었다는 것도 다시 확인할 수 있다.

고려 재상들이 위와 같은 상서를 중서성에 올린 이유는 충숙왕의 환국이 지연되는 이유가 혹시 그때 그 거짓 서명 문서 때문이 아닐까 해서였다. 혹은, 시류에 편승하여 심왕 옹립을 위한 진짜 서명에 참여해놓고 충선왕이 상황을 정리해 알려오자 이제 와서 발뺌하기 위한 모면책일 수도 있었다. 그럴 가능성을 전혀 배제할 수도 없다고 본다. 당시는 상상을 초월하는 거짓과 책략이 난무하던 시대였으니까.

생각해보라. 무슨 내용인지도 모르는 백지에 어떻게 서명할 수 있었겠는가. 내용도 모르는 백지에 서명을 했다는 것은 대세를 따르고 시류에 편승하겠다는 뜻에 다름아니다. 서명을 받는 자가 누구인지만 알아도 돌아가는 상황을 판단할 수 있었을 것이니 말이다. 서명을 받는 주체가 누구인지 알고도 속았다면 이는 그 시대 사람들이 서로의 정체를 가늠할 수 없었다는 얘기고, 이는 결국 그 시대가 불신의 시대였다는 뜻이다.

그 시대는 누구도 믿을 수 없었고 무슨 지조 같은 것도 지키기 힘든 시대였다. 눈치를 보면서 줄을 잘 서는 것만이 최선이었다. 고려 국왕도 그런 점에서 결코 예외가 될 수 없었다. 국왕도 줄을 잘못 대었다간 하루아침에 나가떨어지는 시대였으니까. 소위 지배층에 있던 문무

관료들은 각자 생존의 길을 찾아 그런 시대에 살아가는 방법을 이미 간파하고 있었던 것이다.

그런데 이러한 불신의 시대는 지배층의 말단이나 일반 서민, 하층민들에게는 신분 상승의 중요한 터전이 되기도 했다. 이 시대 제국을 지향하는 인간들의 대열은 그런 신분 상승을 위한 절호의 기회이기도 했다. 이를 통해 신분 상승에 성공한 자들은 이 시대가 진정 살만한 시대였을 것이다. 그런 점에서 원 간섭기는 신분 상승을 위한 격동의 시대이기도 했다.

앞선 무인 집권기도 신분 상승이 활발하게 일어나는 시대였지만 문벌귀족 체제라는 고려 사회의 기본 틀이 크게 흔들리지는 않았었다. 오히려 최씨 무인 집권기에 들어와서는 문벌귀족 체제를 강화하려는 경향을 보이기도 했다. 이런 속에서 고려의 전통적인 명문 가문들은 여전히 고려의 최상층으로서 힘을 발휘하고 있었다. 하지만 이 시대 원 간섭기는 문벌귀족 체제라는 지금까지 고려 사회를 지탱하고 있던 기본 틀이 근본부터 크게 동요하고 있었다. 그 주역들이 바로 부원배 세력, 즉 세계 제국을 지향하여 달려가는 무리들이었다.

심왕 옹립 책동이나 입성책동에 가담한 자들은 이런 불신 시대의 주역이자 격동의 시대 주인공들이었다. 이들을 일벌백계로 단죄한다고 해도 그런 시대를 종식시킬 수 없었다. 단죄 당한 자들이 가만히 앉아 당하고만 있지도 않았을 테지만 그런 시대 흐름을 꺾을 수 없었기 때문이다.

충선왕이 그들을 용서할 수밖에 없었고 충숙왕도 이를 수용할 수밖에 없었던 것은 그런 시대 흐름을 따른 것이었다.

2. 충숙왕의 복귀

충숙왕의 환국

1325년(충숙왕 12) 5월, 충숙왕은 결혼한 원 공주인 금동공주를 동반하고 환국하였다. 1321년(충숙왕 8) 4월에 입원했으니 재위 중에 개경을 떠난 지 만 4년 만의 일이었다. 그 4년의 기간에서 약 2년 이상은 국왕인을 빼앗기고 왕권을 정지당하는 수모를 겪었으니 만감이 교차했을 것이다. 공교롭게도 충숙왕이 개경에 도착한 날 부왕 충선왕은 원의 대도에서 생을 마친다.

충선왕의 죽음은 환국한 충숙왕에게 좋은 일이기도 했고 나쁜 일이기도 했다. 이제 부왕의 간섭 없이 독단으로 왕권을 행사할 수 있다는 점에서는 좋았지만 심왕의 공격을 막아줄 보호막이 사라졌다는 점에서는 나쁜 일이었다. 심왕당의 책동은 이후에도 계속되면서 충숙왕에게는 나쁜 쪽으로 더 많이 작용한다.

그런데 환국한 충숙왕은 마음의 상처도 안고 왔다. 그것은 관료집단에 대한 강한 불신이었다. 고립무원의 대도에서 왕권을 정지당하고 심왕당의 책동을 속수무책으로 바라보면서 누구에게도 의지할 수 없었다는 것은 충숙왕에게 깊은 불신감을 안겨주기에 충분했다. 자신의 측근이라는 자들마저 마음 터놓고 믿을 수가 없었으니 환국한 후에도 그 불신감은 쉽게 해소될 일이 아니었다.

그 점을 보여주는 좋은 사례는 왕삼석王三錫이라는 인물을 통해서 알 수 있다. 왕삼석은 고려인이 아니라 남만인南蠻人으로 중국 남방의 소수민족 출신으로 보인다. 그는 무역에 종사하는 상인으로서 충숙왕이 재원 중에 대면하여 알게 된 인물이었다. 한낱 상인에 불과했으니 무슨 학문이 있을 턱이 없고 보잘것없는 의술이나 음양술을 통해 교활한 술수에나 능한 자였는데, 이런 자가 원에 머물고 있던 충숙왕의 총애를 한몸에 받으면서 국왕의 사부師傅로까지 일컫게 된 것이다.

원에 머물던 충숙왕에게 얼마나 믿을 자가 없었으면 왕삼석 같은 인물을 사부로 생각했는지 짐작할 만한 일이었다. 또한 그런 자가 충숙왕의 핵심 측근으로 자리 잡았다는 것은 충숙왕 주변 인물들의 천거에도 문제가 많았다는 것을 알 수 있다. 왕삼석은 외로운 충숙왕의 총애를 받으며 가끔 고려에도 들락거리면서 고려 여성과 결혼까지 했으며 환국하는 충숙왕을 따라 함께 고려에 들어온다. 그러니까 왕삼석은 고려에 귀화한 것이나 다름없는 인물이었다.

충숙왕이 환국한 그해 7월, 왕삼석이 고려에 들어오자마자 일이 터진다. 왕삼석의 처남으로 산원(정8품) 장세張丗란 자가 있었는데 이 자가 남의 말을 강탈하다가 자신의 친족들과 더불어 사헌부의 치죄를 받게 된 것이다. 하지만 장세는 매부인 왕삼석의 위세를 믿고 사헌부의 관리들을 농락하면서 난동을 부렸다. 사헌부의 관리들이 동원되어 겨우 하옥시켰지만 이번에는 왕삼석이 나서서 장세를 마음대로 석방시켜버리고 사헌부를 농락하였다. 사건이 확대되어 충숙왕에게까지 보고되고 사헌부에서는 강력한 처벌을 요청했지만 국왕은 오히려 이를 묵살해버린다.

이런 종류의 사건은 앞으로 비일비재하게 일어난다. 국왕은 전통적인 문무관료들을 믿을 수 없어 여기서 한참 벗어난 왕삼석 같은 귀화인이나 신분이 미달한 자를 가까이하고 총애했다. 앞서 언급했던 이의풍이란 자도 중국인 출신으로 그런 인물이었다. 이의풍은 충숙왕이 환국하기 직전에 죽는데 아마 왕삼석은 그 이의풍의 자리를 대신한 것이 아닌가 한다.

이들 귀화인들은 국왕이 외로운 처지에서 저돌적인 충성심을 이끌어내는 데는 더없이 좋은 자들이었다. 하지만 이들은 국왕의 맹목적인 비호를 받으며 불법을 저지르는 일에도 앞장서 국정을 더욱 혼란에 빠뜨리고 있었다. 그럴수록 충숙왕은 또다시 전통적인 관료집단에서 벗어난 자들을 총애하며 비호하는 악순환을 되풀이한다. 이런 비정상적인 측근 정치는 충렬왕 때부터 이미 시작된 일로서 원 간섭기 부마국 체제의 특징이기도 했다.

충숙왕에게 불미스런 사건은 또 있었다. 왕삼석 사건 직후 충숙왕은 대궐을 떠나 용산(서울 용산구) 바닷가에 금동공주와 함께 전막氈幕을 치고 거처한다. 환국한 지 3개월 만에 개경을 떠난 것인데 골치 아픈 대궐에 머물고 싶지 않았는지도 모르겠다. 여기 전막은 몽골식 이

동주택인 게르Ger를 말하는 것으로 선대의 원 공주 출신 왕비들도 고려에 들어왔을 때 그런 몽골 전통의 주택을 지어 거주한 적이 있었다. 하지만 그때는 개경을 벗어나지 않았는데 충숙왕은 아예 개경을 떠나 거처한 것이다.

충숙왕과 금동공주가 용산의 전막에 거처한 한 달 뒤에 공주는 그 전막에서 아들을 낳았다. 이 아들을 용산 원자라 불렀는데 충숙왕은 안도했을 것이다. 이미 고려 왕비인 홍비와의 사이에 태어난 원자(후의 충혜왕)가 열 살이 되어 있었지만, 다시 원 공주와 결혼하고 그 사이에서 아들까지 얻었으니 충숙왕은 이제 거칠 것이 없다고 판단했을 법하다.

아들을 얻은 충숙왕은 자신감을 얻었는지 교서를 반포한다. 이 교서 내용은 좀 뒤에 자세히 언급하기로 하고, 불행히도 금동공주는 그 교서가 반포된 지 이틀 후, 그러니까 이 원자를 낳고 두 달도 못 되어 안타깝게도 18세의 나이에 그 용산 전막에서 죽고 만다. 충숙왕에게는 국왕으로서 불행이었다. 아마 산후조리를 잘못하여 그런 듯 싶은데 이게 정치 문제로 비화된다.

공주의 죽음을 놓고 충숙왕의 측근인 왕삼석에게 비난의 화살이 쏠린 것이다. 충숙왕과 출산을 앞둔 공주를 용산의 전막에 거처하도록 유인한 자가 바로 왕삼석이었던 것이다. 왕삼석이 습한 전막 속에서 아이를 낳도록 하고 출산 후에는 병을 얻었음에도 치료를 못하도록 방조했다는 것이다. 왕삼석이 그런 비난을 받을 만했지만, 문제는 조야에서 모두 왕삼석이 충숙왕의 측근으로서 정사에 참여하면서 월권과 부정을 저지르는 것에 불만을 품고 있었다는 뜻이다.

이후 왕삼석의 행적은 별로 드러나지 않은데 아마 실각한 것으로 보인다. 충숙왕이 환국한 직후에 왕삼석과 관련된 이러한 일련의 사건은 이후 충숙왕의 정치 운용을 가늠해볼 수 있는 일이었다.

물거품이 된 교서

충숙왕은 금동공주와의 사이에서 용산 원자를 얻고 1325년(충숙왕 12) 10월 장문의 교서를 반포했는데, 그 교서 내용은 일반적으로 국왕이 즉위한 직후 반포하는 즉위 교서와 다름없었다. 충숙왕은 입원하여 심왕당의 공격을 받아 왕권을 정지당하는 곤욕을 치르고 이제 다시 왕권을 회복하여 환국했으니 감회가 새로웠을 것이다. 게다가 원 공주와의 결혼과 그 사이에서 원자 생산은 정치적 의미가 남다른 것이었다. 즉위한 지 10년이 넘었지만 이제야 왕다운 왕으로서 다시 즉위한 기분이 아니었을까.

충숙왕이 교서의 서두에서 제일 먼저 강조한 것은 신 황제가 즉위함으로써 간신들의 참소와 모함을 이겨내고 곡직을 변별하여 잘못을 바로잡게 되었다는 언급이었다. 이는 말할 필요도 없이 심왕 옹립 책동은 잘못된 것이었고 고려 왕위의 정통성은 자신에게 있다는 분명한 선언이었다. 또한 선왕 충선왕의 덕德과 인仁을 본받아 대화합을 이루겠다고 밝히고 이어서 일반적인 즉위 교서에 보이는 사면령을 내린다.

그런데 교서에는 서두에 이어서 10여 조목 이상의 세부 실천 사항을 하나씩 나열하여 강조하고 있다. 이게 이채로운데 아마 충숙왕은 대단한 포부를 가지고 교서를 반포했다고 보인다. 부왕의 티베트 유배와 자신이 입원했을 때 수종한 관리들에 대한 포상을 명령한 것은 당연한 조치로 볼 수 있지만, 군현 제도나 지방 수령의 잘못에서부터 군역의 회피 문제까지 중앙과 지방의 여러 폐단을 언급한 것을 보면 충숙왕의 그런 포부를 읽을 수 있다.

아울러 충숙왕은 심왕당의 책동에 가담한 무리들에 대해 그 죄를 이미 모두 용서했다는 것을 강조하면서 이들을 다시 관직에 서용하겠다는 의지를 천명한다. 과거를 묻지 않고 모두 화합하여 새로운 시대를 열겠다는 욕심이었는데 이를 보면 충숙왕은 분명 새로운 출발을 하고 싶었던 모양이다. 하지만 심왕의 책동에 가담한 무리들은 이러한 조치를 오히려 비웃고 있었다.

충숙왕은 이어서 교서의 후속 조치로 1326년(충숙왕 13) 7월 공신 책정을 단행한다. 이때 일등공신으로 책정된 자들은 전영보, 윤석, 최안도 등 9명인데, 입성책동을 저지하는 데 앞장서 국가를 지켜낸 공로가 크다는 이유였다. 이들은 대부분 충숙왕의 측근으로 일컬어진 자들인데, 이들이 입성책동을 막아내는 데 공로를 세웠다는 것도 의문이지만, 사실 충숙왕에게 일편단심으로 충성한 자들로 보기도 어렵다. 충숙왕 곁에는 이런 자들밖에 없었던 것이다.

이런 인물들을 공신으로 책정한 것은 당시 대부분의 관료들이 시류에 영합하여 대세를 따르고 있었기에 어쩌면 당연한 결과였다. 그럼에도 충숙왕이 이들을 공신으로 책정한 것은 민심을 회유하면서 이들을 자신의 측근 세력으로 잡아두려는 의도였다고 볼 수밖에 없다. 충숙왕에게는 그만큼 자신의 세력기반을 구축하는 것이 절실한 문제였던 것이다.

더불어 공신 책정에는 앞으로의 정국을 국왕 중심으로 이끌어보겠다는 의지를 드러낸 것이기도 했다. 부왕 충선왕이 건재할 때는 부왕에 의해, 부왕이 유배된 후에는 심왕에 의해 고려 국정이 좌우되고 있었기 때문에 이 문제도 충숙왕에게는 시급한 과제였을 것이다. 하지만 과연 그 시대가 충숙왕의 의지대로 움직여질지는 의문이었다.

충숙왕의 교서나 공신 책정은 한마디로 말하자면 정치 판도를 잘못 읽은 것이었다. 물론 그 이상의 별다른 조치를 취할 수도 없었을 테지만, 결과론적으로는 마음만 앞서고 힘이 뒷받침되지 않은 교서였다고 할 수 있다. 이는 충숙왕의 한계라기보다는 충숙왕이 극복할 수 없는 그 시대의 벽이기도 했다. 왜냐면 심왕당의 책동은 조금도 수그러들지 않았고 혼미한 정국은 이후에도 계속되었기 때문이다.

더구나 앞서 언급했듯이 이 교서 반포 직후 금동공주는 용산의 전막에서 갑자기 죽고 만다. 이래저래 불운한 왕이었다. 다시 충숙왕은 원 공주와 결혼 관계가 없는 상태로 되돌아가버렸으니 교서 반포가 탄력을 받지 못하고 정국을 주도할 수도 없었다.

계획된 양위 사건

야심만만하게 반포했던 교서는 원 공주의 죽음으로 정치적 의미를 얻지 못하고, 뒤이은 후속 조치로 내려진 공신 책정은 국왕의 위엄을 세우는 데 아무런 도움을 얻지 못하자 충숙왕은 실의에 빠졌다. 공주의 죽음 이후 약 2년 동안은 거의 국정을 돌보지 못하였다. 이 시기 관찬 사서의 기록도 소략하기 이를 데 없어 공백이나 마찬가지였다.

마침내 충숙왕은 심왕에게 양위하겠다는 생각을 하기에 이른다. 1327년(충숙왕 14) 5월의 일이었다. 충숙왕이 이런 극단적인 생각을 하게 된 것은 간신들의 농간 때문이었다고 하는데, 사서에 이 부분에 대한 자세한 설명이 없어 정확한 상황을 판단하기 어렵다.

여기 간신들은 심왕을 따르는 무리들이 확실하지만 이들이 어떻게 충숙왕에게 양위까지 결심하게 만들었는지는 분명치 않다. 확실한 것은 심왕은 아직도 야망을 버리지 않았다는 사실과 그의 세력은 여전히 고려 조정에서 힘을 쓰고 있다는 사실이었다. 지난 죄를 용서하고 관직에도 서용하겠다는 앞서 충숙왕의 교서를 이들이 얼마나 비웃었는지 알 만한 일이다.

충숙왕은 국왕 비서관격인 좌부대언(정3품) 한종유를 불러 심왕에게 왕위를 사양하고 싶다는 뜻을 알린다. 한종유는 맨 앞에서 언급했듯이, 충숙왕의 정방에 발탁되었던 유학자로서 국왕과 관료들의 신뢰를 받는 신하 중의 한 사람이었다. 하지만 책략과 모함이 판치는 시대에 이런 인물은 파워가 없었다.

충숙왕은 비밀히 한종유를 불러 심중의 뜻을 전하고 황제께 올리는 양위 표문을 주면서 국왕인(국새)을 찍으라고 명령을 내린다. 이에 한종유는, "국가가 조종祖宗으로 전하여 왔는데 어찌 적계嫡系를 버리고 방계傍系에게 줄 수 있겠습니까" 하면서 간곡히 거절했다. 충숙왕은 한종유의 거절을 허락하지 않았고 한종유는 계속 날인을 거부했다. 일단 물러나온 한종유는 이 문제를 어떻게 처리할지 고민되었다. 이를 공론화시켜 여론에 물어볼 수는 도저히 없는 일이었다.

한종유는 뾰족한 수가 없어 말에서 떨어졌다고 핑계대고 등청하지 않으면서 이조년李兆年과 이 문제를 의논했다. 여기 이조년은 경산부(경북 성주) 출신으로 충렬왕 때 과거에 급제하여 관직에 나왔지만 그 이후 10여 년 이상을 초야에서 지내다 심왕당의 책동을 저지한 공으로 충숙왕에 의해 다시 발탁된 인물인데, 우왕 때의 권신 이인임李仁任이 그의 손자다.

한종유가 이런 이조년을 비롯한 몇몇 뜻이 통하는 유학자들과 의논하여 간신들을 잡아 물리치자 마침내 충숙왕은 양위의 뜻을 접었다고 사서에 전한다. 이 부분도 석연치 않다. 별 힘도 없는 유학자들이 간신들을 어떻게 잡아 물리쳤는지 의문이며, 또한 이런 해프닝으로 끝날 일을 충숙왕은 왜 발설했는지 모르겠다.

충숙왕은 심왕을 따르는 무리들이 조정에 아직도 건재하고 있다는 사실을 알고 있었다. 시간 문제일 뿐이지 그들이 언젠가는 심왕을 위해 다시 움직일 것이라는 점도 충분히 예상했을 것이다. 어쩌면 충숙왕은 이런 준동을 사전에 막으면서 심왕의 무리들에 반대하는 세력, 즉 자신을 옹호해줄 세력을 결집시키기 위해 그런 의중을 드러낸 것이 아닌가 한다. 진정으로 양위할 의사가 있었던 것은 아니라는 말이다.

양위 사건이 있었던 그해 11월 충숙왕은 두 번째의 공신 책정을 단행했다. 이번에는 윤석, 김심, 한악, 임자송, 원충, 전영보 등 자신이 입원해 있는 동안 수종한 자들에 대한 공신 책정이었다. 전년 7월과 이번, 두 차례의 공신 책정에서는 서로 겹친 인물들이 많았는데 양쪽 모두 실제 그 공로에 걸맞은 인물들이 결코 아니었다. 앞서 첫 번째 공신 책정도 석연치 않은 인물들이 선정되었지만 이번에는 더욱 심했다.

또 한 가지 의문인 것은 첫 번째와 두 번째 공신 책정이 왜 별도로 이루어졌는가 하는 점이다. 여기에는 앞서 충숙왕의 양위 사건이 중요한 계기로 작용했다고 보인다. 그 양위 사건으로 심왕의 무리들을 공격할 기회를 잡고 자신을 따랐던 인물들을 공신으로 책정할 명분이 생겼던 것이다. 달리 표현하면 충숙왕 자신을 따랐던 무리들을 공신으로 책정하기 위한 사전 정지 작업으로 양위 사건을 일으켰다고 봐도 무방하다는 뜻이다.

다음으로 주목되는 점은 첫 번째 7월의 공신 책정에서는 일등공신이 9명에 불과했지만, 이번 두 번째 공신 책정에서는 일등공신이 26명, 이등공신은 무려 54명이나 되었다는 사실이다. 충숙왕 자신이 입원하는 과정에서부터 원에 머무는 동안, 그리고 환국하는 과정에서 거들었던 인물들은 모조리 망라하고 있다. 그래서 이들 공신 중에는 하급 관리나 하급 무관들도 부지기수였다.

이건 분명히 과다한 공신 책정이었고 문제가 있었다. 그야말로 어중이떠중이가 모두 공신으로 책정된 것이다. 좀 더 심하게 표현하자면 관료집단의 비웃음이나 살 뿐인 일을 한 것이다. 공신으로 선정된 자들이나 그렇지 못한 자들에게나 모두에게. 충숙왕이 이런 과도하고 무리한 공신 책정을 한 이유는 조급한 마음이 앞선 것이었다.

그래도 애써 변호하자면 심왕당에 대한 견제 세력을 양성하여 앞으로 그들의 준동에 대응하기 위한 목적이었다고 보인다. 더불어 앞서의 공신 책정과 마찬가지로 자신의 세력기반을 구축하려는 의도도 물론 포함하고 있었을 것이다. 이들 공신들이 충숙왕의 뜻을 제대로 따라줄지는 모르겠지만.

심왕당, 유청신과 오잠

양위 사건이 있은 다음 해인 1328년(충숙왕 15) 2월, 충숙왕은 홍비와
의 사이에서 출생한 세자 왕정王禎(훗날의 충혜왕)을 원나라에 보낸다.
원 제국의 문화와 사회 습속을 읽히게 하려는 것으로 선대부터 관례
적으로 해오던 숙위 활동을 위한 것이었다. 이는 물론 세자 왕정을 다
음 왕위 계승자로 염두에 두고 내린 결정인데 당시 세자는 14세의 나
이로 그럴 시기가 된 것이다.

그런데 궁금한 것은 충숙왕에게는 앞서 금동공주와의 사이에 용산
원자를 얻어 벌써 4살이나 되었는데, 왜 이 용산 원자를 다음 왕위 계
승자로 생각하지 않았을까 하는 점이다. 원 공주 출신 왕비의 소생들
이 왕위를 계승하는 것이 일반적이라고 생각할 때 그런 의문이 드는
것이다.

이 문제를 쉽게 판단하자면 당시 용산 원자가 숙위 활동에 참여하
기에는 너무 어려서 그랬다고 생각할 수 있다. 그러면 왜 용산 원자가
성장하기를 기다리지 않았을까 하는 의문이 다시 든다.

그래서 세자 왕정의 입원 숙위는 충숙왕이 조기에 왕위를 양위하겠
다는 의중이 담긴 것이라 할 수 있다. 용산 원자는 태어나자마자 그
모후가 죽고 없었다는 것도 충숙왕이 세자 왕정으로 다음 왕위 계승
을 생각하게 만들었을 수도 있다. 이 용산 원자는 언제인지 모르겠지

만 원으로 들어가 생활하다가 17세에 일찍 죽고 만다. 정식 원 공주 출신 왕비의 소생이었음에도 충숙왕의 뒤를 잇지 못한 것이다.

그런데 자세히 살펴보면 원 간섭기에 원 공주 출신 왕비의 소생으로 왕위를 계승한 것은 충선왕뿐이었다. 지금 충숙왕도 그 모후는 의비懿妃로 몽골의 평범한 여성이었지 공주 출신은 아니었다. 그리고 원 제국이 멸망할 때까지 충숙왕 이후의 모든 왕들은 원 공주의 소생이 아니었다. 다만 29대 충목왕忠穆王이 원 공주의 소생이긴 했지만 어린 나이에 즉위하여 좀 특별한 경우였다. 이렇게 본다면 원 공주의 소생이 아닌 세자 왕정을 다음 왕위 계승자로 생각한 것은 특별한 일이 아니라는 생각도 든다.

아무튼 충숙왕이 세자 왕정을 숙위 보낸 것은 양위를 염두에 두고 그를 확실하게 다음 왕위 계승자로 생각하고 있었다는 얘기다. 이때 충숙왕은 35세로서 나이로 보면 아직 양위할 시기는 아니었다. 그런데도 충숙왕은 왜 이 무렵 양위를 생각하고 있었을까? 여기에는 심왕당의 책동이 배경으로 작용하고 있었는데 그 자세한 사정을 이제 살펴볼 것이다.

세자 왕정이 숙위를 위해 원으로 들어간 지 5개월 뒤인 그해 7월, 원의 평장정사로 있던 매려買驢와 몇몇 사신이 고려에 들어온다. 이때 조적을 비롯한 심왕당이 함께 따라 들어오는데 이게 심상치 않은 일이었다. 사신 매려의 관직인 평장정사(종1품)는 원 조정에서 수상인 좌·우승상(정1품) 바로 밑의 직책으로 중서성의 최고위 직이다. 그런 최고위 급 인물이 고려에 파견된다는 것은 특별한 경우에 해당하는데 여기에 심왕의 무리들까지 따라 들어온 것이다.

매려 등의 사신이 고려에 들어온 것은 분명한 목적이 있었다. 그것은 유청신과 오잠이 중서성에 충숙왕을 고소했는데 그 내용이 사실인지 직접 확인하기 위한 것이었다. 고소 내용은 충격적이게도 충숙왕이 눈멀고 귀먹고 벙어리여서 친히 정사를 돌보지 못한다는 것이었다.

충숙왕을 눈멀고 귀먹고 벙어리라고 모함한 것은 분명 거짓이었지만 정사를 친히 돌보지 않는다는 주장은 충분히 먹혀들 수 있었다. 이 무렵 충숙왕은 무기력한 상태에 빠져 실제 그런 면을 보이고 있었기 때문이다. 유청신과 오잠은 입성책동이 무산되자 이제 충숙왕을 그런 식으로 모함하여 왕위에서 밀어내려는 책동을 벌인 것이다.

유청신과 오잠이 충숙왕을 고소했던 것은 심왕의 무리들이 배후에서 작용했을 가능성이 크다. 그게 아니라도 최소한 유청신과 오잠은 심왕당과 관계 속에서 충숙왕을 모함하고 고소했음이 분명하다. 그러니 고소 내용을 확인하러 들어오는 사신단을 따라 조적 등 심왕의 무리가 함께 들어온 것이다.

애초에 유청신과 오잠은 조적 등의 심왕당과 크게 밀착되지 않았고, 충숙왕을 직접 겨냥하여 음해하거나 심왕 옹립 책동에 적극적으로 가담하지도 않았었다. 이들이 일으킨 지난 입성책동도 심왕당의 사주를 받아 진행된 것은 아니었다고 보인다. 하지만 입성책동이 실패로 돌아가자 유청신과 오잠은 더 이상 물러설 곳이 없게 되었다. 고려에서 관직 생활을 할 수도 없었을 뿐만 아니라 고려에 들어오는 것조차도 힘들었다. 이제는 심왕당과 싫든 좋든 한 배를 타고 충숙왕을 공격하는 것이 그나마 돌파구를 찾는 길이었을 것이다.

유청신과 오잠이 충숙왕을 눈멀고 귀먹고 벙어리라고 모함한 것은 호시탐탐 기회를 노리고 있던 심왕의 무리들에게 영합해 그들의 지난 책동을 그대로 추종한 것이었다. 심왕당으로서는 또 하나의 강력한 우군을 만난 셈이었고, 유청신과 오잠은 입성책동이 무산된 이후 재기의 발판을 찾으려는 안간힘이었다.

게다가 그 무렵은 세자 왕정이 입원하여 숙위에 들어간 직후라서 다음 고려 왕위 계승 문제에 대한 관심이 높아진 때였다. 만약 충숙왕이 일찌감치 세자 왕정에게 양위해버린다면 심왕으로서는 더 이상 고려 왕위를 놓고 충숙왕과 싸우기 어려웠다. 그래서 심왕당에서는 세자 왕정의 입원 숙위를 민감하게 바라볼 수밖에 없었던 것이다.

유청신과 오잠이 심왕당에 영합하여 그들과 합류한 것은 바로 그 무렵이었다. 이런 시점 역시 심상치 않은데 유청신과 오잠은 세자 왕정이 입원하여 숙위에 들어간 직후에 충숙왕을 중서성에 고소했던 것이다. 이 무렵 유청신과 오잠이 심왕의 무리들과 함께 정확히 같은 목표를 가지고 같은 길을 걸었다는 것은 충숙왕을 모함했던 구체적인 고소 내용을 살펴보면 더욱 분명해진다.

충숙왕, 고소당하다

유청신과 오잠이 충숙왕을 원 중서성에 고소한 내용을 역사 기록 그대로 옮기면 다음과 같다. 내용 설명을 위해 편의상 번호를 붙여 세 부분으로 나누어 제시하겠다.

① 태위왕(충선왕)이 인종 황제께 주청하여 왕도(충숙왕)를 고려왕으로 삼고 왕고(심왕)를 세자로 삼기로 이미 결정한 명령이 있었다. ② 그런데 영종 황제 때에 와서 왕도가 백안독고사와 공모하여 김정미金廷美를 시켜서 태위왕을 달래어 왕고의 세자인을 빼앗았고, ③ 또 태위왕이 하사한 왕고의 재산과 유청신, 오잠 등 140명의 토지와 주택을 강제로 빼앗았다(《고려사절요》 24, 충숙왕 15년 7월).

원의 중서성에서 매려라는 고위급 사신을 파견한 것은 이 고소 내용이 사실인지 판별하기 위한 것이었다. 심왕 측의 이런 주장을 터무니없다고 생각했는지 충숙왕은 원의 사신이 당도했다는 소식을 듣고도 나아가 맞이하지 않았다. 충숙왕이 사신을 맞지 아니한 것은 지금까지 대부분의 사신들이 심왕의 의도대로 움직이는 편파적인 성향을 드러낸 탓도 있었다. 이번 사행에 심왕의 무리들이 함께 따라 들어왔다는 것은 그런 사신의 성향을 이미 드러낸 일이었다.

충숙왕의 영접이 없자 사신 매려는 정말 국왕이 귀먹고 벙어리인 줄 알고 바로 왕궁으로 들어가 충숙왕을 확인 대면한다. 사신 매려는 충숙왕을 대면하고 황제의 조서를 전달하면서 바로 심왕 측이 고소한 내용을 들어 충숙왕을 힐문하였다. 이에 충숙왕은 미리 준비한 것처럼 상세하게 고소 내용을 반박하였다. 다음 내용은 충숙왕의 반박을 바탕으로 필자가 부연 설명한 것이다.

인종 황제 때 자신을 고려왕으로 삼고 왕고를 그 세자로 삼았다는 ①에 대해서는 충숙왕도 이의가 없었다. ①의 시기는 인종 황제 즉위 2년째인 1313년(충선왕 5)의 일로서 충선왕이 아들 충숙왕에게 고려 왕위를 양위하면서 조카 왕고를 고려 왕세자로 삼은 사건을 말한다. 그래서 왕고는 처음에 고려 왕세자였음이 분명했고 충숙왕도 이것을 부정하지 않았다. 이로써 보면 고려 세자인은 처음에는 분명 왕고에게 주어졌다는 것을 알 수 있다.

문제는 ②의 내용이다. 처음에 왕고에게 분명히 주어졌던 세자인이 그 후 향방이 어떻게 되었느냐는 문제였다. 이에 대한 심왕 측의 주장은, 영종 황제 때 그 세자인을 충숙왕이 빼앗았는데 이 일에 백안독고사와 김정미가 거들었다는 것이다. 고소 내용에는 그 시점을 영종 황제 때라고만 했는데 아마 충숙왕이 원으로 들어간 이후로 본 듯하다. 입원한 충숙왕은 그때 백안독고사 집에 유숙했으니까 그와 공모했다는 고소 내용은 정황상 맞는 듯하다. 세자인을 빼앗기 위해 충선왕을 설득했다는 김정미는 바로 충선왕의 측근 인물이었으니 역시 그럴 듯했다.

그러나 충숙왕은 그 고소 내용이 거짓임을 주장하였는데, 직접 충숙왕의 반박 내용을 들어보자.

연우延祐 3년(1316, 충숙왕 3)에 내가(충숙왕) 대도에 입조하였을 때 부왕이 나에게 세자인을 주고 이르기를, "세조 황제가 이 인을 주며 아들이 장성하기를 기다려 전해주라 하셨다"라고 하셨습니다. 지금 왕고에게 붙은 자들이 말하기를 "부왕이 김정미의 말을 듣고 세자인을 왕도에게 주었다"라고 합니다. 하지만 인종이 돌아가신 뒤 2년 만에 부왕은 토번으로 귀양 가셨고 그때 나는 본국에 있었으니 어느 겨를에 백안독고사와 공모할 수 있겠습니까. 또 세자인은 연우 3년에 준 것인데 영종 황제 때에 주었다고 하니 그 말이 틀리고 속인 것이며 우리 부자로 하여금 서로 해치게 만들려는 것뿐입니다. 왕고가 무슨 공이 있어 이미 심왕이 되고 또 고려 세자인을 요구한단 말입니까?(《고려사절요》24, 충숙왕 15년 7월).

고려 세자인은 처음에 왕고에게 주었지만 이게 언제인가 충숙왕 손에 넘어온 것은 틀림없는 사실이었다. 그 시기를 심왕 측에서는 영종 황제가 즉위한 후에 충숙왕에게 빼앗긴 것이라 했고, 충숙왕은 연우 3년, 즉 인종 황제 때 부왕이 자신에게 직접 전해준 것이라고 주장하고 있다. 그러면서 충숙왕은 심왕 측의 주장이 거짓임을 다음과 같이 반박하였다.

태위왕, 즉 부왕은 영종 황제가 즉위한 후 티베트 유배로 대도에 없었다는 것이다. 부왕이 대도에 없었으니 그 뒤에 입원한 충숙왕과 서로 대면할 시간이 없었다는 것은 당연하다. 또한 입원한 충숙왕이 백안독고사나 김정미와 공모했다고 하더라도 그때는 이미 부왕이 대도에 없었다는 것이다. 그러하니 부왕이 왕고가 가지고 있던 세자인을 빼앗아 충숙왕에게 넘겨줄 수는 없었다는 뜻이다.

그리고 충숙왕은 그 세자인이 연우 3년(1316, 충숙왕 3)에 부왕을 거쳐 자신에게 넘어왔음을 주장하였다. 연우 3년은 충선왕이 심왕위를 왕고에게 넘겨준 때였다. 그때까지 왕고는 고려 세자인을 지니고 있었는데 심왕위를 이어 받으면서 고려 세자인을 충선왕에게 반환한 것으로 본 것이다. 그리고 그게 다시 충숙왕에게 돌아왔다는 것이다.

심왕 측과 충숙왕 측의 이런 엇갈린 주장의 핵심은 간단하다. 심왕 왕고는 자신이 본래 고려 세자로서 고려 왕위 계승권을 가지고 있었는데 충숙왕에게 빼앗겼다는 것이다. 반면에 충숙왕 왕도는 부왕이 왕고에게 심왕위를 물려주면서 왕고의 세자 자격은 이미 철회되었다는 것이다. 또한 부왕 충선왕도 고려왕과 심왕 두 왕위를 겸하지 못해 결국 양위했는데, 하물며 특별한 공로도 없는 왕고가 이미 심왕위를 지니고 어떻게 또 고려 왕위 계승권을 요구할 수 있느냐는 비난도 덧붙였다. 충숙왕의 이런 주장은 매우 설득력이 있어 보인다.

이어서 ③의 왕고의 재산과 유청신, 오잠의 토지와 주택을 강제로 빼앗았다는 고소 내용에 대해서도 충숙왕은 반박하였다. 먼저, 부왕이 황제의 명령으로 왕고에게 내려준 재산에 대해서는 손댄 적이 없고, 충숙왕 자신이 가져온 재산은 문건이 갖추어진 것으로 부왕으로부터 합법적으로 물려받은 것이라고 하였다. 또한 유청신과 오잠의 토지와 주택을 빼앗은 것에 대해서는, 그들이 남의 토지와 주택을 불법으로 약탈한 것이어서 다시 몰수하여 본 주인에게 돌려준 것뿐이라고 주장하였다.

이런 재산과 관련된 고소 내용에 대해서도 충숙왕의 반박은 설득력이 있었다. 유청신과 오잠이 충숙왕에게 재산을 빼앗겼다는 고소 내용은 거론할 가치도 없는 것이었다. 왕조의 종말을 의미하는 입성책동을 일으킨 무리들의 고려 재산 몰수는 너무나 당연한 조치이기 때문이다. 그게 불법으로 약탈한 남의 재산이라면 더 말할 필요도 없는 것이지만 그게 아니라도 몰수는 충분히 합법적인 조치였다.

고려 왕위 계승권 논쟁

그런데 심왕 왕고의 재산을 빼앗았다는 고소 내용에 대한 충숙왕의 반박은 좀 생각해볼 여지가 있다. 충숙왕의 주장이 틀린 것은 아니지만 논쟁의 여지는 남아있기 때문이다.

충선왕은 고려왕과 심왕, 두 왕위를 겸하고 있다가 고려왕은 아들 왕도에게 심왕은 조카 왕고에게 물려주었었다. 두 왕위를 물려줄 때 고려왕에 관련된 재산은 왕도에게, 심왕에 관련된 재산은 왕고에게 물려주어야 하는데 양쪽 재산을 명확하게 구분하기 어려웠을 것이다. 충선왕은 한 몸에 두 왕위를 겸하고 있었기 때문이다. 그러니 재산 다툼에 대한 시비가 생길 소지는 다분했다고 보인다.

이 문제는 고려 왕위 계승권 문제와 직결된 것이다. 왕고에게 한때 고려 세자 자리가 주어졌다면 그에게 고려 왕위 계승권이 잠시나마 있었다는 얘기다. 왕고에게 고려 왕위 계승권이 있었다면 그에게도 고려 왕위와 관련된 충선왕의 재산을 상속 받을 권리가 있었을 것이다. 하지만 왕고가 심왕위를 물려받으면서 고려 왕위 계승권을 포기했다면 고려 왕위와 관련된 왕고의 재산 상속권은 소멸했다고 봐야 한다.

그래서 위 사료에서 제시한 ②와 ③의 고소 내용은 동전의 양면과 같은 하나의 사안으로 고려 왕위 계승권과 재산 상속권은 함께 가는 것이었다. 심왕 왕고에게 고려 왕위 계승권이 있다면 재산 상속권도 분명 있는 것이고, 없다면 없는 것이다. 충숙왕의 주장은 왕고에게 고려 왕위 계승권이 없으니 그에게는 심왕 관련 재산만 상속되는 것이고 고려왕 관련 재산은 자신의 차지가 되는 게 당연하다는 것이었다.

이렇듯 충숙왕의 논리적이고 타당한 반박을 들은 원의 사신 매려는 달리 토를 달 수 없었다. 그는 민망했던지 황제께서는 국왕의 병환만을 살피고 오라 했다는 말과 함께 고소 내용은 모두 거짓으로 모함이라는 결론을 내렸다. 이에 원에서 매려와 함께 따라 들어온 조적 등 심왕의 무리들은 자신들이 역공을 당할까 두려워하다가 다시 원으로 들어가버렸다.

고려 왕위 계승권 논쟁이 일어난 원인은 충선왕에게 그 책임을 돌릴 수밖에 없다. 정확히 말하자면 충선왕이 겸하고 있던 두 왕위가 문제의 발단인 것이다. 충선왕은 한 몸에 두 왕위를 지니고 있다가 이를 아들과 조카에게 분리 세습시켰는데, 왕고가 한때 고려 세자의 자격을 지니고 있었기 때문이다. 다만, 충숙왕은 그 자격이 회수된 것으로 보았고, 심왕은 그 회수가 불법이었으니 아직 유효하다고 본 것이다.

그런데 이런 고려 왕위 계승권 논쟁이 왜 하필 이 무렵에 일어난 것일까? 가령 이전에 일어났던 심왕 옹립 책동 당시에는 세자인 문제나 고려 왕위 계승권 문제를 직접 거론하지 않았는데 말이다. 그때는 심왕을 고려왕으로 옹립하자는 서명이나 충숙왕을 모함하는 책동만 있었지, 심왕에게 고려 왕위 계승 자격이 있는지 없는지는 거론하지 않았었다.

심왕 측에서 세자인 문제를 거론하여 고려 왕위 계승권 논쟁을 일으킨 것은 세자 왕정이 입원 숙위에 들어간 사실과 관련 있다고 보인다. 세자의 입원 숙위는 곧 다음 왕위 계승권을 염두에 둔 것이었기 때문이다. 이게 확정되어 세자 왕정으로 왕위 계승권이 굳어진다면 심왕 측에서는 더 이상 이 문제에 개입할 여지가 사라져버릴 것이다. 이를 거꾸로 말하면 충숙왕은 심왕 측의 책동을 저지할 방법으로 세자 왕정에게 양위할 생각을 할 수 있다는 뜻이다.

충숙왕은 심왕 측에서 고소한 모함 내용을 원의 사신 앞에서 반박하는 데 성공했지만 개운치는 않았다. 고소 내용이 모함이라고 결론이 났지만 그렇다고 자신의 왕위 정통성이 확고해진 것은 아니기 때문이다. 오히려 고려 왕위 계승권에 대한 잡다한 논쟁과 변명을 하면서 왕위의 위엄은 추락했다고 볼 수 있다. 이후 충숙왕의 무기력함은 눈에 띄게 심해졌다.

충숙왕이 무력한 모습을 보인 것은 그 측근들의 작태도 한몫을 했다. 국왕이 원의 중서성에 고소를 당해 궁지에 몰려있는데도 누구 하나 앞장서서 국왕을 변호하려들지를 않았다. 변호하기는커녕 그 측근들은 원에서 매려라는 사신이 들어오자 자신들에게 화가 미칠 것을 두려워하여 전전긍긍하였다. 최안도와 김지경 등의 측근들은 매려가 원으로 돌아가자 기뻐서 날뛰었다고 하니 그들의 처신이 어떠했는지는 짐작하고도 남는다. 측근들의 이런 행태야 진즉 드러난 것이지만 충숙왕은 새삼 실망했고 낙심이 컸던 것이다.

그러던 충숙왕은 1328년(충숙왕 15) 7월, 갑자기 윤석에게 장형을 가하여 하옥시켜버린다. 윤석은 충숙왕이 원에서 환국한 직후의 공신 책정에서 두 차례나 연거푸 일등공신에 오른 인물이다. 이런 위세를 업고 그는 인사권에도 개입하면서 측근들과 볼썽사나운 말썽을 자주 일으켰다.

충숙왕이 윤석에게 장형을 가하여 하옥시킨 것은 이런 잘못에 대한 처벌이었지만, 더 중요한 이유는 국왕 측근이란 자가 보이는 행태가 도저히 신뢰할 수 없었기 때문이다. 충숙왕은 측근 세력의 우두머리 격인 윤석에게 본때를 보이고 싶었는지도 모른다.

하지만 충숙왕은 그 윤석을 얼마 안 있어 다시 불러들인다. 신뢰할 수 없는 측근이었지만 이들밖에는 그나마 의지할 자도 없었던 것이다. 충숙왕은 그렇게 고단한 왕이었다.

3. 다시 나타난 중조

형제 황제, 명종과 문종

충숙왕에 대한 고소가 심왕 측의 모함에 의한 것이라는 결정이 내려진 직후 원 제국에서는 황제 태정제(예순 테무르)가 죽었다. 1328년(충숙왕 15) 7월의 일이다. 앞선 황제 영종을 시해한 어사대부 테쿠시의 쿠데타로 재위에 오른 지 5년 만의 일이었다.

태정제는 처음부터 쿠데타 정권에 의해 옹립된 실권 없는 황제였다. 그는 전 황제를 시해하고 자신을 옹립한 쿠데타 세력을 옹호할 용기가 부족했던 것 같다. 태정제는 쿠데타 세력에 대항하는 세력들이 자신을 찬탈 정권이라 비난하자 자신감을 잃고 크게 움츠러들었다. 테쿠시를 비롯한 쿠데타 세력이 제거되는데도 태정제는 아무런 구원을 주지 못했다. 자신의 존재기반이기도 하지만 한편으론 황제권을 제약하는 견제 세력으로 보아 쿠데타 세력을 방치했는지도 모를 일이다.

지지기반을 상실한 태정제는 그해 봄 대도 근교의 왕실 전용 사냥터에서 병을 얻었고 여름에 갑자기 죽었다. 태정제의 죽음에는 드러나지 않은 비밀이 있을 것 같은데 정확히 알려진 바는 없다.

황제가 갑자기 죽자 항상 그렇듯이 제국은 다시 실력에 의한 황제 계승 싸움에 돌입한다. 먼저 선수를 잡은 쪽은 죽은 태정제의 아들 아리길팔阿里吉八(아리기파)을 옹립하려는 다우라트 샤였다. 다우라트 샤는 태정제 치세의 실권자로서 우승상을 맡고 있었는데 상도에서 벌써 움직이고 있었다. 하지만 그 움직임에 민감하게 반응하는 대항 세력이 또 하나 있었다. 알타이 방면의 킵착 군단을 이끌고 있는 군벌 연첩목아燕帖木兒(엘 테무르)였다.

엘 테무르는 옛날 카이산海山(무종 황제)의 휘하에서 대대로 카이두 난의 진압에 앞장섰던 킵착 부족장 출신으로 당시 가장 강력한 군사령관이었다. 그는 황제 카이산의 총애를 받았지만 인종과 영종의 부자 황제가 집권한 기간에는 핍박을 받았다. 그렇게 핍박받은 카이산의 추종 세력들을 '카이산 당'이라고 부르는데 그 중심인물이 엘 테무르였다.

카이산 당에서 새로운 황제로 옹립하려는 인물은 카이산의 두 아들 코실라和世剌(후의 명종明宗)와 톡 테무르圖帖睦爾(후의 문종文宗)였다. 이 두 황자도 인종과 영종 치세에서 철저히 탄압받고 있었다. 형인 코실라는 주왕周王으로 책봉되어 운남 지방으로 축출되었지만 이곳을 탈출하여 부친과 인연이 깊은 서북쪽의 차가타이 칸국에 몸을 맡기고 있었다. 동생인 톡 테무르도 해남도에 유배되었다가 나중에 남경으로 옮겨지고 다시 강릉으로 옮겨와 억류당해 있었다.

대도에서 봉기한 엘 테무르는 우선 연락이 쉬운 동생 톡 테무르를 옹립하여 거병의 상징으로 삼았다. 톡 테무르가 대도를 향해 북상하자 상도에서는 다우라트 샤의 세력도 태정제의 아들인 여덟 살 난 아리기파를 황제로 내세웠다. 대도와 상도 양경을 중심으로 내전이 시작되었는데 그 자세한 과정은 생략하겠다. 2개월 동안의 양경 내전에서 처음에는 상도 세력이 우세했지만 결국 대도의 엘 테무르 쪽이 승리하게 된다. 이에 대도에서 1328년(충숙왕 15) 9월 톡 테무르가 황제로 즉위하니 문종文宗이다.

하지만 이것은 전반전에 지나지 않았다. 서방에 있던 형 코실라가 차가타이의 군사 지원을 받아 동쪽으로 움직이기 시작한 것이다. 코실라가 대군단을 이끌고 겨울이 찾아온 몽골 고원을 향해 동진하자 초원의 유목민들은 과거 부친인 카이산에게 그랬던 것처럼 이들을 환호했다. 다음 해 1329년(충숙왕 16) 1월 코실라는 옛 수도 카라코룸에서 몽골 지역과 중앙아시아의 지지를 받아 제위에 오르니 명종明宗이다.

문제는 두 형제가 남북에서 나란히 황제로 즉위한 것이니 또 다른 내전의 시작이었다. 20여 년 전 카이산(무종)과 아유르바르와다(인종) 형제가 그랬던 것처럼 거의 비슷한 형세가 반복된 것이다(이에 대해서는 전작《혼혈왕, 충선왕》참조). 다른 점은 이번에는 대도의 동생 문종 쪽에서도 엘 테무르를 중심으로 해서 강력한 군사력을 갖추고 있었다는 점이다.

카라코룸의 명종과 대도의 문종, 양 진영 사이에는 겨울 동안 전투 없이 야영 상태에 들어가 상대를 탐색하기 위한 사자가 빈번히 왕래하였다. 마침내 대도의 동생 쪽에서는 형에게 양위하겠다는 생각으로 여름철 상도에서 통일 쿠릴타이를 개최하겠다는 의사를 전달했다. 이에 카라코룸의 형 명종은 자신이 통일 황제가 되는 것은 당연한 것이라 여기고 자신감이 넘쳐 있었다. 대도의 동생 문종도 충분히 양보할 준비가 되어 있었다.

하지만 대도의 군사권을 쥐고 있는 엘 테무르가 문제였다. 평소 같으면 카이산 당으로서 형을 선택하든지 동생을 선택하든지 상관없었지만 양경 내전을 치르고 이제 권력을 눈앞에 둔 지금은 달랐다. 카라코룸의 형 명종이 통일 황제가 된다면 자신의 실각은 불을 보듯이 분명한 일이었기 때문이다. 어쩌면 살아남기도 어려울 수도 있었다.

형 명종은 안심했던지 차가타이 대군단을 고비 사막 북쪽에 머무르게 하고 그해 4월 카라코룸에서 남하를 시작하였다. 동생에게서 이미 황제 옥새까지 받아놓은 상태여서 방심했을 것이다. 이때부터 중국 정사에는 형 코실라를 단일 황제 명종으로, 동생 톡 테무르를 황태자로 기록한다. 명종은 이어서 상도를 거쳐 8월 1일 중도中都에 도착했다. 중도는 말 그대로 상도와 대도의 중간에 위치한 수도였다. 명종은 그때 방심했고 엘 테무르는 바로 그 점을 노린 것이다.

형인 명종 코실라와 동생인 황태자 톡 테무르는 그 중도에서 실로 오랜만에 대면했다. 장엄한 게르 속에서 종실 제왕 대신들의 축하 잔치가 베풀어졌다. 그런데 축하 잔치의 막바지인 8월 초 명종 코실라는 갑작스럽게 죽고 마는데 그의 나이 30세였다. 용의주도하게 이루어진 엘 테무르의 거사였다. 엘 테무르는 죽은 코실라의 아내, 즉 황후의 명령이라 하여 황제의 옥새를 동생 톡 테무르에게 바쳤다. 이어서 바로 중도를 떠나 상도에서 복위 의식을 거행하니 다시 황제 문종이 즉위한 것이다. 1329년(충숙왕 16) 8월 중순이었다.

전반전인 상도와 대도의 양경 내전, 후반전인 코실라와 톡 테무르의 형제 내전을 모두 합하여 천력天曆의 내란이라 부른다. 이 천력의 내란은 몽골의 역사에서 커다란 분기점이었는데 이후 몽골 제국의 황제 대칸은 부족의 친위군단을 이끄는 군벌들의 꼭두각시가 되고 만다.

엘 테무르는 쿠빌라이 치세에서도 최고 등급이었던 진왕秦王으로 책봉되어 수많은 직함을 한몸에 지니고 최고 집정자의 위치에 올랐다. 마치 일본 바쿠후(막부) 정권의 쇼군과 비슷한 위상을 가지고 있었다. 그 결과 엘 테무르는 문종 톡 테무르를 꼭두각시로 만들었는데 군벌이 주도하는 이런 정치는 몽골 제국이 망할 때까지 이어진다.

자포자기 국왕

제국에서 천력의 내란이 있던 그 무렵 고려의 충숙왕은 무력증에 빠져 국정을 방치하다시피 하고 있었다. 충숙왕의 무기력함은 갈수록 심하여 이 무렵 인사권은 거의 측근들에 의해 이루어지면서 농락되었고 국정은 마비되다시피 하였다. 특히 최안도와 김지경 등의 측근들은 벼슬과 형옥을 팔아 못하는 짓이 없었지만 국왕은 아는지 모르는지 그냥 넘어갔고 이들은 누구의 견제도 받지 않았다.

충숙왕은 아예 대궐을 떠나 있었다. 1328년(충숙왕 15) 8월 미행으로 예성강에 거둥한 이후 평주(황해도 평산), 백주(황해도 연백) 등지로 행차하면서 충숙왕은 1년 이상을 대궐에 들지 않았다. 국정을 고의로 방기한 것이나 다름없는 행동이었다. 예성강에 행차해서는 이노개李奴介라는 상인의 아들에게 밀직사(정3품)를 제수하고 김취기金就起라는 환관의 사위에게 군부판서(정3품)를 내리는 등 관리 임명도 법도를 벗어나 마음대로였다.

그런가 하면 평주로 행차해서는 심왕의 무리라고 지목된 자들을 갑자기 잡아들여 귀양 보내기도 했다. 심왕의 무리들이 고려 조정에 건재하고 있는 것은 사실이지만, 고소 사건 이후 특별한 움직임을 보이지 않는 그들에게 과거의 무고 사건을 연상하여 과잉 반응을 드러낸 것이었다. 줄곧 계속된 심왕당의 공격으로 인한 피해 의식의 소산이 분명했다.

그해 11월에는 이런 일도 있었다. 충숙왕이 황해도의 어느 행재소에 머무르고 있는데 측근인 최안도가 여기를 찾았다. 충숙왕이 멀리서 바라보니 최안도를 수행하는 무리가 매우 많은 것을 보고 원에서 사신이 들어온 줄로 착각하여 깜짝 놀랐다. 도착해서 바라보니 최안도인 것을 알고 충숙왕은 대노하여 즉시 최안도와 그 무리들을 섬으로 귀양 보내고 말았다.

이런 충숙왕의 행동을 어떻게 이해해야 할지 모르겠다. 이런 행동도 정상은 결코 아니었다. 원의 사신에 대한 두려움의 표출이 아닌가 싶은데, 그들에게 여러 차례 시달린 결과 내면화된 공포감이 드러난 것으로 보인다. 이때 최안도는 섬으로 들어가지도 않고 여러 주현을 돌면서 백성들만 못살게 굴었는데, 두 달 뒤에는 뭐가 아쉬웠는지 충숙왕은 그 최안도를 다시 불러들인다. 국왕의 명령은 그렇게 비웃음

거리밖에 되지 않았던 것이다.

충숙왕은 이듬해 1329년(충숙왕 16) 1월, 황해도 평주의 천신산 밑에 아예 거처할 것을 작정하고 가옥假屋을 짓는다. 국왕의 이런 궐 밖 거둥에는 항상 우인優人들이 따라다니는데 이들은 국왕의 거처를 조영하고 때로는 사냥을 돕는 일을 맡는 자들이다. 우인들이 지붕에는 떡갈나무의 껍질이 좋다는 얘기를 하자 충숙왕은 인근 백성들을 강제로 동원하여 그 껍질을 벗겨오도록 하였다니 그 백성들의 원망 또한 적은 것이 아니었다. 충숙왕은 이런 가옥에 머무르면서 몇 달씩 사냥을 일삼았으며 우인들에게는 벼슬과 후한 상금을 내리면서 그런 재정 낭비 또한 만만치 않았다.

충숙왕의 이러한 사냥이나 외유는 대인기피증이라고 볼 수 있다. 관료집단에 대한 신뢰는 이미 잃은 지 오래였고 측근이란 자들조차도 신뢰할 수 없기는 마찬가지였다. 차라리 관료집단에서 벗어나 궐 밖으로 나돌면서 사냥이나 하는 것이 마음 편한 일이었는지도 모른다.

1329년(충숙왕 16) 9월에는 원에서 문종 황제의 즉위 교서를 반포하는 사신 완자完者가 당도하였다. 형제 중 동생인 문종 톡 테무르가 황제 계승 싸움에서 최종 승리했음을 알리는 사신이었다. 정확히 말하자면 그 배후에 엘 테무르라는 집정 대신이 권력을 잡고 있었지만, 어쨌든 교서 반포를 위한 사신이 들어왔다는 것은 새로운 황제와의 관계를 정립할 좋은 기회였다.

그런 문종의 사신 완자가 도착했음에도 충숙왕은 백주(황해도 연백)에 있으면서 병을 핑계 대고 출영하지 않았다. 이즈음 충숙왕은 원에서 사신이 도착해도 출영하지 않은 것이 예사였다. 원에서 돌아온 이후 마음의 병을 얻었는지 건강이 좋지 않은 것은 사실이었다. 게다가 그 사신들이 충숙왕을 곤경에 빠뜨리는 경우가 많아 반가울 수도 없었다.

완자가 국왕의 출영하지 않음을 힐책하자 측근에서는 그 이유를 변명했지만 충숙왕은 걱정하지 않을 수 없었다. 충숙왕은 원에서 사신이 들어오면 출영하자니 내키지 않았고 출영하지 않자니 후환이 두려웠다. 완자가 그런 충숙왕의 마음을 알아차렸는지, 조정에서는 고려의 잘못을 말하고 있으니 누구보다 먼저 황제의 등극을 축하하는 것이 좋겠다는 주문을 하였다.

이 말을 들은 충숙왕은 원의 사신이 자신을 생각해주는 것으로 착각하고 근심을 조금 덜 수 있었다고 한다. 아마 모처럼 자신의 편에 선 사신을 만났다고 안심했던 모양이다. 하지만 이는 원의 사신 나름대로 충숙왕에게 부탁이 있어 그런 것이었다.

그것은 원의 사신이 자신과 가까운 고려 사람들에게 벼슬을 주고 싶은 인사 청탁 때문이었다. 원의 사신마저 고려의 인사권에 개입하고 있었던 것이다. 이 무렵에 원의 사신들이 고려 인사권에 개입한 것은 양국의 관계가 밀착되면서 나타난 현상이었지만, 더 중요한 요인은 국왕인 충숙왕의 국정 장악 문제와 관련이 있었다.

김지경을 비롯한 충숙왕의 몇몇 측근들은 이런 인사 청탁을 한 원의 사신을 빙자하여 또 인사 문제에 농간을 부렸다. 그런데도 충숙왕은 이를 방관하니 측근들끼리 서로 인사권을 놓고 다투는 사태가 빈발했다. 심지어는 비목批目(인사안)이 이미 결정되었어도 측근에서 이를 고치고, 또 다른 측근이 이를 다시 고치기를 반복하니 지우고 고친 흔적으로 새까맣게 변하여 알아볼 수가 없을 정도였다고 한다. 이런 인사를 당시 사람들은 흑책정사黑冊政事라고 불렀다.

충숙왕의 양위

1329년(충숙왕 16) 10월, 사신 완자가 원으로 돌아가면서 백주의 행재소에 있는 충숙왕을 다시 찾아 위로의 말을 전했다. 아마 병석에 누워서 무기력하게 국정에 손을 놓고 있는 충숙왕의 안타까운 모습을 보고 위로한 것으로 보인다. 이어서 사신 완자의 충고를 들었는지 충숙왕은 믿을만한 종친을 귀국하는 사신에 동반시켜 새로운 황제의 즉위를 축하하도록 하였다.

그런데 원의 사신이 돌아간 직후, 충숙왕은 따로 측근인 김지경을 원으로 보내 세자 왕정에게 전위할 것을 정식으로 요청했다. 아무도 예측하지 못한 뜻밖의 일이었다. 아마 사신 완자가 행재소에 들렀을 때 충숙왕은 그와 함께 양위 문제를 거론했을 것이고, 그 결과 김지경을 보내 양위를 요청한 것으로 추측된다.

마침내 1330년(충숙왕 17) 2월 초, 원에서는 세자 왕정을 고려 국왕으로 책봉하고 즉시 사신을 보내 국왕인(국새)을 가져갔다. 당시 세자는 이보다 2년 전에 입원하여 숙위 활동 중이었다. 이어서 2월 말에는 재원 중인 이 세자에게 국왕인이 주어지고 왕위 계승이 정식으로 확정되는데, 이이가 보탑실리普塔失里(부타시리)라고 불리는 28대 충혜왕으로 이때 16세였다.

양위 과정은 일사천리로 막힘이 없었다. 그 흔한 양위를 설명하는 교서 한 장도 나오지 않았고 양위의 경위를 살피려는 양국 사이의 사신 왕래도 없었다. 원 조정에서는 당연한 수순으로 받아들였는데 양위에 대해 아무런 이의가 없었다는 뜻이다. 원 조정에서 사전에 조율된 것이 아니라면 어려운 일이었다.

양위가 사전에 계획된 일이라는 것은 근거가 없는 것이 아니었다. 그 시작은 바로 2년 전 세자 왕정의 입원 숙위였다. 앞서도 이 부분에 대해 잠깐 언급했지만, 당시 원 공주 소생인 네 살의 용산 원자가 있었는데도 충숙왕은 이를 기다리지 않고 세자 왕정을 입원 숙위에 보냈다. 그때 이미 충숙왕은 세자에게 양위를 생각하고 있었던 것이다. 또한 황제의 즉위를 알리는 원의 사신이 들어와도 출영하지 않은 것도 양위를 각오하지 않고서는 나올 수 없는 무모한 행동이다.

그렇다면 아직 40세도 안 된 충숙왕이 이렇게 일찍 양위를 결심한 이유가 무엇일까 궁금해진다. 가장 중요한 이유로 심왕당의 책동을 들 수 있다. 심왕당의 책동으로 충숙왕은 원으로 들어가 4년이나 억류당하다시피 했고 그중 절반의 기간은 왕권을 정지당하는 수모를 겪기도 했다. 이 기간 동안 충숙왕이 받았던 정신적 충격은 적은 것이 아니었는데, 당시 충숙왕에 대한 사신의 평가에 그대로 드러나 있다.

사신 백문보白文寶가 말하기를, "국왕이 연경(대도)에 머무른 지 5년 만에 근심하고 노고가 심하여 천성天性을 손상하였다. 환국한 후에는 깊은 궁중에 거처하면서 즐거워하지 않고 조신들도 접견하지 않아 정사를 돌보지도 아니하였다. 이로 인해 소인들이 일어나니 조륜祖倫, 최안도, 김지경, 신시용中時用과 같은 무리들이 정권을 전단하면서 벼슬을 팔고 형옥을 팔아 못하는 짓이 없었다"(《고려사절요》24, 충숙왕 15년 7월).

충숙왕이 정상적으로 왕권을 행사하지 못하고 있었다는 것을 알 수 있다. 근심과 노고로 천성을 손상했다는 표현에서는 어떤 정신적 충격까지 입은 것으로 보인다. 그러니 정사를 제대로 살필 수 없었음은 당연했다. 사신 백문보는 그 원인을 충숙왕이 입원하여 5년 동안 체류한 데서 찾고 있다. 그동안 충숙왕이 겪은 근심과 노고는 고려 왕위를 빼앗기 위한 심왕당의 책동 때문이었던 것이다.

환국하여 왕권에 복귀한 충숙왕은 과거를 잊고 새로운 출발을 하고 싶었지만 새로 결혼한 원 공주마저 죽으면서 그 의지는 퇴색할 수밖에 없었다. 게다가 유청신과 오잠이 충숙왕을 고소한 사건은 무고로 결론이 나긴 했지만 대도에서의 충격을 다시 기억나게 했을 것이다. 이 때문에 충숙왕은 국정을 더욱 멀리하면서 그 측근들이 마음껏 인사권에 농간을 부리는 배경이 되었다고 보인다.

충숙왕의 양위는 이러한 일련의 어려운 상황 속에서 불가피한 선택이었다고 할 수 있다. 그 양위가 자의에 의한 것인지 타의에 의한 것인지, 그 점은 중요하지 않다. 관료들에 대한 불신이나 권력에 대한 무상함, 혹은 정치에 대한 염증도 분명 작용했을 것이다.

그런데 조금 조심스러운 추측이지만, 충숙왕은 부왕인 충선왕처럼 양위한 후에 자신이 상왕으로서 권력을 행사하려는 의도도 있었지 않았을까 싶다. 믿을 수 없는 관료집단이나 골치 아픈 국정을 일단 멀리하면서 권력을 유지할 수 있는 길, 그것은 양위하고 상왕으로 남는 수밖에 없었다. 이것은 심왕당의 공격을 회피하기 위한 한 수단으로서도 효과적일 수 있었다. 왜냐면 양위한 다음에는 심왕의 무리들이 충숙왕과 고려 왕위를 놓고 다투기는 어렵기 때문이다.

우연의 일치인지 모르겠지만 양위한 이후에는 심왕 옹립 책동이 일어나지 않는다. 뿐만 아니라 심왕과 충숙왕의 화해도 이루어지면서 원에 머물던 심왕의 무리들도 고려에 들어와 다시 관리로 임명되기도 했다. 이 문제는 뒤에서 자세히 살펴보겠지만, 양위 때문에 생긴 변화라고 단정할 수는 없어도 충숙왕의 양위 후에 나타난 일인 것은 분명하다. 그래서 충숙왕이 심왕당의 책동을 저지하기 위해 양위를 실행했다면 이는 어느 정도 효과가 있었다고 할 수 있다.

아무튼 충숙왕의 양위는 갑작스럽게 이루어진 일이 아니었다. 그렇다면 양위를 받은 세자 왕정, 즉 충혜왕은 당시 원에서 숙위 활동 중이었는데 그가 양위에 대해 어떻게 대응했는지 그의 동정이 궁금하다. 이는 충혜왕의 왕위 계승이 원 조정의 권력 변화와 어떤 관련이 있지 않을까 하는 의문에서 출발한다.

충혜왕 부타시리와 엘 테무르

세자 왕정이 숙위 활동을 위해 입원한 것은 1328년(충숙왕 15) 2월이었고, 고려 왕위를 양위 받은 것은 원에서 숙위 활동 중이던 1330년(충숙왕 17) 2월이었다. 부타시리라는 몽골식 이름은 그 숙위 중에 지어진 것으로 보인다. 그 숙위 2년 동안 원 조정에서는 태정제가 죽은 후, 동생 톡 테무르(문종)가 먼저 즉위하고 곧 이어 그의 형 코실라(명종)가 즉위하여 한때 두 황제가 공존했으며, 이어서 동생이 형에게 양위하였다가 형이 갑자기 죽자 다시 동생이 복위하는 정치적 격변의 연속이었다.

이런 정치적 격변은 단순한 황제위 계승 문제만이 아니라 정치 판도의 급변을 동반한 것이었다. 두 명의 황제가 공존한 기간만도 반년 가까이 되었으니 정치적 혼란 역시 적은 것이 아니었다. 세자 왕정과 숙위 활동을 지원하기 위해 따라 들어간 세자 주변의 속료들은 이런 격변과 혼란을 대도의 원 조정에서 고스란히 지켜보았을 것이다.

세자 왕정이 이런 격변 속에서 자신을 위한 적극적인 활동이나 어떤 정치적 선택을 한 것 같지는 않다. 나이가 아직 어려서 그랬을 수도 있고 세자 주변 관리들의 구성이나 성향과도 관련 있을 것이다. 혹은 중대한 정치적 격변의 연속이라 어떤 선택도 할 수 없이 관망만 가능했을 수 있다. 그렇다면 이는 세자 왕정이 원에서 자신의 활동을 통해 부왕으로부터 적극적으로 양위를 얻어낸 것은 아니라는 뜻이다.

하지만 세자는 부왕의 양위를 결코 거부하지도 않고 순순히 받아들였다. 16세의 어린 나이에 말이다. 이런 선택에는 혹시 어떤 배후가 있지 않았을까 하는 생각을 갖게 한다. 세자 왕정이 원 조정의 정치적 격변에는 무관심했다고 하더라도 부왕의 양위에 대해 어떻게 대응할 것인가에 대해서는 정치적 판단을 내려야 했을 것이다. 이런 고도의 정치적 판단은 세자나 그 주변 인물들의 생각만으로는 내리기 어려운 일이다.

그래서 세자가 부왕의 양위를 받아 고려 왕위를 계승한 정치적 선택의 배경에는 원 조정의 권력 변화를 고려할 수밖에 없는데, 여기에는 문종 황제 복위 후 집정 대신으로 권력을 잡은 엘 테무르를 배제하고는 생각할 수 없다. 고려의 왕위 계승 문제는 매우 중대한 사안으로서 원 조정의 권력자들이 무관심할 수 없기 때문이다. 이렇게 생각하고 보면 충혜왕의 왕위 계승은 원 조정에서 엘 테무르의 집권과 결코 무관한 것이 아니었던 것이다.

그 점을 뒷받침할 수 있는 사실이 있다. 충혜왕은 고려에서 회수해 온 국왕인을 황제로부터 받은 이틀 후 엘 테무르와 동행하여 대도의 교외 숲에서 매사냥을 함께 했다. 새로 왕위를 계승한 고려 국왕 충혜왕과 원 조정의 최고 실력자인 엘 테무르가 함께하는 이런 모습은 아무래도 심상치 않아 보인다. 고려 왕위를 양위 받은 충혜왕이 집정 대신 엘 테무르와 회동한 것은 이것만이 아니었다.

한 달 후인 1330년(충숙왕 17) 3월에는 엘 테무르의 대도 저택에서 중요한 의미가 있는 잔치가 벌어진다. 바로 이 잔치에 충혜왕과 그 왕비인 원 공주가 함께 참여했던 것이다. 충혜왕이 새로 들인 왕비는 진서무정왕鎭西武靖王 초팔焦八의 장녀인 역련진반亦憐眞班(이린친발)이라는 여성으로 바로 이 공주가 덕녕공주德寧公主인데, 그 결혼식이 이루어진 날에 충혜왕과 그 공주가 엘 테무르의 저택에서 결혼 축하 파티를 벌인 것이다.

이것은 충혜왕과 원 공주의 결혼에 엘 테무르가 직접 간여했다는 뜻으로 비춰진다. 그것은 아니더라도 최소한 충혜왕과 엘 테무르의 우호적인 관계만은 충분히 확인할 수 있을 것이다. 상대는 원 조정의 최고 집정자이니만큼 그런 우호적인 관계는 정치적인 관계를 떠나 생각할 수 없다. 그렇다면 충혜왕의 왕위 계승에는 엘 테무르의 의지나 영향이 어느 정도 작용했다고 보는 것이 온당할 것 같다.

원 공주와 결혼한 충혜왕이 막상 황제가 주관한 잔치에 참여한 것은 그 한 달이나 뒤에 이루어지고 장인인 진서무정왕을 위한 잔치는 그 며칠 뒤에 이루어진다. 충혜왕의 장인이 되는 진서무정왕 초팔은《원사》〈종실 세계표〉에 보이는 세조 쿠빌라이의 4대 손인 걸팔乞八과 동일인으로 보이는데 방계 황족으로 일자 왕이 아닌 것으로 보아 여러 제왕 중에 서열이 높지는 않았던 것 같다. 이렇게 보면 부마 충혜왕의 위상은 충숙왕이나 충선왕 때보다 한참이나 낮았다고 볼 수 있다.

그해 4월에는 충혜왕이 엘 테무르를 초대하여 또 잔치를 벌였다. 이때는 두 사람이 마음껏 마시고 취하여 함께 일어나 춤까지 추었다고 하니 뭔가 크게 통한 바가 있었음이 분명하다. 여기서도 두 사람이 정치적으로 긴밀한 관계였다는 것을 다시 확인할 수 있는데, 이러한 긴밀한 관계는 엘 테무르의 입장에서도 필요했을 수 있다. 최고 집정자로서 고려의 새 국왕과 개인적 친분 관계를 유지하는 것은 결코 소홀히 할 문제가 아니었기 때문이다.

《고려사》에는 충혜왕이 숙위 활동을 위해 입원했을 때부터 엘 테무르가 충혜왕을 아들처럼 여겼다는 기록이 있다. 이를 감안하면 충혜왕이 왕위를 계승하기 전부터 두 사람의 관계는 시작된 것으로 보인다. 그래서 충숙왕의 양위와 충혜왕의 즉위 과정에도 혹시 엘 테무르의 의지가 개입하지 않았을까 하는 생각을 뿌리칠 수 없는 것이다.

기시감, 왕 부자의 갈등

충혜왕은 그렇게 재원 숙위 중에 제국의 정치적 격변 속에서 고려 왕위를 계승하였다. 그 충혜왕이 환국한 것은 왕위를 계승한 지 반년이나 지난 1330년(충숙왕 17) 7월이었다. 그동안은 왕위를 지닌 채 원에 머물고 있었으니 원에서 통치권을 행사할 수밖에 없었다. 선대의 충선왕처럼 강력한 원격 통치는 아니었지만 통치권 행사는 새로운 국왕 충혜왕으로 점차 옮겨가고 있었다.

1330년(충숙왕 17) 2월, 충혜왕이 원에서 왕위를 계승하고 제일 먼저 한 일은 김태현을 정동행성의 권한 대행으로 임명한 일이었다. 새로 즉위한 국왕이 아직 원에 머무르고 있었으니 왕권 대행을 김태현에게 맡긴 것이다. 정동행성의 권한 대행은 국왕이 부재 중일 때 왕권의 임시 대행자와 같은 것으로 실질적인 권한은 크지 않았지만 상징적인 의미는 컸다. 김태현은 그때 관직에서 물러나 있었지만 올곧은 성품으로 관료집단의 중심에 서서 왕권의 권한 대행을 맡을 만한 인물이었다.

그리고 이어서 충혜왕은 지인방知印房이라는 새로운 기구를 설치한다. 이 지인방이 구체적으로 어떤 기능을 담당했는지 나타나 있지 않지만 아마 인사 행정 기구가 아닌가 한다. 왕위를 계승했으니 충혜왕이 인사권을 장악하는 것은 가장 중요한 문제였고 그래서 여기에는 충혜왕의 새로운 측근들이 포진했다.

새로운 국왕 주변에는 항상 그렇듯이 권력을 좇는 무리들이 모여들기 마련이다. 충혜왕이 즉위하고 새로운 측근으로 부상한 배전裵佺이라는 인물이 있다. 그는 어미가 궁중 노비였다니까 확실한 천민이었는데 충혜왕의 총애를 한몸에 받은 것이다. 아마 충혜왕의 어린 세자 시절부터 관계를 맺어오다 충혜왕이 입원 숙위 활동에 들어가자 호위 무장으로 함께 원으로 들어온 것 같다.

충혜왕은 원에서 왕위를 계승하면서 그런 배전과 같은 새로운 측근들에게 정무를 맡기고 자신은 씨름이나 놀이에 빠지는 것이 예사였다. 날마다 환관들과 씨름 장난을 하면서 상하의 예절이 없었다고 한다. 측근에서 이를 말렸지만 충혜왕은 아랑곳하지 않았다니 마치 철없는 사춘기 소년을 보는 듯했다. 고려 왕위를 계승한 자로서의 긴장감이나 의욕은 전혀 느껴지지 않았다. 그러기에는 너무 나이가 어렸을까.

그런데 김태현이 정동행성 권한 대행에 임명된 지 두 달도 못 되어 부왕 충숙왕이 그 김태현을 내치고 정방길鄭方吉을 그 자리에 대신하게 한다. 정방길은 충숙왕이 원에 억류당해 있을 때 환국을 요청하는 서명 운동을 벌였던 인물로 충숙왕 환국 후 새로운 측근으로 부상하여 한때 수상을 맡았던 인물이다. 충숙왕은 김태현 대신에 그 정방길을 내세운 것이다. 이는 말할 필요도 없이 상왕으로서 아들 충혜왕에 대한 견제라고 할 수 있고 앞으로 중요한 인사는 자신의 의사를 따르라는 뜻이었다.

충숙왕은 김태현을 내치면서 이때 윤석과 원충도 함께 하옥시켰다. 윤석은 충숙왕의 오랜 측근으로 불린 자였지만 여러 분란을 일으켜 치죄를 받은 적이 있었고 그러면서도 다시 재기하여 변신에 능한 인물이었다. 윤석이 이번에 또 충숙왕에게 내침을 당한 것은 왕위가 충혜왕으로 교체되면서 새로운 권력을 좇아 약삭빠르게 움직인 때문으로 보인다. 이후에도 윤석은 또 재기하여 충혜왕에 의해 수상에까지 올랐으니 이런 자를 어떻게 판단해야 할지 모르겠다.

원충은 애초에 충선왕 계열의 인물이었지만 충직하여 충숙왕에게도 발탁되었다가 나중에는 소외된 인물이다. 충숙왕이 원충을 하옥시킨 이유가 조금 의문인데 아마 관료들이 자신을 이탈하여 충혜왕 주변으로 모여드는 것을 예방하려는 조치가 아닌가 한다. 충숙왕이 이렇게 김태현을 내치고 윤석과 원충 등을 하옥시킨 것은 모두 아들 충혜왕에 대한 견제 심리가 발동한 것이었다.

1330년(충숙왕 17) 4월에는 처음으로 충혜왕에 의한 인사가 원에서 단행되었다. 이때 수상으로 김심이 발탁되었다. 당연히 이번 인사에서는 충혜왕 계열의 새로운 인물들이 많이 들어왔지만 충숙왕 계열의 과거 인물들도 있었다. 이는 사전에 충숙왕의 의지를 반영하여 배려한 때문으로 보인다. 수상인 김심은 충숙왕이 원에서 왕권을 회복한 직후에도 수상을 맡은 적이 있으니 그 역시 충숙왕 계열에 가까운 인물이다.

하지만 충숙왕은 이번 인사발령에도 무슨 불만이 있었는지 그냥 넘어가지 않는다. 이 인사발령 직후 원으로 사람까지 보내 일부러 충혜왕의 이번 인사에 대해 마음먹고 비판을 한다. 즉, 속유俗儒로서 관직에 진출하는 자가 많으니 앞으로는 그런 속유는 관직에 들이지 말라고 일침을 가한 것이다.

여기 속유는 아마 유학자가 아닌 자들을 일컫는 것 같은데, 충혜왕의 새로운 측근으로 부상한 배전과 같은 인물들을 지목한 것 같다. 충숙왕은 이번 인사가 잘못되었다는 것을 에둘러 표현하면서 충혜왕의 측근으로 새로이 부상하는 자들을 경계한 것으로 보인다.

그런데 충숙왕이 충혜왕의 인사에 대한 이와 같은 조치나 반응은 모두 상왕의 자격으로 이루어진 것으로, 선대의 충렬·충선왕과 같은 왕 부자 사이의 갈등이 재현될 조짐을 드러내고 있었다. 또한 이는 왕위를 양위한 충숙왕이 권력을 놓지 않으려는 모습으로도 읽을 수 있다. 그래서 충숙왕의 양위가 바로 충혜왕에게 모든 권력을 넘기려는 뜻이 결코 아니었다는 것은 분명해진다.

충혜왕에 대한 견제

충숙왕은 양위한 후에도 상왕으로서 권력을 행사하고 있었고 또한 아들 충혜왕에 대해서도 견제의 끈을 놓지 않고 있었다. 하지만 권력의 향방은 시간이 흐를수록 왕위를 넘긴 충숙왕보다는 재위 중인 충혜왕에게 유리한 일이었다. 게다가 재위 중인 그 충혜왕이 계속 원에 체류하면서 최고 집정자인 엘 테무르와 긴밀한 관계를 유지하고 있다는 것은 충숙왕으로서는 여간 신경 쓰이는 문제가 아니었다.

그 충혜왕에 대한 원 조정의 환국 명령이 떨어진 것은 1330년(충숙왕 17) 5월이었다. 이게 무슨 특별한 의미가 있는 조치는 아니었고 재위 중인 국왕이니 속히 환국하라는 것은 당연한 일이었다. 충혜왕은 원 공주와 결혼도 했으니 더 이상 원에 머무를 이유도 없었다.

그런데 충숙왕은 무슨 생각이었는지 1330년(충숙왕 17) 7월 입원하기로 결정한다. 황제의 입조 명령이 있었던 것도 아니었고 환국 중인 충혜왕은 아직 고려에 들어오지도 않았는데 그랬다. 충혜왕이 도착한 후에 출발해도 늦지 않을 것인데 충숙왕은 원으로 출발했다. 마치 급한 현안 문제가 생긴 것처럼 말이다.

그때 충숙왕이 개경을 떠나 해주(황해도)에 이르자 거기까지 배웅 나온 정방길, 김원상 등은 충혜왕을 비난하며 그 잘못을 하나하나 지적한다. 정방길은 충숙왕의 측근이니 그렇다고 쳐도 김원상은 심왕 옹립 책동에 가담했던 자인데 이제 충숙왕에게 붙은 것이다. 이들이 충숙왕에게 전하는 말은 이런 것이었다.

"지금의 왕위는 전하가 물려주신 것이니 왕(충혜왕)은 마땅히 성심으로 섬겨야 할 것인데 도리어 원수와 같이 여기어 전하의 신하를 파직시켰습니다. 또한 지금 왕이 용산 원자와 우애하지 않으니 형세가 양존할 수 없습니다. 청컨대 전하께서는 용산 원자를 데리고 가소서"

정방길 등 충숙왕의 측근들은 충숙·충혜왕 부자를 이간질시키고 있는 것이다. 시간이 흐를수록 권력이 충혜왕으로 넘어가는 것에 대한 위기의식의 발로라고 볼 수도 있다. 그런 속에서 충혜왕을 폄하할 수 있는 말이야 얼마든지 만들 수 있었지만 용산 원자를 데리고 가라고 주문한 것은 주목할 필요가 있다. 그것은 대단히 정치 공학적인 발상이었기 때문이다.

충숙왕이 충혜왕을 견제하는 가장 효과적인 방법은 국왕에 대한 라이벌을 만드는 것이었는데, 여기에는 원 공주 소생인 용산 원자가 적격이었다. 충숙왕이 원에서 환국한 직후 금동공주와의 사이에 태어난 용산 원자는 충혜왕이 왕위를 계승한 이때 여섯 살이었다. 모후 금동공주가 출산 직후 죽고 없어 큰 힘은 없었지만 충혜왕을 견제하기에는 충분했다. 그에게도 고려 왕위를 계승할 자격이 분명 있었기 때문이다.

이 용산 원자가 언제인지는 정확히 모르겠지만 입원하여 숙위 활동에 들어가는데, 그때가 바로 충혜왕이 왕위를 계승한 직후 바로 이 무렵이었다고 보인다. 이는 말할 필요도 없이 충혜왕을 견제하기 위한 것이었다. 그런데 용산 원자는 10년 후인 1341년(충혜후 2) 열일곱 살의 나이로 원에서 죽고 만다. 그때가 충혜왕이 왕위를 빼앗겼다가 다시 복위한 직후였으니 그 시점이 미묘하지 않을 수 없다.

충혜왕에 대한 견제는 그뿐이 아니라 그 모후인 덕비를 격리시키는 일로 나타나기도 했다. 충숙왕은 원으로 들어가면서 덕비를 시골로 보내 개경에서 벗어나 있게 하였다. 이때 충혜왕은 원에서 출발하여 고려를 향해 들어오고 있었다. 아마 충혜왕과 만나지 못하게 하려는 것 같은데 그 효과는 알 수 없었지만 여러 수단을 다 동원했다는 것을 알 수 있다.

충숙왕은 충혜왕을 견제하는 방법으로 심왕 왕고를 이용하기도 했다. 원으로 들어가던 충숙왕은 환국하던 충혜왕의 처소에서 선발대로 들어오던 중랑장(정5품) 조익청曹益淸이란 자를 중도에서 만난다. 여기 조익청은 충혜왕을 원에서 수행하던 무관인데 충숙왕은 그를 보자 이런 핀잔을 준다.

"왕(충혜왕)이 나를 따르는 신하들의 관직을 빼앗는 것은 무슨 까닭이냐? 비록 왕고(심왕)가 왕위를 이었다고 해도 어찌 이 지경이었겠는가. 내가 입조하여 이런 나의 생각을 모두 밝히고자 하는데 어떠하

냐?"

이 말 속에서 충숙왕이 입원하려는 목적을 짐작할 수 있다. 그것은 충혜왕에 대한 자신의 생각을 원 조정에 밝히려는 것이었는데, 이를 달리 말하자면 원 조정에 충혜왕의 잘못을 호소해 왕위에서 다시 끌어내리려는 것이었다.

그런데 위 충숙왕의 말 속에는 은근한 협박도 숨겨져 있다는 것도 알 수 있다. 그것은 심왕 왕고를 거론한 데서 드러나 있듯이 충혜왕을 고려 국왕으로 재고하려는 것이었다. 이를 가장 반길 자가 심왕 왕고였다는 것은 말할 필요도 없다.

충혜왕을 견제하는 수단으로써 심왕은 앞서의 용산 원자보다도 훨씬 효과적이고 강력한 존재였다. 지금까지 고려 왕위를 끈질기게 노리고 있었기 때문이다. 또한 충혜왕을 견제하기 위해 충숙왕이 심왕 왕고를 거론했다는 것은 충숙왕과 심왕의 관계가 예전과 달라질 것이라는 것을 암시한다. 양자의 적대 관계가 이상한 공조 관계로 변할 조짐을 보인 것이다. 앞에서 김원상과 같은 심왕의 무리가 다시 충숙왕 곁으로 다가올 수 있었던 것은 그런 권력의 추이와 관련 있었다.

그런데 입원하던 충숙왕은 원에서 환국하던 충혜왕을 황주(황해도)에서 만난다. 2년 반 만에 부자 간의 해후였으니 반갑기도 하련만 충숙왕은 아들에게 매몰차게 대한다. 충혜왕이 몽골식으로 꿇어 앉아 부왕을 맞는데 충숙왕은 이렇게 쏘아붙였다.

"너의 부모가 모두 고려 사람인데 어찌 나를 보고 호례胡禮를 하느냐? 또 의관이 매우 사치스러운데 어찌 사람들에게 모범이 될 수 있겠느냐? 속히 옷을 바꿔 입어라."

부왕의 엄중한 훈계를 들은 충혜왕은 울면서 일어섰다고 한다. 호례를 나무라고 있는 부분에서는 원의 습속을 받아들인 자식에 대한 부왕의 불만도 감지할 수 있다. 이는 다른 게 아니라 원 조정과 밀착된 충혜왕에 대한 거부감이었고, 나아가 원 조정에 아무런 배경 세력이 없어 힘들었던 자신에 대한 열등감의 표출이기도 했다. 아무튼 부왕의 눈으로 볼 때 아들 충혜왕은 하나같이 못마땅했던 모양이다.

충숙왕이 충혜왕을 견제하고 적대시했던 것은 이뿐만이 아니었다. 이인길李仁吉이라는 인물을 통해서 그 점을 엿볼 수 있다.

이인길은 상인으로 처음에는 충숙왕의 총애를 받았던 자였다. 그런 그가 충혜왕을 따라 입원하면서 충혜왕의 총애를 다시 받게 되었다. 그 이인길이 충혜왕을 따라 환국하다가 황주에서 충숙왕과 마주친 것이다. 충숙왕은 아들을 훈계하면서 그 이인길에게도 "너는 참으로 개돼지와 같은 놈이다"고 하면서 곤장을 쳐서 섬으로 유배 보내버린다. 부자 사이에서 양다리를 걸친 그를 응징한 것인데 충숙왕이 아들에게 양위하고서도 측근들의 향배에 얼마나 민감했나를 보여주는 사건이다.

그런데 이 대목에서 근본적인 의문이 고개를 든다. 충숙왕은 아들 충혜왕에게 양위하고서도 왜 그렇게 아들을 견제하려고 들었을까? 다시 말해서 그렇게 권력에 집착하려면 애초에 양위하지 말 것이지 왜 양위했냐는 의문인 것이다.

그것은 고려 왕위에서 벗어나 심왕의 공격을 회피하면서 아울러 상왕으로서 권력을 유지하기 위한 것이었다. 그렇게 하여 심왕의 공격에서 벗어나는 것은 일단 성공했지만 상왕으로서 권력을 유지하는 것은 벽에 부딪힌 것이다. 따라서 충렬·충선왕의 선대와 똑같은 왕 부자의 갈등이 그대로 재현된 것이다.

원 간섭기, 이 시대의 정치가 그랬다. 한 가지 모순을 해결하려고 어떤 활로를 선택하면 그 선택이 또 다른 모순을 야기했다. 모순의 악순환으로서 혼돈의 연속이었다.

또, 입성책동

그런데 1330년(충숙왕 17) 7월, 충숙·충혜왕 부자가 교차로 입원하고 환국하는 도중에 중요한 사건이 터진다. 다름 아닌 고려를 원의 내지로 만들자는 입성책동이 또 일어난 것이다. 이번 입성책동은 이 직전에 있었던 유청신과 오잠에 의한 입성책동이 있은 지 7년 만의 일이었고 전체 입성책동 가운데 네 번째였다.

이번 입성책동은 정동행성에서 좌우사랑중(종5품)으로 있었던 장백상蔣伯祥이란 자가 제기한 것이었다. 장백상이란 인물은 만인蠻人(중국 남방인)으로서 정동행성의 전직 관리였다는 점이 특이한데, 그는 원 조정에 서장을 올려 고려에 행성을 설치할 것을 주장했다.

행성을 설치하자는 장백상의 주장은 이전의 입성책동과 마찬가지로 고려를 원 조정의 직접 통치를 받는 내지와 같이 만들자는 것이었다. 이는 역시 고려 왕조의 존폐가 걸린 문제였다.

장백상의 건의를 받은 원 조정에서는 바로 후속 논의에 들어갔다. 그런데 원 조정에서 고려를 직접 통치하기 위해 내지로 만들자는 논의를 진행하는 과정에서 이 사실이 환국 중이던 충혜왕에게 알려지게 된 것이다. 이때는 충혜왕이 개경에 도착하기 보름 전쯤이었고, 교차하면서 입원하고 환국하던 왕 부자가 황주에서 대면하기 며칠 전이었다.

갑작스런 소식을 접한 충혜왕은 개경에 도착하기도 전에 집권자인 우승상 엘 테무르에게 입성책동에 반대한다는 내용의 서신을 보낸다. 그 서신의 요지는 그동안 고려가 원 조정에 신복한 내용과 원 조정에 세운 공로를 들어 있을 수 없는 일이라는 것이었다. 이는 유청신과 오잠이 이전 입성책동을 일으켰을 때 이제현이 반대했던 그 상서 내용과 같은 논지였다. 이제현은 충혜왕이 왕위를 계승한 후 정당문학(종2품)에 발탁되었는데, 전후 맥락이나 내용 전개가 비슷한 것으로 보아 이 반대 상서는 이제현의 작품이라 여겨진다.

그런데 중요한 문제는 왜 이 무렵 또 다시 입성책동이 고개를 들었을까 하는 점과, 왜 다른 사람이 아닌 정동행성의 전직 관리였던 장백상이라는 인물이 제기했을까 하는 점이다. 우선 입성책동이 일어난 시점에 주목해볼 필요가 있다.

장백상이 입성을 원 조정에 건의한 시점은 정확히 드러나 있지 않은데, 아마 충숙·충혜왕 사이에서 왕위 교체가 일어난 전후 무렵으로 추측된다. 그즈음 고려에서는 유청신과 오잠에 의한 충숙왕 고소 사건으로 심왕과 고려 왕위 계승권 논쟁이 일어났다. 결국 그 고소는 무고로 결론 나고 충숙왕은 왕권을 유지할 수 있었지만 이로 인한 충숙왕의 충격은 컸다. 이후 충숙왕은 무력감에 빠지고 국정을 방기하다시피 하였는데, 충혜왕에 대한 양위도 이 문제에서부터 비롯된 것이었다.

장백상에 의한 입성책동은 바로 이 무렵, 충숙왕이 양위한 직후쯤에 제기된 것으로 보인다. 장백상은 중국 남방 출신으로 정동행성의 관직을 역임한 자였는데, 고려 조정에도 참여하면서 충숙왕의 신임을 받았던 것 같다. 앞서 중국인 출신으로 충숙왕의 총애를 받았던 왕삼석과 비슷한 부류로 볼 수 있다. 충숙왕은 국정을 장악하기 위한 방법으로 이후에도 중국인 출신을 측근으로 많이 활용한다.

그런데 충숙왕이 무력감을 느끼면서 갑자기 충혜왕에게 양위해버리자 장백상의 입지는 하루아침에 실추하게 된 것이다. 장백상의 입성책동은 이런 정치적 실추를 만회하면서 고려에 대한 자신의 영향력을 행사하려는 것으로 볼 수 있다. 다만 그러한 극히 사적인 이해득실을 해결하려는 책동을 원 조정에서 수용하여 논의하게 되었다는 점은 다시 생각해볼 여지가 있다.

장백상이 입성책동을 제기한 것은 고려 국정의 혼란상이 깊어진 때였는데, 유청신과 오잠에 의한 이전 입성책동 때도 비슷한 상황이었다. 그때도 심왕을 따르는 무리들이 심왕 옹립 책동을 줄기차게 밀어붙이던 무렵이었다. 그때의 입성책동이나 이번이나 모두 고려 왕위 계승 문제가 일어나고 있었다는 공통점이 있는 것이다.

원 조정에서는 고려 국정의 난맥상이 통치의 부담이 아닐 수 없었다. 특히 고려 왕위를 둘러싼 충숙왕과 심왕의 반복되는 다툼은 골치 아픈 문제였다. 이어서 충숙왕에서 충혜왕으로의 갑작스런 왕위 교체도 국정을 혼란에 빠뜨리는 한 요인이었다. 그래서 고려 국정의 난맥상이 드러날 때마다 입성책동은 다시 고개를 들 수밖에 없는 것이다.

이번 장백상의 입성책동이나 이전 유청신과 오잠에 의한 입성책동도 이런 점에서는 전후 맥락이 같다. 고려 국정의 난맥상을 해소하는 가장 확실한 방법은 고려 왕위를 없애는, 즉 원 제국의 직접 통치를 받는 내지로 만들어버리는 것이었다.

다만, 이번 입성책동을 일으킨 장백상이란 인물이 정동행성의 전직 관리였다는 사실은 다시 주목할 필요가 있다. 장백상이 정동행성의 관리였다는 점은 자신의 이익을 추구하기 위해 입성책동을 일으켰다는 것도 분명하기 때문이다. 현재 자신의 실추된 위상을 만회하려는 타개책으로 말이다.

장백상은 어쩌면 충숙왕의 복위를 노리고 충혜왕을 궁지로 몰아넣기 위해 책동을 벌였는지도 모른다. 입성책동은 고려 왕위를 없애버린다는 점에서 재임 중인 현재의 국왕에게 가장 큰 타격을 안겨줄 수 있기 때문이다. 바로 뒤에 언급하겠지만, 실제 장백상은 충숙왕이 복위한 후에 국왕이 원에 체류한 기간 동안 국왕 대행으로 전권을 행사한다. 입성책동이 성공하지 못했을지라도 장백상은 소기의 목적을 달성한 셈이다.

아무튼 이번에도 입성책동은 무위로 끝났다. 충혜왕이 환국하여 개경에 들어온 후에야 입성 논의가 중지되었다는 사실이 고려에 전달되었다. 입성책동이 무위로 끝나긴 했지만 언제라도 다시 재현될 위험성을 안고 있었다.

짧은 충혜왕의 정치

충숙왕은 원으로 들어가고 충혜왕은 개경에 도착하여 1330년(충숙왕

17) 8월 강안전에서 즉위식을 가졌다. 이제 고려 국왕은 누가 뭐라 해도 충혜왕이었다. 부왕은 원으로 들어가고 없으니 아들을 통제하고 싶어도 그러기 힘든 상황이어서 충혜왕으로서는 거리낄 것도 없었다.

충혜왕이 즉위식을 가진 후 제일 먼저 한 일은 그해 9월 모후인 덕비를 견주(경기 양주)로 찾아간 일이었다. 덕비는 충숙왕이 원으로 들어가면서 충혜왕을 견제하기 위한 수단으로 모자 간의 만남을 못하게 하려고 견주로 내려 보낸 바 있었다. 아마 이는 충혜왕에 대한 견제라기보다는 덕비에 대한 견제라고 보는 것이 옳을 것 같다.

충혜왕이 왕위에 오르면 덕비는 그 모후로서 그 정치적 영향력이 커질 수밖에 없었다. 게다가 당시 16세라는 충혜왕의 장성하지 않은 나이를 감안하면 더욱 그렇다. 여기에 더하여 왕위는 물려주었지만 상왕으로서 권력을 계속 유지하고 싶었던 충숙왕으로서는 모자의 정치적 결합을 싫어할 수밖에 없었을 것이다. 충숙왕이 덕비를 지방으로 보낸 것은 이러한 정치 판도를 염려한 때문이었다.

그런데 덕비를 지방으로 내려 보냈다고 해서 모자 간의 만남을 막을 수는 없었다. 덕비가 궁궐로 돌아올 수는 없어도 충혜왕이 모후를 찾아가면 그만이기 때문이다. 그래서 덕비의 충혜왕에 대한 조언이나 정치 간여는 차단할 수 없었다. 충혜왕이 즉위하자마자 덕비를 제일 먼저 찾은 것은 그런 정황을 보여주는 일이었다.

덕비가 충혜왕의 배후에서 조언하고 있다는 정황은 또 있다. 그해 12월 한종유를 국왕 비서관인 밀직제학(정3품)에, 이조년을 사헌부 장령(종4품)에 임명했는데, 여기에는 덕비의 입김이 작용한 것이 아닐까 하는 생각이다. 그것은 12월 정기인사인데도 대규모 인사발령을 내지 않고 여기 딱 두 사람만 발탁하고 있는 점, 그리고 이 두 사람이 충숙 왕과 특별한 관계에 있다는 점에서 그런 것이다.

충혜왕이 환국하여 즉위식을 가진 후 첫 인사는 당연히 자신의 정 치를 펴기 위해 대규모 인사를 예상할 수 있다. 그런데 그렇게 하지 않은 것이다. 이는 불필요하게 부왕과의 갈등을 유발할 필요가 없다 는 모후 덕비의 판단이 반영된 것이 아닌가 한다. 충숙·충혜왕 부자 의 갈등이 심화되면 중간에서 가장 처지가 어려워질 사람은 덕비 자 신이기 때문이다. 마음이야 남편보다는 아들이 더 가깝겠지만 아직 30대의 활동 왕성한 남편이 신경 쓰이지 않을 수 없었다.

덕비가 남편 충숙왕을 강하게 의식했다는 것은 새롭게 발탁한 두 인물, 한종유와 이조년의 성향을 통해서도 알 수 있다. 이 두 사람은 충숙왕이 애초에 심왕 왕고에게 양위하겠다는 의사를 비쳤을 때 여기 에 적극 반대하고 나섰던 인물이다. 그때 충숙왕의 양위 의사가 진심 이 아니었다는 것은 앞서 언급했던 바다. 그러니 양위에 적극 반대한 한종유와 이조년은 충숙왕의 마음을 정확히 읽었다고 볼 수 있으니 충숙왕의 처지에서는 한종유와 이조년이 얼마나 믿음직스러웠겠는 가. 그런 두 사람을 발탁한 것은 충숙왕을 의식한 인사라고 볼 수밖에 없는데 여기에 덕비의 의지가 작용했다고 보는 것이다.

한종유와 이조년을 발탁한 충혜왕은 그 보름 뒤 다시 견주로 가서 모후를 만난다. 그리고 이듬해 1331년(충혜왕 1) 2월 진짜 중요한 인 사를 단행했다. 한악을 수상인 중찬으로, 최안도를 감찰대부(정3품)로 삼은 것이다. 수상이야 말할 필요도 없지만 감찰대부 역시 관료집단 을 감시 감독하는 권력의 핵심이다. 이런 권력의 핵심에 바로 충숙왕의 사람을 앉힌 것이다. 이는 확실히 부왕의 비위를 맞추기 위한 인사로 보인다.

그런데 그해 8월 윤석을 수상으로, 송서宋瑞를 감찰대부로, 박연朴連을 전리판서(정3품)로 삼아 한악과 최안도를 반년 만에 교체하고 만다. 윤석은 크게 신뢰할 수는 없지만 대체로 충숙왕 측의 인물이었고, 송서와 박연은 이때 처음 발탁된 것으로 보아 충혜왕 측의 인물로 보인다. 이중 박연은 갑자기 등장하여 새로 즉위한 충혜왕의 복심으로 활동하는데 좀 더 살펴볼 필요가 있다.

박연은 환관으로서 무장 출신이었다. 그가 어떻게 충혜왕과 가까운 사이가 되었는지 명확히 드러난 바는 없지만 충혜왕이 입원 숙위하는 동안에 호위 무장이었을 것으로 추측된다. 박연은 위에서 인사 부서인 전리사의 판서를 맡았는데 이보다 두 달 전에 그는 인사 행정이 공정하지 못하다고 비판한 적이 있었다. 그러고 나서 박연이 인사 행정을 맡았으니 이는 누가 봐도 그를 발탁하기 위한 충혜왕의 정지 작업이었다고 판단할 수 있다.

박연과 충혜왕의 관계를 엿볼 수 있는 대목은 또 있다. 그가 인사 행정을 맡기 직전에 이런 일이 또 있었다. 감찰사의 관리들이 한종유와 최안도를 탄핵한 것인데, 탄핵한 이유가 한종유는 고시관으로서 과거를 공정하지 못하게 시행했고, 최안도는 자신의 아들을 불법으로 합격시켰다는 것이었다. 이 사건은 그 불법 사실 여부보다 그 전개 과정이 흥미롭다.

탄핵 사건이 일어나자 충혜왕은 한종유와 최안도를 탄핵한 감찰사의 관리들을 하옥시킨다. 여기까지 보면 충혜왕이 한종유와 최안도를 비호했다고 할 수 있다. 감찰사의 관리들을 하옥시키자 이때 나선 인물이 바로 박연이다. 박연이 간관諫官인 감찰사의 관리들을 하옥시키는 것은 부당하다고 주장하자, 충혜왕은 박연의 주장을 받아들이고 아울러 한종유와 최안도에게 과거 시험의 부정을 고발하는 탄핵의 글을 보여주었다.

이 탄핵 사건은 처음부터 박연이 사주했을 가능성이 크다. 그리고 충혜왕은 이 사건을 이용하여 충숙왕의 측근인 한종유와 최안도의 손을 묶어놓을 수 있게 된 것이다. 이런 작업에 충혜왕의 복심인 박연이 나섰던 것인데, 이 직후 수상이 한악에서 윤석으로 교체되었고, 최안도는 실각하였으며, 박연이 인사 행정을 관장하는 전리판서에 임명되었던 것이다. 박연은 무시로 궁궐에 들어와 충혜왕을 만날 수 있을 정도로 총애를 받았다.

이렇듯 충혜왕은 차츰 측근 세력을 키워가면서 자신의 색깔을 드러내고 있었다. 충혜왕은 그러면서 지방으로 사냥 행사를 빈번하게 나가기도 했다. 즉위한 지 2년째 되는 해에는 거의 매달 빠지지 않고 사냥을 나갔다. 사냥이 싫증나면 물놀이를 관람하거나 자신이 직접 물놀이를 하기도 했다. 나이로 보나 행동으로 보나 진정한 군주 모습은 아니었다. 마치 뛰놀기 좋아하는 천방지축 사춘기 소년에 가까웠다. 당연히 국정을 이끌기에는 경험이 부족했고 그런 쪽에는 별로 관심도 없었다.

이런 충혜왕을 보고 나이가 아직 어려 정치의 요체에 숙달하지 못했다고 드러내놓고 비판하는 관리들도 있었다. 충혜왕은 그런 관리들을 곤장으로 다스렸다. 그러면서 충혜왕은 감언이설로 아첨하는 관리들만 가까이했고 이런 속에서 관리들 사이에서는 음해와 아부에 의한 무고가 늘어났다. 특히 측근인 박연을 둘러싼 말썽이 많았다.

1332년(충숙후 1) 1월에 충혜왕의 측근으로 자리 잡은 박연이 전라도 안찰사 박충좌朴忠佐를 참소하는 일이 일어났다. 이는 순전히 사감에 의한 것이었는데, 박연이 양민을 억압하여 노비로 삼으려는 횡포를 박충좌가 허락하지 않았던 과거의 앙갚음이었다. 박연은 박충좌가 왕명을 받들지 않고 업신여긴다고 충혜왕에게 무고한 것이다. 왕명을 업신여긴다는 것은 충혜왕의 가장 예민한 곳을 건든 것이었다. 당장 박충좌는 곤장을 맞고 섬으로 유배되고 말았다.

이 사건은 충혜왕의 총애를 받는 박연의 횡포를 보여주는 것이기도 하지만, 충혜왕의 정치가 측근만을 감싸고도는 선대의 정치를 그대로 반복하고 있는 현상이기도 했다. 박충좌는 그 후 충혜왕에 의해 수차례나 부름을 받았으나 벼슬을 사양하고 조정에 나아가지 않았다.

충숙왕의 복위

1332년(충숙후 1) 2월, 앞서 입성책동을 일으켰던 장백상이 황제의 특별한 명령을 받아 고려에 들어온다. 장백상이 전달한 황제의 명령은 "1월 3일에 황제가 상왕(충숙왕)의 복위를 명하였다"라는 것이었다. 이 말을 들은 문무백관들은 깜짝 놀라 어찌할 바를 몰랐다. 누구도 예측하지 못했던 일이었기 때문이다. 충혜왕이 부왕으로부터 왕위를 물려받은 지 정확히 2년 만에 다시 부왕에게 왕위가 넘어간 것이다.

이어서 장백상은 국새를 회수하고 모든 국가의 창고를 봉쇄하여 국정을 중지시키고 충혜왕을 원으로 보냈다. 그리고 장백상과 임중연이 정동행성의 권한 대행을 맡았다. 복위한 충숙왕은 아직 재원 중에 있고 충혜왕은 입원했으니 장백상과 임중연이 맡은 정동행성 권한 대행은 왕권의 대행이나 마찬가지였다.

여기 임중연은 누구나 인정하는 충숙왕의 사람이니 그럴 수 있으나 입성책동을 일으켰던 장백상이 여기서 갑자기 등장하여 왕권의 대행까지 맡았다는 사실을 주목할 필요가 있다. 충숙왕이 장백상을 끌어들였는지 아니면 장백상이 충숙왕에게 접근했는지는 모르겠지만 두 사람이 정치적으로 관계를 맺고 있음은 분명하다.

이 부분에서 앞서 장백상이 일으켰던 입성책동을 다시 검토해볼 여지가 있다. 그 입성책동은 당시 원에 머물고 있던 충숙왕과 장백상이 어떤 밀약에 의해 제기된 것이 아니었을까 하는 생각이다. 충숙왕의 그때 입원은 복위를 위한 절차였는데, 입성책동도 그런 복위를 위한 공작의 일환이 아니었을까 싶다. 충숙왕과 장백상이 정치적으로 밀착되고 있다는 점에서 그런 생각이 든 것이다.

이어서 원에 머물고 있던 충숙왕은 복위와 동시에 새로운 인사를 단행하였다. 당연히 임중연과 김인연 등 충숙왕의 사람들이 재상을 차지하였는데, 여기에는 윤신걸尹莘傑, 민상정閔祥正 등 새로운 인물들도 있었다. 윤신걸은 충선왕에 의해 발탁된 유학자로서 충숙왕의 강학을 맡은 적도 있었지만 권력과는 거리가 먼 청렴한 인물이었고, 민상정은 충선왕 방환 운동에 앞장섰던 유학자 민지의 아들로 윤신걸보다는 약하지만 역시 권력의 핵심과는 거리를 둔 인물이다. 이들의 발탁은 충숙왕이 새로운 면모를 드러내기 위한 것으로 보인다.

그런가 하면 전혀 뜻밖에 발탁된 인물도 있었다. 바로 채홍철과 조적이다. 채홍철은 충선왕의 측근으로 활동하다가 충숙왕에게 핍박을 받았던 인물로 심왕 옹립 책동에도 가담했던 자였고, 조적은 바로 심왕 옹립 책동의 핵심 인물이었다. 채홍철과 조적은 이때 재상 급에 올랐는데, 여기에 더하여 채홍철의 아들 채하중 역시 조적과 함께 심왕 옹립 책동의 중심에 있었지만 복위한 충숙왕에 의해 밀직사에 오른다.

충숙왕이 용서할 수 없는 이런 인물들을 어떻게 발탁할 수 있었는지 궁금한 문제가 아닐 수 없다. 충숙왕이 이들을 필요로 했는지 이들이 생각을 바꿨는지 모르겠지만 정치 상황이나 판도가 달라진 때문에 일어난 것은 분명하다. 과거에 어떤 일을 했을지라도 앞으로의 이해득실에 도움이 된다면 그 적과 손을 잡는 것도 마다하지 않는 시대였다.

또한 충숙왕은 복위 직후 원에 체류하면서 반대세력들을 잡아들였다. 국왕의 명령을 받은 민상정을 파견하여 장백상으로 하여금 10여 명을 하옥시켰다. 하옥당한 10여 명은 박연과 같이 충혜왕의 총애를 받으면서 농간을 부린 자도 있었지만, 얼마 전까지만 해도 충숙왕의 핵심 측근이라 불리다가 충혜왕을 잠시 따랐던 인물들도 있었다. 바로 윤석, 손기, 김지경 등이 그들이다.

장백상은 윤석을 신문하면서 그의 네 가지 죄를 언급하였다. 첫째, 충숙왕이 입원했을 때 재화를 억제하고 보내지 않은 죄. 둘째, 충혜왕이 정사를 어지럽히는데도 정승으로서 말하지 않은 죄. 셋째, 충혜왕과 함께 조정을 배반한 죄. 넷째, 환관 박연과 함께 왕 부자를 이간질한 죄 등이었다. 간단히 말해서 충숙왕에게 끝까지 충성을 다하지 않고 충혜왕에게 붙어 수상까지 맡았다는 괘씸죄였다.

손기는 충숙왕이 입원하여 억류당해 있을 때 체류 경비를 조달하는 책임자로서 윤석과 함께 일찌감치 충숙왕의 측근으로 들어온 인물이었다. 그가 하옥당한 이유는 분명히 드러나 있지 않지만 역시 충숙왕의 측근으로서 충혜왕에게 줄을 섰다는 배신감 때문으로 보인다.

이어서 그해 3월, 충숙왕의 명령을 받은 장백상은 계속 칼을 휘둘러 15명을 추가로 하옥시켰다. 전후 약 30명을 하옥시켰는데, 이들 가운데 대부분은 장형을 받아 직첩을 빼앗기고 섬으로 유배당했다. 모두 충혜왕에게 잠시 붙었다가 당한 자들이었다. 충혜왕이 새로운 국왕으로 오래오래 갈 것으로 생각하여 줄을 섰지만 그 줄이 썩은 줄로 그리 쉽게 끊어질 줄 몰랐던 것이다.

앞서 괘씸죄를 당한 윤석을 언급했는데 김지경도 그런 괘씸죄에 걸려든 자다. 김지경 역시 충숙왕의 측근으로서 왕이 원에 억류당해 있을 때 경사만, 김인연 등과 함께 충숙왕의 복위 환국을 주도했던 인물이었다. 이런 공로로 그는 인사권을 장악하여 농간을 부리는 등 충숙왕의 복심으로 자리 잡았다. 김지경의 이력에서 한 가지 특이한 점은 충숙왕이 충혜왕에게 양위할 무렵에 그의 조언과 부추김이 있었다는 점이다. 그런데도 충혜왕이 그를 중용해주지 않자 원망만 하던 중 다시 충숙왕이 복위하여 그 죄를 물은 것이다. 김지경은 하옥되자 울분에 싸여 화병으로 말라죽었다고 한다.

재미있는 점은, 김지경은 그렇게 끝났지만 윤석은 그렇게 핍박을 받고도 다시 재기한다는 사실이다. 교언영색으로 권력에 아부하고 시류에 편승하여 우여곡절을 겪으면서도 출세의 끈을 놓치지 않은 이 시대의 전형적인 인물이 윤석이었다. 그는 변신의 천부적인 자질을 타고나지 않았나 하는 생각이 들 정도인데, 이는 노력한다고 해서 되는 일이 아니라 윤석의 개인적인 성향이 이 시대상에 너무나 잘 들어맞은 탓이었다고 본다.

그런데 복위한 충숙왕은 계속 원에 머물고 있었다. 그런 충숙왕의 재원 체류 경비를 고려에서 조달하는 책임을 진 자가 채홍철이었다. 채홍철은 바로 과거 충선왕이 장기간 원에 머물고 있을 때도 경비를 책임지던 인물이었다. 이로 인해 여러 비리와 말썽이 있었고 결국 충숙왕에게 내침을 당했던 것인데, 이제 그가 충숙왕을 위해 활동하고 있는 것이다.

1332년(충숙후 1) 4월, 채홍철은 충숙왕의 재원 경비 마련을 위해 문무관리들에게 관등의 고하에 따라 재화를 부과하고 부자들에게는 별도로 재물을 징수하였다. 이것으로도 부족하여 백성들에게도 강제로 거두어들이는데, 장백상은 그런 채홍철이 못마땅했던지 제동을 걸었다. 하지만 국고가 비어 어쩔 수 없고 여기에는 충숙왕의 명령이 있었다는 설명에 장백상도 어쩌지 못했다.

충숙왕을 대신하여 고려에서 전권을 휘두르는 자가 장백상이었다. 하지만 그런 장백상도 채홍철을 통제하지 못한 것이다. 이 사건이 빌미가 되었는지 결국 장백상은 원으로 소환되고 만다.

그해 5월 원에서 도적都赤이라는 사신이 당도하여 장백상과 민상정 등을 잡아들여 하옥시키고, 이들에 의해 이전에 하옥되었거나 유배당했던 윤석이나 박연 등은 반대로 풀어주었다. 장백상은 특히 권력을 이용한 뇌물 수수가 심하다는 문무관료들의 비난을 받아 원으로 압송까지 되었다. 충숙왕 복위 후 불과 두세 달 사이에 분위기가 완전히 역전된 것이다.

어떻게 이런 일이 가능했을까? 장백상이 하옥되고 원으로 압송된 것은 문무관료들의 그에 대한 비난이나 채홍철과의 마찰로 인해 충숙왕의 눈 밖에 난 때문이라 하더라도, 윤석이나 박연 등이 풀려난 것은 어떻게 봐야 할지 모르겠다. 이것이 충숙왕의 의지가 반영된 조치였다면, 왜 갑자기 그런 조치를 내렸는지 궁금한 문제가 아닐 수 없고 이해가 되지 않는다.

그래서 이 조치는 충숙왕의 의지가 무시된 원 조정의 일방적인 조치였다고 보는 것이 온당할 것 같다. 원의 사신이 내려와 조치를 취한 점도 그럴 가능성을 높인다. 그렇다면 이 조치는 피해자들이 원 조정에 벌인 로비일 가능성이 크다. 그 시대는 고려에서 치죄를 받고 하옥되어도 얼마든지 원 조정의 권력자와 선을 대고 반전시킬 수 있었기 때문이다. 국왕의 조치나 명령도 얼마든지 뒤집어엎을 수 있는 시대였다.

이 시대는 정치 상황이나 판도가 수시로 변했다. 그러니 정치 세력들의 이합집산도 수시로 일어나면서 인물의 성격이나 노선을 가늠하기가 어려운 시대였다. 다시 말해서 정치 세력들을 이쪽과 저쪽으로 명쾌하게 나눌 수 없고 적과 동지를 구분하기도 힘들었다. 아니, 그런 식의 연구나 분류 작업이 의미 없는 일이었다. 정치 세력들의 이합집산과 변신이 조변석개로 이루어지고 있었기 때문이다.

고려 왕위의 인위적인 교체나 그에 따른 복위, 즉 중조重祚는 정치 세력들의 이합집산을 더욱 부추겼다. 왕위가 교체될 때마다 새 국왕으로 충성을 바꾸어도 실각을 피하기 힘들었고, 왕위 교체에 관계없이 한 군주에게만 충성을 바치다가는 핍박받기 십상이었다. 변신에 변신을 거듭하는 것이 우여곡절 속에서 용케 살아남는 방법이었지만, 권력이나 관직에 애써 초연하는 것이 그나마 자신을 지키는 길이었다. 권력을 얻고 잃음이 새옹지마와 같았고, 관직에 나가고 실직하는 것이 복불복이었다.

중조의 그림자

그런데 진짜 궁금한 것은 2년 만에 왜 또 왕위가 교체되었을까 하는 점이다. 즉, 충혜왕은 왜 또 갑자기 왕위에서 물러나게 되었을까 하는 의문이다. 또 궁금한 점은 충혜왕은 원 조정의 최고 집정자인 엘 테무르와 매우 가까운 사이였다는 것을 앞서 얘기했는데, 왜 그런 충혜왕이 전격적으로 왕위에서 물러나게 되었을까 하는 점이다.

왕위를 이은 충혜왕이 갑자기 실각하고 충숙왕이 다시 복위하는 과정은 마치 1298년(충렬왕 24)에 충선왕이 갑자기 쫓겨나고 충렬왕이 복위하는 과정과 양상이 비슷했다. 그때 충선왕은 왕위에 오른 지 7개월 만에 전격적으로 왕위를 빼앗겼던 것인데, 지금 충혜왕도 2년 만에 전격적으로 왕위에서 물러난 것이었다. 원 조정의 일방적인 조치에 의해서 말이다.

항상 그렇듯이 이런 경우 우선 원 조정에서 일어난 모종의 정치적 변동 때문이 아닐까 하고 생각해볼 수 있는데, 그건 아니었던 것 같다. 왜냐하면 황제 문종(톡 테무르)도 비록 허수아비였지만 그대로 재위 중이었고 최고 집정자인 엘 테무르도 그대로 건재하고 있었기 때문이다. 원 조정에서 특별한 정치적 변동은 없었던 것이다.

그럼, 고려 안의 정치 세력들이 힘을 써서 충숙왕의 복위가 이루어지지 않았을까 생각해볼 수 있다. 전대의 충선왕이 개혁 정치를 전개하다가 이를 꺼려 하는 세력들이 그 개혁 정치를 반원 정치라고 모함하면서 충렬왕의 복위가 이루어졌듯이 말이다. 하지만 이런 점에 초점을 맞춰 봐도 고려 내정에서 충혜왕의 특별한 점은 눈에 띄지 않는다. 개혁 정치랄 것도 없었지만 반원 정치라고 주목받을 만한 일도 결코 없었다.

그런데 한 가지 특별한 일은 있었다. 황제 문종의 형인 명종(코실라)의 장자 타환첩목이妥懽帖睦爾(토곤 테무르)가 고려에 유배온 적이 있었는데, 이 토곤 테무르를 받들고 고려가 원 조정에 반역을 모의했다는 무고가 있었다는 사실이다. 당시 10세였던 토곤 테무르의 유배는 형 황제인 명종 코실라가 암살되고 동생 황제 문종 톡 테무르가 황제로 즉위한 직후였다. 물론 명종 코실라를 암살하고 문종 톡 테무르의 즉위를 주도한 엘 테무르에 의한 조치였다. 토곤 테무르가 유배지인 고려의 대청도에 도착한 것은 1330년(충숙왕 17) 7월이었다.

하지만 토곤 테무르는 이듬해 1331년(충혜왕 1) 12월 바로 소환되니, 이에 고려에서는 장군 조익청에게 그 태자를 대청도에서 정중히 데리고 나오도록 하였다. 비록 실각한 태자였지만 한때 황태자였으니 가벼이 대하지 못했을 것이다. 장군 조익청은 그 일에 걸맞은, 충혜왕이 믿을만한 인물이었다.

그런데 토곤 테무르를 소환한 이유가 심상치 않았다. 토곤 테무르를 소환한 이유는 그가 모반 사건의 중심인물로 의심을 받고 있었기 때문인데, 토곤 테무르가 대청도에 유배 중일 때 요양행성과 고려가 공모하여 그를 받들어 원 조정에 반란을 모의한다는 밀고가 있었던 것이다. 또한 그가 소환되고 한 달도 못 되어 모반 사건의 두 밀고자가 고려로 도망쳐 들어온다. 고려로 들어온 밀고한 두 사람을 잡기 위해 요양행성에서는 무사를 보내왔지만 이들은 사로잡히기 전에 갑자기 노상에서 암살당하고 말았다.

토곤 테무르가 소환된 것은 사면되어서가 아니고 바로 이 모반 사건 때문이었다. 토곤 테무르는 대도로 소환되었다가 다시 광서廣西의 정강으로 쫓겨났다. 원 조정에서는 모반에 대한 밀고를 접한 후 토곤 테무르를 고려에 그대로 두기에는 위험하다고 판단했던 것이다. 비록 사실 여부를 판가름하기 어려운 밀고였지만 이 모반 사건에서 고려 조정도 자유롭지 못했기 때문이다. 그렇다면 당시 국왕이었던 충혜왕에게도 의심의 눈초리가 갈 수밖에 없었다고 보인다.

이렇게 보면 충혜왕이 당시 원 조정의 집정자 엘 테무르와 가까운 사이였다는 사정도 충혜왕이 갑작스럽게 왕위에서 물러난 이유를 설명하는 데 방해되지 않는다. 토곤 테무르의 거취에 가장 민감했을 사람이 바로 집정자 엘 테무르이고, 토곤 테무르를 중심으로 모반을 했다는 것은 그에게 정면으로 맞서는 일이기 때문이다. 그래서 충혜왕이 갑자기 물러나고 충숙왕이 다시 복위한 것은 혹시 이 모반 사건과 관련이 있지 않을까 하는 생각이 든 것이다.

그런 생각을 뒷받침할 수 있는 사실이 또 있다. 충혜왕이 물러나고 충숙왕이 복위한 직후인, 1332년(충숙후 1) 3월 요양행성에서 고려에 사신을 보내 최안도를 압송해간 일이 있었다. 그 압송 이유가 토곤 테무르의 모반 사건을 밀고했던 자와 최안도가 관련 있다는 것이었다. 최안도는 바로 충숙왕의 최측근 인물인데, 이게 무엇을 뜻하겠는가?

또한 원 중서성에서는 별도의 사신을 고려에 파견하여 군사 무기를 검열하고 수색하였다. 모반 사건에 고려의 조정도 의혹을 받고 있다는 뜻이었다. 고려 조정이 의혹을 받았다면 당시 국왕인 충혜왕에 대한 의혹도 피할 수 없었을 테고, 여기에 충숙왕의 최측근인 최안도가 모반 밀고 사건에 관련되어 있다면 이는 모반 밀고 사건의 배후에 충숙왕이 있다는 것을 시사하는 것이 아닐까? 추측이지만 그럴 개연성이 크다고 본다.

충혜왕의 갑작스런 실각과 충숙왕의 복위는 명쾌하게 해명이 잘 안된다. 사실 충숙왕의 양위에 대해서도 분명하게 해명하기 어려운 점이 있었다. 이에 대해 앞에서 여러 가지를 거론하면서 설명했지만 추정일 뿐이다. 《원사》에는 충숙왕의 양위와 복위에 대해 질병이 있다가 그 병이 나은 것으로 간단히 설명하고 있다. 충숙왕에게 대인기피증이 있긴 했지만 이 부분을 그대로 받아들이기에는 문제가 있다.

그렇게 충숙왕의 양위와 복위에 대한 의문이 많지만 그런 중에도 한 가지 분명한 점은 있다. 충숙왕은 양위한 직후부터 충혜왕을 매우 못마땅해 했고, 이런 속에서 양위를 후회하면서 다시 복위를 노렸다는 점이다. 이는 충숙왕의 복위 경위를 이해하는 데도 많은 암시를 준다.

충숙왕이 양위한 지 반년도 못 되어 원으로 들어간 것은 원 조정을 향한 복위 노력이었다고 본다. 그런데 아쉽게도 원 조정에서의 충숙왕의 활동에 대해서는 하찮은 단서 하나도 찾을 수 없다. 하지만 대청도에 유배 중이던 토곤 테무르를 앞세워 모반 밀고가 있었고, 이 밀고 사건에 충숙왕의 복심인 최안도가 연루되어 있었다는 것은 중요한 단서를 제공한다. 그래서 이 모반 사건은 충혜왕을 모함하여 왕위에서 물러나게 하려고 충숙왕 측에서 노린 공작이었다고 생각하는 것이다.

그런데 이런 자잘한 설명들이 별 의미가 없다는 생각도 든다. 원제국과 고려의 관계가 깊어지면서 고려 왕위는 점차 지방 장관과 같은 위상으로 전락하지 않았나 하는 것이다. 원 조정에서 고려 왕위를 교체하는 것은 마치 그런 지방 장관을 바꾸는 정도로 생각하지 않았을까? 중앙 정부에서 못마땅한 지방 장관을 수시로 교체하듯이 말이다.

충렬·충선왕에 이은 충숙·충혜왕의 반복된 중조는 그렇게 고려 왕위가 가볍고 왜소해졌다는 시대상을 반영한 것이었다. 이것이 차라리 빈번한 왕위 교체를 설명해주는 진실에 가까운 것이 아닐까 한다.

마지막 황제, 순제 토곤 테무르

1332년(충숙후 1) 8월, 황제 문종이 제위에 오른 지 3년 만에 29세의 나이로 죽는다. 충숙왕이 복위한 지 반년 남짓 지났고 아직 원에 머무르고 있던 때였다.

황제가 죽자 당연히 다음 황제 계승 문제가 불거지는데, 당시는 엘 테무르가 정권을 잡고 있어 그의 의지가 중요했다. 엘 테무르는 문종의 아들을 옹립할 생각이었지만 문종의 황후가 이를 들어주지 않았다. 그 이유는 문종이 죽으면서 자신의 후계자는 형 명종의 아들로 하라는 유언 때문이었다. 문종은 재위 동안 형을 암살했다는 괴로움에 시달렸으니 그럴만했다. 하지만 보다 중요한 이유는 아마 문종의 아들이 너무 어려서 엘 테무르의 정권 연장을 막을 수 없다고 판단한 때문이 아닌가 싶다.

그런데 문종의 유언에 따른 황제 계승 일순위인 형님의 장자 토곤 테무르는 앞서 살펴본 대로 유배지 고려 대청도에서 소환되어 다시 중국 남부 광서로 쫓겨나 있었다. 당시 나이도 곧 장성할 13세로 엘 테무르에게는 조금 부담이었다. 그래서 선택된 인물이 명종의 차자, 즉 토곤 테무르의 이복 동생인 7세의 의린질반懿璘質班(이린즈반)이었다.

이린즈반이 문종의 뒤를 이어 제위에 오른 것은 그해 10월이었는데 이 황제가 녕종寧宗이다. 그런데 녕종은 즉위한 지 두 달도 못 되어 그해 11월 갑자기 죽고 만다. 그래서 녕종은 재위 기간이 한 달 남짓밖에 되지 않아 황제로서 큰 의미가 없었다.

녕종이 죽고 다음 황제가 즉위하기까지 반년 이상은 황제가 없는 시기로 엘 테무르가 최고의 권력을 행사하고 있었다. 이때 충숙왕은 입원하여 벌써 3년째 체류하고 있었는데 이런 황제 궐위도 쉽게 환국하지 못하는 배경이 되었을 것으로 보인다. 충숙왕의 장기 체류는 황제 궐위로 인한 원 조정의 권력 향방이 불확실하다는 사실과 관련 있다는 뜻이다. 고려 국왕 자리는 원 조정의 권력 향배에 영향 받지 않을 수 없기 때문에 다음 황제가 누구에게 돌아가느냐는 고려 국왕에게도 중요한 문제였던 것이다.

그러다 1333년(충숙후 2) 3월, 원에 있던 충숙왕에게 마침내 환국 명령이 떨어진다. 집권자 엘 테무르가 충숙왕의 장기간 재원 체류로 인한 국정의 공백을 염려하여 환국을 재촉한 것이다. 이에 충숙왕은 경화공주慶華公主와 함께 바로 환국 길에 오른다. 여기 경화공주는 충숙왕이 입원하여 새로 맞이한 왕비였다. 공주라는 칭호가 붙은 것으로 봐서 황실의 여성은 분명하지만 누구의 딸인지는 드러나 있지 않은데, 충숙왕에게는 세 번째 몽골 공주 출신 왕비였다.

그런데 엘 테무르가 충숙왕의 환국을 재촉한 것은 충숙왕이 장기간 체류한 탓도 있었지만 다음 황제 계승 문제에서 충숙왕이 자기편이 아니라는 판단도 작용했던 것으로 보인다. 아무래도 엘 테무르는 충숙왕보다는 충혜왕과 가까운 사이였기 때문에 자신의 뜻을 관철하는 데 충숙왕이 조금 부담스러웠을 것이다. 그 엘 테무르의 뜻은 황제 계승 일순위인 토곤 테무르를 어떻게든 회피하는 것이었다. 자신이 암살한 명종 코실라의 장자 토곤 테무르와는 함께할 수 없었기 때문이다.

녕종이 갑자기 죽고 예상대로 황제 계승 첫 번째 물망에 오른 인물은 토곤 테무르였다. 하지만 엘 테무르의 결사반대로 토곤 테무르는 황제로 바로 서지 못하고 황제 없는 공위 시대를 반년 이상 보낸다. 그러던 중 반대자 엘 테무르가 죽고 결국 1333년(충숙후 2) 6월 토곤 테무르가 제위에 오르니, 이 토곤 테무르가 몽골 제국의 마지막 황제 순제順帝이다. 당시 14세였다.

순제 토곤 테무르의 치세 전반은 엘 테무르를 계승한 군벌 집정들의 꼭두각시에 지나지 않았는데, 자연재해와 기근까지 겹쳐 제국 통치의 시스템이 무너지고 있었다. 뒤이어 강남에서 일어난 주원장朱元璋 등 도적들의 무장 세력들에 의해 물류 유통이 끊기면서 재정 운용은 마비 상태에 빠졌다.

그의 치세 후반에는 강남에서 승리하여 패권을 차지한 주원장이 북상하면서 대도를 점령당하고 몽골 조정은 북으로 도주하여 겨우 명맥만 유지하고 있었다. 주원장은 1368년 대도를 점령하고 황제로 즉위하니 명 태조 홍무제洪武帝다.

주원장에 의한 대도 점령과 황제 즉위를 중국 정사에서는 몽골 제국의 멸망으로 잡고 있다. 하지만 순제 토곤 테무르는 1370년까지 살아 황제위에 있었으니 37년을 재위하여 역대 몽골 제국의 황제 중에서 가장 오래 재위한 셈이다. 하지만 그의 오랜 치세는 몽골 제국이 멸망해가는 과정이었다.

순제 토곤 테무르가 죽고 1370년 그의 아들 아유시리다라가 황제위를 계승하고, 다시 1378년 그의 동생 투쿠스 테무르가 계승하지만 그들은 이미 황제랄 것도 없었다. 순제 토곤 테무르 이후 몽골족은 근거지를 카라코룸으로 옮겨 약 20년 가까이 더 버티지만 멸망하는 제국을 되돌릴 수는 없었던 것이다.

심왕, 화해의 제스처

그렇게 1333년(충숙후 2) 6월 순제 토곤 테무르가 황제로 즉위하는데, 그에 앞서 환국 길에 오른 충숙왕은 그해 4월에 평양에 도착했다. 3년 만의 환국이었다. 왕위를 충혜왕에게 양위하고 바로 입원했다가 우여곡절 끝에 다시 복위하여 환국했으니 다시 감회가 새로웠을 것이다.

그런데 이보다 더 감회가 새로운 일이 있었다. 그것은 심왕 왕고와의 화해였다. 심왕은 충숙왕이 압록강을 넘자 행궁으로 찾아와서 만났고 환국하는 충숙왕을 줄곧 수행하면서 함께 동행하고 있었다. 무슨 속셈인지는 모르겠지만 우호의 표시가 분명한데 뜻밖의 일이 아닐 수 없었다. 충숙왕도 그런 심왕이 싫지 않았는지 제지하지 않았다.

충숙왕이 평양에 도착하자 단양대군 왕후王珛와 조적이 국새를 받들어 왕에게 바쳤다. 왕후는 심왕의 친형으로 이때 정동행성의 임시 권한 대행을 맡아 왕권을 대행하고 있었고, 조적은 심왕당의 핵심 인물로 이때 찬성사(정2품)에 발탁되어 있었다. 이들이 문무백관을 대표하여 평양까지 영접 나와 복위한 충숙왕에게 국새를 바친 것이다. 다른 사람도 아닌 심왕의 친형인 왕후와 조적이 이런 일을 수행했다는 것도 심상치 않은 일이었다.

조적은 채홍철·채하중 부자와 함께 지난날 충숙왕을 밀어내고 심왕을 옹립하는 일에 앞장선 자였는데 원에서 충숙왕은 복위하자마자 이들을 발탁했다. 이들이 복위한 충숙왕에 의해 발탁되었다는 것은 그때 벌써 심왕당과 충숙왕이 화해의 기미를 드러낸 일이었다. 심왕이 환국하는 충숙왕을 수행하여 동행할 수 있었던 것도 그런 화해의 연장이었다고 보인다.

지난 시절 충숙왕과 심왕의 관계는 고려 왕위를 두고 다투는 최대의 정치적 라이벌이었다. 심왕에게 충숙왕은 자신의 고려 왕위를 빼앗은 타도의 대상이었고 충숙왕에게 심왕은 고려 왕위를 호시탐탐 노리는 간적으로서 경계의 대상이었다. 그런 양자가 이제 동행하면서 화해의 모습을 드러낸 것이니 격세지감이 아닐 수 없었다. 그렇다면 충숙왕 왕도와 심왕 왕고 사이의 이런 관계 변화는 왜 일어나게 되었을까?

양자 사이의 관계 변화는 충숙왕이 양위한 직후 벌어진 충혜왕과의 갈등 속에서 이미 싹트고 있었다. 충숙왕은 충혜왕에게 양위한 후 아들을 못마땅하게 여겼고, 권력을 완전히 내놓지 않고 견제하면서 갈등을 일으키고 있었다. 심왕은 충숙·충혜왕 부자 사이의 갈등을 바라보면서 그런 갈등이 자신에게 불리하지 않으리라는 판단을 했다. 왕 부자 사이의 갈등과 골이 커질수록 자신에게 유리한 국면이 될 것이라는 기대를 한 것인데, 심왕의 이런 판단과 기대는 충숙왕을 달리 생각하는 계기가 되었다고 보인다. 또한 충숙왕도 마찬가지로 심왕의 존재를 다시 생각하게 되었다.

왕 부자 사이의 갈등은 충숙·충혜왕 부자 사이의 틈이 벌어지게 되면서 그 사이에 심왕이 끼어들 수 있는 여지를 제공했다. 왕 부자의 갈등 속에서 심왕은 충숙왕을 우호적으로 느꼈고, 충숙왕은 충혜왕을 견제하기 위한 통제 장치로써 심왕의 존재가 필요했다고 할 수 있다. 충숙왕과 심왕, 양자가 서로에게 도움을 줄 수 있는 필요한 존재로 생각했던 것이다. 물론, 그렇다고 해서 심왕이 고려 왕위를 완전히 포기했다고 볼 수는 없다. 그러니까 충숙왕과 심왕이 서로를 달리 생각했던 것은 동상이몽이었다.

설명이 길어졌는데, 간단히 말하자면 심왕은 충숙왕 이후의 고려 왕위를 노린 것이다. 충혜왕이 부왕의 눈 밖에 난 것을 이용하여 왕위 계승권자인 충혜왕을 제치고 심왕 자신이 고려 왕위를 차지하겠다는 속셈이었다. 이를 위해서 심왕은 충숙왕과 화해할 필요가 있었던 것이다.

심왕이 충숙왕과 함께 환국의 길에 올라 평양까지 동행하였다는 것은 그런 정치적 계산의 결과로 나타난 화해의 제스처였다. 충숙왕은 평양까지 수행해준 심왕이 고마웠던지 대동강에서 성대한 수희水戲를 베풀어 심왕을 위로했다. 부벽루浮碧樓에서 물을 따라 내려가면서 수희를 펼치는데 풍악이 10리 밖에까지 들릴 정도였다. 이는 심왕에 대한 위로라기보다는 충숙왕 자신의 권위를 드러내기 위한 귀국 행사로 보는 것이 더 타당할 것이다. 3년 만에 왕권에 복귀했으니 그럴만했다.

그런데 참 이상한 일이었다. 왕위도 되찾고 심왕과도 일단 화해하여 충숙왕에게는 이제 거칠 것이 없었지만 국왕으로서의 그의 행동은 예전 같지 않았다. 충숙왕은 환국한 이후 2년 동안 거의 아무 일도 하지 않았다. 이 동안의 관찬사서 기록도 마치 국왕이 존재하지 않는 것처럼 공백으로 남아 있다.

중국인을 끌어들이다

환국한 충숙왕은 그 이후에도 무슨 일인지 궁궐을 떠나 있는 경우가 많았다. 궁궐을 떠나 있으니 국정을 제대로 보살필 수 없었고 원활하게 수행하지도 못했다. 자주 궁궐을 비웠던 것은 의도적인 경우가 많았기 때문에, 정확히 표현하자면 국정을 회피하기 위해 궁궐을 떠나 있었는지도 모른다. 어느 쪽으로 보나 이는 분명 정상이 아니었다.

충숙왕이 궁궐을 떠나 자주 찾는 곳은 해주(황해도)였다. 해주에 행차하면 보통 2, 3개월을 머물렀고 1년이면 이런 행차가 서너 차례나 되었다. 그러니까 최소한 1년의 반 이상을 궁궐 밖 해주에 머무르곤 했던 것인데, 다른 곳도 아닌 해주를 그렇게 줄곧 찾은 것이다. 해주에는 특별한 별궁이나 화려한 이궁을 마련해둔 것은 아니고 임시로 지어진 행재소가 있을 뿐인데 그랬다.

충숙왕의 이런 행동은 어떻게 이해해야 할지 모르겠다. 이것은 단순히 외유를 즐기는 취향 문제가 아니라 일종의 정서적인 문제였다. 충숙왕에 대해서는 중조 이전부터 사람을 기피하는 경향이 있었다는 얘기를 했는데, 궁궐을 자주 떠난 데는 아마 이런 심리적인 기질과 무관치 않다고 보인다.

1335년(충숙후 4) 10월에는 이런 일이 있었다. 당시 충숙왕은 두 달 전에 궁궐을 떠나 해주에 머물고 있었는데 원의 사신이 들어온다는 소식을 듣고 해주에서 국청사로 향했다. 국청사는 개경 서쪽 교외에 있는 어용 사찰인데 입궐을 회피하기 위해 국청사로 향했던 것이다. 이때 충숙왕은 시종하는 좌우를 모두 물리치고 홀로 나가는데, 호위 무관이 국왕의 독행을 염려하여 뒤를 밟다가 들켜 노여움을 사서 처벌까지 받았다. 다음 날 새벽 정동행성에서 백관들이 원 사신의 조서를 기다리는데, 국왕의 어가가 먼저 도착한 것을 보고 깜짝 놀라 황망하게 예를 갖추니 충숙왕은 백관들을 모두 쫓아버리고 얼씬하지도 못하게 했다. 그리고 사신의 조서를 받은 후에는 바로 국청사로 돌아와서 궁궐에는 들르지도 않고 다시 해주로 향했다.

충숙왕이 사람들을 기피하고 궁궐을 회피하려는 경향이 그 정도로 심했다. 충숙왕이 궁궐을 회피하려고 했던 것은 국왕 주변의 관리들과 마주치는 것을 싫어했기 때문인데, 이렇게 문무관리들을 기피하는 성향은 타고 났다기보다는 후천적으로 얻어진 것으로 생각된다. 왕위에 오른 후 충숙왕을 음해하고 모함했던 많은 사건들을 헤쳐 나오면서 그런 성향을 키운 것이다.

심왕 옹립 책동은 충숙왕에게 깊은 마음의 상처를 남겼다. 그 사건 자체가 주는 심적인 충격도 컸으려니와 관료집단에 대한 불신감은 돌이킬 수 없게 만들었다. 자신의 측근마저 신뢰할 수 없는 정치적 상황에서 일반 신료들에 대한 불신감은 말할 필요도 없을 것이다. 그래서 사람을 기피하면서 비정상적인 궐 밖 행차를 빈번하게 했던 것이다. 충숙왕의 그런 기질은 당연히 국정을 원만하게 수행하는 데에도 큰 장애가 되었다.

국정을 수행하는 데 가장 중요한 문제가 인사행정인데 충숙왕은 이를 방치하다시피 했다. 이전에도 충숙왕은 인사행정을 방치하고 최안도와 김지경 등 측근에게 맡기면서 이들이 많은 물의를 일으키자 비난을 산 적이 있었다. 국왕이 주도면밀하게 행사해도 항상 말썽의 소지가 많은 것이 인사행정인데 이를 방치하니 이 때문에 야기되는 문제가 한두 가지가 아니었다.

충숙왕이 복위 후 새로이 인사권을 맡겼던 자로 양재梁載라는 인물이 있다. 양재는 중국 남방에서 온 자였는데 앞에서 등장한 왕삼석과 같은 중국인으로서 그가 권력에 가까이 갈 수 있었던 것도 왕삼석에 붙어서 가능한 일이었다. 아마 왕삼석이 충숙왕의 측근으로서 물의를 일으키다 실각하자 그를 대신한 것이 아닌가 한다.

양재는 장백상이 입성책동을 일으킬 때도 함께 모의했던 자로서 중국인 출신들의 국정 농단이 자심했다는 것을 알 수 있다. 또한 앞서 언급했던 이의풍이란 자도 중국인으로 충숙왕의 측근에서 한때 권력의 중심에 섰던 자인데, 그 이의풍과 왕삼석 그리고 여기 양재 등이 충숙왕의 측근으로 활동한 중국인 트리오라고 할 수 있다.

충숙왕은 그 양재를 우문군佑文君으로 책봉하고, 낭장(정6품)으로 있던 조신경曹莘卿을 좌대언으로 삼아 인사행정을 맡겼다. 조신경은 본래 승려로서 풍수를 보는 자였는데 양재와 연줄이 닿아 충숙왕의 신임을 받았다. 이들은 환관들과 결탁하여 인사행정에 농간을 부리니 청탁과 뇌물이 공공연하게 이루어지고 돈이나 재물을 쓰고 벼슬을 얻은 자가 태반이었다.

양재는 인사 문제뿐만 아니라 재산 다툼이나 공물 징수 과정에도 간여하여 많은 물의를 일으켰다. 심지어는 과거 합격자까지 조작하여 자신과 가까운 사람을 합격시키는 일도 저질렀다. 여기에는 과거 시험 고시관인 지공거知貢擧로 있던 채홍철을 끌어들였다. 이에 돈을 번 장사치나 서리들이 모두 양재에게 의지하여 벼슬을 얻고자 몰려들 정도였다. 그런대도 충숙왕은 사태를 정확히 깨닫지 못하고 있었다.

중국인을 신뢰하고 인사행정을 맡겼던 이런 충숙왕의 행태는 오래 가지는 않았지만 이해할 만한 일이었다. 부원배 세력들이 판치는 관료집단 속에서 그들을 회피하고 나름 왕권을 행사하는 방법으로 동원되었을 것이다. 그런 과정에서 그들 중국인들이 부정을 저지르거나 문제를 일으키기도 했지만 이는 기존의 관료집단에서 보는 시각이었다.

인사행정에서 여러 문제가 발생하자 원에서는 1335년(충숙후 4) 8월에 사신을 파견하여 충숙왕에게 훈계용 조서까지 내린다. 백관들을 신중하게 임명하고 그 직분을 충실히 하도록 하여 세조 황제의 성훈을 준수하면서 나라를 잘 다스리라는 충고였다. 원 간섭기에 이런 훈계성 조서는 자주 있었던 탓에 특별할 것은 없었지만 충숙왕의 방만한 인사행정은 원 조정에까지 알려졌던 것이다.

마침내 그해 12월에는 원에서 충숙왕에게 입조하라는 명령을 내린다. 특별한 사유가 없는 입조 명령이었는데, 아마 인사행정과 관련된 고려 내정 문제 때문이 아니었나 싶다. 이런 문제여서 입조하는 발길이 떨어지지 않았는지 충숙왕은 1336년(충숙후 5) 3월에야 원으로 향했다. 이게 충숙왕의 마지막 입원이었다.

충숙왕은 그때, 두 달 전 궁궐을 떠나 해주에 머무르고 있으면서 그곳에서 바로 원으로 출발했다. 얼마나 입조하기 싫었는지 평양에서 수개 월을 지체하다 그해 12월에야 압록강을 넘었다. 그리고 다음 해 1337년(충숙후 6) 12월 환국했으니 왕복 기간을 빼면 대도에 머문 기간은 몇 개 월이 되지 않았다. 지금까지 충숙왕의 여러 차례 입조 중에서 가장 짧은 기간이었는데, 고려 내정 문제 때문에 입조한 것이라면 빨리 그 자리를 피하고 싶었을 것이다.

중국인에 의한 입성책동

충숙왕이 입조 명령을 받고 지체하다가 서둘러 압록강을 건넜던 것은 또 다른 급박한 사정이 있었다. 그것은 또다시 입성책동이 일어난 일 때문이었다. 1336년(충숙후 5) 10월 무렵으로 이게 다섯 번째 입성책동이다.

이번 입성책동을 일으킨 자는 노강충盧康忠, 왕의王誼, 왕영王榮 등 10여 명이었다. 이들은 모두 중국인이라는 점에서 매우 특별했는데, 이들에 대한 별다른 행적이 없어 어떤 자들인지는 드러나 있지 않다. 이들은 고려에서 관직을 역임하지도 않았고 겉으로는 특별한 연고도 없어, 앞서 입성책동을 일으킨 장백상의 경우와는 또 다른 것이었다.

중요한 점은, 이들 중국인들이 고려에 행성을 세울 것을 주장한 것이 아니라 충숙왕의 죄를 원 조정에 고소하면서 고려를 멸망시키려 했다는 사실이다. 입성을 주장하지 않았을지라도 고려 왕조의 존폐가 걸린 문제라는 것은 이전의 입성책동과 마찬가지였다. 고려를 원 제국의 내지로 통합한다는 그 결과는 같은 것이다. 하지만 고려 왕조의 멸망을 거론할 정도로 극단적인 책동을 일으킨 배경은 달라 보인다.

우선, 충숙왕을 무고하여 고소했다는 점에서 이들을 충숙왕 반대세력과 관련지어 생각할 수 있다. 이 무렵 충숙왕의 반대세력으로 추정되는 자는 먼저 심왕의 무리를 떠올릴 수 있다. 지금까지 충숙왕과 심왕은 그야말로 앙숙 관계였으니 충분히 그럴만하다고 여겨진다. 하지만 앞서 살폈듯이 충숙왕이 복위한 후에는 양자의 관계가 우호적으로 바뀌고 있었다. 그렇다면 이번 입성책동을 일으킨 중국인들을 심왕과 연결시키는 것은 무리라고 여겨진다.

충숙왕의 또 다른 반대세력으로는 충혜왕이나 그 측근들을 상정할 수 있다. 충숙왕이 다시 복위하면서 충혜왕의 측근 세력들은 갑자기 실각했기 때문에 충분히 그럴 가능성이 있었다. 게다가 충숙왕과 심왕이 화해하면서 충혜왕의 장래가 장담하기 어렵게 되었다면 더욱 개연성이 커진다.

충혜왕은 이때 입원하여 숙위 중에 있었는데 이번 입성책동에 충혜왕이 직접 관련되어 있었는지, 아니면 그 측근들이 무단으로 저지른 일인지는 불확실하다. 아무려면 일국의 국왕까지 지낸 자가 고려 왕조의 멸망을 주장하지는 않았을 것으로 보여, 이번 입성책동을 충혜왕이나 그 측근들과 직접 관련시키는 것도 역시 무리일 것이다.

이도 저도 아니라면 이번 입성책동의 정체나 그 배경은 무엇일까? 이를 알아보기 위해서는 이번에 입성책동을 일으킨 자들이 모두 중국인이라는 사실을 각별히 주목할 필요가 있다. 이들 중국인들은 앞서 입성책동을 일으킨 장백상처럼 고려와 연고가 있는 것이 아니었다. 또한 앞서 거론한 이의풍, 왕삼석, 양재 등과 같이 고려에서 관직을 역임하면서 권세를 부린 중국인도 아니었다.

그렇다면 이들 중국인들은 고려에 들어와 충숙왕에 접근하면서 관직에 오를 기회를 노리다 실패했거나, 혹은 다른 상업 활동과 같은 이권을 얻으려다 실패한 자들이 아닐까 추측해볼 수 있다. 이의풍, 왕삼석, 양재 등과 같이 무역이나 상업에 종사하다가 충숙왕의 눈에 들어 관직에 발탁된 전례가 있으니 충분히 그럴만했다. 하지만 그 길이 막히자 그에 대한 앙심으로 입성책동을 일으켰다고 볼 수 있다.

이를 뒷받침하는 사실로 또 하나 주목할 점은 충숙왕을 고소하면서 아예 고려를 멸망시키려 했다는 사실이다. 자신들의 활로가 국왕에 의해 막히자 원 조정에 충숙왕을 고소하면서 아울러 고려의 멸망이라는 극단적인 문제까지 거론하지 않았을까 싶다.

중국인들에 의한 책동이어서 그런 과격한 표현이 구사되었겠지만 고려 왕조의 위상이 말할 수 없이 추락한 것이다. 근본도 알 수 없는 중국인들까지 나서서 고려 왕조의 멸망을 거론했으니 말이다. 이런 점에서 보면 이번 입성책동은 중국인들의 단순한 작란이 아니었을까 하는 생각도 든다.

충숙왕은 중국인들에 의한 입성책동 소식을 전해 듣고 위기라고 판단했는지 서둘러 입조했다. 이때 충숙왕이 입원하여 어떤 조치를 취했는지는 드러나 있지 않지만, 그 후 특별한 언급이 없었던 것으로 보아 이번 입성책동도 더 이상 진전 없이 무산되었던 것으로 보인다.

국정 거부, 혹은 의도적 자폐

마지막 친조를 마치고 돌아온 충숙왕은 예전과 조금도 다름없었다. 사람을 기피하고 궁궐을 떠나 있으려는 성벽은 더욱 심해졌으며 국정 운영에도 긍정적 변화가 없었다.

1338년(충숙후 7) 6월, 충숙왕은 백주(황해도) 등암사燈巖寺에 있었다. 마침 그 지역에 지진이 일어나 거의 한 달 가까이나 여진이 계속되는데도 충숙왕은 그곳에서 나오지 않았다. 그해 7월에 원에서 사신이 들어와 국왕을 기다는데도 충숙왕은 출영하지 않았다.

당시 원의 사신 실리미失里迷는 금교역(황해도 금천)에 도착하여 개경에 들어가지 않고 국왕이 나와 영접하기를 고집하였다. 금교역은 북방에서 개경으로 들어가는 관문 같은 곳인데, 국왕이 등암사에 머무르고 있다는 소식을 듣고 금교역에서 국왕의 출영을 기다린 것이다. 재상들이 외교적 마찰을 염려하여 술과 음식으로 원의 사신을 대접하였지만 실리미는 끝까지 국왕의 출영을 주장하였다. 하는 수 없이 재상들이 등암사로 사람을 보내 사정을 보고하려 했지만 충숙왕은 이를 미리 알고 오는 사람들까지 막아버린다. 결국 원사 실리미가 지쳐서 고집을 꺾고 그대로 개경에 입성하였다.

실리미는 개경에 입성하여 조서를 맞이하지 않았다고 국왕을 문책하려 들었다. 황제의 조서를 맞이하지 않았으니 보통 일은 아니었다. 재상들이 나서서 국왕이 병환이 있어 그랬다고 변명했지만, 실리미는 자신의 눈으로 직접 확인해야겠다고 하면서 등암사 방문을 주장하였다. 이조차도 막을 수는 없어 실리미는 국왕을 면대하러 등암사로 들어가는데, 충숙왕은 처음에 목욕한다고 사절했다가 기다리는 실리미를 그대로 보낼 수 없어 결국 면대가 이루어졌다.

충숙왕을 면대한 실리미는 조서를 맞이하지 않았다고 문책하고 심문서 작성을 요구하였다. 하지만 충숙왕은 사신의 내왕을 알지 못했다고 주장하면서 심문서 작성을 받아들이지 않았다. 그뿐만 아니라 사신에 대한 접대까지 소홀하게 하면서 실리미를 분노케 만들었다. 결국 실리미는 아무 소득 없이 등암사에서 물러나올 수밖에 없었다. 다음 날에야 충숙왕은 뒷일이 염려되었는지 재상 한 명을 실리미의 처소로 보내 선물과 함께 위로를 전했다. 그 후 별 뒤탈이 없었던 것으로 보아 그것으로 무마되었던 것으로 보인다.

이와 같은 충숙왕의 행동은 정말 지나친 감이 있었다. 충숙왕이 사람들을 기피하는 성향은 원의 사신도 그 대상에서 예외가 아니었던 것 같다. 그런데 곰곰 생각해보면 이런 행동에는 충숙왕의 평소 성벽도 작용했겠지만 다분히 의도적인 면도 있지 않았을까 하는 생각이 든다. 왜냐면, 충숙왕이 원의 사신을 영접하지 않으면서 문제가 커진 것은 분명한데, 그 문제에 사후 대처하는 과정이 너무나 냉철하고 이성적이었기 때문이다.

충숙왕이 재위 중에 원 조정에서 파견하는 사신은 처음부터 자신을 통제하고 옭죄는 적대적인 존재였고 저항할 수 없는 벽이었다. 친조 직후 이번에 들어온 원의 사신 역시 충숙왕에게 여간 부담스러운 존재가 아니었다. 게다가 고려의 인사 문제로 인한 조야의 비난까지 원 조정에 알려진 판국이니 그 사신의 조서는 받아보지 않아도 뻔한 내용일 것이다.

그런 사신을 회피하는 방법은 평소 충숙왕 자신이 사람을 기피하는 병적인 성벽을 그대로 드러내는 것이었다. 그것으로 문제가 생기면 사후에 대처하겠다는 생각이었는데, 충숙왕은 사후에 그 문제를 별 탈 없이 해결했던 것이다. 이를 보아 원 사신을 회피했던 것은 다분히 의도적이었다는 생각이 든다.

마찬가지로, 충숙왕이 궁궐을 회피하고 사람들을 기피했던 것도 개인의 성벽 때문이기는 했지만 다분히 의도적인 면도 작용했다고 보인다. 이 부분은 앞에서도 언급했듯이 심왕과의 고려 왕위 다툼 과정에서 쌓인 문무관료들에 대한 불신감 때문이었다. 문무관료들에 대한 불신감이 그들에 대한 기피로 나타났던 것이고, 이게 궁궐을 비정상적으로 자주 비우는 행동으로 이어졌다고 할 수 있다.

충숙왕은 자신이 궁궐에 상주하면서 국정을 주재하더라도 관료집단을 통제할 수 없다는 사실을 이미 깨닫고 있었다. 그것을 깨달은 계기는 심왕 옹립 책동이었다. 그 사건을 통해서 관료집단이 각자의 이익과 살길을 찾아 이합집산하는 모습을 여실히 보았고, 아울러 측근들마저도 자신을 배반하는 모습을 목도했다.

관료집단의 그런 적나라한 모습은 누구도 믿을 수 없다는 불신감으로 충숙왕을 무력감에 빠뜨렸고 사람들을 기피하게 만들었다고 본다. 충숙왕이 궁궐을 자주 비우고 사람들을 기피했던 것은 어쩌면 자폐를 가장해 관료집단에 저항한 것인지도 모른다. 그것이 최선이라고 충숙왕은 생각했을 것이다.

그렇다면, 앞에서 언급했던 충숙왕이 양재 등 여러 중국인에게 고려의 인사행정을 맡겼다는 것도 다시 생각할 대목이 많다.

이 문제에서 충숙왕은 고려의 전통적인 관료집단을 신뢰하지 않았다는 사실이 중요하다. 어느 누구도 마음 놓고 믿을 수가 없다는 불신감은 차라리 이방인이 더 편하다는 생각에서 국정을 맡겼고, 국왕에 대한 충성심을 끌어내는 데도 저돌적이어서 측근으로 기용했다고 볼 수 있다. 게다가 이들은 고려에 별다른 연고가 없으니 전통적인 관료집단을 통제하는 데도 효율적이라고 판단했을 법하다.

또한 그 시대가 분명 세계화 시대였다는 점도 다시 강조하고 싶다. 중국인이 한 명도 아니고 서너 명씩이나 고려에 들어와 같은 시대에 국정의 한 축을 담당했다는 것은 바로 이 무렵, 세계화 시대가 아니고서는 찾아볼 수 없는 일이다. 이를 통해 중국인뿐만 아니라 많은 외국인이 고려에 들어와 상주하고 있었다는 점도 짐작할 수 있다. 아마 원의 수도 대도만큼은 아니더라도 개경에도 여러 지역의 외국인들이 들어와 상주하고 활동했을 것이다.

충숙왕 복위 후 활동한 그런 외국인 중에 최노성崔老星이라는 서역인도 있었다. 그는 무역을 하는 부상富商이었는데 앞의 중국인 양재와 관계를 맺고 고려 조정에까지 발을 딛게 되었다. 그는 양재의 도움으로 회의군懷義君에 책봉된 인물인데, 무역을 하던 서역인 부상이 권력에까지 접근할 수 있었던 좋은 사례였다.

선대 충선왕 때는 원 조정에 진출한 환관들이 자기들의 세상을 만나 출세한 시기였다. 원 황실의 환관이라면 그 위세가 하늘을 찔렀으니 충선왕은 이들을 봉군 책봉하여 우대해주고 정치에 활용했었다. 때로는 중요한 현안 문제가 생기면 이들을 원 조정의 로비 창구로 이용하기도 했다.

그런데 충숙왕은 외국인 출신 상인들을 고려 조정에 불러들여 국정을 맡겼던 것이다. 이들은 무역과 상업에 종사하면서 정보에 빠르고 이재에 밝아 풍부한 재정까지 확보하고 있었다. 충숙왕이 이들을 봉군 책봉한 것은 그 점을 활용하려는 의도도 작용했을 것이다.

4. 왕권의 파탄, 충혜왕

충숙왕의 죽음

1339년(충숙후 8) 3월, 충숙왕은 취침 중에 갑자기 죽는다. 아직 젊은 46세의 나이에. 그 죽음에 석연치 않은 점이 좀 있는데 관찬 사서에는 아무런 언급이 없다. 여러 사건에 휘둘리면서 가슴속 화가 깊어 병이 되었는지도 모르겠다.

충숙왕은 여느 국왕과 마찬가지로 왕위에 오르기 전에 오랜 재원 숙위 기간을 거쳤고 아라눌특실리阿剌訥忒失里라는 몽골명도 있었다. 부왕 충선왕으로부터 숙위 중에 국왕으로 지명받았는데, 재위 기간은 복위 전후 25년으로 짧지 않은 기간이었지만 특별히 중요한 치적이나 한 일이 거의 없는 국왕이었다. 한마디로 말하면 개성 없는 국왕이었지만 역경을 헤쳐 나온 고난의 국왕이기도 했다.

심왕 옹립 책동은 재위 기간 내내 충숙왕을 괴롭혔고 내면에도 깊은 상처를 안겼다. 그 과정에서 모함과 무고가 난무하면서 관료집단은 지리멸렬한 상태로 빠져들었다. 그 와중에 고려에 행성을 설치하여 원 제국의 내지로 편입하자는 몇 차례의 입성책동이 일어나 고려 왕조는 절체절명의 위기에 빠지기도 했다. 충숙왕은 그런 위기나 혼란, 위협을 모두 떠안았던 왕이었다. 누구의 후원도 받은 바 없이.

충숙왕은 부왕 충선왕과 비교해서 보자면 원 조정의 큰 후원을 받은 바도 없고 크게 탄압을 받은 바도 없었다. 그런데도 충숙왕은 항상 위기 속에 있었고 국왕으로서 권위나 위상도 대단히 미약했다. 그 시대 가장 중요한 원과의 관계에서나 내정의 왕권 행사에서나 철저히 소외된 것 같은 느낌을 지울 수 없다. 왜 그럴까?

충숙왕은 원 황실의 공주와도 세 차례나 결혼했지만 운이 따르지 않았는지 결혼 직후 그 공주는 모두 죽고 말았다. 마지막으로 결혼한 경화공주만 생존하고 있었다. 당연히 공주와 관련된 원 황실이나 조정의 후원도 없었다. 또한 원 조정에서도 황제 교체가 잦아지면서 황실의 권위가 약화되고, 게다가 군벌들의 등장으로 황실이 더욱 쇠퇴하면서 원 공주와의 결혼이 갖는 정치적 의미가 갈수록 퇴색하였다. 그러니 충숙왕은 원 조정의 후원을 받을 만한 처지가 아니었던 것이다.

충숙왕이 처음 즉위할 당시에는 믿는 바가 부왕 충선왕밖에 없었다. 하지만 충선왕이 건재할 때는 그 부왕이 저항할 수 없는 벽이기도 했다. 어쩌면 충숙왕은 원 조정보다는 부왕의 권위를 더 위압적으로 생각했는지도 모른다. 인종 황제의 절대적 지지를 받고 있는 충선왕은 곧 원 조정을 대변하고 있는 존재이기도 했다. 그런 속에서 왕권 행사를 제대로 했을 리 없다. 충숙왕의 재위 25년 가운데 3분의 1의 기간을 그렇게 보낸다.

충숙왕은 부왕이 티베트로 유배된 후에는 심왕과의 고려 왕위 다툼으로 무력한 상태에 빠진다. 원으로 소환되어 왕권이 정지된 기간만도 수년이었고, 왕권이 회복된 이후에는 그 후유증으로 인해 국정을 제대로 장악하지 못했다. 그 기간이 재위 25년 가운데 또 3분의 1 남짓 된다. 이 시기 충숙왕을 정작 괴롭힌 것은 심왕이 아니라 정치적 이해와 살길을 찾아 움직이는 관료집단이었다. 고려 왕위를 잠시 양위했던 것은 그런 관료집단에 대한 불신감의 표출이기도 했다.

다시 복위한 충숙왕은 재위 마지막 3분의 1 기간을 보내는데, 이때는 아무런 방해 요소가 없는데도 국정을 돌보지 않았다. 정작 국정을 장악할 수 있는 마지막 기회였는데도 의도적이었는지 아니면 불가피한 것이었는지 모르겠지만 국정을 회피했다. 의도적인 것이었다면 그것도 정치의 한 방법으로써 충숙왕을 주목할 수 있지만, 불가피한 것이었다면 연민의 정이 들 정도로 안타까운 일이라는 생각이 든다.

《고려사》에 의하면, 충숙왕은 성품이 엄격하고 침중하면서 총명했다고 한다. 아마 내성적이고 침울한 성품이 아니었나 싶다. 아울러 청결함을 좋아하여 비정상적으로 목욕을 자주 했다는데, 이를 보면 강박증이나 결벽증까지 있었던 것으로 보인다. 이런 충숙왕의 성품이 타고난 것인지 후천적으로 얻어진 것이지는 잘 모르겠지만, 국왕으로서 왕권을 행사하는 데는 적지 않은 제약이 되었을 것이다.

돌이켜보면 충숙왕은 부마국 체제가 깊어지면서 왕권의 허약성을 드러낼 수밖에 없었다는 생각이 든다. 하지만 부원배 세력들은 그럴수록 탄탄한 입지를 굳히고 사적인 이익과 권력을 좇아 마음껏 운신의 폭을 넓히며 제국을 넘나들고 있었다. 충숙왕은 이들을 통제하기 힘들었고 그 등살에 시달릴 수밖에 없었다. 그래서 어떤 인물이 국왕이었더라도 이런 충숙왕과 큰 차이가 없었을 것이라는 생각도 든다.

한편, 이런 생각을 해볼 수도 있다. 충숙왕의 무력한 정치는 원에 대한 소극적인 저항이 아니었을까 하는 점이다. 자신을 항상 압박하는 정치 상황은 결국 부마국 체제에서 비롯된 부원배 세력들이라는 점에서 이를 타개하기 위한 방법으로 정치에 등을 돌린 것이다. 원 조정에 저항할 수는 없었지만 부원배 세력들에게 등을 돌릴 수는 있었던 것이다. 원 조정에 기댈 곳이 없었던 충숙왕에게는 불가피한 선택이었겠지만 말이다.

다음 충혜왕은 어떤 모습일지 궁금하지 않은가. 충숙왕 때와 크게 다르지 않은 같은 시대 상황 속에서 그 아들 충혜왕은 어떻게 이 시대를 헤쳐 나갈지 살펴보자.

다음 왕위

충숙왕은 그렇게 젊은 나이에 별로 한 일 없이 생을 마감했는데, 문제는 다음 고려 왕위를 계승할 자가 누구인가였다. 왕위 계승 일순위는 누가 봐도 아들인 충혜왕이었지만 충혜왕이 순조롭게 고려 왕위를 계승할지는 상황이 녹록치 않았다.

충숙왕은 죽기 직전 충혜왕을 다음 왕위 계승자로 지명했다. 충숙왕의 처지에서는 당연한 조치였다. 하지만 충숙왕이 다음 왕위 계승자로 지목했다고 해서 충혜왕이 바로 고려 국왕으로 확정되는 것은 아니다. 원 조정의 승인 절차가 남아 있기 때문이다. 그렇다고 해도 그 정치적 의미는 적지 않다. 충숙왕이 여러 가지로 못마땅하고 미덥지 않게 생각한 충혜왕을 다음 왕위 계승자로 지목했기 때문이다.

충혜왕은 충숙왕의 양위로 1차 즉위했다가 2년 만에 물러나고 다시 입원하여 숙위 활동에 들어갔었다. 그런데 입원 숙위에 들어간 충혜왕은 그 자유분방한 성격 때문에 여러 문제를 일으키다가 결국 고려로 추방되고 만다. 이게 1336년(충숙후 5) 12월의 일인데, 충숙왕이 죽었을 때 충혜왕은 고려에 들어와 있었다. 이 점은 충혜왕이 다음 왕위 계승자로 지목받는 데 일조를 한다.

그런데 충숙왕이 충혜왕을 다음 왕위 계승자로 지목한다는 것은 위험한 일일 수도 있었다. 왜냐하면 숙위 활동 중에 원에서 추방되었기 때문에 원의 황실이나 조정에서는 충혜왕을 끝내 반대할 수도 있기 때문이다. 그래도 충숙왕은 그런 충혜왕을 다음 왕위 계승권자로 지목한 것이다. 왜 그랬을까? 그것은 충혜왕 외에 다른 대안이 없었기 때문이다.

충숙왕 사후 고려 왕위 계승권자로서 충혜왕 외에 두 사람을 더 생각해볼 수 있다. 한 사람은 심왕 왕고이고, 또 한 사람은 용산 원자이다.

먼저, 심왕 왕고는 누구보다도 우선 자신이 충숙왕 다음의 고려 왕위 계승자라고 생각했을 수 있다. 지금까지 줄기차게 고려 왕위를 노린 점에서 우선 그렇다. 또한 충숙왕 복위 이후에는 그게 여의치 않자 충숙왕을 따르며 들인 공도 그 점을 염두에 둔 처신이었으니까 충분히 그런 판단을 했을 것 같다.

하지만 충숙왕이 다음 고려 왕위 계승자로 심왕을 지목할 것을 기대하기란 어려운 일이었다. 그 이유는 우선 자신과 끈질긴 고려 왕위 다툼을 벌인 바 있었고 또한, 만약 심왕이 고려 왕위를 계승한다면 일신상에 두 왕위를 겸하는 꼴이 되기 때문이다. 특히 후자는 원 조정에서도 심왕을 반대할 충분한 근거가 된다. 그래서 심왕 왕고는 처음부터 고려 왕위 계승권자가 될 수 없었다고 본다. 물론 충숙왕도 그런 이유로 고려하지 않았을 테지만.

다음, 용산 원자를 충숙왕 이후의 고려 왕위 계승권자로 생각해볼 수도 있다. 용산 원자는 심왕보다 그 가능성이 훨씬 많았을 것이다. 원 공주 소생의 왕자였으니 원 조정에서나 충숙왕 모두 반대할 이유가 별로 없기 때문이다. 충숙왕이 죽은 그때 용산 원자는 15세였고 원에서 생활하고 있었다. 또한 충혜왕이 숙위 활동 중에 방만한 생활로 인해 고려로 다시 쫓겨났다는 것은 용산 원자를 더욱 그 대안으로 떠오르게 했을 것이다.

그런데도 충숙왕은 용산 원자를 다음 고려 왕위 계승자로 지목하지 않았다. 게다가 원 조정에서도 그 용산 원자를 고려한 기색은 전혀 없었다. 정작 궁금한 것은 바로 이 부분이다. 용산 원자는 원 공주 소생의 왕자임에도 불구하고 왜 고려 왕위 계승에서 제외되었을까?

그 이유를 몇 가지로 생각해볼 수 있다. 첫째는 용산 원자의 모후인 금동공주(조국장공주로 추증)가 일찍 죽고 없었다는 점이고, 둘째는 금동공주의 아버지 위왕魏王 아목가阿木哥는 정치적 굴곡이 심했다는 점이다. 그리고 마지막으로, 이게 가장 중요한 원인으로 보이는데, 태정제 이후의 황제들은 군벌들에게 장악되어 실권이 없었고 더불어 황실의 위상도 심하게 실추되었다는 점이다.

이런 몇 가지 이유를 한마디로 정리하자면, 충숙왕 사후 용산 원자를 고려 국왕으로 만들기 위해 적극적으로 나설 주체 세력이나 능력이 원 조정에는 없었다는 점이다. 다만 충혜왕과 용산 원자 사이에 약간의 갈등이 있었다는 점을 감안하면 충숙왕 사후 왕위 계승권자로서 시선을 받고 있었다는 것은 분명하다. 용산 원자는 충혜왕이 복위하고 얼마 안 있어 원에서 특별한 행적도 없이 죽는다.

이렇듯, 심왕 왕고나 용산 원자는 고려 왕위 계승에서 고려의 대상이 아니었다. 그래서 충숙왕이 죽으면서 충혜왕을 다음 고려 왕위 계승권자로 지목했던 것은 다른 대안이 없었기 때문이라는 생각이 든 것이다. 하지만 충혜왕의 고려 왕위 계승, 즉 복위 과정(2차 즉위)은 순조롭지 못했다.

충혜왕의 입원 숙위 활동

충혜왕의 복위 과정을 살피기 전에 그의 입원 숙위 활동을 먼저 짚어볼 필요가 있다. 그래야 충혜왕의 순탄치 못한 복위 과정을 제대로 알아볼 수 있기 때문이다.

충혜왕은 1차 즉위를 전후로 두 차례 입원 숙위 활동에 들어갔다. 이를 편의상 1차 숙위와 2차 숙위라고 부르겠다. 1차 숙위 활동은 1328년(충숙왕 15) 2월, 그의 나이 14세 때 입원하여 1330년(충숙왕 17) 7월 고려왕에 즉위하기 위해 환국하면서 끝난다. 이 기간 동안 원 조정에는 복잡한 황제 계승 다툼이 벌어졌는데 그 결과 엘 테무르가 정권을 장악하여 황제를 허수아비로 만들었다. 그 엘 테무르가 입원한 충혜왕을 아들처럼 여기며 가까이 지냈다는 얘기는 이미 했었다.

충혜왕은 엘 테무르의 후원을 받던 시절에 친하게 지내던 소년 무리들이 있었다. 이 무리에는 엘 테무르의 자제들과 충혜왕을 중심으로 하여 위구르 소년배들이 섞여 있었다. 사춘기 청소년들이니 특별한 정치적 집단으로 볼 수는 없지만 최고 권력자의 자제들과 고려의 세자를 중심으로 뭉쳤다는 점에서 평범한 무뢰배 집단만은 아니었다. 충혜왕의 1차 숙위 기간은 이들과 어울려 쏘다니며 노는 것이 재원 생활의 가장 큰 재미였다. 당연히 숙위 활동도 태만해질 수밖에 없었지만 최고 집권자의 후원을 받고 있으니 두려울 것도 없었을 것이다.

그러다가 부왕 충숙왕의 양위로 고려 국왕으로 즉위하기 위해 환국하면서 이런 숙위 생활이 끝난다. 하지만 충혜왕은 고려 국왕으로 환국해 즉위한 후에도 원에서 무뢰배들과 놀던 생활을 그치지 않는다. 어쩌면 충혜왕은 숙위 생활 중에 어울렸던 무뢰배들을 데리고 환국했을 수도 있다. 충혜왕의 1차 즉위 때 빈번하게 이루어진 사냥 행사는 아마 그런 생활의 연장이었을 것이다. 나이도 아직 어린데다가 그런 유협 활동에 빠진 충혜왕이 왕 노릇을 제대로 했을 리 없다. 충혜왕이 고려 왕위에서 갑자기 물러나고 부왕이 다시 복위한 것은 그런 방만한 생활 탓도 컸다.

충혜왕은 고려 왕위에서 물러나고 2차 입원 숙위 활동에 들어가는데 이게 1332년(충숙후 1) 2월 그의 나이 18세 때였다. 이때도 여전히 엘 테무르가 정권을 잡고 있어 다시 입원한 충혜왕은 그의 후원을 계속 받을 수 있었다. 아울러 1차 숙위 때 어울리던 무뢰배 소년들과의 생활도 다시 반복되었다.

2차 숙위 때의 충혜왕은 소년티를 이미 벗어났고 고려 국왕까지 역임한 바 있으니 무뢰배들과 어울려 노는 모습이나 정도도 1차 때와는 사정이 달랐다. 몸은 이미 장성했으니 이제는 술 마시고 행패부리며 여자를 희롱하는 것이 주된 일이었다. 충혜왕은 고려 왕위에서 벗어나 원 제국 최고 권력자의 후원을 받으며 이렇게 자유분방하게 노는 것에서 오히려 해방감을 만끽했을지도 모른다.

그런데 엘 테무르의 반대세력으로 바얀(伯顏)이라는 자가 있었다. 바얀은 1330년(충숙왕 17), 그러니까 충혜왕이 1차 즉위한 해에 좌승상에 발탁된 인물이었다. 물론 우승상은 권력을 잡고 있는 엘 테무르였으니까 바얀은 권력 서열 2위쯤으로 볼 수 있다. 그 무렵 바얀은 엘 테무르가 홀로 권력을 오로지 하는 것에 비판적이었다고 한다. 당연히 엘 테무르와 그 바얀의 관계는 적대적이었고 갈등이나 알력을 충분히 짐작할 수 있다.

이런 양자의 정치적 관계가 충혜왕에게 영향을 미쳤다. 바얀의 처지에서는 엘 테무르와 가까운 충혜왕이 곱게 보일 리가 없었을 것이다. 더구나 엘 테무르가 충혜왕을 아들처럼 가까이 대했다는 사실을 상기하면 바얀이 충혜왕을 곱게 볼 수 없었다는 것은 당연한 일일 것이다. 하지만 충혜왕이 왕위를 넘겨주고 2차 숙위를 위해 입원했을 때까지는 그 엘 테무르가 생존해 있던 덕에 충혜왕에게 별 문제는 없었다.

그런데 1333년(충숙후 2) 엘 테무르가 죽으면서 원 조정에 권력 변동이 일어난다. 바얀이 우승상에 오르고 권력을 장악한 것인데, 이때가 충혜왕이 왕위에서 물러나고 입원하여 2차 숙위 활동에 들어간 다음 해로서 충혜왕에게 위기가 닥친 것이다.

엘 테무르의 죽음과 바얀의 집권은 충혜왕에게 두 가지 위기를 가져다주었다. 그 하나는 엘 테무르라는 정치적 후원자를 상실했다는 점이고, 또 하나는 엘 테무르의 정권에 비판적이었던 새로운 집권자 바얀이라는 자의 견제와 탄압을 받아야 했다는 사실이다. 충혜왕과 바얀은 직접적인 이해관계는 없으나 엘 테무르와의 관계를 통해 볼 때 바얀의 탄압이나 천대를 피할 수 없었다.

하지만 충혜왕은 바얀의 탄압에 대한 저항이었는지 일탈적인 행동을 멈추지 않는다. 그러면서 숙위를 거르는 경우도 자주 생겼다. 숙위 활동이 일정한 프로그램에 따라 원 조정에서 요구하는 일정에 참여하는 일종의 연수 과정이었기 때문에 이를 거른다는 것은 당연히 보통 일이 아니었다. 게다가 숙위에 불참하는 이유가 도저히 용납할 수 없는 일이었다.

충혜왕은 무뢰배들과 어울리는 행동을 계속하면서 천방지축 날뛰는 모습이 더욱 심해졌다. 그런 일탈이 심해지던 중 충혜왕은 어느 위구르 여성을 알게 되어 사랑에 빠지는데, 그러면서 숙위 활동을 거르는 경우가 더욱 잦아졌다. 이게 새로운 집권자 바얀의 눈에 좋게 보일 리가 없었고 충혜왕에 대한 미움과 탄압은 더욱 심해졌다. 하지만 충혜왕의 숙위 생활은 좋아질 기미가 없었다.

바얀은 그 무렵 충혜왕을 가리켜 '발피撥皮'라고 불렀다고 한다. 발피는 무뢰한을 뜻하는 몽골어를 한자식으로 음역한 것인데 요즘식으로 말하자면 '건달' 혹은 '깡패' 쯤 된다. 바얀은 충혜왕을 깡패 같은 놈으로 본 것이다. 바얀이 충혜왕을 곱게 볼 수 없는 지난 관계를 감안하더라도 이런 감정적인 표현은 충혜왕의 숙위 생활이나 행동을 그대로 보여주는 것이었다.

충혜왕의 재원 숙위 생활에 문제가 많았다는 것은 고려의 충숙왕도 보고를 받고 있어 잘 알고 있었다. 충숙왕은 이즈음 충혜왕의 숙위 활동에 깊은 관심을 기울이고 있었다. 왜냐하면 다음 왕위는 충혜왕에게 물려줄 수밖에 없는데, 이를 위해서는 충혜왕에 대한 원 조정의 판단이 중요하게 작용할 수 있었고, 충혜왕이 숙위 활동에서 문제를 일으켜 원 조정의 눈 밖에 나면 모든 것이 물거품이 되고 말기 때문이다.

그런데 바얀은 충혜왕에 대해 숙위 생활을 더 이상 유지할 수 없는 상황으로 판단했다. 그래서 바얀은 충혜왕의 숙위 활동을 중단시키고 강제 환국 조치를 생각하여 황제에게 이렇게 주문했다.

"왕정王禎(충혜왕의 이름)은 본래 행실이 나쁘고 숙위에 누가 될까 두려우니 그 아비의 처소로 보내 아비로 하여금 자식을 가르치게 하소서".

한마디로 말해서 어려서부터 부모가 자식 교육을 잘못시켰으니 다시 고려에 보내 자식 교육을 처음부터 다시 시켜야 한다는 뜻이었다. 이런 바얀의 의견이 관철되어 충혜왕은 1336년(충숙후 5) 12월 숙위 생활 중에 고려에 강제 송환당한다. 2차 숙위를 위해 입원한 지 5년째 접어드는 때로 충혜왕의 나이 이제 22세였다. 이 무렵 충숙왕은 국정을 측근들에게 위임하고 방기한 채 궐 밖으로 돌면서 많은 문제를 일으키던 때였다.

충혜왕이 숙위 생활 중에 강제로 고려에 송환되었다는 것은 이미 다음 고려 왕위 계승자로서의 자격을 상실했다는 것과 같다. 최고 실

력자 바얀의 눈 밖에 났다면 더 말할 필요도 없지만 숙위 중단 자체가
그런 중대한 사안이었던 것이다.

그런데 충혜왕은 숙위 생활을 왜 그리 불성실하게 보냈을까? 이는
충혜왕의 무절제하고 충동적인 개인 성향과 무관치 않을 것이다. 바
얀이 충혜왕의 숙위 생활을 중단시키고 강제로 고려에 보내면서 황제
에게 했던 말도 그런 개인적인 성향을 문제 삼은 것이었다. 보통 개인
적인 특이 성향이나 기질은 유년 시절의 성장기를 어떻게 보냈느냐
하는 것과 관련 있다. 충혜왕은 유년 시절을 어떻게 보냈을까?

충혜왕은 고려에 송환되어 돌아온 후에도 안정을 찾지 못했다. 무
뢰배를 거느리고 사냥을 자주 나갔는데 숙위 생활 중의 자유분방한
행동을 바로잡지 못한 것이다. 어느 땐가는 무뢰배들과 미행을 나갔
다가 충혜왕인 줄 모르는 진짜 무뢰배들에게 붙잡혀 심한 손찌검을
당하기도 했다. 충혜왕은 그러면서도 그들을 처벌하지 않았으니 이를
어떻게 봐야 할지 모르겠다. 그런 불상사마저도 해방감으로 즐겼던
것일까?

그러다가 1339년(충숙후 8) 3월 충숙왕이 죽고, 충혜왕은 부왕으로
부터 고려왕으로 지명받아 이제 고려 왕위를 눈앞에 둔 것이다.

여성 편력의 시작

충혜왕은 충숙왕이 죽은 직후부터 '전왕前王'으로서 왕권을 행사하였
다. 충혜왕이 한번 왕위 오른 적이 있었기 때문에 그렇게 부른 것인

데, 그렇게나마 왕권을 행사할 수 있었던 것은 부왕이 사전에 왕위 계승자로 지목했기에 가능한 일이었다. 또한 마침 그때 충혜왕이 고려에 들어와 있어서 가능한 일이기도 하였다. 하지만 이는 '전왕'이라는 제한된 자격이었지 정식 국왕으로서의 왕권 행사는 아니었다.

충혜왕은 부왕이 죽자 바로 특사를 원으로 보내 왕위 승인을 요청했다. 부왕으로부터 왕위 계승을 내정받기는 했지만 반드시 치러야 할 중요한 관문이었다. 그런데 원 조정의 승인이 떨어지기까지에는 많은 시간이 필요했는데, 이 문제는 조금 뒤에 살펴보겠다.

왕위 승인을 원 조정에 요청한 후, 충혜왕이 맨 먼저 했던 일은 신청申靑이란 자를 잡아들인 것이었다. 신청은 역리驛吏 출신인데 하급 무관으로 일찍이 원으로 들어가 심왕을 추종하여 총애를 받았던 인물이다. 충숙왕이 마지막으로 입원하여 심왕의 저택에 머무를 당시 신청은 충숙왕의 총애도 받아 상장군에까지 오른 자였다.

신청은 충숙왕과 심왕의 관계가 좋아지면서 양쪽으로부터 모두 총애를 받았으니 양다리를 걸친 꼴이었지만, 시간이 흐를수록 충숙왕에게 기울면서 국정에 소홀한 틈을 타 권력을 이용한 농간이 심했다. 이게 충혜왕의 눈에 거슬려 충숙왕이 죽자마자 제일 먼저 하옥당한 것이었다.

그런데 이렇게 신청이란 자가 충혜왕의 첫 번째 타깃이 된 데는 단순히 충숙왕의 총애를 받은 때문만은 아니었다. 여기에는 신청이 충혜왕의 측근들을 억압하고 탄압했던 전력이 작용하고 있었다. 충숙왕은 아들 충혜왕이 고려에 송환된 뒤에도 무절제한 행동을 계속하자 신청을 시켜 함께 어울리는 무뢰배들을 잡아들였다. 그러자 충혜왕은 이 무뢰배들을 석방시키려고 신청을 불러 부탁했지만 들어주지 않았던 것이다. 충혜왕이 신청을 잡들인 것은 이에 대한 보복이었다.

충혜왕의 무절제한 행동은 폭력적인 여성 편력에서 유감없이 드러난다. 1339년(충숙후 8) 5월, 충혜왕은 홍융洪戎의 후처 황씨를 간음했다. 홍융은 충혜왕의 외조부가 되는 홍규洪奎의 아들이니 충혜왕에게는 외숙이 된다. 그의 후처 황씨는 미모가 뛰어나 소문이 자자했는데, 홍융은 그녀를 안방에 가두어두고 친척도 보지 못하게 할 정도였다. 홍융이 죽고 그 미모에 대한 소문을 들은 충혜왕이 일을 저지르고 만 것이다. 거사 후 충혜왕은 그녀에게 비단과 저포 등 후한 선물과 곡식 1백 석을 내렸다.

충혜왕의 여성 편력은 이게 시작이었다. 황씨를 간음한 며칠 후 충혜왕은 수비壽妃 권씨를 간통했다. 여기 수비 권씨는 권형權衡의 딸로 충숙왕이 복위한 직후 맞아들인 마지막 왕비이니 충혜왕에게는 서모庶母에 해당된다. 이 권씨는 처음에 전씨 집안으로 출가했는데 아비 권형이 그 가문이 좋지 않다고 하여 이혼시키려 했으나 쉽지 않았다. 그러자 권형은 충숙왕의 은밀한 내지를 받아 딸을 강제 이혼시키고 그 딸을 충숙왕에게 바친 것이다. 충혜왕은 부왕의 그 후첩을 간통한 것이다.

고려 시대에는 국왕도 이혼한 과부를 후첩으로 들인 경우가 매우 흔했다. 그 국왕의 후첩을 국왕 사후 자식이 간음한 경우도 드물지 않았다. 이를 한자어로 '烝증'이라고 하는데 손윗사람과 간통을 저지르는 것을 일컫는다. 충선왕도 그런 사례가 있었고 그 손자인 충혜왕도 이제 이런 일에 발 벗고 나선 것이다. 여담이지만 이런 문란한 성풍속은 원 간섭기에 더욱 성행하는데, 이게 혹시 원 제국의 개방된 성문화의 영향을 받은 것인지도 모르겠다.

수비 권씨와 간통한 바로 다음날, 충혜왕은 어느 환관의 아내를 또 간통했다. 그 환관의 아내가 아름답다는 소문을 듣고 측근 강윤충康允忠을 데리고 오직 그 짓을 하기 위해 그 집에 행차하였다. 원 간섭기의 환관은 부인을 거느린 경우가 많았는데, 이는 환관이 되기 전에 들인 부인일 수도 있겠지만 그보다는 아마 환관이 득세하면서 나타난 권력형 축첩으로 보인다. 그 환관은 충혜왕이 다른 마음을 먹고 온 줄도 모르고 자기 집으로 행차하자 영광으로 알고 후한 음식으로 대접했다. 사태를 파악하게 된 것은 일이 벌어진 뒤였고 강윤충은 그런 일에 바람잡이 역할을 했던 것이다.

여기 강윤충은 노비 출신으로서 충숙왕에 의해 처음에 무관으로 발탁되어 관직에 들어온 인물인데, 그는 특이하게도 강간의 전과로 유명한 자였다. 하지만 국왕의 비호를 받으며 그 후에도 별 탈 없이 관직 생활을 유지했고 나중에는 국정을 농단하는 권세를 누린다. 강윤충은 앞으로 자주 거론될 중요한 인물이니 꼭 기억해둘 필요가 있다.

충혜왕이 가장 많이 관계한 여성은 황씨 부인이었다. 그녀는 충혜왕을 맞아 자기 집에서 잔치도 벌이곤 했다니 여성 쪽이 더 적극적이었던 것 같다. 충혜왕은 이런 황씨 부인을 상대하기 위해 일종의 정력제라고 할 수 있는 열약熱藥까지 복용할 정도였다니 이 여성도 성욕에는 충혜왕을 능가했던 모양이다. 재미있는 것은 충혜왕이 열약을 복용하다 보니 관계하는 여성들이 임질淋疾에 걸리는 경우가 많았다고 한다. 충혜왕은 유명한 의승醫僧을 수소문하여 황씨 부인의 임질까지 치료해주면서 관계를 계속했다.

충혜왕은 그렇게 간통과 간음을 멈추지 않았다. 아직 원 조정이 정식 고려 국왕으로 승인하지도 않은 상태인데 그랬다. 남의 아내나 첩으로 얼굴이 잘생겼다는 말만 들으면 인척이나 신분 귀천을 가리지 않고 통했다.

이런 충혜왕의 여성 편력에는 측근에 있는 불량배나 무뢰배들이 단단히 한몫을 했다. 여자를 강제로 빼앗아오기도 하고, 심지어는 신체를 강제로 옭아매고 강간을 돕기도 했다. 이 정도 되면 성에 대한 집착이 너무 심하여 병적이라는 생각이 드는데, 그의 무절제하고 충동적인 성향과 함께 연구 대상이 아닐 수 없다.

힘든 복위 관문

그렇게 충혜왕은 성욕에만 몰입하고 있었지만 아직 원 조정에서는 고려 왕위 승인도 나지 않은 상태여서 정식 국왕도 아니었다. 앞에서 언급했듯이, 충혜왕은 부왕이 죽은 직후 왕위 승인 요청을 위해 사신을 원 조정에 파견했는데 그 사신이 이규李揆였다.

이규는 충선왕 시절부터 국왕을 호위하던 무관에서 출세한 인물인데, 원을 자주 왕래하면서 몽골어에 능통하여 사신으로도 여러 차례 발탁된 자였다. 그러면서도 정치색이 강하지 않아 충숙왕대에도 요직을 맡았고 이어서 충혜왕에게도 필요한 인물이 된 것이다. 이규가 이런 중대한 외교 사절에 발탁된 것은 몽골어 실력과 진중한 성품 덕이었다.

하지만 당시 원 조정은 충혜왕의 희망대로 움직여질 수 없었다. 숙위 시절부터 엘 테무르와 가깝다고 충혜왕을 탄압하던 바얀이 중서성 우승상(수상)으로 정권을 잡고 있었기 때문이다. 그 바얀은 당연히 충혜왕의 왕위 계승을 막고 있었다. 원수는 외나무다리에서 만난다더니 영락없는 그 꼴이었다.

바얀은 왕위 승인 요청을 위한 이규의 황제 주청을 중지시키고 아울러 정동행성에서 올리는 충혜왕의 왕위 계승을 요청하는 공식 문서의 전달도 가로막았다. 바얀의 방해는 이것으로 그치지 않았는데, 그게 바로 심왕 왕고를 대안으로 내세운 것이다.

바얀은 충혜왕이 이미 한번 왕위에 오른 적이 있기 때문에 오히려 심왕 왕고를 고려왕으로 삼는 것이 낫다는 주장을 폈다. 이는 바얀이 심왕과 어떤 관련을 맺고 있어서가 아니라 오로지 충혜왕을 밀어내기 위한 것이었다. 그러면서 바얀은 충혜왕을 '발피'라고 욕하며 비난도 멈추지 않았다.

특명을 띠고 입원했던 이규는 왕위 승인을 받기 위해 백방으로 노력했지만 뾰쪽한 수가 없었다. 이에 통역관으로 따라온 무관 전윤장全允藏을 고려에 급파하여 이 사실을 충혜왕에게 알렸다. 전윤장의 보고를 받은 충혜왕은 여기서 다른 수를 생각하는데 그게 바로 뇌물을 동원하는 방법이었다.

충혜왕은 손수경孫守卿과 함께 그 전윤장에게 뇌물을 들려서 다시 원으로 보낸다. 손수경은 충숙왕 때 무관으로 발탁되었지만 이때 충혜왕의 부름을 받아 입원하면서 이후 크게 중용된 인물이고, 전윤장 역시 충혜왕을 위해 활동하면서 이때부터 중용된다. 모두 충혜왕이 곤경에 처했을 때 앞에 나선 덕택이었다.

손수경과 전윤장이 가지고 간 뇌물은 금·은과 대정아大頂兒였다. 대정아는 큰 구슬로 모자에 다는 머리 장식품으로 인종 황제 때 충선왕이 황제로부터 받은 선물이었는데, 이를 다시 원 조정의 실력자들에게 뇌물로 바치려는 것이었다. 충선왕이 인종 황제로부터 받은 선물이라면 보통 진귀한 물품이 아니었을 텐데 다급하다 보니 이게 뇌물로 동원된 것이다.

그러나 손수경과 전윤장의 뇌물 공세도 아무런 효과가 없었다. 바얀이 버티고 있는 한 그럴 수밖에 없었다. 특사로 원에 머물고 있던 이규는 다시 사람을 보내 충혜왕에게 다음과 보고했다.

"승상(바얀)의 고집이 여전하여 다른 관청의 관리들에게 주청을 부탁하려는데 말할 거리가 없으니 본국의 재상들이 상소하여 진정하면 도모해볼 여지가 있겠습니다."

이규의 이 보고는 중서성 우승상인 바얀이 왕위 승인을 가로막고 있기 때문에 중서성이 아닌 다른 관청의 장관들에게 주청해주기를 부탁해보겠다는 것이었다. 이를 위해서 고려 재상들이 뜻을 모아 왕위 승인을 요청하는 상소를 올려주면 이를 근거로 다른 실력자들을 설득해보겠다는 뜻이었다. 충혜왕은 이규의 이 보고를 받은 즉시 국가 원로들과 재상들에게 명령을 내려 원로와 재상 확대회의를 열게 했다.

국가 원로와 재상들의 확대회의에서 충혜왕을 하루 빨리 국왕으로 승인해달라는 상소문이 채택되었다. 이 확대회의의 중심인물은 권보權溥였다. 그는 충렬왕 초에 과거에 급제하여 관직에 들어왔고, 충선왕 1차 즉위 때는 사림원詞林院에 참여하면서 개혁 정치를 주도했던 4

학사 중의 한 명이었으며, 충숙왕 초에는 수상까지 역임했었다. 권보는 이때 관직에서 물러나 80세가 다 된 나이로 국가 원로그룹의 중심에 있었다.

국가 원로그룹이나 재상들은 국정의 안정을 이유로 대체로 충혜왕의 국왕 승인에 반대하는 기류는 없었기 때문에 상소문을 채택하는 데는 큰 어려움이 없었다. 이 상소문은 바로 황제한테 올리지 않고 일단 정동행성을 거쳐 중서성에 보내졌다. 황제에게 직접 주청하는 것보다는 정식 경로를 거치면서 여론의 지지를 받으려는 속셈이었다.

상소문은 장문의 내용이었는데 우선 고려 왕위를 오래 비워둘 수 없다는 말로 시작하고 있다. 이어서 고려의 역사를 거론하며 몽골과의 관계가 시작되면서부터 지금까지의 양국 관계의 돈독함과 변함없음을 강조하였다. 그런 내용 중에는 세조 쿠빌라이와 충선왕의 각별한 인연을 특별히 거론하면서 충혜왕은 바로 그 충선왕의 적손嫡孫이라는 것을 부각시키고 고려를 안정시킬 것을 주장하고 있다.

이러한 상소문의 내용을 보면 당시 원로대신들이 충혜왕의 왕위 승인이 늦어지는 것을 국가 위기로 생각했다는 것을 알 수 있다. 그래서 마치 입성책동 당시의 반대 상소 내용을 보는 것 같은 느낌이 든다. 국가 원로나 재상들이 충혜왕의 잘못된 행동을 알고 있음에도 상소문을 채택하는 데 신속하게 의견 일치를 본 것은 그런 위기의식 때문이었다.

이 상소문이 원 조정에 올라간 것은 1339년(충숙후 8) 6월이었다. 부왕 충숙왕이 죽은 지 벌써 두 달이 넘어가고 있었다. 하지만 이 상소문도 큰 효과가 없었다. 이후에도 왕위 승인 문제는 아무런 진척이 없었기 때문이다.

계속되는 섹스 스캔들

고려 왕위 승인 문제가 해결되지 않았는데도 충혜왕은 성에 대한 병적인 집착을 버리지 못하고 있었다. 관찬 사서에는 1339년(충숙후 8) 8월, 충혜왕이 저지른 두 건의 특별한 섹스 스캔들을 기록하고 있다.

어느 사대부가의 부인인 남씨가 있었다. 이 남씨 부인은 미모가 뛰어나다는 소문이 나면서 충숙왕이 그 남씨 부인을 남편으로부터 가로채 간통하였다. 그때 충숙왕의 측근인 최안도와 김지경 등이 권력을 농단하던 시절이었는데, 충숙왕이 국정을 멀리하면서 그 남씨 부인은 차츰 충숙왕의 관심에서 멀어졌다. 그 틈을 이용하여 최안도와 김지경도 그 남씨 부인과 간통을 저질렀다.

이때가 충숙왕이 왕권 행사를 기피하며 권력을 멀리하던 시기인데, 권력욕이 쇠퇴하면 성욕도 사그라질 수밖에 없는 모양이었다. 통상의 권력자라면 도저히 용서할 수 없는 일이 아니었겠는가, 최고 통치자인 국왕의 여자를 건드린다는 것이 말이다. 권력욕과 성욕은 서로 통하는 욕망이 아닌가 싶다.

그런데 충숙왕이 죽고 그 측근들도 사라지면서 그 남씨 부인은 임자 없는 몸이 되고 말았다. 미모가 뛰어나다는 소문만 들으면 참지 못하는 우리의 충혜왕이 이를 놓칠 리 없었다. 충혜왕도 그 남씨 부인과 사통했는데, 한 번의 사통으로 끝낼 수 없었으니 이 여성을 지속적으로 관리하는 것이 문제였다. 충혜왕이 생각해낸 방법은 이 남씨 부인을 자신의 측근인 노영서盧英瑞의 아내로 만들어주고 자신은 남씨 부인과 지속적으로 관계를 유지하는 것이었다.

여기 노영서라는 인물 또한 일찍부터 성 스캔들로 이름을 날린 자였다. 충혜왕이 처음 원으로 들어가 숙위할 무렵 노영서가 함께 수행하면서 원에 머물렀는데 대도에 있는 어느 위구르 족의 집에 거처를 정했다. 이때 노영서는 그 위구르 족 아내와 몰래 간통을 저지르다 들통나 원의 관청에 고소를 당한다.

이 사건으로 노영서는 관가에 끌려가 곤장을 맞고 고려로 추방당하는 수모를 겪었다. 이 정도면 국제적인 스캔들이라고 할 수 있는데, 충혜왕은 그런 노영서의 추문도 괘념치 않고 즉위 후 벼슬을 내리고 측근으로 삼았다. 스캔들로 두 사람이 서로 통하는 바가 있었던 모양이다.

그런 노영서였기에 충혜왕의 섹스 파트너인 남씨 부인을 관리하는데 적격이었을 것이다. 하지만 고양이에게 생선가게 맡긴 격으로 노영서 자신도 그 남씨 부인을 관리만 하지는 않았을 것이다. 그 정도는 충혜왕 쪽에서도 묵인하리라 생각했을 테니까 기꺼이 감행했으리라. 원 간섭기는 그런 시대였고 충혜왕은 그 시대를 마음껏 향유했던 것이다.

이런 면으로 보면 충혜왕은 권력에 초연했다고도 볼 수 있다. 부왕인 충숙왕이 권력을 멀리하여 관계한 여성들을 방치했다면, 아들 충혜왕은 권력에 초연하여 관계한 여성들을 개방했다는 생각도 든다. 왕 부자의 여성 편력을 통해 권력에 대한 성향도 미루어 짐작할 수 있으니 재미있는 일이다.

충혜왕과 관련된 또 하나의 사건은 더욱 기가 막힌 섹스 스캔들이었다. 남씨 부인을 노영서의 아내로 만들어준 일주일 뒤 충혜왕은 경화공주를 강간하는 일을 저지른다. 경화공주는 부왕 충숙왕이 입원했을 때 마지막 세 번째로 들인 원 공주 출신의 왕비였다. 그러니 후첩도 아니고 부왕의 정식 왕비이며 원 공주인데도 충혜왕은 일을 저지른 것이다.

경화공주가 사저로 충혜왕을 초대하여 잔치를 베푼 것이 화근이었다. 측근 몇몇과 잔치에 참석한 충혜왕은 술자리가 끝났는데도 자리를 뜨지 않고 취한 척하며 기회를 엿보고 있었다. 이에 경화공주도 이상한 낌새를 챘는지 물러나와 다른 방으로 자리를 피해버렸다. 충혜왕이 그런다고 물러설 위인이 아니었다. 공주가 침실로 든 것을 알아채고 충혜왕은 날이 어두워지기를 끈기 있게 기다렸다. 어둠이 내리자 충혜왕은 측근 송명리宋明理와 몇몇을 데리고 공주의 침실로 뛰어들었다.

여기 송명리 역시 충혜왕의 측근으로 상장군에까지 오른 인물인데, 충혜왕의 궐 밖 미행을 도맡아 수행하고 온갖 놀이와 잔치를 주관하는 자였다. 그는 한마디로 말하면 충혜왕 주변의 무뢰배들을 관리하면서 주색잡기를 거들고 지원하는 충혜왕의 심복이었다.

충혜왕과 그 무리들이 침실로 뛰어드니 경화공주는 깜짝 놀라 일어나는데, 설마 충혜왕이 침실에까지 들어올 줄은 미처 예상하지 못했던 것이다. 하지만 사태는 이미 돌이킬 수 없이 진행되고 있었다. 덤벼드는 충혜왕에 대해 경화공주가 저항하니 송명리 등 무뢰배들이 공주의 몸을 붙들어 꼼짝 못하게 만들고 입을 틀어막았다. 충혜왕의 음행을 도운 것으로 이건 간음이 아니라 분명한 강간이었다.

욕을 당한 경화공주는 이 일을 부끄럽게 여기고 원으로 돌아가고자 하였으나 충혜왕의 방해로 이마저도 이룰 수 없었다. 분하기도 하고 억울하기도 한 공주는 폭행당한 사실을 낱낱이 조적에게 알렸다. 조적은 이 무렵 왕위 승인을 받지 못한 충혜왕 대신에 물망에 오른 심왕을 위해 일을 꾸미고 있었는데, 이것이 다음에 설명할 조적의 반란으로 이어지는 계기가 된다.

충혜왕은 성욕을 해소하는 데 그렇게 거칠 것이 없었다. 26세의 혈기 왕성한 나이 때문만은 아니고 이는 분명 병적인 문제였다. 섹스에 대한 집착은 존재의 불안에서 오는 경우가 많다고 한다. 충혜왕이 만약 섹스를 통해 자신의 존재를 확인하려 했고, 그런 존재의 불안 때문에 섹스에 매달렸다면 그 존재의 불안은 어디서 오는 것이었을까?

충혜왕의 존재적 불안은 아무래도 원 공주 출신 왕자인 용산 원자를 고려하지 않을 수 없을 것 같다. 충혜왕은 용산 원자보다 열 살 위였으니까 충혜왕의 사춘기 시절은 그 용산 원자에게 왕위를 빼앗길 수 있다는 불안의 시기였을 것이다. 충혜왕이 처음 입원 숙위하여 원에서 생활하던 동안에도 그 용산 원자를 항상 라이벌로 의식하면서 자신의 존재에 대한 위협으로 받아들였을 것이다. 그때 사춘기의 충혜왕이 원에서 무뢰배 소년들과 일탈적인 생활을 지속했던 것도 그런 존재적인 불안감의 표출이 아니었을까 생각한다.

충혜왕이 궁녀와 환관의 집에서 자랐다는 기록도 있는데, 이는 그의 존재적 불안을 이해하는 데 중요한 대목이다. 이게 어느 때의 일인지 불확실하지만 원에서 숙위 생활을 하던 사춘기 때의 일은 아닌 것 같다. 원에서 숙위 생활을 하던 충혜왕이 궁녀나 환관의 집에서 생활했다는 것은 있을 수 없는 일이기 때문이다. 그렇다면 충혜왕이 궁녀나 환관의 집에서 자랐다는 것은 입원 숙위에 들어가기 전의 일이었을 것이다.

그래서 충혜왕이 궁녀와 환관의 집에서 자란 것은 어린 유년기 때의 일이라고 볼 수밖에 없는데, 이는 분명히 정치적 의도가 있는 조치였다. 생모인 명덕태후 홍씨가 생존해 있는데도 궁녀나 환관의 집에서 성장했다면 이는 다음 왕위에서 제외하려는 의도밖에 다른 생각을 해볼 여지가 없기 때문이다. 원 공주의 소생이 아니라는 이유에서 말이다. 그렇다면 충혜왕의 이러한 유년기 생활은 정치적으로 희생을 강요받는 시기로, 존재에 대한 위협이나 거세 공포를 피할 수 없었을 것이다.

　또한 충혜왕의 그러한 성장 환경은 정서 발달에도 중요하게 작용했다고 본다. 모후와 격리되어 생활하는 동안 사랑의 결핍에 따른 심리적 불안이나 충동 성향 같은 것도 쌓였을 것이기 때문이다. 이런 충혜왕의 성장 환경은 인내심이 부족하고 충동적이며 예측할 수 없는 행태를 드러내는 바탕이 되었음이 분명하다. 이후 숙위를 위해 입원한 충혜왕이 원 제국의 청소년들과 탈선을 일삼았던 것도 어쩌면 당연한 귀결로 보인다.

　한편, 크게 보면 충숙왕대의 비정상적인 정치 환경도 충혜왕의 성격 형성과 무관치 않았다고 판단된다. 충혜왕의 유년기는 조부 충선왕의 위세가 하늘을 찔러 부왕은 존재감을 거의 드러내지 못한 시기였다. 충선왕 사후에는 심왕 무리들의 책동으로 또 왕권이 위협받으면서 부왕이 시달림을 당한 시기였다. 이어지는 입성책동은 왕조의 존립까지 위태롭게 했다. 이런 왕권에 대한 위협이나 왕조의 존립에 대한 정치 사회적 위기는 충혜왕의 성장기를 더욱 불안하게 만들었을 것이고 이는 다시 충혜왕의 내면에까지 영향을 미치지 않았을까?

여러 추측을 동원했지만, 충혜왕의 유년기나 사춘기는 개인적으로 나 정치 사회적으로 뭔가 결핍되고 박탈당한 환경 속에 있었고 정서적으로도 안정되지 못한 불안한 시기였다고 할 수 있다. 충혜왕이 섹스나 여자에 대해 병적으로 집착했던 것은 그런 성장 환경에서 누적된 불안이나 충동적인 성향 때문이었다고 본다.

조적의 반란

1339년(충숙후 8) 8월 24일, 그러니까 충혜왕이 경화공주를 강간한 지 보름 뒤의 일이다. 조적과 그를 따르는 무리들이 야밤에 충혜왕이 거처하는 별궁을 습격하는 사건이 일어났다. 이를 조적의 난이라고 부른다.

사건의 발단은 앞서 얘기한 충혜왕이 경화공주를 강간한 일에서 비롯되었다. 강간당한 경화공주가 폭행당한 사실을 조적에게 낱낱이 알린 것이다. 조적은 충숙왕이 죽기 직전 좌승상에 임명되어 당시 수상으로 있었다. 자타가 공인하는 심왕당의 핵심 인물을 수상에 앉힌 것은 충숙왕과 심왕 사이의 화해 분위기 때문이었지만 충숙왕의 옹색한 입장을 보여주는 것이기도 했다. 경화공주가 그 조적에게 도움을 요청한 것이다.

조적은 애초에 충혜왕의 음행에 대해 비판을 삼가며 애써 거리를 두고 있었다. 그 이유는 충혜왕을 옹호해서가 아니라 아직도 왕위 승인을 받지 못한 상태여서 결국에는 심왕에게 기회가 올 수 있다는 판단 때문에 관망 중이었다. 시기가 문제일 뿐이지 조적은 분명 심왕을 위해 기회를 엿보고 있었던 것이다. 그러니까 경화공주가 자신이 당한 일을 조적에게 알린 것은 그런 정치적 맥락을 알고 있었기 때문이다. 경화공주는 충혜왕에게 복수할 인물로는 조적밖에 없다고 판단했던 것이다.

경화공주에게서 사건의 전말을 들은 조적은 홍빈洪彬을 비롯한 정동행성의 관리들 여럿과 함께 충혜왕이 거처하는 궁궐로 달려갔다. 이들은 그동안 충혜왕이 저지른 여성 편력이나 음행에 대해 비판적이며 조적에게 동조하는 사람들이었다.

조적을 비롯한 이들이 무리를 지어 충혜왕에게 달려간 것은 군사적 변란은 아니었지만 노골적인 실력행사로 충혜왕에 대한 커다란 압박이었다. 당시 충혜왕은 국왕의 본궁(연경궁)에 거처한 것이 아니라 별궁에 거처하고 있었다. 아마 아직 고려 왕위에 대한 원의 승인이 떨어지지 않은 상태라서 그런 것 같다.

조적에게 동조한 홍빈은 본관이 남양(경기)으로 선대부터 대도에 살면서 원에서 관직도 역임했던 인물이었다. 그는 원나라에 체류 중인 충숙왕이 곤경에 처할 때마다 적극 옹호하면서 충숙왕과 인연을 맺었고, 충숙왕이 원에서 환국해 복위할 때는 함께 들어와 도첨의찬성사(정2품)를 제수받고 아울러 정동행성의 이문소理問所를 관장했던 인물이다. 이때 수상이 조적이었으니 홍빈은 관직 서열 2위의 아상이었다.

정동행성의 이문소는 죄인의 치죄를 담당하는 정동행성의 핵심 부처로 고려 국왕도 함부로 할 수 없었던 권력기관이기도 했다. 조적이 홍빈과 정동행성의 관리들을 끌어들인 것은 바로 그런 위상 때문이었다.

조적과 홍빈 등의 무리들이 달려간 충혜왕의 별궁에는 충혜왕을 평소 따르던 무뢰배들이 궁궐 문을 굳게 지키고 있어 들어갈 수 없었다. 조적의 무리는 힘의 열세를 느끼며 하는 수 없이 돌아서는데 충혜왕이 뒤쫓아 나오면서 조적을 불러 세웠다. 조적의 형세가 범상치 않음을 느끼고 회유하려는 것이었지만 조적은 대응하지 않고 돌아서 나와버렸다.

조적은 그곳에서 멀지 않은 영안궁으로 들어가 충혜왕 주변의 무뢰배들을 모두 제거하겠다고 선언하였다. 영안궁은 경화공주가 거처하는 궁궐인데 거사 본부로 삼으려는 것이었다. 조적의 최종 목표는 충혜왕을 축출하는 것이었지만 더 많은 사람들을 끌어들이기 위해 우선 국왕 주변의 무뢰배 제거만을 외친 것이다.

며칠 사이에 여기에 호응한 많은 전현직 관리들이 영안궁으로 모여들면서 새롭게 세력을 규합할 수 있었다. 그중에는 전직 장군 출신이나 과거에 급제하여 현직에 있으면서 촉망받는 중견 관리들도 더러 눈에 띄었다. 그동안 조야를 막론하고 충혜왕 주변 무뢰배들의 횡포에 불만이 많았던 탓에 상당히 많은 사람들이 여기에 동조했던 것이다.

조적이 세력을 규합하고 있다는 소식을 들은 충혜왕은 더 세력이 커지기 전에 먼저 공격할 것을 꾀하고, 인승단印承旦과 전영보에게 20여 기의 기마병들을 이끌고 영안궁을 공격하도록 했다. 여기 인승단은 충렬왕 때 제국대장공주의 수행원으로 고려에 들어와 권세를 부리다 고려에 귀화한 인후印候의 아들이고, 전영보는 충숙왕의 측근 인물로 앞서 이미 거론된 인물이다. 이들은 기마병을 이끌고 영안궁에 도착했지만 문이 폐쇄되어 들어갈 수가 없었다. 이에 충혜왕 측에서는 조적을 불러 만나기를 요청했지만 나오지 않았는데, 역시 회유하기 위한 것이었을 것이다.

충혜왕이 보낸 기마병들이 물러가자 조적은 영안궁에서 본격적인 진용을 차려 방어 전략을 세웠다. 그동안 조적의 반란 소식을 듣고 모여든 두세 명의 장군 출신 무장들을 중심으로 지휘관을 삼고, 몇몇 현직 관리들에게는 본궁에서 가져온 국새를 영안궁에 두고 이를 굳게 지키게 하였다. 이로써 별궁에 근거를 두고 있는 충혜왕 측과 영안궁에 근거한 조적의 반군이 완전히 맞서는 형국이 되었다. 며칠이 지나지 않아 양측의 세력은 균형을 이루면서 일촉즉발의 팽팽한 긴장감이 감돌았다.

세력 균형 속에서 심리전도 등장했다. 평양에서 온 어떤 자가 심왕이 이미 고려왕이 되었다고 선전하였다. 당시 심왕은 평양에 머물고 있었는데 충혜왕의 세력을 약화시키려는 거짓 선전이었다. 바로 뒤이어 원에서 들어온 어떤 인물은 충혜왕이 고려 왕위를 계승하게 되었다고 거짓 선전을 하기도 했다.

결국 싸움은 누가 고려 국왕이 되느냐는 것이었고, 이는 원 조정의 결정으로 판가름난다는 뜻이었다. 그런 심리전 중에도 충혜왕 측이 조금 유리했던 것 같다. 그것은 어찌됐든 충혜왕이 고려 왕위를 계승할 공산이 크다는 사람들의 현실 인식 때문이었을 것이다.

충혜왕 측에서는 그런 여론에 힘입어 도성 곳곳에 다음과 같은 방을 붙였다. 이 역시 심리전으로 조적의 무리를 반역 세력으로 규정하고 구심력을 약화시키기 위한 전략이었다.

'조적의 무리가 조정을 두려워하지 않고 무기를 들어 사람들을 위협하여 반역을 도모하고 나라를 어지럽히니 그 죄가 이보다 더 클 수

가 없다. 관리들 가운데 올바른 길로 돌아오는 자는 용서할 것이다.'

이어서 충혜왕은 이조년에게 정동행성의 관리와 재상들을 소집하게 하여 다음과 같은 유시를 내렸다. 이조년은 충숙왕이 원에 억류당했을 때 국왕을 위해 앞장섰고, 충혜왕이 입원 숙위 중에 탈선을 일삼을 때는 충언을 아끼지 않았던 믿을 만한 인물이었다.

"조적이 오랫동안 심왕의 신복臣僕이 되어 몰래 다른 뜻을 키워왔는데 그대들은 어찌하여 그에게 협조하느냐?"

조적의 가장 큰 약점을 찌른 것이다. 조적이 힘으로야 어느 정도 맞설 수 있었지만 심왕 옹립 책동이라는 지난날의 행적 탓에 저항의 명분이 약했다. 또다시 심왕을 옹립하려는 작란으로 여러 사람들에게 받아들여질 공산이 컸기 때문이다. 이 말을 전해들은 조적은 즉시 다음과 같은 논리로 대응하였다.

"내가 정승이 되어 전왕(충혜왕)의 황음무도한 행동을 보고도 조정에 보고하지 않으면 그 죄가 나에게 있다. 전왕이 비록 나를 죽이고자 하나 나는 두려워하지 않는다."

충혜왕은 조적의 행동을 반란으로 규정한 데 비해, 조적은 충혜왕의 황음무도한 행동만을 문제 삼고 있다. 조적의 말대로라면 그의 거사는 당장은 반란이 아니었다. 충혜왕을 부정하지는 않았기 때문이다. 하지만 그건 겉으로 내세운 구실에 불과하고 실제는 충혜왕을 축출하여 고려 왕위에서 밀어내려는 수단에 불과했다. 그러니 충혜왕 측에서는 조적의 무리를 반란으로 규정할 수밖에 없었다.

그런 사정을 모를 리 없는 조적은 일단 방어를 철저히 했다. 영안궁으로 들어오는 모든 궁문에 수레를 연달아 묶어 방어벽을 치고 충혜왕 측의 공격에 대비하였다. 하지만 문제는 그렇게 방어에만 치중한다고 해서 거사가 성공하지는 않는다는 점이다. 궁극적으로는 충혜왕을 축출하고 심왕을 옹립해야 성공하는 것이기 때문이다. 심왕 옹립은 차후 문제라 하더라도 최소한 충혜왕을 고려 왕위 계승권에서 완전히 밀어내야 하는 것이다. 조적 측에서 방어에만 치중할 수 없는 이유였다.

마침내 그날 8월 24일 밤, 조적은 군대를 편성하여 충혜왕의 별궁으로 쳐들어갔다. 그동안 끌어 모은 군사도 천여 명에 달하고 이를 지휘할 전직 장군 출신 무관도 서넛이나 되어 정면 승부를 해볼 만하다고 생각한 것이다. 천여 명의 군사에게 붉은 천을 잘라 옷에 붙여 표식을 삼게 하고 여덟 개의 소부대로 편제하여 지휘 체계를 세웠다.

그렇게 충혜왕의 별궁을 향하여 쳐들어가는데, 어떻게 알았는지 충혜왕 측에서는 기마병을 앞세우고 미리 나와 포진하고 있었다. 이어서 조적의 군대가 공격도 하기 전에 먼저 충혜왕 측에서 선제공격을 해왔다. 기마병을 앞세우고 전진하면서 배후에서 화살을 쏘는 군대를 조적의 군대는 당해낼 방도가 없었다. 게다가 충혜왕은 직접 군대를 지휘하면서 선봉에 나서고 있었다. 조적의 군대는 순식간에 질서가 흐트러지고 달아나기 시작했다.

조적의 군대는 정식 군대가 아니라서 무기가 변변치 않았고 군사 수에 비해 지휘 체계도 좀 허술한 점이 있었다. 전직 장군이 있었지만 소수였고 대부분 군사 경험이 없는 자들이 지휘를 맡았으며, 무기도 칼이나 활을 가진 자보다는 몽둥이를 든 자들이 대부분이었다. 그러니 밀릴 수밖에 없었다.

조적의 군대는 후퇴를 하던 중에 충혜왕의 팔을 화살로 맞히는 전과를 올리기도 했지만 전세를 바꾸지는 못했다. 계속 밀려 결국 다시 영안궁 안으로 피신하게 되었다. 궁문 앞에 수레를 연이어 쳐놓은 방어벽에 포장을 씌워 날아오는 화살을 막게 했지만 기마병으로 이루어진 충혜왕의 선봉대는 이를 쳐부수고 영안궁 안으로 쏟아져 들어왔다. 조적의 군대는 더 이상 어떻게 해볼 도리가 없었다. 주변에서 조적에게 망명을 권유했지만 거절하고 경화공주가 있는 건물로 급히 피신했다. 하지만 이미 여기까지 쫓아 들어온 충혜왕의 군사들에게 화살 세례를 받고 조적은 여기서 최후를 맞는다. 그의 시신은 며칠 후 순마소 남쪽 다리 밑에 전시되었다.

이어서 충혜왕의 군사들은 경화공주를 찾아 가택연금시키고 국새를 회수하였으며, 조적의 군대를 지휘했던 자들은 모두 체포하여 순마소에 하옥시켰다. 다만 조적에 가담했던 홍빈과 정동행성의 관리들은 용서했는데, 이는 이후에 전개될 원과의 관계를 고려한 조치로 보인다.

충혜왕은 체포된 자들을 김윤金倫과 한종유로 하여금 신문케 하였다. 한종유는 충숙왕 때의 핵심 인물로 앞에서 거론했고, 김윤은 충숙왕이 원에서 억류당했을 때 심왕의 책동에 맞섰던 인물이다. 김윤은 특히 여러 사건에 대한 재판관으로도 이름이 높았으니 이 사건의 조사관으로는 적격이었다.

신문 결과 조적의 반란에 가담한 자들은 대부분 조적의 지시와 사주를 받아 참여한 것으로 드러났다. 이어서 충혜왕은 기마병을 평양으로 급파하여 심왕을 체포하려고 했지만 그는 이미 그곳을 뜬 뒤였다. 심왕은 평양에서 조적의 거사를 주시하다가 실패한 기미를 알아채고 원으로 도주한 것이다.

그리고 1339년(충숙후 8) 9월 김인연과 노영서가 원으로 들어갔다. 충혜왕의 고려 왕위 승인을 다시 요청하기 위한 것이었다. 그 결과가 주목되는데 이제 충혜왕의 앞날은 원 조정에서 조적의 반란을 어떻게 판단할지에 달려 있었다.

충혜왕의 복위

조적의 반란이 어느 정도 진정된 1339년(충숙후 8) 11월, 원 중서성에서 단사관斷事官 두린頭麟 등을 사신으로 파견했다. 단사관은 사건의 판결을 위한 사신이니 원 조정에서 조적의 반란에 대한 판결을 하려는 것이었다. 이런 단사관의 동향에 누구보다도 민감한 사람이 바로 충혜왕이었다. 아직도 원으로부터 국왕 승인을 받지 못한 상태였으니 말할 필요도 없다.

충혜왕은 원의 단사관이 도착했다는 소식을 듣고 선의문 밖으로 나아가 맞이하였다. 단사관 두린은 충혜왕보다도 우선 경화공주를 찾아 황제의 선물과 안부를 전했다. 이를 보면 당시 원 조정에서는 경화공주에 대한 충혜왕의 강간 사건을 인식하고 있었음을 알 수 있다.

이어서 두린은 충혜왕의 처소에서 국새를 회수하여 경화공주에게 가져다주었다. 국새를 경화공주에게 맡겼다는 것은 아직 충혜왕의 왕위 계승을 승인하지 않는다는 뜻이었다. 조적의 반란에 대한 최종 판결이 나온 후에야 충혜왕의 왕위 승인에 대한 가부가 결정될 것이었다.

그런데 이 국새 문제에서 《고려사》와 《고려사절요》의 양대 관찬 사서의 내용이 엇갈린다. 《고려사절요》에는 국새를 경화공주에게 주었다고 기록하고 있지만 《고려사》에는 충혜왕이 받았다고 기록하고 있다. 만약 《고려사》에 근거하여 이때 국새를 충혜왕에게 주었다면 충혜왕은 이로부터 고려 왕위 계승을 이미 승인받았다는 뜻이 된다. 여기서는 《고려사절요》의 기록을 따라 이야기를 전개시키고 있지만, 왜 이런 중요한 사건에서 서로 엇갈린 기록이 나오게 되었는지 궁금하다.

원 조정에서는 고려 왕위 계승을 승인 혹은 동의하는 과정에서 국새를 대단히 중요시했다. 국새國璽라고 표현하기도 하고 국왕인國王印이라고 하기도 했는데 국왕인이라는 표현을 더 많이 사용했다. 충선왕은 1차 즉위 후 7개월 만에 갑자기 국왕인을 회수당하면서 왕위를 빼앗겼다. 또한 충숙왕도 입원하여 국왕인을 회수당함으로써 왕권을 정지당했으며, 충혜왕이 원에 체류하면서 1차 즉위할 때는 고려에 사신을 파견하여 충숙왕의 국왕인을 취하여 재원 중인 충혜왕에게 줌으로써 왕위 계승이 이루어졌다.

이로써 보면 원 조정에서는 국왕인(국새)을 주거나 뺏음으로써 고려 왕위를 통제하는 수단으로 활용했다는 것을 알 수 있다. 그래서 원의 단사관 두린이 국새를 경화공주에게 주었는가, 아니면 충혜왕에게 주었는가 하는 문제는 충혜왕의 왕위 계승 승인 문제와 관련하여 중요한 것이다.

경화공주에게 국새를 맡긴 단사관 두린은 이어서 김지겸金之謙과 김자金資에게 임시로 나라 일을 맡겼는데 역시 충혜왕을 아직 인정하지 않겠다는 뜻이었다. 김지겸과 김자는 지금까지 크게 사건에 휘말리지 않았던 중립적인 인물이었다.

그리고 사흘 후 원의 단사관은 충혜왕을 비롯하여 조적의 반란에 가담했던 핵심 인물들을 잡아들여 원으로 데리고 갔다. 김지겸과 김자에게 국사를 대행케 했던 것도 실은 충혜왕을 소환하려는 사전 조치였다고 할 수 있다. 이런 대목을 참고하더라도 국새는 경화공주에게 돌아간 것이 옳을 듯하다.

조적이 반란을 일으킨 것이 명백한데도 충혜왕까지 원으로 소환한 것은 원 조정의 실력자로 그때까지 건재했던 바얀의 의지가 반영된 조치였다. 충혜왕에게는 불길한 일이었지만 피할 수 없는 일이었다. 이때 충혜왕을 따라 함께 입원한 인물들이 이조년, 김인연, 한종유, 노영서, 강윤충 등으로 충혜왕의 측근이거나 도움을 줄 수 있는 자들이었다.

그런데 충혜왕이 소환될 때 특별히 함께 동행한 인물이 있었는데 바로 김윤이었다. 김윤은 조적의 난을 수사했던 인물로, 그때 강압적인 수단을 쓰지 않고 순조롭게 자백을 받아 사건을 공정하고 명쾌하게 잘 처리했다. 반란 사건에 대한 그의 수사 결과는 원 조정에까지 보고되었는데 오히려 충혜왕이 소환당하는 처지가 된 것이다.

충혜왕이 김윤을 특별히 부른 것은 그가 조적 반란 사건의 진상을 자세히 알고 있으니 자신에 대한 변호를 고려한 것이었다. 김윤은 지금까지의 처신으로 보아 충분히 그럴만한 인물이었다. 뒤늦게 부름을 받은 김윤은 따로 충혜왕의 뒤를 좇아 압록강에서 합류하여 함께 입원하였다.

원으로 들어간 충혜왕은 1340년(충혜후 1) 1월 바로 형부에 하옥되고 만다. 김윤을 비롯한 충혜왕을 따랐던 인물들도 역시 함께 하옥되었는데, 조금 이상한 점은 조적의 반란에 가담한 자들은 무사했다는 사실이다. 이런 편파적인 조치 역시 바얀의 의지가 반영된 것이었다. 충혜왕은 이래저래 궁지에 몰린 것이다.

이어서 원 조정에서는 중서성, 추밀원, 어사대, 한림원, 종정부 등 중앙 핵심 5부의 관원들을 동원하여 사건 관련자들을 여러 가지로 심문하였는데, 특히 충혜왕 측의 인물들을 철저히 조사했다. 심문 과정에서 조적의 난에 가담했던 자들과의 대질 신문도 이루어졌다. 이 과정에서 사건을 맡았던 김윤의 변호가 큰 힘을 발휘하여 충혜왕과 그 주변 인물들은 겨우 궁지에서 벗어날 수 있었다.

조적의 반란에서 충혜왕 측이 궁지에서 좀 벗어났다고 해서 충혜왕이 곧바로 고려 국왕으로 승인받는 것은 아니었다. 좀 더 유리한 위치에 서기는 했지만 넘어야 할 큰 벽이 있었다. 그것은 자신에게 사감이 많은 바로 원 조정의 군벌 실력자 바얀이었다. 바얀이 권력을 쥐고 있는 한 충혜왕의 왕위 승인은 쉬운 일이 아니었기 때문이다. 게다가 바얀은 충혜왕에게 감정을 가지고 조적의 무리들과 대질시키려고 하여 충혜왕 측의 인물들에게 분노를 사기도 했다.

그중 이조년이 특히 바얀의 조치에 대해 분노했다. 이조년은 여러 차례 바얀을 만나 충혜왕을 위해 호소하려고 했지만 삼엄한 경비로 그를 만날 수가 없었다. 그럴 즈음 바얀이 사냥 나간다는 소문을 듣고 길가에 엎드려 죽음을 무릅쓰고라도 호소하려는 계획을 세운다. 이를 위해 이제현에게 호소문을 작성해줄 것을 부탁하고 당일 아침 목욕재계하고 나서려는데 바로 그때 바얀의 실각 소식을 접했다.

바얀이 실각한 것은 1340년(충혜후 1) 2월이었다. 바얀은 그때 하남 행성 좌승상이라는 지방 장관으로 축출되고 이어서 원지로 유배되었는데 그가 이렇게 갑자기 실각한 이유에 대해서는 정확히 드러나 있지 않다. 바얀의 실각 직후 중서우승상(수상)을 맡은 자가 마찰아태馬札兒台인데, 그의 집권은 오래가지 못하고 그해 10월 수상은 다시 탈탈脫脫(톡토)로 바뀐다. 여기 톡토가 수상을 맡으면서 원 조정은 다시 군벌에 의한 장기집권이 시작된다.

바얀의 실각만으로도 충혜왕에게는 행운이었다. 1340년(충혜후 1) 3월, 채하중이 원에서 돌아와 황제가 충혜왕을 석방시키고 복위를 승인해주었다는 반가운 소식을 고려 조정에 전한 것이다. 아울러 원 조정의 새로운 집권자 톡토의 의지가 반영되었다는 것도 알려주었다. 당시 톡토는 어사대부로서 아직 수상은 아니었지만 실질적인 권력을 쥐고 있었던 것 같다.

어쨌든 이제 충혜왕은 궁지에서 벗어나 비로소 고려 왕위를 정식으로 계승한 셈이 되었다. 1차 즉위 후 두 번째 복위로, 부왕 충숙왕이 죽은 지 정확히 1년 만의 일이었다. 충혜왕은 그해 4월 환국하였는데 별 의미가 없다고 생각했는지 즉위식도 갖지 않았다.

충혜왕은 환국 직전에 원에서 수상을 새로 임명했다. 한악을 우정승으로, 윤석을 좌정승으로 한 양두 체제였다. 두 사람 모두 충혜왕의 1차 즉위에서 수상을 잠시 맡은 적이 있었지만 이들의 성향은 서로 달랐다. 한악은 국왕에 대한 충성심이 어느 정도 있었지만, 윤석은 앞서 자주 언급했듯이 정권 교체에 따른 변신에 능하여 신뢰하기 힘든 인물이었다. 그럼에도 윤석을 다시 수상에 앉힌 것은 이런 자들이 국왕의 입맛을 잘 맞추기도 했지만, 부원배를 배제하고는 국정을 이끌어가기 힘들었기 때문이다.

그런데 1년도 안 되어 이들 수상은 채하중과 이능간李凌幹으로 교체된다. 이능간은 처음 충선왕에 의해 발탁되어 청렴함으로 신뢰를 받다가 충숙왕 때도 중용되어 입성책동을 저지한 공으로 일등공신에 책정된 인물이다. 채하중과 이능간, 이 양자의 성향도 반대인데 채하중은 심왕당의 핵심 인물로 역시 크게 신뢰할 수 없는 자였다. 이렇게 수상을 빈번히 교체한 것은 관료집단에 대한 통제를 겸한 것으로 충성심을 이끌어내기 위한 수단으로 보인다.

환국한 직후 충혜왕은 이조년을 정당문학(종2품)으로 임명했다. 이조년의 임명은 원에 소환당했던 충혜왕을 위해 적극 변호한 보답이었다. 하지만 이조년은 재원 시절부터 충혜왕에게 바른말을 잘해 밉보인 것도 여러 차례였다. 충혜왕에게는 조심스러운 존재인데도 발탁한 것은 그의 변함없는 충성심 때문이었다.

기황후

그런데 복위한 충혜왕의 처지에서 정말 눈치를 보지 않을 수 없는 사람이 있었다. 바로 기황후奇皇后였다. 충혜왕이 원에서 환국한 직후인 1340년(충혜후 1) 4월, 원 조정에서는 기 씨奇氏를 책봉하여 제2황후로 삼았는데, 이 여성이 순제 토곤 테무르의 두 번째 황후다.

기황후의 몽골식 이름은 완자홀도完者忽都(울제이호톡) 황후였다. 순제의 두 번째 황후가 된 기 씨는 원으로 들어가 황후에까지 오른 이 시대의 입지전적인 고려 여성이다. 지금으로 말하자면 미국으로 이민 간 한국 여성이 백악관 퍼스트 레이디가 된 것이나 다름없으니 말이다.

기황후의 본관은 행주幸州로 그 고조는 최충헌이 집권할 때 상장군을 지낸 기윤숙奇允肅이었다. 기윤숙은 후에 문하시랑평장사(정2품)에 까지 오르는데, 성품이 사치하고 호협하여 권력에 잘 붙어서 벼슬을 두루 지냈다는 평가가 관찬 사서의 연대기에 남아 있다. 그리고 기황후의 아버지는 충선왕 때 총부산랑(정6품)까지 지내다 죽은 기자오奇子敖인데 고조 기윤숙 이후에는 크게 현달하지는 못한 것으로 보인다. 이런 사정을 통해 기황후의 행주 가문은 그 선조는 불확실하지만 무인 집권기 때 크게 현달했다가 원 간섭기에 들어서 조금 쇠퇴한 양반 사대부 가문으로 볼 수 있다.

기황후의 어머니는 금마(전북 익산)를 본관으로 하는 이행검李行儉의 딸이었다. 기황후의 외조가 되는 이행검은 그 아버지 이주李湊와 함께 과거에 급제하였고 《고려사》에 입전된 인물로 나온다. 외조 이행검은 충렬왕 때 상당히 청렴강직한 인물로 활동했으며, 청요직과 문한직을 거쳐 활동하다가 관직에서 물러나고 형옥을 담당하는 전법사의 전서 (정3품)로 치사하였다. 이를 보면 기황후의 모계는 부계에 못지않은 정통 양반 사대부 가문이라는 것을 알 수 있다.

기 씨가 원으로 들어간 계기는 분명치 않다. 공녀貢女로 끌려갔다고 보통 알려져 있지만 역사 기록에 공녀라는 표현은 보이지 않고 순제의 후궁으로 선발되어 들어가 두 번째 황후가 되었다고 한다. 이런 경우를 공녀라고 해야 할지는 모르겠지만 강제로 끌려간 것은 분명 아니었던 것 같다.

공녀도 강제로 끌려간 경우만 있었던 것은 아니고 자진해서 딸을 공녀로 바친 관료들도 많았다. 또한 그 대상도 힘없는 일반 백성의 여식뿐만이 아니라 위로는 종실 여성에서부터 고위 관료나 양반 사대부가의 여식들도 예외가 아니었다. 게다가 원에서 공녀를 요구하는 주체도 다양하여, 위로는 원 황실에서부터 원 조정의 고위 관료나 혹은 고려에 들어오는 원의 사신이 개인적으로 공녀를 요구하는 경우도 많았다. 때로는 입조하는 고려 국왕이나 공주 출신의 왕비가 자발적으로 공녀를 선발하여 데리고 간 경우도 허다했다.

기 씨는 원의 황실에서 선발하는 궁녀로 뽑혀 들어간 것이었으니 크게 보아 공녀였다고 볼 수도 있을 것이다. 그녀가 언제 선발되어 들어갔는지는 나타나 있지 않지만 짐작은 해볼 수 있다. 원의 황실에 궁녀로 들어간 기 씨는 처음에 차 심부름을 하면서 순제를 모셨다고 하니, 그녀의 입원은 순제의 즉위 직전이나 직후로 보인다. 그러니까 충숙왕이 복위한 이후쯤이었을 것이다.

그런데 궁녀였던 기 씨가 순제를 가까이 모시게 된 배경에는 고려인 출신 환관 고용보高龍普의 추천이 큰 힘이 되었다. 고용보는 독만실아禿滿悉兒(투만다르)라는 몽골명을 쓴 인물로 원 조정에 입사한 환관이었다. 그 고용보가 궁녀로 들어온 시골뜨기 고려 처녀 기 씨를 순제에게 추천한 것이다. 고용보가 기 씨를 순제에게 연결시켜준 과정이나 배경에 대해서는 분명하게 드러난 게 없는데, 이후 두 사람은 정치적으로 긴밀한 관계를 맺는다. 이에 대해서는 조금 뒤에 자세히 살펴볼 것이다.

그 후 기 씨는 황제의 차 수발을 들면서 영리하고 민첩하게 비위를 잘 맞추어 순제의 총애를 한몸에 받게 되었다. 이로 인해 순제의 황후 답납실리答納失里(다나시리)의 시기와 질투를 여러 차례 받아 욕을 당하기도 했다. 기 씨를 핍박한 이 다나시리 황후가 바로 문종·영종 황제 때의 집권자 엘 테무르의 딸이었다. 이때 엘 테무르는 죽고 없었는데 아마 죽기 직전 황제에게 딸을 들인 것으로 보인다.

혈혈단신 들어간 제국의 황실에서 기 씨가 살아남는 방법은 황제의 총애밖에 없었을 테니까 그녀가 감당할 수모나 인내는 적지 않았을 것이다. 황제는 군벌들 간의 각축전 속에서 큰 힘은 없었지만 그나마 기 씨가 의지할 데는 황제밖에 없었다. 원 조정의 권력 변화가 가파르게 진행되면서 기 씨 역시 한시도 안심할 수 없는 상황이었던 것이다.

그런 권력 판도 속에서 엘 테무르의 사후 그 아들인 당기세唐其勢와 탑라해搭剌海가 권력을 되찾기 위해 쿠데타를 일으키는데, 여기에 다나시리 황후가 연루되어 축출되고 마침내 죽임을 당하고 만다. 엘 테무르의 친족 세력이 완전히 소탕된 것이다. 이게 1337년(충숙후 6)의 일인데, 이 쿠데타를 진압하고 권력을 잡은 인물이 앞에서 거론했던 바로 바얀이었다.

황후가 공석이니 다시 정식 황후를 세워야 했는데 이번에는 백안홀도伯顔忽都 황후가 책봉되었다. 이 황후는 온순했던지 예절 바른 태도로 시기도 하지 않아 황제의 사랑을 독차지한 기 씨로서는 조금 안심하게 되었다. 게다가 이 황후는 아들 진금眞金을 생산했지만 일찍 죽어, 이 무렵 아들을 생산한 기 씨에게는 절호의 기회가 찾아온 것이다.

순제는 황후가 반대하지 않자 당장 기 씨를 제2황후로 세우려고 했다. 하지만 이번에는 집권자 바얀이 반대하고 나섰다. 바얀이 기 씨를 반대한 이유는 고려인 출신이라는 이유 때문으로 보이는데, 이는 그가 충혜왕의 왕위 계승을 반대했던 것과도 맥락이 통했다. 이 무렵 충혜왕도 바얀의 반대에 부딪혀 복위 승인을 받아내지 못하고 있었던 것이다. 하지만 행운의 여신은 기 씨 편이었는지 바얀이 얼마 안 있어 실각하고 만다.

바얀이 실각한 것은 1340년(충혜후 1) 2월이었고 기황후의 책봉은 그해 4월이었다. 기황후에 대한 책봉 사실은 《원사》〈후비전〉에 '완자홀도 황후 기 씨'로 정확히 기록되어 있다. 그녀의 제2황후 책봉 소식은 복위 승인이 떨어진 충혜왕이 환국한 직후 바로 고려에 전달되었다.

기황후의 책봉과 충혜왕의 복위는 바얀의 실각으로 똑같이 입은 혜택이었다. 기황후가 황후로 책봉되기 전의 궁녀 시절에 충혜왕은 원 조정에서 2차 숙위 생활을 했는데, 20대 초반으로 나이도 비슷했을 두 사람은 원 조정에서 대면하면서 서로 알고 지냈을 것이다. 하지만 충혜왕은 기황후의 책봉을 축하만 해줄 수 있는 그런 처지가 결코 아니었다. 한 사람은 고려 국왕에 오르고, 또 한 사람은 일개 궁녀에서 마침내 제국의 황후로 등극했으니 두 사람의 관계가 그리 우호적이지는 않을 것 같다는 생각이 들기 때문이다.

기황후의 정치적 수완은 대단했다고 보인다. 그녀의 정치적 자질은 일상생활에서도 나타났다. 단호하면서도 영민한 성품으로 속마음을 겉에 드러내지 않으면서 고전과 역사서를 늘 가까이하며 역대 황후들의 현명함을 배우고 모범으로 삼았다고 한다. 또한 제국 전역에서 올라오는 공물이나 진상품도 먼저 태묘에 올리지 않고서는 손을 대지 않았다고 하며, 대도에 기근이 들 때는 황후전의 재정을 털어 구휼에 앞장서면서 아사자를 10여 만 명이나 장사지내주었다고 한다. 이를 정치적 처신이라고 쳐도 이런 모습을 보는 사람들은 그녀를 제국의 진정한 황후라고 생각했을 법하다.

성욕과 폭력

복위한 후에도 충혜왕의 성에 대한 욕망은 그칠 줄 몰랐다. 1341년(충혜후 2) 3월, 충혜왕은 권한공의 두 번째 부인 강 씨가 얼굴이 잘생겼다는 소문을 듣고 측근 장군을 시켜 몰래 궁중에 데려 오게 하였다. 권한공은 충선왕의 최측근 인물로서 충숙왕 때 심왕 옹립 책동에도 가담한 적이 있지만 이때는 정치를 떠나 조용히 지내고 있었다.

이 무렵이 되면 충혜왕의 성에 대한 집착을 모르는 신하가 없어서 한번 국왕이 점을 찍으면 자기 부인이라도 포기해야 한다는 사실을 대부분 알고 있었다. 그래도 드러내놓고 간통을 저지를 수는 없어서 비밀리에 일을 추진했지만 피해 남자 측에서는 알고도 모르는 척하는 경우가 많았다. 권한공도 그랬던 것 같다.

그런데 엉뚱한 데서 문제가 불거졌다. 그 강씨 부인을 몰래 궁중으로 데리고 오기로 한 그 무장이 그만 배달사고를 저지르고 만 것이다. 그 무장이 그 강씨 부인을 먼저 간통해버린 것이었다. 충혜왕의 여성 편력이 무도하고 광범위해서 배달자는 그런 유혹에 빠지기 쉬웠다. 이럴 경우 그 여자만 입을 다물면 문제가 드러나지 않지만, 사후 뒤처리가 시원치 않았던지 이 일을 충혜왕이 알게 된 것이다.

충혜왕은 이 일을 어떻게 처리했을 것 같은가? 그 강씨 부인과 그 무장을 한자리에서 몽둥이로 때려죽이고 말았다. 성은 권력과 마찬가지로 나눌 수 없는 것이었다. 최고 권력자의 성을 나누어 갖는다는 것은 곧 최고 권력자에 대한 도전이었다. 아무리 성욕을 남발하는 권력자라도 이를 침해하는 자는 용서할 수 없었으리라. 권력을 남용하는 독재자일수록 권력에 대한 도전을 용납하지 않듯이 말이다.

또한 충혜왕은 신하들의 집에 행차하는 경우가 많았다. 그럴 경우 대부분은 특정 여성을 점찍어두고 성욕을 풀기 위한 것이 목적이었다. 충혜왕이 점찍은 여성들은 사대부 집의 부인에서부터 그 후첩이나 계집종에 이르기까지 신분 고하를 가리지 않았다. 아울러 이런 일에는 국왕 주변에서 항상 바람 잡으며 거드는 자들이 있었다.

1341년(충혜후 2) 11월 국왕의 총애를 받으며 그런 일을 거드는 무뢰배 하나가 충혜왕으로부터 험한 폭행을 당하는 일이 일어났다. 이 사람은 고려인이 아니라 충혜왕이 원에서 숙위 생활할 때 가까이했다가 데리고 온 자였다. 충혜왕의 측근에서 주색잡기를 거드는 무뢰배들 중에는 그런 자들이 많았는데, 충혜왕은 측근의 그 무뢰배에게 곤장을 치고 혀를 불태우는 폭력을 가했다. 그것으로도 부족했던지 그 자의 음경을 불로 지지는 만행을 저질렀다. 이런 험한 성적인 폭행을 당한 것을 보면 그 자는 충혜왕의 여자를 잘못 건드린 것이 분명했다.

이렇듯 충혜왕의 여성 편력은 시간이 흐를수록 상식적인 정도를 넘어서고 병적인 집착으로 나타났다. 그런 와중에 측근에서 사고를 일으키다 화를 당한 경우가 심심찮게 일어났던 것이다. 경제적 치부로 말하자면 떡을 주무르다 보니 떡고물이 손에 묻을 수밖에 없는 것인데, 그럼에도 충혜왕은 이를 용서치 않고 폭력적으로 응징한 것을 보면 권력에 민감한 만큼 성에 대한 독점욕도 강했던 것 같다.

그런데 앞서 정당문학에 임명된 이조년은, 충혜왕이 복위한 후에도 불량배를 가까이하면서 계집질에 남의 재산 약탈까지 서슴지 않으며 잡다한 오락에 빠지는 것을 간언하다가 수용되지 않자 벼슬을 그만두고 낙향해버린다. 1341년(충혜후 2) 12월의 일이었다.

충혜왕의 탈선이 왕권의 파탄으로 이어질 것을 이조년은 그때 예감했는지도 모르겠다. 복위한 후에도 충혜왕은 탈선과 일탈을 거듭하면서 국왕으로서의 진정한 모습을 전혀 보이지 못했으니 말이다. 이조년의 사퇴 변을 잠깐 인용해 보겠다.

"전하께서는 어찌하여 왕위에서 물러나 고생하시던 때를 잊으십니까? 이제 무뢰배들이 왕의 위엄을 빌려서 부녀자를 약탈하고 재산을 빼앗아 백성들은 즐거움을 갖지 못하고 있습니다. 신은 화가 조석에 다가올 것 같은데 이것은 걱정하지 않고 잡다한 오락이나 즐기십니까? 신이 국은을 지나치게 받자와 벼슬이 정당문학에까지 이르렀으니 이로써 만족합니다. 오직 전하께서 재량껏 하시옵소서."

충혜왕은 이조년의 사퇴를 받아주지 않았다. 하지만 이조년은 물러나와 '왕은 지금 나이가 한창이어서 욕정을 마구 드러내는데 나는 이미 늙어서 아무 도움도 되지 못한다. 물러나지 않으면 반드시 화가 내게 미칠 것이다'라는 말을 던지고 고향으로 내려가 죽을 때까지 나오지 않았다. 이조년은 현직에 있으면서 충혜왕에게 직언을 아끼지 않던 거의 유일한 신하였다.

기씨 친족들

기황후의 아버지 기자오는 딸이 황후로 책봉될 때 죽고 없었다. 원 조정에서는 1343년(충혜후 4) 10월에 기자오를 영안장헌왕榮安莊獻王으로 추증하고, 생존한 어머니는 영안왕대부인榮安王大夫人으로 책봉했다. 모두 기황후의 요청으로 이루어졌다는 것은 말할 필요도 없다.

기황후는 5남 1녀의 형제자매 중에서 제일 막내였다. 형제를 차례로 나열해보면, 기식奇軾·기철奇轍·기원奇轅·기주奇輈·기윤奇輪, 그리고 기황후였다. 첫째 기식은 일찍 죽고, 둘째 기철과 셋째 기원은 봉군되었는데 이는 기황후의 덕을 크게 본 것이었다. 그중에서 특히 둘째 기철의 활약은 두드러지는데 이는 뒤에서 설명할 것이다.

기황후가 순제의 두 번째 황후로 책봉된 1340년에 기황후는 이미 황제와의 사이에 아들을 두고 있었다. 몽골명 애유식리달랍愛猷識理達臘(아유시리다라)인 이 아들이 나중에 순제의 황태자로 책봉된다. 이 황태자는 순제가 죽은 후 1370년(공민왕 19)에 황제를 계승하는데, 이때는 명이 대륙의 주인공을 차지하고 몽골 제국은 북으로 쫓겨나(북원) 쇠잔한 상태였으니 큰 의미는 없었다.

기황후는 충혜왕에게 옥상옥과 같은 존재였다. 지금까지 고려 국왕들이 눈치를 보지 않을 수 없는 원 조정이나 황제와는 별개로 도저히 넘어설 수 없는 또 다른 벽이었다. 고려 여성 출신이라는 기황후의 존재 자체도 벽이었지만, 그 친족 형제들이 현재 고려에 생존하여 거주하고 있었다는 것도 대단히 신경 쓰이는 문제였다.

기씨가 황후로 책봉되었다고 해서 당장 충혜왕에게 어떤 압박이 가해지지는 않았지만 충혜왕으로서는 그녀의 권위나 위상을 왕권을 수행하는 과정에서 의식하지 않을 수 없었다. 더구나 그녀 소생이 황태자가 된다는 것은 기황후의 장래 권력까지 보장해주는 것으로서, 아무리 쇠퇴하는 제국의 황후라 해도 일시적인 대응이나 임기응변으로 대처해서 끝날 일이 결코 아니었다.

또한 충혜왕에게는 기황후의 오라버니를 비롯한 그 친족들을 상대하는 것도 버거운 일이 아닐 수 없었다. 기황후는 멀리 떨어져 있으니 그렇다 치더라도, 가까이 있으면서 조정에도 참여하고 있는 그 오라버니와 친족들이 더욱 문제였다. 이들이 기황후를 등에 업고 위세를 부리려들면 왕권을 위협할 수 있고 국왕 정도는 우습게 대할 수 있기 때문이다.

실제 충혜왕과 기황후 다섯째 오라버니인 기윤이 직접 부딪힌 사건이 있었다. 1341년(충혜후 2) 11월, 충혜왕이 내시 전자유田子由의 집에 행차하여 그의 아내인 이씨를 간통하려다 미수에 그친 사건이 있었다. 이런 일에는 항상 국왕의 측근에서 도와주는 자들이 있었는데 이 사건에서는 환관들이 그런 바람잡이 역할을 했다. 하지만 사건이 미수에 그치자 충혜왕의 보복이 두려웠는지 전자유는 아내 이씨와 함께 도망쳐버렸다.

그런데 피해자인 내시 전자유의 아내 이씨가 바로 기윤의 친족이었다. 기윤은 그 사건 소식을 듣고 전자유와 가까운 내시들을 끌어들여 충혜왕의 간통을 곁에서 도운 환관들을 찾아 구타하는 폭행을 벌였다. 사건의 장본인인 충혜왕을 건드리지는 못하고 대신 국왕 주변 인물들에게 앙갚음을 한 것인데, 국왕에 대한 도전이나 다름없는 일이었으니 충혜왕이 가만있을 리 없었다.

충혜왕은 기윤의 폭행에 가담한 내시를 잡아들이기 위해 그들의 집을 수색하고, 이튿날에는 기윤의 집까지 수색하였으나 기윤의 방해로 잡을 수 없었다. 충혜왕은 직접 기윤의 집에 행차하여 그를 불러내 은근한 술자리까지 마련해놓고 몰래 수색했으나 그 내시를 끝내 잡지 못했다. 환관 폭행을 주도한 기윤은 잡아들이지 못하고 폭행을 도운 내시만을 잡아들이려 했으니 충혜왕 역시 기윤을 건드리기에는 조심스러워 했던 것 같다.

충혜왕으로서는 이 일을 이대로 끝내기에는 꺼림칙한 일이 아닐 수 없었다. 사건의 주범인 기윤에 대해서는 눈앞에 두고도 전혀 손을 쓰지 못했기 때문이다. 그러던 차에 좋은 계기가 찾아온다.

충혜왕이 사랑하던 계집종이 하나 있었다. 이 계집종이 처음에는 노비로 지내다가 나중에는 사기를 팔아 생활하면서 사기옹주砂器翁主라고 세상에서 불렸다. 옹주라고 부른 것을 보면 충혜왕의 사랑을 한때 독차지했던 것 같다. 이 사기옹주의 아비는 장사를 하는 임신林信이란 자였는데 충혜왕은 그 딸에 대한 보답으로 이 자를 대장군(종3품)에 임명했다.

충혜왕은 기윤에게 보복하기 위해 대장군에 임명한 여기 임신을 사주하였다. 임신에게 기윤의 사소한 꼬투리를 잡아 그를 구타하도록 시킨 것이다. 사건이 공론화되면서 임신과 기윤 사이에 소송이 일어나자 충혜왕은 당연히 임신의 편을 들었고, 나중에는 기윤의 집을 헐어버리는 보복을 정확히 행사했다.

이 사건을 보면 충혜왕의 배짱도 보통은 아니었던 것 같다. 아직 젊은 무모함 때문인지, 아니면 기씨 일족에게 굴복할 수 없다는 치기 때문인지는 모르겠지만 말이다. 기윤도 충혜왕에게 그런 일을 당하고 가만있지는 않았을 텐데 그 후 사건 전개에서 특별한 게 없는 것으로 보아 기윤 측에서 일단 눌러 참은 것 같다.

하지만 기윤이 이 사건을 마음에 끼고 있으리란 것은 분명하다. 충혜왕도 기윤의 배후에는 기황후가 존재한다는 사실을 모르지는 않았을 것이다.

공신 책정, 영합 혹은 회유

어지러운 국정 속에서도 충혜왕은 관료집단을 추스를 목적이었는지 1342년(충혜후 3) 6월 대대적인 공신 책정을 단행했다. 조적의 반란과 이어지는 원으로부터의 소환 때 자신을 도운 자들에 대한 논공행상이었는데, 그가 복위하여 국왕으로서 단행한 가장 큰 일이기도 했다.

공신 책정에는 일등공신 32명, 이등공신 18명으로 도합 50명이었다. 부왕인 충숙왕 때는 두 차례에 걸쳐 일, 이등공신 합하여 90명에 달했는데 그것에 비하면 오히려 적은 편이었다. 하지만 충숙왕 때는 이등공신이 많은 데 비해 충혜왕은 일등공신을 더 많이 책정하여, 일등공신만 비교하자면 두 왕대의 공신 수는 비슷하다.

이때 충혜왕에 의해 일등공신에 든 자들은 충혜왕이 원으로 소환될 때 따랐던 이조년, 김인연, 한종유, 노영서, 강윤충과, 변호를 맡았던 김윤 그리고 홍빈 등이었다. 여기에 수상을 맡았던 윤석, 채하중, 이능간 등도 선두에 포함되어 모두 32명이었다.

일등공신에 든 홍빈은 조적의 반란에서 조적 편에 섰던 자였다. 그런 그를 공신으로 책정한 것은 홍빈이 원에서 나고 자라면서 원에서 관직 생활도 했던 경력과 관련이 있다. 이로 인해 홍빈이 고려보다는 원 조정에 연고를 가지고 있었으며 아울러 정동행성의 관직을 지니고 있었기 때문으로 보인다. 이런 경우 국왕도 함부로 하기 힘든 껄끄러운 상대인데, 아마 이러한 홍빈의 사회적 배경을 고려한 회유가 아니었나 생각한다.

이번 일등공신에는 이조년도 포함되었다. 그는 이미 충혜왕에게 사퇴를 고하고 낙향했지만 일등공신에 들어갔다. 그의 직언이 충혜왕의 귀에 거슬리기는 했겠지만 충성심은 누구보다도 강했기 때문이다. 또한 이제현도 이번 일등공신에서 눈에 띄는 인물이다. 이제현은 충선왕의 총애를 한 몸에 받다가 충숙왕 때는 반대로 소외되어 관직 없이 지내다가 이제 충혜왕에 의해 일등공신에 든 것이다.

이번 공신 책정에서 가장 눈에 띄는 인물은 윤석이다. 그는 이전 충숙왕 때 두 차례, 이번 충혜왕 때 한 차례, 모두 세 차례에 걸친 공신 책정에서 한 번도 빠지지 않고 일등공신에 들었다. 이것만 봐도 윤석은 이 시대의 독특한 인물이라는 점을 다시 확인할 수 있는데, 이 정도 되면 국왕도 무시 못할 존재였을 것이다. 함부로 내쳤다가는 그의 성향으로 보아 오히려 국왕에게도 위해를 가할 수 있는 인물이라고나 할까.

사실 왕권이 제대로 확립되지 않은, 혹은 왕권을 제대로 행사하지 못하는 국왕의 공신 책정은 관료집단에 대한 영합이나 회유의 성격을 크게 벗어날 수 없다. 앞서 충숙왕이 그랬고 지금 충혜왕 역시 그런 공신 책정의 의미를 크게 탈피하지 못한 것이다. 이 시대는 힘 있는 부원배로서 누구라도 마음만 먹으면 원 조정에 줄을 대고 국왕을 궁지로 몰아넣을 수 있는 저력이 있었기 때문이다.

조적이나 채하중 등 심왕 옹립 책동에 가담한 인물들은 국왕의 눈 밖에 났다가 그에 대한 앙심으로 국왕을 궁지로 몰아넣은 대표적인 인물들이었다. 윤석도 방치했다간 그럴 가능성이 농후한 자로 볼 수 있었다. 그래서 공신 책정을 좀 더 심하게 표현하자면 그런 배반을 미연에 막기 위해 국왕이 관료집단에 아부한 것에 다름아니었다.

하지만 이들 충혜왕대의 공신 역시 충숙왕의 공신과 마찬가지로 국왕에게 충성을 바칠지는 의문이다. 충성은 고사하고 배신만 하지 않아도 공신 책정은 성공한 정치라고 볼 수 있을 것이다.

환관 고용보와 기황후

앞서 고려인 출신 환관 고용보의 추천을 받아 궁녀였던 기황후가 황제 순제를 모시게 되었다는 얘기를 했었다. 당연히 기황후와 고용보의 정치적 관계는 그 이후에도 변함없이 계속된다. 게다가 세계 제국의 궁정에서 함께 생활한 같은 고려인 출신이라는 점에서 두 사람의 관계는 반드시 주목할 필요가 있다.

고용보가 어떻게 환관이 되어 원 조정에 입사하게 되었는지는 자세히 드러나 있지 않지만 그의 활동이 역사 기록에 두드러진 것은 기황후가 제2황후로 책봉된 이후였다. 이후부터 그는 고려인 출신으로 제국의 궁정에서 활동한 대표적인 환관이 되었다. 충렬왕 때부터 원 조정에 입사한 고려 환관들은 그 위세가 대단했는데, 이들 환관의 권력과 위세에 대해서는 이전의 책《혼혈 왕, 충선왕》에서 자세히 언급했으니 생략한다.

그런데 고용보는 기황후가 제2황후로 책봉된 직후 원에서 자정원사資政院使에 임명되었다. 이는 고용보가 환관으로서 뿐만 아니라 원 황실의 중책을 맡은 것으로 고려인 출신의 최고 실력자로 부상했다는 것을 말해준다. 고용보가 언제 자정원사에 임명되었는지는 정확하게 나타나 있지 않지만, 이는 말할 필요도 없이 기황후가 발탁한 것이었다. 기황후가 이름 없는 일개 궁녀 시절에는 고용보의 도움을 받았지만 이제는 기황후가 고용보를 이끌어 양자가 서로 밀어주고 끌어주는 관계였던 것이다.

고용보가 맡은 원의 자정원사라는 직책이 기황후와 그의 정치적 관계를 말해준다. 자정원사는 자정원資政院의 정2품 장관직인데, 자정원은 기황후가 황후로 책봉된 후에 휘정원徽政院을 고친 것이었다. 그 휘정원은 처음에 황태후의 업무를 주관하는 부서였고, 이와 더불어 황태자를 보필하는 저정원儲政院 혹은 첨사원詹事院이 별도의 독립기구로 존재했다.

저정원 혹은 첨사원은 처음에 세조 쿠빌라이 때 황태자를 보필하는 관부로 설립되었다가, 황태자가 죽자 그 업무가 휘정원으로 합쳐지고 기능도 황태후의 업무만을 보좌하는 것으로 바뀐다. 그 후 휘정원은 황태자가 책봉되어 실권이 주어질 때는 다시 첨사원 혹은 저정원으로 분리 독립되고, 그렇지 않을 때는 다시 휘정원으로 통합되어 황태후를 보좌하는 기능만 하는 것이었다.

그런데 기황후가 제2황후로 책봉된 직후 이 휘정원의 명칭을 자정원으로 바꾼 것이다. 그러니까 자정원은 오로지 기황후의 업무만을 보좌하는 기구로서 기황후에 의해 만들어진 것으로 황후궁의 재정 문제를 관장하는 곳이었다. 기황후는 황후로 책봉된 후 흥성궁興聖宮에 거처했으니까 자정원은 바로 이 흥성궁의 재정 및 사무를 총괄하는 부서였다.

고려인 출신 환관 고용보는 그렇게 새로 설치한 그 자정원의 장관직을 맡은 것이었다. 물론 기황후가 기획하고 발탁한 것이었으니 이것만 봐도 고용보는 기황후의 최측근 인물로 자리 잡았음을 충분히 짐작할 수 있다. 이러한 사실들은 두 사람이 서로를 필요로 하여 정치적으로 밀착되어갔음을 그대로 보여주는 것이다.

어쩌면 고용보는 기황후를 순제에게 추천했을 뿐만 아니라 그녀가 제2황후로 책봉되는 과정에도 큰 도움을 주었을 것이다. 그러니 자정원의 장관직이 그에게 돌아갔던 것인데, 이를 보면 새로이 자정원을 설치한 것도 고용보의 아이디어였는지도 모른다.

그렇게 고용보는 기황후와의 관계 속에서 원 조정의 실력자로 부상하였고 점차 영향력을 키우면서 충혜왕도 무시 못할 정도의 환관으로 성장하는데, 그는 1341년(충혜후 2) 2월 충혜왕에 의해 완산군完山君으로 책봉된다. 그러니까 충혜왕이 고용보를 봉군封君해준 것은 그의 위세나 기황후와의 정치적 관계를 감안한 보험 같은 것이었다.

그런데 1342년(충혜후 3) 6월, 원에서는 고용보와 사신을 보내와 기황후의 어머니 이씨를 위해 잔치를 벌였다. 충혜왕도 따로 사신들을 위해 잔치를 벌였고, 며칠 뒤에는 고용보를 별도로 초대하여 연경궁에서 잔치를 벌였다. 고용보와 이번 사신들은 기황후의 어머니 이씨를 원으로 모셔 가기 위한 행차였는데, 황후가 된 딸의 요청이라는 것은 말할 필요가 없다.

그해 8월에는 이씨 부인 집에서 전별연이 벌어지고 여기에 충혜왕도 행차하여 참석하였다. 이씨 부인은 이때 충혜왕의 환송을 받고 원으로 들어갔다가 다음해 4월 다시 환국하였다. 환국한 이씨 부인을 위해 충혜왕은 그 집에 행차하여 다시 잔치를 벌여 환영해주었다. 이씨 부인의 마음은 딸이 세계 제국의 황후가 되고 그 덕분에 제국의 화려한 궁궐까지 구경하였으니 말로는 다 형용할 수 없었으리라. 하지만 충혜왕에게는 이런 일들이 여러 가지로 부담스러웠을 것이다.

기황후가 환관 고용보를 파견하여 자신의 어미를 모시도록 했던 것은 양자의 관계가 앞으로도 계속 되리라는 것을 보여주고, 고용보를 통해 고려 국정에 영향력을 행사할 것임도 충분히 예상할 수 있다. 충혜왕으로서는 기황후를 의식하지 않을 수 없었지만, 고려에 들락거리는 그 측근 고용보 역시 도저히 무시 못할 존재였던 것이다. 고용보는 기황후의 대리인과 같은 존재였기 때문이다.

그 고용보를 통해 기황후는 고려의 국정에 간여하고, 결국에는 충혜왕을 원으로 납치해가는데 이 문제는 조금 뒤에 살펴보겠다.

성욕과 축재

충혜왕이 사랑했다는 사기옹주를 앞서 얘기했었다. 그 사기옹주는 상인의 딸로서 충혜왕의 사랑을 깊게 받았는데 그 이유가 강한 성욕에 있었다.

충혜왕은 난잡한 성욕을 드러내면서 일종의 정력제인 열약을 복용하곤 했었다. 이로 인해 많은 상대 여성들이 충혜왕의 강한 성욕을 감당하지 못했다고 한다. 하지만 사기옹주만은 충혜왕을 잘 감당하면서 왕과의 사이에 석기釋器라는 아들까지 두었다.

1342년(충혜후 3) 2월, 충혜왕은 미색이 뛰어나다는 이유로 홍탁洪鐸의 딸을 화비和妃로 삼았다. 화비는 책봉된 지 며칠 만에 충혜왕이 발길을 끊어 버림받고 말았는데, 궁중에 들이지도 않고 신하의 집에 두고서 충혜왕의 왕래에 편하게 하였으니 책봉만 해주었지 정식 후비도 아니었다. 하지만 사기옹주가 이 사실을 알고 시기하므로 충혜왕은 사기옹주를 은천옹주銀川翁主로 책봉해주었다.

왕성한 성욕으로 여러 여성을 상대하는 충혜왕으로서는 이런 여성 관리도 신경 쓰이는 일이었을 것이다. 《고려사》에는 충혜왕의 비공식 후궁이 백 명이나 되었다고 하니 놀라운 일이다. 아마 실제 그와 관계했던 여성은 그 이상이었을지도 모른다.

활발한 성욕을 드러내면서 충혜왕은 한편으로 재산을 증식하는 데도 열심이었다. 재산 증식을 위해 마련한 것이 직세職稅였다. 직세는 관직에 있다가 낙향한 관리들에게 징수하는 세금이었는데, 이런 징세에 대한 발상은 충혜왕의 측근에 있는 자들이 주장한 것이었다. 과세

기준은 6품 이상 관리는 포 150필, 7품 이하는 100필, 산직散職은 15필로 정해졌다. 듣도 보도 못한 정말 희한한 세금이었다.

이 소문을 듣고 낙향한 관리들은 가족을 데리고 산속으로 숨어들거나 배를 타고 섬으로 도피하는 일이 벌어졌다. 충혜왕은 그 측근들을 각도에 파견하여 산택에 불을 질러 수색하고 도주한 자들의 친족에까지 손을 뻗쳐 닦달하였다. 이에 온 나라가 소란하였고 백성들의 원망이 가득했다고 한다.

경상도에서는 산원(정8품)의 동정직(임시직)으로 있던 어떤 백성이 이 직세를 감당하지 못하고 욕을 당하자, 그 딸이 머리카락을 잘라 팔아 베로 바꾸어 납부하고 아비와 함께 목매어 자살하는 일도 있었다. 측근들 중에서는 이런 무모하고 명분 없는 과세를 폐지해야 한다고 건의하는 자도 있었으나 그로 얻은 축재가 상당했던지 당장 그만두지 못했다.

충혜왕은 이렇게 직세로 거두어들인 베를 의성고義成庫·덕천고德泉庫라는 창고를 만들어 축재했고, 이것이 가득차자 새로 보흥고寶興庫를 조성하여 들였다. 이렇게 창고에 모아진 베나 재화는 가끔 출고하여 저자에서 점포를 열기도 했다. 혹은 이런 베나 재화는 측근을 시켜 수만 필씩 원으로 가져가 팔아오게 하였다. 특히 고려의 저포는 원에서 대단한 인기 품목이었으니 돈을 버는 데는 그만한 상품도 없었던 것이다.

충혜왕은 음란하고 방종하며 무모하면서도 재리를 계산하는 데는 매우 정확했다고 한다. 아마 이런 자질은 재원 생활 중에 얻은 것으로 제국의 무역이나 상업 발달을 보고 배운 수법이 아닐까 생각된다. 이런 것은 국왕으로서의 자질과는 너무나 거리가 멀지만 그나마 충혜왕을 긍정적으로 봐줄 수 있는 면이라고 판단할 수도 있을 것이다.

충혜왕의 축재는 직세로만 그치지 않았다. 선세船稅를 만들어 징수하기도 하니 배를 갖지 않은 사람들까지 피해를 보기도 했다. 때로는 산삼을 채취하기 위해 강원도에 관리를 파견하기도 하였다. 산삼이 귀해 그 양이 충분치 못하면 애먼 백성들을 핍박하여 직세를 강요하기도 했다. 이런 산삼 같은 것도 측근들을 시켜 원으로 보내 팔게 하였으니 충혜왕의 상업 수완은 보통이 아니었던 것 같다. 이때부터 고려 인삼이 세계에 알려졌던 모양이다.

그런데 진짜 궁금한 점은, 충혜왕이 왜 그리 축재에 안달했을까 하는 것이다. 국왕으로서 재산을 모아 어디에 쓰려고 그랬을까? 국왕을 위한 재정이 무한대로 지출되지는 않을지라도 일국의 국왕이라면 일상생활에 불편하지 않을 정도의 재정은 되었을 텐데 말이다. 당시 왕실 재정에 특별한 문제가 있었던 것일까?

충분한 증거가 없어 조심스럽지만, 당시 왕실의 재정은 원의 통제를 받고 있지 않았을까 생각된다. 국가의 재정과 왕실의 재정을 명확히 구분하기 어려운 시대였으니까, 이는 당연히 국가의 재정에도 통제나 규제로 작용했을 것이다. 게다가 원의 황실에서나 조정의 권력자들은 고려의 토지나 군현 단위의 지역을 경제적으로 지배하는 경우도 있었다. 그렇다면 조세로 거두어들이는 수입도 크게 줄어들 것이다. 이런 사정이 겹쳐 왕실 재정을 어렵게 만들고, 이에 따라 국왕도 축재에 발 벗고 나서는 일이 생기지 않았나 싶다.

충혜왕은 축재에 열을 올리면서 성욕도 왕성하게 드러냈는데, 성욕을 푸는 대상에서 공신들의 부인도 예외가 아니었다. 1343년(충혜후 4)

3월 군부판서(정3품) 배전裵佺의 집에 행차하여 그 처를 간음했다. 당시 배전은 원에 머물고 있었는데 그 틈에 일을 벌인 것이다. 이뿐이 아니었다. 그때 배전의 집에는 그 누이도 있었는데 그 여자까지 해치웠으니 올케 시누이 관계에 있는 두 여자를 한꺼번에 간음한 것이다. 이런 충혜왕을 어찌해야 하나. 그 배전은 일등공신에 든 자였다.

그해 5월에는 또 윤환尹桓 아내 유씨를 범했다. 윤환은 재상에까지 오르고 역시 일등공신에 들었는데도 그랬다. 배전이나 윤환 모두 공신이면서 충혜왕의 측근들이었다. 그래서 자신의 아내까지 내주고도 눈감아준 것인지 별 문제도 없었는데, 미색이 뛰어난 아내를 둔 것이 복인지 화인지 모르겠다.

특히 윤환은 그 후에도 충혜왕의 방문을 자주 허용했으니 자신의 아내를 충혜왕에게 완전 개방한 것으로 보인다. 또한 그 뒤 윤환이 승진도 하고 더욱 왕성하게 충혜왕을 위해 봉사하는 것으로 봐서 자신의 아내를 제공한 보답을 정확히 받은 것 같다. 여기 윤환은 공민왕이 즉위한 뒤에도 고위 관직을 역임한다.

충혜왕은 왕성한 성욕을 해결하는 과정에서 살인과 폭행도 마다하지 않았다. 1343년(충혜후 4) 4월 어느 날 밤, 충혜왕은 측근인 상장군 송명리의 집에서 잔치를 벌였다. 송명리는 충혜왕의 난잡한 성생활을 이끈 자인데, 이런 술잔치는 허다한 일이니 특별할 것도 없지만 유유상종으로 뭉쳤으니 섹스가 빠질 수 없었다. 동석한 최원崔遠이라는 자가 충혜왕에게 솔깃한 얘기를 했다. 어디에 가면 정말 미색이 뛰어난 처녀가 산다고 귀띔한 것이다. 얼굴 예쁘다는 말만 들어도 성욕을 발동시키는 충혜왕이 그 말을 듣고 가만있을 리 없었다. 당장 그날 밤 술자리를 뒤로 하고 무리들을 거느리고 처녀가 산다는 곳으로 쫓아갔다.

그런데 그 집에 웬 노파가 혼자 살면서, 자기 집에는 그런 여자가 없다고 한 것이다. 충혜왕은 처녀를 숨긴 것으로 알고 노파를 핍박하며 집을 수색했으나 찾지 못했다. 충혜왕의 분노에 난처해진 것은 처녀의 소재를 처음 말해준 최원이었다. 처녀를 아무리 찾아도 없자, 충혜왕은 성욕만 돋아놓고 자신을 흥분시킨 최원이 얼마나 미웠던지 그 노파와 함께 그 자리에서 죽여버리고 말았다. 이런!

충혜왕의 난잡한 음행은 국왕을 빙자한 그를 따르는 무뢰배들의 또 다른 음행으로 이어졌다. 이 무뢰배들 중에서 어떤 자들은 왕명을 사칭하고 관리들의 집에 쳐들어가 그 부인을 간음하는 경우도 생겨났다. 이럴 경우에 충혜왕은 즉각 잡아다가 가차없이 죽였다.

국왕이기를 포기한 행동

충혜왕은 난잡한 음행뿐만 아니라 기행에서도 뒤지지 않았다. 스스로 격구를 즐겨하거나 수박희 등 놀이를 좋아했다는 것은 특별할 것도 없다. 참새 잡이를 하러 몰래 대궐을 빠져나가거나 사냥과 유렵을 빈번히 나가면서 무뢰배들에 의한 폐해가 심했는데 이런 것은 기행이랄 것도 없다. 자신이 타고 다니는 말과 신하들의 말을 자세나 보행을 비교한다든지, 그러다 신하들이 타고 다니는 말이 좋아 보이면 이유 없이 빼앗기도 하고, 자신의 말을 손수 직접 씻겨주기도 했다.

충혜왕은 말을 좋아하고 애지중지했던 것 같다. 그래서 인가 백여 채를 헐어 마구간을 지어놓고 지나가는 사람들의 좋은 말을 빼앗아 이 마구간을 채웠으며, 그 운영 경비를 마련하기 위해 백성들의 토지를 빼앗아 이에 소속시켰다. 충혜왕의 이런 말에 대한 애착이나 집착도 어쩌면 재원 생활 중에 몽골족에게서 배운 습속이 아닐까 싶다.

충혜왕은 어처구니없는 일도 많이 저질렀다 1343년(충혜후 4) 3월, 충혜왕은 대궐 밖으로 나가 장난으로 탄환을 쏘면서 길가는 사람을 맞히는 놀이를 하였다. 여기 탄환이라는 것이 화약을 장전해서 쏘는 총인지 아니면 고무줄로 쏘는 것인지 정확히 나타나 있지 않지만, 사람들을 겨냥하여 탄환을 쏘니 백성들이 혼비백산하여 달아났다고 한다. 개념 없는 미치광이 같은 짓으로 위험천만한 놀이가 아닐 수 없었다.

이런 일도 있었다. 밤에 충혜왕이 무뢰배들을 거느리고 민천사旼天寺에 갔는데 비둘기를 잡으려는 것이었다. 그런데 비둘기를 잡으려다 누각을 통째로 불태우는 실수를 하고 말았다. 아마 야간이라 횃불을 사용하다가 실화했던 것으로 보인다. 철부지 소년도 아니고 이를 어떻게 이해해야 할지 모르겠다. 민천사는 조부 충선왕이 모후였던 제국대장공주의 명복을 빌기 위해 조성했던 사찰이었는데 충혜왕한테는 이런 사실도 별 의미가 없었던 모양이다.

그해 7월 어느 날에는 이런 재미있는 일도 벌어졌다. 충혜왕이 밤에 승신承信의 집에 행차하여 주연을 베풀고 놀았다. 여기 승신은 이등공신에 들었던 무장으로 역시 국왕을 주색잡기로 이끄는 자였다. 얼마나 즐겁게 놀았던지 새벽이 온 줄도 몰랐지만 주인인 승신은 긴 술좌석에 지쳐 있었다. 그 순간 닭이 울자 승신은 술자리를 끝낼 수 있다고 생각하여 반가웠다.

충혜왕은 승신의 반가워하는 기색을 눈치채고, "닭이 주인의 뜻을 아는구나"라고 말하면서 일어나 칼을 빼어 닭 모가지를 쳐버렸다. 술자리를 끝내기 아쉬운 감정에 승신의 기색을 보고 갑자기 분노로 돌변한 것이다. 어쩌면 충혜왕은 승신의 목을 치고 싶었겠지만 차마 그리는 못하고 애먼 닭 모가지를 친 것인지 모른다. 그러고 나서 충혜왕은 사색이 되어 떨고 있는 승신에게 미안했던지 "마음이 상했느냐?"고 위로 아닌 위로를 보냈다.

승신은 이 말을 듣고, "닭이 우는 것은 때가 있는 것인데 죄 없이 죽임을 당하니 어찌 상심하지 않겠습니까?"라고 용기를 내어 대답했다. 죄 없는 사람 함부로 죽이지 말라는 뜻을 우회적으로 던진 말이었다. 기분이 상했을 법도 한데 충혜왕은 대궐로 돌아와 승신에게 포 백 필을 하사하였다. 승신은 충혜왕의 변화무쌍한 감정에 치어 죽었다 살아난 심정이었다.

1343년(충혜후 4) 9월에는 이런 일도 있었다. 충혜왕이 궐 밖으로 나와 미행하며 놀다가 어느 관리의 가노와 말다툼이 일어났다. 충혜왕의 평소 행동으로 보아 뭔가 단단히 잘못한 것이 분명했고 그 가노는 충혜왕을 몰라보고 욕설을 퍼부었다. 충혜왕이 얼른 신분을 밝혔으면 좋으련만 미적거리니 그 가노의 언행은 더욱 거칠어졌다. 참지 못한 충혜왕은 신분을 밝히고 그 가노를 죽기 직전까지 심하게 매질하였다. 마치 폭력을 행사하기 위해 일부러 자신의 신분을 숨기고 참았다는 듯이.

그런데 충혜왕은 왜 이러한 어처구니없는 행동들을 계속 했을까? 여러 기행을 읽다보면 철부지 같다는 생각이 들기도 하고, 어떤 경우는 정신이 온전치 못한 사람이 아니었나 하는 생각이 들기도 한다. 자신이 하고 싶은 대로 천방지축 날뛰는 미치광이 같다는 생각이 들 때도 있다. 그러면서도 이재를 밝히는 데는 아주 냉철함을 보였다. 이를 어떻게 해석해야 할까?

단 한 번만이라도 충혜왕이 진정으로 자신을 국왕이라고 생각했다면 그런 행동을 그렇게 스스럼없이 하지는 못했을 것이다. 다시 말해서 진정한 국왕이기를 포기한 행동으로 볼 수밖에 없다는 뜻이다. 충혜왕은 어쩌면 자신이 지닌 고려 왕위를 스스로 우습게 보거나 혹은 가볍게 여기지 않았을까 싶다. 그럼, 왜 그런 생각을 갖게 되었을까?

충혜왕의 국왕답지 못한 여러 처신은 이 시대 고려 국왕이 처한 위상과 관련 있다고 본다. 부마국 체제가 성립된 이후 고려와 원 제국, 양국의 관계는 갈수록 밀착 심화되었다. 그 속에서 고려 국왕의 위상도 갈수록 낮아져서 가벼워지고 우습게 보였다. 고려 국왕이 지존으로서 지엄하기보다는 제국의 큰 테두리에서 보면 변방의 가냘픈 한 지방 장관에 지나지 않았다. 부왕 충숙왕은 그 점을 여실히 보여주었다.

충혜왕이 태어나서 고려나 제국에서 보고 듣고 느낀 것은 그것이 전부였다. 그래서 충혜왕은 고려 국왕으로서 자신이 처한 그런 한계를 너무나도 잘 알고 있었던 것이 아닐까. 그렇게 가볍고 왜소해진 고려 국왕의 위상 속에서 지존으로서 지엄한 면을 보인다는 것은 그게 오히려 우스꽝스러운 일이었을 것이다.

충혜왕이 냉소적이고 일탈적인 태도로 국왕이기를 포기한 행동을 스스럼없이 보였던 것은 고려 국왕의 왜소한 위상에 대한 자기 나름의 저항이 아니었을지 모르겠다. 그 시대는 지존으로서 권위를 내세워 봐야 아무 의미가 없다는 것을 충혜왕은 너무나도 잘 알고 있었기 때문이다. 그렇다면 충혜왕은 자신이 지니고 있는 고려 왕위의 가벼움이나 그 시대의 한계를 냉철하게 인식했다고 볼 수 있다. 관찬 사서에 수없이 언급된 그의 난잡한 음행이나 기행을 살피면서 드는 생각이다.

신궁 조영

충혜왕은 음행과 기행을 계속하면서 1343년(충혜후 4) 3월에는 새로운 궁궐 조영에 착수하였다. 그런데 신궁 조영을 기공하면서 여자 욕심을 또 드러낸다. 신궁이 완성되면 미인으로 궁궐을 가득 채우겠다고 미리 선언하면서 측근인 윤환, 강윤충, 손수경 등에게 미모의 처녀를 바치라고 한 것이다.

신궁 조영 자체가 비난을 무릅쓰고 추진하는 일이었는데 여기에 벌써부터 여자 욕심까지 드러내니 그 부당함이야 이루 말로 다할 수 없었다. 하지만 국왕 측근에 있는 자들은 어느 누구도 드러내놓고 반대하지 못했다. 나중에 이 소문을 들은 채하중은 "임금이 신하에게 처녀를 내놓으라 한 것은 일찍이 듣도 보도 못했다"라고 하면서 불만을 드러냈다. 하지만 그도 국왕의 요청을 거역하지 못했다.

그런데 신궁 조영이 시작되면서 개경에 흉흉한 소문이 나돌기 시작했다. 충혜왕이 민가의 어린이 수십 명을 잡아다가 궁궐의 주춧돌 밑에 묻으려 한다는 것이었다. 유언비어에 불과했지만 집집마다 놀라서 어린이를 안고 도망치거나 숨는 자들이 부지기수였다. 불량배들은 이 혼란한 틈을 타 도둑질이나 강도짓을 벌였다. 아마 신궁 조영에 대한 반대 여론이 그런 흉흉한 소문을 만들었을 것이다.

반대를 무릅쓰고 무리하게 시작한 신궁 공사가 원활하게 진행될 리 없었다. 충혜왕은 공사 총감독을 맡은 대장군 김선장金善莊과 박양연朴良衍에게 그해 10월 안에 완공하지 못하면 중형을 면할 수 없다고 다그쳤다. 이 두 사람은 충혜왕을 따르는 무뢰배로 출세하여 고위 무관에까지 오른 자였지만, 충혜왕의 성격으로 보아 말뿐인 엄포가 아니라는 사실을 알고 있었다. 이에 김선장 등은 밤낮으로 역도들을 독려하는데, 문제는 신궁 조영에 들어갈 목재와 철물 등의 자재를 시급하게 조달하는 일이었다.

김선장은 관리들을 동원하여 목재를 조달하는데 기일 안에 대지 못하면 베 5백 필씩 징수하겠다고 몰아붙였다. 이에 목재를 실어 나르는 수레가 끊일 사이 없이 이어져 개경은 연일 조용한 날이 없었다. 게다가 신궁의 장식에 사용할 유동鍮銅(놋쇠)도 관리들에게 할당하여 조달하는데, 놋쇠 두 근을 징수하면서 베 한 필로 보상하였다. 무상으로 몰수하지 않은 것이 다행이었지만 놋쇠가 귀한 물품이라 이를 확보하려는 소동이 또 끊이지 않았다.

이것만이 아니었다. 솥이나 가마를 주조하기 위한 구리와 철은 각 도에 할당하였다. 거리마다 방문을 붙여 강제 징수를 알리면서 민간의 농기구까지 남아나는 게 없을 정도였다. 신궁 조영으로 온 나라가 들썩거릴 지경이었던 것이다.

그런데 강제 징수를 알리는 방문을 본 원의 사신이 이 사실을 황제에게 알리겠다고 나섰다. 이로 인한 백성들의 원성을 듣고 무리한 공사를 막기 위한 것이었다. 소문을 들은 충혜왕이 이는 사신을 접대한 자가 고자질했기 때문이라 판단하여 그자를 잡아들이도록 하고, 다른 한편 채하중을 시켜 황제에게 알리는 것을 말리도록 하였다. 그 사신은 뇌물을 받아먹었는지 황제에게 알리지는 않았지만, 사신에게 고자질한 자는 결국 붙잡혀 충혜왕에게 피가 흐르도록 뺨을 얻어맞았다.

충혜왕은 신궁이 완공되지 않았는데 애초의 처녀 징발을 명령했다. 측근인 강윤충과 민환閔渙을 시켜 부호들의 계집종으로 용모가 뛰어난 처녀들을 잡아들여 대궐의 한 전각에 수용해두고 민가에서처럼 길쌈을 하게 만든 것이다. 이런 생뚱맞은 행사가 무엇 때문에 등장하게 되었는지 모르겠지만, 이런 처녀 징발에 고위 관료들의 계집종들도 예외가 없었다.

그런 외중에도 충혜왕의 재물욕은 여전했다. 앞서 말한 직세뿐만 아니라 산해세山海稅·공포貢布 등의 명목으로 백성들을 착취했다. 산해세는 직세의 대상이 아닌 산간이나 해안가에 사는 백성들에게, 공포는 각 지방의 토산물 대신에 각호마다 베를 징수하는 것으로 보인다. 이런 가렴주구에 앞장선 자가 민환이었는데, 그는 충혜왕의 명령을 받아 각도에 무뢰배들을 파견하여 백성들을 착취하였다. 끌어 모은 재물은 아직 완성도 덜 된 신궁의 창고에 들였다.

처녀들을 징발하고 재물을 착취하여 점차 쌓여가는데 오히려 신궁의 완공이 늦어지고 있었다. 충혜왕은 김선장, 박양연, 민환 등 공사 책임자들에게 그 책임을 물어 다시 곤장을 쳤다. 이에 공사를 더욱 몰아붙이니 민가나 사원의 목재와 기와 등이 사정없이 헐려나갔다. 심지어는 쓸 만한 주춧돌이나 층계 돌까지 민가나 사원에서 헐어내니 신궁에 필요한 자재는 남아나는 게 없을 정도였다.

그렇게 하여 1343년(충혜후 4) 10월 신궁이 드디어 완공되었다. 착공 반년 만에 완공했으니 그야말로 벼락 치듯이 해치운 것이다. 신궁의 곳간 1백여 간에는 비단과 곡식이 가득 찼다. 행랑에는 채색 옷을 입힌 처녀들을 늘어세웠으며 뜰에는 디딜방아나 맷돌을 배치하게 했다. 충혜왕은 지금으로 치자면 민속공원과 같은 놀이터를 생각했는지도 모르겠다.

그렇게 모습을 갖춘 신궁은 그 궁실 제도가 왕궁과 같지 않았다. 애초부터 왕궁이 아니라 충혜왕이 물욕과 색욕을 채우기 위해 사적인 목적으로 조영한 것이었으니 당연한 노릇이었다.

압송

신궁이 완공된 지 일주일 뒤인 1343년(충혜후 4) 10월 말, 원에서 자정원사 고용보가 다시 들어온다. 고용보가 고려에 온 목적은 충혜왕을 압송하기 위해 사전 정지 작업을 하려는 것이었지만 고려에서는 아무도 그런 의도를 모르고 있었다. 그는 고려 조정을 안심시켜놓고 뒤따라 들어온 원의 사신들에게 충혜왕을 원으로 압송하는 길을 열어준 것이다.

충혜왕의 압송 상황에 대해서는 이 책 맨 앞의 〈프롤로그〉에서 언급했으니 생략한다. 여기서는 〈프롤로그〉에서 빠진 몇 가지 사항만 보태겠다.

당시 충혜왕을 압송하는 현장에서 고용보와 원의 사신을 적극적으로 도운 고려 측 인사가 있었다. 그는 신예辛裔라는 인물인데 고용보의 처남이기도 했다. 그는 군대까지 동원하여 외부를 차단시키고 원의 사신들이 충혜왕을 속박하는 데 도움을 주었는데 고용보와의 사전 계획에 의한 것이 분명했다. 신예는 과거에 급제까지 하였고 사건 당시 첨의평리(종2품)로 재상 급이었지만 충혜왕의 압송에 적극 협조했다. 충혜왕이 압송당한 후 신예는 권력의 핵심으로 진입한다.

그리고 충혜왕이 압송당할 때 고용보는 충혜왕의 측근들도 하옥했는데, 김선장, 박양연, 승신, 송명리, 민환, 임신 등 10여 명이었다. 이들 하옥된 자들은 대부분 충혜왕을 따르던 무뢰배 출신에서 무관으로 발탁된 자들로 앞에서 언급했듯이 충혜왕의 탐욕과 음행을 앞장서서 인도한 자들이었다. 이중 송명리 등 몇몇은 고용보와 친하여 풀려났지만 박양연, 민환, 임신 등은 원으로 끌려가 유배당하였다.

충혜왕이 압송당한 직후 고려 국정은 공백 상태가 되었는데 당연히 고용보가 주도했다. 충혜왕의 측근 인물들을 하옥시킨 것도 그였고 왕실 부고인 내탕內帑을 봉쇄한 것도 그였다. 그리고 기철과 홍빈이 임시로 국정을 맡으면서 고용보는 다시 원으로 돌아갔다. 고려에 온 지 채 한 달도 지나지 않은 때였다. 오로지 충혜왕을 압송하기 위해 왔다가 그 임무를 마치자 지체하지 않고 원으로 들어간 것이다.

그런데 충혜왕의 압송 부분에서 정작 주목해야 할 사실은, 이 사건을 기획하고 주도한 인물이 기황후가 아니었을까 하는 점이다. 이에 대한 가장 유력한 증거는 앞서 언급했던 기황후와 고용보의 관계다. 충혜왕의 압송에 고용보가 사전 정지 작업에 나섰다는 것은 양자의 그런 관계로 봐서 그 배후에 기황후를 의심하지 않을 수 없기 때문이다.

충혜왕은 원으로 압송된 후 강제로 왕위를 박탈당한 것은 물론이고, 죄인 신분으로 곧 유배까지 당했다. 이는 왕위를 빼앗는 데 그치지 않고 충혜왕의 통치를 완전 부정하는 처분이라고 할 수 있다. 이런 과격한 처분은 모두 황제의 명령으로 이루어졌지만 기황후의 의지가 충분히 반영된 조치였다고 본다. 그럼 왜 기황후는 충혜왕을 전격적으로 압송하는 극단적인 방법을 동원했을까?

두 가지다. 하나는 충혜왕의 황음무도하고 탐학한 태도가 국왕으로서 도저히 용인할 수 없는 지경에 이르렀다는 조야의 비난 때문이다. 이 부분은 원 조정에서도 충분히 공감했을 테니까 충혜왕 압송의 가장 중요한 동기였다고 할 수 있다. 충혜왕에 대한 극단적인 조치는 기황후뿐만 아니라 원 조정에서도 동의한 것이었다는 얘기다.

또 하나는 기황후의 사감과 권력욕도 작용했으리란 점이다. 앞서 충혜왕과 기씨 일족인 기윤과 얽힌 사건을 얘기했었는데, 그런 사건은 바로 기황후의 귀에 들어가고 충혜왕에 대한 악감정으로 쌓였을 것이다. 세계 제국의 황후가 된 기황후에게 자신의 친족을 건드린다는 것은 좌시할 수 없는 일로 받아들였을 법하다.

아무 일이 없을지라도 권력의 정점에 오른 자신의 위상을 확인하고 싶었을 기황후에게 충혜왕과 기윤의 갈등은 권력을 과시할 호기였을 것이다. 그 상대가 고려 국왕으로서 누구에게나 비난받는 국왕답지 못한 인물이라면 정치를 바로잡는다는 명분까지 세울 수 있어 더욱 좋았다. 그래서 충혜왕의 압송에는 기황후의 힘이 작용했다고 보는 것이다.

그런데 충혜왕과 앞서 기윤과의 갈등은 기황후보다는 사실 고려에 거주하고 있던 기씨 친족을 먼저 자극했다. 그 점을 보여주는 사례가 있으니, 충혜왕 압송 직전인 1343년(충혜후 4) 8월 조익청과 기철 등이 원의 중서성에 글을 올려 입성책동을 일으킨 것이다. 이게 여섯 번째이자 마지막 입성책동이다.

조익청은 충혜왕의 1차 재위 때는 충혜왕을 따르는 측근 무관으로 활동하다가 2차 재위 때는 완전 소외되었던 인물이다. 그리고 기철은 바로 기황후의 오빠다. 이때 기철 등이 입성으로 내세운 명분은 충혜왕의 황음무도함을 극언하면서 백성을 편안케 한다는 것이었다. 이를 기철이 주도했던 것이다.

당시 충혜왕의 행동으로 보아 누가 입성책동을 들고 나오더라도 충분히 이유 있는 주장이었지만 여기서 기철의 등장을 주목할 필요가 있다. 기철은 충혜왕이 원으로 압송당하자 홍빈과 함께 바로 국왕 권한 대행을 맡는다. 이를 보면 기철 등이 주도한 입성책동이 무엇을 의미하는지 알 만하다.

기철이 주도한 입성책동은 이전의 입성책동과 마찬가지로 고려 왕조의 존폐가 걸린 문제였다. 이는 고려 왕조를 제국의 내지로 만듦으로써 충혜왕의 왕위를 빼앗는 것이니 기씨 일족들에게는 충혜왕에 대한 충분한 보복이 될 수 있었다. 즉 기씨 일족의 충혜왕에 대한 사감이 기철에 의한 입성책동으로 나타났다고 볼 수 있는 것이다. 다만 이런 방법은 고려 왕조를 단절시킨다는 극단적인 처방에 대한 비난을 감수해야 했다.

고려 왕조의 단절은 기황후나 기씨 친족뿐 아니라 원 조정에도 정치적 부담이 되는 큰 사건이다. 이런 문제를 감안했는지 기철 등은 이번 입성책동을 더 이상 강하게 밀어붙이지 않았고, 원 조정에서도 진지하게 논의하지 않았다. 그 후 원 조정에서 가부간에 아무런 반응이 없었던 것으로 보아 이번 입성책동은 흐지부지되었던 것 같다. 즉 충혜왕의 실정으로 기철 등이 제기한 입성책동은 성과 없이 무위로 끝났던 것이다.

하지만 충혜왕은 그대로 놔둘 수 없었다. 그래서 나온 조치가 기황후에 의한 충혜왕 압송이었다고 할 수 있다. 즉 정치적 부담이 큰 입성책동은 철회하고 대신 충혜왕의 왕위만 빼앗는 방법으로 충혜왕을 압송한 것이다. 아니면 이렇게 생각해도 상관없다. 기철의 입성책동이 원 조정에서 수용되지 않자 충혜왕 개인에게 책임을 물어 압송했다고 말이다.

충혜왕의 유배, 그 후

충혜왕이 원으로 압송된 후 고려에서는 관리들 사이에 재미있는 논쟁이 벌어진다. 1343년(충혜후 4) 12월 국가 원로대신들이 충혜왕을 구원하기 위한 방도를 논의하는 자리가 마련되었는데, 현재 재임 중인 국왕이 폭력적으로 압송된 황당한 사건을 어떻게 볼 것인가의 문제였다.

당시 힘깨나 쓰는 정치세력들의 진면목을 볼 수 있는 좋은 소재이니 그들의 말을 그대로 인용해보겠다.

권한공 : (천자와 제후 사이의 죽음을 평가하는 중국 고사를 장황하게 인용한 후) "이제 왕이 무도하여 황제께서 벌을 내린 것인데 어떻게 구원할 수 있겠는가?"
강장 : "황제의 뜻을 측량할 수 없으니 이를 어찌할 것인가, 이를 어찌하란 말인가?"
이능간 : "이제 황제께서 왕의 무도함을 듣고 죄를 준 것인데 만약 글을 올려 이를 논한다면, 이는 황제의 명령을 그르다고 하는 것과 같으니, 이게 가능한 일이겠는가?"
김영돈 : "왕이 욕을 당하였을 때 그 신하가 죽음으로 그를 구원하는 것이 마땅하다."
김윤 : "신하가 왕에 대해서나 자식이 어버이에 대해서나 아내가 남편에 대해서 마땅히 그 은정과 의리를 다할 뿐이다. 그 아버지가 죄를 당하는데 자식으로서 차마 구원하지 않을 수 있겠는가. 황제의 뜻을 헤아릴 수 없다는 것은 무슨 말인가?"

권한공은 충선왕의 최측근 인물로 활동하다가 충선왕 사후 충숙왕 때부터 정치에서 완전히 소외되었던 인물이다. 또한 그의 첩이 충혜왕에게 간음을 당한 일도 있었다. 그의 발언은 그런 소외감이나 악감정의 발로였을 것이다. 권한공은 그래서 충혜왕을 위한 구원 활동에 부정적인 자세를 그대로 드러내고 있다.

강장康莊은 재상까지 역임한 자였지만 우유부단한 인물이었는지 어정쩡한 태도를 취하면서 권한공과 마찬가지로 충혜왕을 구원하는 데 소극적임을 알 수 있다. 이능간 역시 수상까지 역임하고 제법 강직한 청백리로 소문났지만 황제의 명령임을 내세워 충혜왕을 구원하자는 데 뒷걸음 치고 있다.

하지만 김영돈金永旽은 출세욕이 적어 권력에서 한발 물러나 있으면서도 충혜왕을 구원해야 한다는 도리를 말하고 있다. 김영돈은 원의 일본원정 때 동아시아 전장을 누비고 수상에 오른 유명한 김방경金方慶의 손자인데, 국왕을 위한 충성에는 출신 가문도 중요하다는 것을 알 수 있다.

김윤은 충혜왕의 구원에 대해 가장 적극적이었던 것 같다. 이러한 회합이 이루어진 것도 김윤의 노력 덕분이었다. 김윤은 심왕을 옹립하려는 책동에서부터 강력하게 맞선 강직한 인물로, 조적의 난으로 충혜왕이 원 조정의 소환을 받았을 때는 원으로 달려가 충혜왕을 위한 변론에 나섰던 일편단심의 표상이었다. 그는 집에 있다가 충혜왕이 압송되었다는 소식을 듣고 달려갔으나 만나지 못하였다.

김윤은 채하중과 함께 국가 원로대신들을 민천사에 모이게 하고 충혜왕을 구원하기 위한 방책을 논의하는 자리를 마련했다. 그래서 충혜왕을 구원해야 한다는 대의명분을 강력하게 설파하고 있음을 알 수 있다. 이 자리를 함께 마련했던 채하중은 가타부타 아무 말이 없는 것으로 보아 가장 기회주의적인 인물이라는 것을 알 수 있다. 그 자리에 있던 대부분의 원로대신들도 채하중과 마찬가지로 더 이상 말이 없었다.

김윤은 더 이상 발언이 없자 자신의 생각을 밀어붙인다.

"이제 중서성에 글을 올려 비록 허락을 얻지 못할지라도 우리의 왕을 구원하다가 죄를 받는 일은 없을 것으로 나는 확신한다."

충혜왕을 구원하려다가 황제의 뜻을 거슬러 죄를 입을까 걱정하는 무리들을 안심시킨 것이다. 김윤의 뜻이 먹혀들었던지 좌중에서는 그 의견에 특별히 반대하지 않았다. 그리하여 이제현으로 하여금 충혜왕을 구원하기 위한 상소 문안을 작성하도록 하였다.

이제현은 앞서 조적의 난 때 충혜왕이 원으로 불려가자 함께 수종하여 국왕을 적극 변호하고 그 노고로 충혜왕 복위 일등공신에 들었다. 그 후 이제현은 충혜왕이 그 측근 무뢰배들과 음행과 기행을 저지르는 속에서 정계를 떠나 있다가 다시 충혜왕을 구원하기 위한 문안 작성에 나선 것이다.

그런데 충혜왕을 구원하기 위한 탄원서는 일단 문건은 완성되었지만 그 탄원서가 올라가기도 전에 충혜왕은 중국 남부의 게양현으로 유배조치 되고 만다. 원으로 압송되어 떠난 지 한 달 후였으니까 원에 도착하자마자 유배형이 내려진 즉각적인 조치였다. 이러한 사건 진행을 감안하면, 사실은 충혜왕을 구원하기 위한 탄원서 자체가 너무 늦은 것이었다.

충혜왕이 당한 그런 황당한 사건에 대해 국가 원로대신들이 신속하고 일사분란하게 대응하지 못한 것은 충혜왕의 무도했던 행동이 가장 큰 원인일 것이다. 하지만 당시 원로대신들이 눈치만 보며 기회주의적인 입장을 취했다는 것 또한 분명하다. 이는 원 간섭기 정치 세력들의 일반적인 동향으로서 그 시대의 관료집단의 서글픈 자화상일 것이다.

충혜왕은 그렇게 원으로 압송되어 바로 유배당했는데, 그 후 다음 왕이 즉위할 때까지 고려는 국왕이 없는 시기였다. 국왕이 궐석인 경우에는 국왕 권한 대행을 두었는데 보통 정동행성의 임시 권한을 맡는 자가 국왕 권한 대행까지 겸임했다. 고려 국왕은 평소에 정동행성의 장관을 겸하고 있었기 때문이다.

충혜왕 압송 후 국왕 권한 대행을 맡은 인물이 바로 기철과 홍빈이었다. 보통 국왕 권한 대행은 두 사람이 맡는 경우는 드물다. 어쩌면 홍빈은 원 조정을 대변하는 국왕 권한 대행이었고, 기철은 기황후 쪽에서 내세운 권한 대행이 아니었을까 여겨진다. 이는 원 조정과는 별도로 기황후의 영향력이 고려 국정에 점차 높아지는 상황을 보여주는 것이다.

이 무렵 기철이 기황후 덕에 급속히 정치적으로 부상하고 있는 것만은 분명하다. 국왕 권한 대행이라고 해봐야 큰 권력이 주어진 것은 아니었고 상징적인 존재에 불과했지만 국가의 원로대신이나 종친, 혹은 관료집단의 중심인물이 그 자리에 앉았던 전례로 보아 기철의 부상은 아주 눈부신 것이었다.

충혜왕이 유배된 후 1344년(충혜후 5) 1월, 고려에서는 원로대신들이 다시 민천사에 모여 앞서 작성된 탄원서에 서명을 받으려 했지만 사람들이 모이지 않아 성사되지 못했다. 결국 충혜왕은 고려의 관료집단으로부터 버림받은 꼴이 된 셈이다. 그 무렵 충혜왕은 게양현(광동성)으로 가던 도중 악양현(호남성)에서 죽고 만다. 이때 30세였다.

충혜왕이 원으로 압송되기 전부터 개경에는 이런 노래가 유행했다고 한다.

阿也麻古之那(아야마고지나)

從今去何來時(종금거하래시)

'아야마고지나'는 '岳陽亡故之難(악양망고지난)'의 음역으로, 해석하자면 '악양에서 죽어나갈 환난이여, 지금 가면 언제 돌아올까'다. 처음에는 '아야마고지나'가 무슨 의미인지 모르고 사람들이 부르다가 충혜왕이 악양에서 비명횡사하자 '악양망고지난'으로 고쳐 불렀다고 한다.

충혜왕의 죽음 소식을 듣고 슬퍼하는 사람은 하나도 없고 기뻐 날 뛰었다고 한다. 그러니 무슨 노래인들 만들어 부르지 못했겠는가. 우리 역사에서 일국의 국왕으로서 이런 삶과 죽음이 또 있을까 싶다. 어쩌면 충혜왕은 원 간섭기 부마국 체제에 치어 희생양이 된 국왕이 아니었을까 하는 생각도 든다.

무위의 국왕,
유주들

충혜왕 이후 충목왕, 충정왕 등 나이 어린 유주가 연거푸 왕위를 잇는다.
충목왕 시대는 앞선 충혜왕 시대의 악정 때문이었는지
개혁이 거스를 수 없는 대세였다.
그리하여 원 황제의 명령으로 설치된 정치도감의 개혁이 시작되었는데,
처음에는 볼 만했지만 부원배 세력들의 방해로 곧 벽에 부딪힌다.
이어서 유주 충정왕이 즉위했지만 개혁은 이미 물 건너간 꼴이었다.
그 충정왕은 하는 일 없이 재위 3년 만에 폐위당하고 공민왕이 즉위한다.

1. 유주 시대의 개혁, 누가 어떻게

유주, 충목왕의 즉위

충혜왕이 죽은 지 한 달 후인 1344년(충목왕 즉위년) 2월, 원에 머물고 있던 충혜왕의 원자 왕흔王昕이 왕위를 이으니 29대 충목왕忠穆王이다. 충목왕의 몽골식 이름은 팔사마타아지八思麻朶兒只(박스마도르지)로 원 공주 출신의 왕비였던 덕녕공주와 충혜왕 사이에 태어난 당시 8세의 어린 나이였다.

충목왕의 고려 왕위 계승은 부왕의 원자로서, 그리고 원 공주 소생의 왕자로서 당연한 일이었다. 하지만 몇 가지 궁금한 점이 있다. 충목왕의 왕위 계승 과정에서 눈여겨볼 대목이 있다는 뜻이다. 왕위를 잇기에는 나이가 너무 어리다는 점도 걸리지만 그보다 더 주목해야 할 부분이 있다.

그것은 입원 숙위에 들어가기에는 아직 어린 나이인데 부왕이 원으로 압송 유배되었을 당시 이미 원에 머무르고 있었다는 사실이다. 어린 원자의 입원이 언제 이루어졌으며, 그리고 그것이 숙위를 위한 것이었는지 아니면 단순한 입원이었는지는 잘 드러나 있지 않지만, 분명한 것은 이게 다음 왕위 계승을 염두에 둔 조치였다는 점이다. 그렇다면 원 조정에서는 충혜왕의 교체를 그때 벌써 계획하고 있었다는 얘기가 된다.

또 하나, 충혜왕이 압송 유배되었을 당시 그 친동생인 강릉대군 왕기江陵大君 王祺(후의 공민왕)도 입원하여 숙위 중에 있었다는 점을 주목할 필요가 있다. 더구나 왕기의 입원은 분명한 숙위를 위한 것으로 원자보다 먼저인 1341년(충혜후 2) 5월 그의 나이 12세 때의 일이었다. 이게 황제의 특별 지시로 이루어졌다는 사실이 중요하다. 이건 명백히 다음 왕위 계승을 염두에 둔 숙위 활동이었다.

그래서 충혜왕이 죽었을 때 왕기의 나이는 15세로, 나이로만 보면 원자 왕흔보다 왕위 계승에서 유리할 수 있었으나 왕위는 원자에게 돌아갔다. 왜 그랬을까?

충혜왕이 죽은 후 그 어린 원자 왕흔을 품에 안고 황제를 알현한 자가 바로 고용보였다. 이 자리에서 그 원자는 고려 왕위 계승자로 확정되었으니, 고용보의 역할은 충목왕을 왕위 계승자로 결정하기 위해 황제에게 보이는 것이었다. 고용보가 어린 원자를 안고 황제를 알현하는 자리에서 황제와 원자 사이에 이런 문답이 오고갔다.

"너는 아비를 배우겠느냐, 아니면 어미를 배우겠느냐?"

"어머니를 배우겠습니다."

고용보의 품에 안긴 원자는 그 자리에서 다음 고려 국왕으로 결정되었다. 고용보는 원 조정에서 기황후의 최측근으로 충혜왕을 원으로 압송하는 데 결정적인 역할을 한 인물이다. 그렇다면 충혜왕이 압송되기 전에 왕위를 이을 원자가 이미 원에 들어와 있었고, 충혜왕의 동생인 왕기도 그보다 먼저 입원하여 숙위 중에 있었는데, 충혜왕이 죽자마자 고용보라는 자가 원자 왕흔을 황제한테 보이고 왕위 계승이 확정되었다는 것은 무엇을 말하는 것이겠는가?

충혜왕에서 충목왕으로 왕위 교체의 배후에는 바로 기황후가 있다는 사실이다. 충혜왕의 압송에 기황후의 의지가 작용했다는 점이 분명하고, 또한 그 압송 사건 이전에 다음 왕위를 이을 인물까지 생각했다는 뜻이니, 기황후는 충혜왕 압송과 다음 왕위 계승 문제를 계획적으로 준비하고 일을 진행시켰던 것이다. 고용보는 기황후의 뜻을 받들어 그 일을 추진한 것이다.

이로써 보면 기황후의 의지가 생각보다 강력하게 고려 내정에 작용했음을 알 수 있다. 물론 여기에는 황제를 비롯한 원 조정의 사전 동의나 합의가 있었을 것이니, 기황후가 그들의 반대를 무릅쓰고 독단으로 추진한 일은 결코 아니었다고 본다. 원 조정과 기황후를 별개의 주체로 볼 것은 아니라는 얘기다. 하지만 기황후의 고려에 대한 영향력은 앞으로도 계속되리라는 것을 짐작할 수 있다.

그렇다면 충혜왕을 버리고 어린 충목왕을 선택한 기황후나 원 조정의 의도는 무엇이었을까? 충목왕이 왕위 계승을 확정받았지만 8세의 어린 나이로 인해 왕권을 자율적으로 행사할 수 없음은 당연하다. 그래서 이런 유주에게는 국왕이 장성할 때까지 국왕을 보좌할 인물이나 기구가 등장하게 된다. 유주 충목왕을 즉위시키고 그런 역할을 계획한 배후가 원 조정이었고 기황후였다고 볼 수 있다.

아니면, 이렇게 말해도 별 차이가 없다. 원 조정에서나 기황후가 고려 내정에 대한 통제력을 강화하기 위해서 일부러 어린 유주를 선택한 것이었다고 말이다. 유주 충목왕의 왕위 계승이 계획적이었음을 상기한다면 이런 쪽으로 생각하는 것이 더 합리적인 판단이라고 생각한다. 충혜왕의 동생인 왕기를 제외시키고 더 어린 원자를 왕위 계승자로 선택했다는 점에서는 더욱 그렇다.

원 조정이나 기황후로서는 충혜왕의 폭정과 음행으로 인한 왕권의 파탄으로 고려에 대한 새로운 국정 관리 체계가 요구되었다. 충혜왕 같은 국왕을 다시는 인정할 수도 안심하고 믿을 수도 없었기 때문이다. 그렇다고 고려를 제국의 내지로 병합하여 직접 통치하는 방식은 여러 차례의 입성책동 논의에서 드러났듯이 득보다 실이 더 크다는 것을 이미 알았다. 기철에 의한 입성책동이 큰 영향을 미치지 못하고 무산된 것은 그 때문이었다. 고려 왕위를 아예 없애는 것은 바람직하지 않다고 본 것이다.

유주를 등장시켜 고려의 국정을 원 조정에서 직접 챙겨보겠다는 생각을 한 것은 그래서 나온 방법이었다. 그리고 이 과정에서 기황후의 역할이 컸다는 얘기다.

개혁, 누구를 앞세울 것인가

충목왕이 원에서 왕위 계승을 확정받고 바로 이어서 국정에 참여할 인물들을 선정 발표하였다. 즉 어린 국왕을 보좌하여 국정을 주도할 인물들을 발표한 것이다. 여기에는 수상인 채하중 외에 다섯 명의 대신이 들어갔다. 다섯 대신은 지금까지 전혀 드러나지 않았던 청렴한 새 인물들이었는데, 재미있는 점은 채하중이 여기에 들어갔다는 점이다.

이런 인사 발표는 급조된 감이 없지 않지만 충목왕 즉위 직후의 개혁적인 분위기를 반영한 것으로 보인다. 여기에 구시대 인물인 채하중이 끼어들어 조금 퇴색한 면이 있지만, 충목왕이 즉위하면서 정국의 흐름은 자연스럽게 개혁 쪽으로 방향을 잡은 듯했다. 충혜왕대의 폐단이 워낙 심한 탓이었을 것이다.

이어서 박충좌朴忠佐를 전민도감田民都監의 장관으로 임명하여 개혁의 신호탄을 올린다. 전민도감은 개혁에서 가장 중요한 토지와 백성의 문제를 바로잡기 위한 임시 특별 기구로 만들어진 것이었다. 여기 장관으로 임명된 박충좌는 함양(경남)을 본관으로 한 유학자로 앞서 언급했는데, 과거에 급제하여 관직에 나왔다가 충숙왕 때에 국왕 측근들에게 맞서다 유배를 당했던 경력이 있던 인물이다. 그 후 박충좌는 모든 관직을 거부하고 지내다가 이제 다시 발탁된 것이다. 그는 나중에 충목왕의 사부까지 맡는다.

그리고 충혜왕을 악행으로 이끌었던 폐신 15명을 골라 섬으로 추방하고, 좀 경미한 자들은 귀양에 처했다. 이어서 충혜왕의 무뢰배들이 국왕으로부터 받은 직첩은 모두 몰수되었다. 전왕대의 폐정을 개혁하려면 당연한 조치였다. 하지만 이런 조치가 얼마나 갈지, 그리고 얼마나 성과를 낼지는 좀 더 두고 볼 일이다. 개혁에는 항상 저항 세력이 있기 마련이니까 말이다.

이상과 같은 개혁 조치들은 충목왕이 원에 있으면서 단행된 것으로 시작에 불과한 것이었다. 이는 물론 어린 충목왕의 개인 의지가 반영된 것으로는 보기 어렵고 그 배후가 있을 테지만 명확히 드러나 있지 않다. 그 배후는 크게 보아 원 조정이겠지만 원 조정의 의지를 고려 국정에 반영하여 실현시키는 인물이 누구일지 궁금하다. 그 인물은 쉽사리 모습을 드러내지 않겠지만, 이 문제를 항상 염두에 두고서 충목왕대의 정치 사회를 살펴볼 필요가 있다.

개혁 조치 발표 후 충목왕은 환국을 위해 대도를 출발하였는데, 국왕이 고려 경내에 들어서자 기철과 권겸權謙이 국새를 받들고 국왕을 맞으러 갔다. 이들은 개혁의 주체가 되기에는 곤란한 인물들인데 벌써 약삭빠르게 움직이고 있는 것이다. 기철은 바로 기황후의 오라비이니 그 행동 하나하나를 주목할 필요가 있고, 권겸은 당시 최고 원로대신으로 있던 권보의 아들인데 충혜왕을 압송할 때 압령관으로 따라갔던 자다.

국새를 받은 충목왕은 이어서 새로운 인사 발령을 냈다. 1344년(충목왕 즉위년) 4월, 아직 개경에 입궐하기 전이었지만 그동안 국왕의 궐위로 인한 국정의 공백을 속히 만회하기 위한 인사로 보인다.

① 채하중 : 우정승(종1품)

② 한종유 : 좌정승(종1품)

③ 이제현 : 판삼사사(종1품)

④ 김윤·권겸·박충좌 : 첨의찬성사(정2품)

⑤ 나익희·손수경 : 첨의참리(종2품)

채하중과 한종유 두 사람을 수상으로 한 양두 체제다. ①의 채하중은 충숙왕 때부터 심왕당의 핵심 인물로 주로 원에 머무르며 책동을 벌이다가, 조적의 반란 때는 변신하여 충혜왕을 모신 이후 일등공신에 들어 수상을 맡은 인물이다. 그는 충혜왕 시대의 파탄에 가장 큰 책임을 져야 할 인물인데 변함없이 수상을 유지한 것인데, 아마 원에서 오랫동안 활동했던 결과로 보인다. 하지만 채하중은 이후 두드러진 행적이 없는 것으로 보아 개혁 정국에서는 소외된 것으로 판단된다.

②의 한종유는 채하중과 정반대로 심왕당의 책동에 맞서 싸운 대표적인 인물로, 여러 차례 왕위 교체에도 불구하고 사리사욕보다는 일관된 충성심을 보인 바 있어 수상에 임명될 만했다. 그는 이보다 몇 달 전에 원자를 보호하라는 황제의 명령을 받고 입원했다가 그 원자가 충목왕으로 왕위를 잇자, 이제 그 국왕을 모시고 함께 환국 중이었다. 그러니 그의 수상 임명은 원 조정의 의지가 반영된 것으로 볼 수 있다.

③의 이제현은 충선왕 사후에 정치에서 소외된 인물인데, 충혜왕 때는 어지러운 정치 때문이었는지 그 스스로 권력과는 거리를 두고 있었다. 그러다 이제야 비로소 발탁된 것인데 충목왕이 즉위한 후에도 크게 눈에 띄는 활동은 없었다. 다만 이 직후 장문의 개혁안을 원조정에 올리기도 했지만 권력의 핵심에 들지는 못했던 것 같다.

④의 김윤은 충혜왕을 적극 옹호했던 인물로 일관된 충성심을 드러낸 대가로 보이고, 박충좌는 앞서 전민도감의 장관으로도 기용되었는데, 강직함과 청렴성을 지닌 개혁적인 성향 때문에 발탁된 것으로 보인다. 하지만 권겸은 충성심이나 개혁적인 성향보다는 기회주의적인

처신에 능한 인물이었다. 그는 환국하는 충목왕을 마중나가서 기철과 함께 국새를 바친 인물로 이후 권력의 핵심에 들어선다. 아마 권겸은 기황후나 기철과 인연이 있었던 것 같다.

⑤의 나익희羅益禧는 여기서 처음 등장하는 새로운 인물인데, 그는 김방경과 함께 동아시아 전장을 누빈 무장으로 이름이 나 쿠빌라이 황제로부터 금패까지 받았던 나유羅裕의 아들이다. 나익희는 부친의 금패와 원의 무관직을 세습해 출세할 기회가 충분했지만 곧은 성품으로 권력과 거리를 두면서 주로 낙향하여 세월을 보냈다. 그러다 이제야 갑자기 발탁된 것이지만 어지러운 정치에 뜻이 없어 권력을 등지다가 사퇴하고 만다.

나익희는 사퇴할 때 이제현에게 동반 사퇴를 제의하기도 했다. 이를 보면 충목왕 즉위 초의 국정 운영에 뭔가 불만이 있었던 것 같다. 그리고 손수경은 충혜왕의 복위 과정에서 힘써 활동하면서 총애를 받았는데, 충혜왕의 무뢰배 측근들에 비하면 악행이 적었던 때문인지 다시 중용되었다.

이상과 같은 충목왕 즉위 초의 인사를 한마디로 평가해보면 일관성이 없어 보인다. 개혁적이고 참신한 인물이 들어가기는 했지만 구태의연한 인물이 여전히 포진해 있고, 더 심한 경우는 개혁의 대상이 될 채하중을 수상에 그대로 앉혀두고 있는 것이다. 이런 인사 결과가 나타난 것은 새로운 국왕의 즉위로 개혁을 생각하고 있긴 하지만 그 주도 세력이 아직 자리 잡지 못한 탓으로 보인다.

인사 발표 며칠 후 충목왕은 개경에 입궐하였고, 그다음 날에는 원의 사신이 황제의 조서를 가지고 들어와 반포하였다. 조서 내용은 충혜왕의 방자무도함을 정죄하여 귀양 보냈음을 밝히고, 충목왕으로 왕위를 잇게 하였으니 부왕대의 학정을 모두 개혁하여 하루 속히 백성을 안정시킬 것을 요구하고 있었다. 원 조정에서 강력한 개혁을 주문한 것이다.

이제현과 이곡의 개혁안

황제의 조서 내용에서 힘을 받았는지, 1344년(충목왕 즉위년) 5월 충목왕이 원에서 돌아온 직후 이제현이 장문의 개혁안을 올린다. 그 내용은 정치 경제 사회 등 고려의 내정 전반의 여러 문제를 지적하고 새로운 조치나 시정을 요구하는 것이었다.

그런데 이 개혁안은 고려 조정에 올린 것이 아니고 원 조정에 올린 것이었다. 이제현은 고려의 내정 문제에 대한 개혁 요구를 왜 고려 조정이 아닌 원 조정에 올렸을까? 원 조정에 개혁안을 올렸다는 것은 충목왕 즉위 후의 국정을 원에서 주도하고 있다는 사실을 그대로 보여주는 것이다. 그 내용을 자세히 읽어보면 국왕에게 올린 것 같은 어투가 있어 헷갈리기도 하지만 개혁안은 분명 원 조정에 올린 것이었다. 개혁 정국의 배후에 원 조정이 있다는 증거일 것이다.

그리고 개혁안을 올린 이제현에 대해서도 잠깐 살펴볼 필요가 있다. 왜냐하면 이제현은 충선왕 사후 지금까지 20여 년 이상 권력을 가까이 하지 않았던 인물인데 이제야 움직이고 있기 때문이다. 그 20년 동안 이제현은 충혜왕 때 잠시 발탁된 적이 있어 일관되게 초야에 묻혀 있었던 것은 아니지만 조정에 적극 참여하지도 않았었다. 그랬던 이제현이 이제 정치 전면에 나선 것이니 조금 궁금한 것이다.

이제현은 충숙왕 때의 입성책동에서 반대 상소를 올린 적이 있었고, 충혜왕 복위 후에는 조적의 난을 계기로 일등공신으로 책정되었지만 두드러진 활동은 없었다. 아마 어지러운 정치판과 거리를 두고 있었던 것 같다. 이제현이 그런 태도를 취한 이유는 여러 가지 이유가 있겠지만 당시 국왕을 에워싼 측근 세력이나 부원배 세력을 못마땅하게 생각했기 때문일 것이다.

그래서 충숙·충혜왕 양대에는 이제현이 끼어들어 활동할 여지가 없었다. 이제현은 충혜왕이 복위한 후에 한거하면서 《역옹패설櫟翁稗說》을 지었다고 하니까 아예 조정을 등지고 떠나 있었던 것 같다. 그런 이제현이 충목왕이 즉위하자마자 개혁안을 올린 것이다.

이제현은 유주인 충목왕의 즉위를 예의주시하고 있었던 것 같다. 충목왕의 즉위는 새로운 정치 상황으로 이어질 것이고 그 속에서 개혁적인 국면이 마련될 것이라는 기대 속에 희망도 품었을 것이다. 그래서 충목왕의 환국 직후 기다렸다는 듯이 이제현이 개혁안을 올렸던 것은 이런 개혁 정국 속에서 자신의 역할을 기대했기 때문으로 보인다.

개혁안에서 이제현은 국정 전반을 거론하여 언급하였다. 국왕에 대한 교육에서부터 군신 간의 문제, 정방 혁파와 같은 인사행정 문제, 지방관을 비롯한 인재등용 문제, 과도한 징세로 인한 조세 문제, 녹과전祿科田 부활과 같은 토지 제도 문제까지 거론하였다. 이제현이 건의한 이런 개혁안들은 시간이 지나면서 다시 거론되었지만 당장 충목왕대에는 온전히 실현되지 못했다.

그런 개혁안 내용 중에서 한 가지만 짚고 가야겠다. 개혁안에서 이제현이 제일 먼저 강조한 것은 국왕에 대한 교육이었다. 현명한 유학자를 발탁하여 국왕에게 학문과 덕을 닦게 하는 것만이 장래의 정치를 바로잡는 요체로 본 것이다. 국왕이 어린 유주임을 감안하면 매우 지당한 건의였다.

그런데 이 대목에서 이제현은 특별한 사람을 거론하여 지목하는데, 바로 전숙몽田淑蒙이라는 인물이다. 전숙몽은 그때 이미 충목왕의 사부 역할을 하고 있었는데, 이제현은 그를 국왕의 사부로서 적합지 않은 인물로 본 것이다. 유주 충목왕에 대한 강학에서 전숙몽이 문제를 일으키자 이를 견제하려는 것이었다.

이제현이 꼭 짚어 거론한 전숙몽은 고용보와 원의 사신들이 충혜왕을 원으로 압송할 당시 그 배후에서 이를 거들었던 신예와 친근한 인물이었다. 신예는 기황후의 측근인 고용보의 처남이었으니, 그렇다면 기황후—고용보—신예—전숙몽으로 연결되는 인적 라인을 그려볼 수 있다.

전숙몽이 새로 즉위한 충목왕의 사부로 발탁된 것도 그 기황후 세력이 배후에서 작용했으리라 짐작할 수 있다. 어린 유주에게 사부는 단순히 학문만을 가르치는 스승의 위치가 아니고, 국왕을 실질적으로 움직이고 조종할 수 있다는 점에서 유주의 대리인과 같은 막중한 위치였다. 그래서 기황후 세력에서는 놓칠 수 없는 자리였을 것이다.

이제현이 이를 주목하고 개혁안에서 전숙몽을 거론한 것이다. 이제현은 개혁안에서 전숙몽 외에 사부로 두 사람을 더 발탁하여 기용하라고 주문하였는데, 이는 전숙몽에 대한 분명한 견제였다. 이제현의 이 건의는 받아들여지지 않았다. 전숙몽이 기황후와 몇 다리 건너 연결되고 있다는 사실을 이제현이 인식하고 있었겠지만, 전숙몽을 견제한 것은 기황후 세력에게는 달갑지 않은 일이었기 때문이다.

이제현의 개혁안은 그래서 흔쾌히 수용할 수 없었다. 그래서 그랬는지 모르겠지만 이제현은 충목왕대에도 조정에서 계속 겉도는 신세를 면치 못한다.

그래도 이제현에게 한 가지 위안을 삼을 만한 일은 있었다. 바로 뒤를 이어 이곡李穀이 자신의 개혁안에 동조하는 건의를 원 재상들에게 올린 것이다. 여기 이곡은 이제현이 과거 시험관으로 있을 때 선발해준 신진학자로 유명한 이색李穡의 아버지다. 그는 과거에 급제하여 하급 문한직에 있던 중 다시 원의 과거에도 합격한 문재가 뛰어난 사람이었다. 이후 이곡은 원에서 주로 관직 생활을 하면서 고려에는 가끔 들르는 정도였으니 충혜왕대의 정치 파탄에 대해서는 거리를 두고 있었다.

이곡은 충목왕이 즉위한 후에도 원에 체류하고 있으면서 판전교시사(정3품)로 발탁되어 건의를 올린 것이다. 이곡의 건의는 여러 가지를 조목조목 나열한 이제현의 개혁안과는 다르게 한 가지 주제만을 집중 부각하는 것이었다. 그것은 바로 인재등용 문제에 대한 것이었다.

이곡의 주장을 한마디로 말하자면 새로운 인물을 등용해야 한다는 것이었다. 이는 달리 말해서 구태의연한 인물들이 여전히 포진하고 있는 상황을 문제 삼은 것이다. 이곡이 말한 구태의연한 인물들이란 충숙·충혜 양대에 득세했던 측근 세력이나 부원배를 말하는 것이 분명하다. 대표적으로 채하중 같은 인물을 들 수 있다.

또한 이곡은 일부 새롭게 발탁된 인물들도 대부분 구신舊臣들에게 붙어 있다고 하여 문제 삼았다. 이는 충목왕 즉위 초 고려 조정의 인사 문제를 정확히 짚은 것인데, 새로 들어온 인물들이 '구신'에게 붙었다는 대목이 눈길을 끈다. 이곡이 문제 삼고 있는 새로 들어온 인물은 누구이며 구신은 누구를 지칭한 것일까?

이곡은 '구신'이 누구인지는 지목하지 않았지만 넓게 보아 기득권 세력이라 보면 크게 틀리지 않을 것이다. 충숙·충혜왕대의 측근 세력이나 부원배 세력이 바로 그들일 것이다. 그리고 이제현이 개혁안에서 언급했던 전숙몽과 같은 인물이 새롭게 발탁되었지만 구신에게 붙은 자로 보면 쉽게 이해할 수 있을 것 같다.

그렇다면 기황후를 배후로 한 세력들도 구신이라 할 수 있지 않을까? 충혜왕의 복위와 함께 기황후가 제2황후로 책봉되면서 그 친족과 이와 연결된 세력들은 이미 고려에서 힘을 발휘하고 있었다. 기황후의 오라비인 기철, 고용보의 처남인 신예, 그리고 신예와 밀착된 전숙몽 등이 그들이다. 이곡의 건의안은 이들을 견제하려는 것이었다. 이런 이곡의 건의는 앞서 이제현의 개혁안에 힘을 실은 것으로 개혁을 거스를 수 없는 대세로 만드는 데 큰 힘이 되었다고 할 수 있다.

이곡의 건의가 기황후 세력에 대한 견제를 의미한 것이었다면 그역시 이제현과 마찬가지로 충목왕대에 힘을 발휘하기는 어려울 것이다. 지금 권력을 쥐고 있는 기황후를 배후로 한 세력이 이제현과 함께 그런 이곡을 달갑게 볼 수 없기 때문이다. 이곡은 이를 예측하고 있었던 것 같다.

　이곡은 자신이 건의안을 올리는 것에 대해 권력자의 노여움만 살 뿐이라는 이유로 주변에서 말렸다는 언급까지 말미에 덧붙이고 있었다. 그 권력자란 바로 기황후나 그 친족을 말하는 것이 틀림없다. 이곡은 권력자의 눈 밖에 날 것을 감수했다는 얘기가 된다.

　개혁을 주장하고 있는 이제현이나 이곡이 힘을 쓸 수 없다면 앞으로 누가 개혁을 주도할 수 있을까? 그리고 원 황제가 조서를 통해 주문한 개혁 정국에서 기황후나 그와 연결된 세력들은 개혁에 대해 어떤 태도를 취할지 궁금해진다.

기황후의 경고 메시지

이제현과 이곡의 건의안이 올라간 직후 몇몇 개혁적인 조치들이 취해졌다. 먼저 충혜왕의 축재 수단이었던 보흥고와 덕천고 등 사적인 금고를 폐쇄하고 그곳에 소속된 토지와 노비도 모두 원 주인에게 돌려주었다. 이때 충혜왕의 사냥과 외유에 동원되었던 응방도 함께 폐지했다.

　그리고 충혜왕의 신궁에 저장되어 있던 면포 4천여 필을 국고인 광흥창에 귀속시키고 금은보배는 왕실 금고로 돌렸다. 몇 달 후에는 이 신궁을 헐고 그 자리에 숭문관崇文館을 짓기 위한 착공에 들어갔다. 충혜왕이 저지른 악정의 상징으로 무리하게 조영했던 신궁은 이렇게 금방 사라지게 되었다.

이러한 개혁 조치는 충혜왕의 흔적을 지우는 작업이었다. 충혜왕대의 폐단이 워낙 심했던 탓에 별 반대 없이 순조롭게 진행되었다. 또한 특별히 정치 세력 간에 이해관계가 얽힌 사안도 아니었으니 아무런 저항 없이 일사천리로 이루어졌다. 사실 이런 조치들은 개혁적이라고 말할 수도 없는 것들로 원상복구하는 정도에 불과했다.

그런데 정치 세력 간에 이해관계가 얽힌 부분에서는 사정이 달랐다. 그것은 국왕에 대한 서연書筵을 시작하면서 나타났다. 1344년(충목왕 즉위년) 6월 무려 48명의 관리들로 이루어진 서연관을 두고 4번番으로 나누어 매일 국왕과 공부하도록 한 것이다. 4번이니까 한 조에 12명씩 배치되어 12명이 나흘에 한 차례씩 서연에 참여하는 것이다. 이런 서연은 희귀한 일이었다.

이 서연관 48명은 수상인 채하중·한종유를 비롯하여 고위 관료에서부터 중견 관리까지 망라되어 있는데 현직이 아닌 전직 관리도 있으며 심지어는 무관도 끼어 있다. 그중에는 앞서 충목왕의 사부로 거론했던 전숙몽도 있고 이제현도 들어 있었다. 이런 대규모의 서연관이 왜 필요했을까?

이는 충목왕이 유주였기 때문에 나타난 현상이었고, 그 유주를 매일 상대하는 서연관의 정치적 민감성을 반영하는 것이었다. 원 조정이나 기황후가 유주 충목왕을 세워놓고 고려 국정을 통제한다고 쳐도 수천 리 떨어진 대도에서 이는 쉬운 일이 아니었다. 일상적인 정무는 고려 조정에 맡기는 수밖에 없었던 것이다. 그럴 경우 어린 국왕을 누가 장악하느냐의 문제는 중요했으니, 그래서 국왕을 매일 대면하는 서연관의 위상은 막중한 것이었다.

48명이나 되는 대규모 서연관이 나서게 된 것은 이를 어느 한 정치세력이 독점할 수 없었다는 것을 말해준다. 이 직책을 어느 한 정파에서 맡았을 경우 그에 대한 저항이나 반발은 예상하기 어렵지 않기 때문이다. 대규모 서연관은 이러한 말썽의 소지를 없애기 위한 정치 세력들 간의 타협의 산물로 볼 수 있다.

그러니 48명의 서연관들 속에는 온갖 성향의 인물들이 모두 들어가게 되었다. 당연히 개혁을 주장하는 사람들과 개혁에 반대하는 사람들이, 그리고 충혜왕대의 파탄에 책임을 져야 할 사람들과 그것에 책임을 묻고자 하는 사람들이 함께 참여한 것이다. 그런 서연이 제 기능을 제대로 발휘할 리 만무하며, 개혁 또한 일관되게 추진될 수 없을 것은 자명하다.

결국, 이런 문제가 드러난 원인은 개혁의 주도 세력이 아직도 제대로 자리 잡지 못한 탓이었다. 그러면 원 조정이 배후에서 개혁을 주문하고 있는데 왜 개혁의 주도 세력이 바로 서지 못했을까? 이런 궁금한 문제에 참고할 수 있는 중요한 일이 있었다.

1344년(충목왕 즉위년) 8월, 원에서 병부상서 보화溥花와 동지자정원사 타아적朶兒赤이 사신으로 고려에 들어온다. 병부상서는 고려에 파견되는 사신으로서는 고위직이었다. 그리고 동지자정원사는 앞서 언급했던 기황후가 거처하는 흥성궁의 재정 사무를 총괄하는 관서인 자정원의 차관 급이다. 자정원은 기황후를 위한 관부였고 그 장관인 자정원사는 고용보가 맡고 있었으니 타아적은 바로 기황후의 인물이었다.

이들 사신이 고려에 온 목적도 순전히 기황후의 뜻을 고려 조정에 전달하려는 것이었다. 기황후의 말을 그대로 옮기면 이런 것이었다.

무릇 나의 친척은 권세를 믿고 남의 토지와 백성을 빼앗지 말라. 만약 이를
어기면 반드시 죄를 줄 것이다. 그리고 법을 시행하는 자도 (내 친척의 죄를)
알면서 짐짓 놓아주면 또한 마땅히 죄를 주겠다(《고려사》 37. 충목왕 즉위년 8
월 병술조).

이게 무슨 말인가? 더 이상 설명이 필요 없는 말 그대로, 기황후가
개혁을 강력하게 주문하고 있다. 기황후가 개혁을 하라고 주문하고
있으니 뜻밖이지만 사실이었다.

또한, 기황후의 친척으로서 불법을 저지르는 자가 많았다는 것도
알 수 있다. 바로 떠오르는 인물이 기황후의 오라버니 기철인데, 충분
히 예상할 수 있는 일이다. 세계 제국의 황후가 된 그 친족들이니 고
려 조정도 두려울 것이 없었을 것이다. 하지만 기철은 이 무렵까지 아
직 크게 벗어난 행동을 하지 않고 있었다.

기철은 기씨 가문의 장남으로 이때 이미 정치의 중심에 서 있었다.
앞서 국왕의 권한 대행을 맡은 것만으로도 알 수 있다. 이는 물론 기
황후 덕분이었지만, 이런 탓에 조정이나 관료집단의 주목을 받았을
것이고 마음대로 불법을 저지르기에는 조심스러웠을지도 모른다.

하지만 그 방계 친족들은 달랐다. 다음에 언급하겠지만 그들은 이
무렵 벌써 불법이나 비리에 연루되어 사회적 지탄의 대상이 되고 있
었다. 위 글에서 언급한 기황후의 친족은 바로 그들을 지칭한 것이다.
하지만 기철을 비롯한 친형제들 역시 권력에 맛을 들이면서 곧 불법

과 비리에 나서게 된다. 권력과 부패는 불가분의 관계가 아니던가.

그런데 기황후의 메시지에서 알 수 있는 더욱 중요한 사실은 기황후 자신이 고려 내정 개혁의 큰 후원자임을 스스로 드러냈다는 점이다. 충혜왕을 내치고 충목왕을 세운 장본인이니 당연한 일이었다. 하지만 기황후의 친척들은 이 개혁에서 걸림돌이 되고 있다는 사실과, 심지어 개혁 대상이 되고 있다는 사실도 위 메시지에서 명확히 알 수 있다.

기황후는 자신의 친족들이 개혁 대상에 오를 수 있고, 아울러 개혁에 대한 방해 세력이 될 수 있다는 사실을 정확히 인식하고 있었다. 그런데도 강력한 개혁을 주문한 것이다. 왜 그랬을까? 충혜왕의 악정으로 인해 당시 고려에서나 원 조정에서는 개혁의 흐름을 거스를 수 없다는 것이 대세였기 때문이다. 그것을 거스르다가는 유주 충목왕을 앞세운 기황후 자신의 권위마저 흔들릴 수 있었던 것이다.

이 대목에서 개혁의 주체 세력이 바로 서지 못한 이유를 짐작해볼 수 있다. 그것은 바로 기황후의 친족 때문이었다. 기씨 일족은 개혁의 대상이면서 개혁의 가장 큰 후원 세력인 기황후와 직결되어 있었다. 그러니까 개혁이란 기황후의 처지에서는 자신의 칼로 자신의 손발을 자르는 것과 다름없었다. 이런 정치 판도는 개혁의 주체 세력이 자리 잡아 가는 데 큰 장애가 되었을 것이다.

개혁 대상이 된 기황후의 친족들의 불법과 비리는 결국에는 기황후가 개혁을 일관되게 지원할 수 없는 처지로 돌아서게 만든다. 그렇더라도 기황후가 자신의 친족들에게 경고를 보냈던 것은 애초에는 개혁 세력을 지원하려는 것이 분명했다는 것을 알 수 있다. 기황후는 이때까지만 해도 개혁 세력과 자신의 친족 중에서 개혁 세력 쪽에 정확히 손을 들어준 것이다. 이제 개혁이 박차를 가할지 모르겠다.

개혁의 시작

기황후의 경고 메시지가 내려온 지 두 달 지난 1344년(충목왕 즉위년) 10월, 새롭게 내각이 개편되었는데 다음과 같은 진용이었다.

① 왕후 : 우정승(종1품)

② 김윤 : 좌정승(종1품)

③ 김영후·강윤성 : 첨의찬성사(정2품)

④ 전사의·강우 : 첨의참리(종2품)

⑤ 이천 : 정당문학(종2품)

⑥ 권적 : 판밀직사사(종2품)

⑦ 허백 : 밀직사사(종2품)

⑧ 봉천우·안축 : 지밀직사사(종2품)

⑨ 민사평 : 감찰대부(정3품)

재상 급 관료들에 대한 인사인데, ⑤ 이하의 인물은 앞선 4월에 있었던 인사에서 빠진 것을 보완한 것으로 보인다. 그때 ⑤의 정당문학 이하의 인사는 없었기 때문이다. 하지만 ①부터 ④까지의 인사는 앞선 4월에 있었던 인사를 반년 만에 개편한 완전히 새로운 인사였다.

새로운 수상인 ①, ②의 좌·우정승만 봐도 그 점을 알 수 있다.

①의 왕후王煦는 여기서 처음 등장하는 인물로 본래 이름은 권재權載로 권보의 아들인데, 충선왕이 재원 활동 중에 아들을 삼아 왕 씨 성을 하사하면서 왕후로 개명한 것이다. 그는 20대부터 충선왕을 지근 거리에서 모시면서 사랑을 받은 분신과 같은 인물로 원 조정에서도 벼슬하여 왕탈환王脫歡이라는 몽골식 이름도 있었다. 앞서 기철과 함께 언급한 권겸은 그의 친동생이며 ⑥의 권적은 그의 조카다.

참고로 왕후(권재)의 안동 권씨 가계를 표로 알기 쉽게 나타내면 다음과 같다.

왕후의 이번 수상 발탁은 앞서 수상인 채하중을 교체한 것으로 원 조정의 의지가 실린 것이었다. 왕후 역시 채하중과 마찬가지로 오랫동안 재원 활동을 해온 인물이지만 심왕 옹립 책동에 앞장선 채하중과 달리 끝까지 의리를 지켰다는 사실이 수상으로 기용된 배경으로 보인다. 채하중보다는 분명 참신한 인물로 개혁의 적임자라고 할 수 있다.

②의 김윤은 앞선 4월 인사에 이어서 수상으로 승진한 것이다. 김윤은 앞에서 여러 차례 언급했는데, 충혜왕이 원으로 압송될 때 끝까지 국왕을 지키기 위해 노력했던 인물이다. 그는 충혜왕대의 악정에는

반대하면서도 그런 충성심을 발휘했다는 사실이 이번 인사에서 통했던 것으로 보인다. ③ 이하의 인물들도 대부분 새롭게 발탁된 자들인데 자세한 설명은 생략한다.

그런데 이번 인사 개편은 기황후의 메시지에 힘입은 바가 분명 있었다. 기씨 일족에 대한 기황후의 경고 메시지는 곧 개혁 저항 세력에 대한 경고였고, 이를 계기로 개혁적이고 참신한 인물을 등용할 수 있는 길을 열어준 셈이었기 때문이다. 이는 달리 말하자면 기황후의 메시지가 개혁에 힘을 실어주는 데 일조를 했다고 볼 수 있는 것이다.

그런데 개혁의 시작에는 뜻밖의 인물이 먼저 나서는데, 바로 충목왕의 모후인 덕녕공주였다. 덕녕공주는 유주인 국왕에게는 모후로서 가장 큰 후원자였지만 웬일인지 지금까지 정치에 나선 적이 없었다. 그 이유는 그동안 기황후의 눈치를 살폈거나 기씨 일족의 위세에 눌려 있었기 때문이 아닌가 싶은데, 그랬다면 그녀가 이때 정치에 나선 것도 기황후의 메시지에 영향을 받은 것으로 보인다.

덕녕공주는 새 내각이 차려진 그해 12월에 노영서를 광양에, 전숙몽을 동래에 갑자기 귀양 보냈다. 노영서는 충혜왕의 폐신으로서 국왕을 성 스캔들로 이끈 자였는데, 충혜왕의 폐신들이 원으로 끌려가 치죄 받을 때도 살아남았다가 이제야 그 죄를 받은 것이다. 전숙몽은 충목왕의 시학侍學이 되어 사부로 불리는 자였지만 직분을 게을리 하다가 덕녕공주에게 당한 것이다. 두 사람 모두 진즉 축출되었어야 할 자들이었지만 이제야 조치가 내려진 것이었다.

본격적인 개혁의 시작은 구제도를 개선하는 일이었다. 즉시 정방을 폐지하고 그 인사권을 전리사典理司와 군부사軍簿司로 귀속시켰다. 원 간섭기에 이부吏部를 격하시켰던 전리사는 문관 인사를 담당하고, 병부兵部를 격하시켰던 군부사는 무관 인사를 담당케 했다. 이는 인사 행정을 본래의 고려 전통적인 방식으로 복구한 것이었다.

이어서 녹과전에 대한 개혁이 단행되었다. 녹과전은 무인 집권기를 거치며 유명무실해진 전시과 체제의 대안으로 개경 환도 후 마련된 토지 분급 제도였는데, 원 간섭기 동안 권세가들이 토지를 탈점하면서 이마저 제 기능을 다하지 못한 상태였다. 이때 권세가들이 탈점한 녹과전을 모두 본 주인에게 돌려주는 조치가 내려졌다.

개혁은 그렇게 번듯하게 시작되었다. 정방 혁파나 녹과전에 대한 조치는 앞서 이제현의 개혁안에도 들어 있던 내용으로 개혁 조치의 상징이었다. 이런 조치들은 새 내각, 특히 왕후가 수상을 맡으면서 이룬 성과였다.

개혁의 후퇴

하지만 개혁이란 그리 쉬운 일이 아니었다. 당장 정방이 다시 복구되고 만다. 해가 바뀌자마자 1345년(충목왕 1) 1월 정방이 복구되었는데 혁파된 지 채 한 달도 안 된 시점이었다. 분명한 개혁의 후퇴였지만 좀 달리 생각해볼 여지도 없지 않다.

정방은 혁파되었다가 다시 복구되었지만 이 정방의 인사행정에 참여하는 인물들은 새롭게 편성되었다. 이때 제조관提調官이라는 직책으로 다시 복구된 정방에 참여한 인물들은 박충좌, 김영후金永煦, 신예, 이공수李公遂 등이었는데 이 인물들을 좀 주목할 필요가 있다.

박충좌는 앞서 언급한대로 충목왕이 즉위하자마자 전민도감의 장관으로 기용된 청렴한 인물이었고, 김영후는 김방경의 손자이자 김영돈의 친동생인데 전년 10월 인사에서 새롭게 찬성사에 발탁된 적이 있었다. 김영후는 충혜왕이 원으로 압송될 때 국왕을 지키려다 원의 무사들에게 창을 맞을 정도로 충성심을 드러낸 인물이기도 하였다.

이에 반해 신예는 고용보와 인척으로 원의 무사들이 충혜왕을 압송하는 과정에서 몰래 내응했던 인물로 비난을 받았지만 계속 위세를 부리고 있었다. 그리고 이공수는 기황후의 외조부인 이행검의 손자이니 기황후와 내외종간으로 신예와 함께 역시 기황후 라인의 인물로 볼 수 있지만 대체로 청렴한 인물이었다. 개혁적인 성향이 있더라도 기황후와 선이 닿아야 발탁되었던 모양이다.

그래서 이러한 인물 기용은 분명하게 기황후의 입김이 작용한 것이었다. 이는 전년 12월에 기철이 하정사로 원에 들어간 후 정방이 복구되고 위와 같은 인사가 있었다는 것에서 알 수 있다. 그래서 복구된 정방에는 개혁적인 인물과 함께 기황후 라인의 인물이 함께 포진한 것이다.

이는 물론 개혁의 후퇴였지만 신예를 제외하고 참신한 인물이 기용되었다는 점에서 기황후 세력과 개혁 세력의 타협의 산물로 볼 수도 있다. 하지만 기황후 라인의 인물들이 계속 포진한다는 점에서 개혁의 한계가 분명한 것이기도 했다. 문제는 신예와 같은 분명한 개혁의 대상자들이 개혁에 계속 참여하고 있다는 점이었다.

그런 속에서도 덕녕공주는 국왕의 모후로서 자신의 위상을 세우려고 애를 썼다. 그녀는 특별한 인물을 지목하여 국왕 가까이에 있지 못하게 했다. 그렇게 덕녕공주에 찍힌 인물이 배전裵佺이었다. 배전은 충혜왕의 폐신으로 처음에는 덕녕공주의 총애를 받았지만 위세를 부리다가 공주에게 눈 밖에 나서 추방당한 것이다. 이는 개혁에 대한 의지라기보다는 모후로서 아들 충목왕에 대한 애착이었을 것이다.

이어서 1345년(충목왕 1) 4월 김영후를 좌정승으로, 박충좌를 판삼사사로 승진시키는 등 새로운 인사가 다시 있었다. 그리고 12월에 김영후는 원으로 들어가는데 그 직후 우정승 왕후가 파면되고 만다. 뜻밖의 사태였다. 왕후의 우정승 자리는 다시 김영후가 차지하고 좌정승에는 인승단印承旦, 밀직사에 이곡이 새롭게 기용된다.

인승단은 조적의 난 때 충혜왕 측에 서서 조적과 맞서 싸운 인물이다. 그 이후 별 관직 경력도 없는 그가 갑자기 수상으로 발탁된 것은 덕녕공주의 배려였다고 보이지만 개혁과는 거리가 먼 인사였다. 아마 덕녕공주가 자신처럼 인승단이 몽골인 출신이라는 점에서 갑자기 발탁한 것으로 보인다. 개혁안을 올렸던 이곡의 발탁은 그런대로 걸맞은 인사였다. 하지만 이런 빈번한 수상 교체나 일관성 없는 인물 등용은 개혁이 가닥을 잡지 못하고 갈팡질팡하고 있다는 방증이었다.

무엇보다도 특히 왕후의 파면은 개혁에 대한 분명한 저항의 표시였다. 왕후가 추진한 정방 혁파나 녹과전에 대한 개혁이 저항 세력의 반발을 불러온 것이다. 정방이 복구될 때 이미 왕후의 낙마는 예상되는 일이었지만 전격적인 조치가 아닐 수 없었다.

그렇게 개혁의 주체 세력이 일관되게 서지 못하고 더 이상 개혁은 진척이 없었다. 이 틈을 탄 기득권 세력은 개혁을 비웃듯이 인사 문제에 개입하여 부정부패도 드러내놓고 저질렀다. 그 대표적인 인물이 신예였다.

신예는 고용보의 처남으로 여전히 영향력을 과시하고 있었다. 게다가 복구된 정방의 제조관으로 발탁되어 인사권에도 참여하였으니 고양이에게 생선가게를 맡긴 꼴이었다. 신예는 자신에게 뇌물을 바치고 따르는 자들에 대해서는 다른 사람의 벼슬을 빼앗아서라도 벼슬을 주었다. 그러면 갑자기 벼슬을 잃은 자는 감찰사에 호소하고, 감찰사에서는 신예에게 청탁하여 벼슬을 얻은 자를 잡아 가두었다. 그러면 신예는 감찰대부를 찾아가 꾸짖고 욕하였다.

그때 감찰대부로 있던 자가 바로 기황후의 인척인 이공수였다. 그런 이공수인데도 신예의 방자함을 막지 못하였다. 신예에 의해 당시 관직에 들어온 자가 한 둘이 아니었는데, 그는 개혁 작업이 본격 시작되면서도 끄떡없이 버텨내고 인사권에도 계속 힘을 발휘한다.

그렇게 개혁이 멀어지고 있는 와중에 심왕 왕고가 죽는다. 1345년(충목왕 1) 7월의 일이었다. 심왕은 전년 12월에 오랜 재원 생활을 청산하고 환국하여 고려에 들어와 있던 중 죽었다. 평생을 원에서 살고 활동하다가 삶을 정리하기 위해 고국에 들어왔는지 모르겠다.

심왕 왕고는 충선왕 사후 제국과 변경의 틈바구니에서 수많은 사람들을 끌어들여 충숙왕을 위협하고 고려 조정을 혼란에 빠뜨렸던 인물이다. 그 결과 심왕이 한때 정치의 중심에 서서 고려 국왕을 무력하게 만들기도 했지만 원 제국에 대한 종속을 심화시켰다는 비난을 피할 수 없을 것이다.

그래도 한마디 변호를 하자면, 이해득실을 따져 이합집산을 능사로 하면서 각자도생의 길을 찾던 당시 정치 세력들에게 심왕은 재기의 발판이기도 했다. 특히 정상적으로는 관직에 들어올 수 없었던 비천한 사람들에게 심왕은 신분 상승의 기회를 얻을 희망이었을 것이다. 하기야 세계 제국인 원이라는 사회가 그들에게는 기회의 땅이었으니까 심왕만을 탓할 일은 못 되지만.

2. 휘둘리는 정치도감

김영돈·김영후 형제와 왕후

개혁이 멀어지고 있던 중에도 뭔가 숨가쁘게 움직이고 있었다. 앞서 개혁의 선봉에 섰던 우정승 왕후가 파면되었다는 얘기를 했는데, 그 직전에 좌정승 김영후가 원으로 들어갔다. 겉으로는 방물을 바치기 위한 행차였지만 일국의 정승이 방물을 바치러 가는 목적만은 아니었을 것이다.

그런데 그 김영후가 국경도 넘기 전에, 즉 개경을 출발한 지 10여일 만에 우정승 왕후가 파면된다. 그리고 개경을 떠나 원으로 향하던 김영후가 바로 우정승을 차지한 것이다. 모두 1345년(충목왕 1) 12월에 있었던 일이었다. 결국 김영후는 수상에 임명되어 파면당한 왕후의 대안으로 원을 방문한 셈이었다.

원으로 들어간 김영후는 5개월이나 지난 익년 5월에 환국하였다.

왕복하는 기간을 제외하더라도 최소한 3개월 이상을 원에서 머문 것이다. 고려 조정을 통제하고 있는 원에서 일국의 수상이 3개월을 머문다는 것은 보통 일이 아니었다.

더 이상한 점은, 김영후의 형인 찬성사 김영돈이 1346년(충목왕 2) 9월 국왕의 친조를 요청하러 원으로 들어간다는 사실이다. 그리고 김영돈이 원에 머무르고 있는 동안 그해 12월, 수상에서 파면된 왕후가 또 원으로 들어간다. 왕후의 입원은 원 조정의 명령에 의한 것이었다. 김영돈 형제가 시차를 두고 입원한 것도 궁금하지만 파면된 왕후를 원에서 다시 부른 이유도 궁금한 문제가 아닐 수 없다.

뒤에 다시 언급하겠지만, 김영돈과 왕후는 1347년(충목왕 3) 2월 함께 환국하여 개혁을 위한 원 황제의 칙명을 전하면서 결국 다시 시작되는 개혁의 선두에 서게 된다. 위에 언급한 일들은 그 배경을 이해하는 데 중요한 단서라고 생각되어 제시한 것이다. 우선 궁금한 것은 김영돈 형제가 원에 들어가 어떤 역할을 했을까 하는 문제다.

참고로 신라 경순왕의 후손으로 알려진 김영돈 형제의 안동 김씨 가문의 가계도를 그리면 다음과 같다.

제4장 _ 왕무위의 국왕, 유주들 361

형인 김영돈은 충렬왕 때 과거에 급제하여 강릉부 녹사를 받아 관직 생활을 시작하지만 충혜왕 이전까지는 크게 현달하지 못했다. 김영돈이 빛을 보기 시작한 것은 조적의 난으로 충혜왕이 원의 소환을 받아 입원할 때 시종한 공로로 일등공신에 책정되면서부터다.

　이어서 충혜왕이 원으로 압송당했을 때는 많은 반대를 무릅쓰고 국왕을 구원해야 한다는 강력한 의사를 개진하여 주목을 받았다. 그때도 특별한 관직이 없었던 것으로 보아 세속적인 출세나 현달에는 별 뜻이 없었던 것 같다. 그러다가 충목왕이 즉위한 후 찬성사를 보임받지만 동생 김영후보다 승진이 늦은 것이었다.

　동생 김영후는 과거를 거치지 않고 음서로 관직에 들어와 충숙왕 때 관직 생활을 시작한다. 이후 김영후는 착실하게 관직 생활을 하는데, 역시 형과 마찬가지로 조적의 난 때 충혜왕을 시종한 공로로 일등공신에 든다. 이때 형은 관직이 없었지만 동생 김영후는 삼사우사(정3품)라는 관직에 있었던 것으로 보아 관직 생활은 순탄했던 것 같다.

　그러다 김영후가 주목받은 것은 충혜왕이 압송당할 때 국왕을 지키려다 원의 사신에게 창을 맞은 일이었다. 충혜왕의 총애도 크게 받지 않았던 그가 국왕에 대한 충성심을 발휘한 것이다. 이 일 때문이었는지 충목왕이 즉위한 후 그는 재상으로 승진하고 좌정승과 우정승을 모두 역임한 것이다.

　두 형제의 공통점은 충혜왕 때 공신에 책정되었다는 점, 그러면서도 충혜왕의 측근도 아니었고 권력의 핵심에 들지도 않았다는 점, 또한 충목왕이 즉위한 후 갑자기 발탁되어 두각을 나타냈다는 점이다. 그리고 한 가지가 더 있는데, 바로 이들 형제의 친누이가 원으로 시집가서 원 고관의 부인이 되었다는 점이다.

김영돈 형제의 부친인 김순金恂의 묘지명에 의하면, 김영돈의 누이는 원 황실의 궁중 관리였던 별리가불화別里哥不花라는 몽골인에게 시집갔다고 하며, 별리가불화의 부친은 좌승상을 역임한 아홀반阿忽反이라고 하였다. 한편, 김순의 부인 허씨 묘지명에는 별리가불화가 강절행성 참지정사를 지냈다고 나오고, 《고려사》에는 별리가불화가 평장정사였다고 기록되어 있다.

기록마다 관직명에 약간의 차이가 있지만 중요한 것은, 김영돈 형제의 친누이가 원으로 시집가서 고관의 부인이 되었다는 사실이다. 김영돈 형제와는 처남매제 사이인 그 별리가불화의 관직이 기록마다 다른 것은 시점의 차이인 것 같다. 하지만 그 가문이 순수 몽골인으로 원 조정에서 고관을 지낸 가문이라는 사실에는 변함이 없다. 김영돈 형제가 충목왕 즉위 후 갑자기 두각을 나타내고, 또한 중요한 개혁 국면에서 형제가 시차를 두고 입원하여 원 황제를 만났다는 사실에서 강조하고 싶은 점은, 그럴 수 있었던 배경이 바로 원으로 시집간 그 누이를 통해서 원 조정과 인연이 있었기 때문이라는 점이다.

그렇다면 먼저 입원한 동생 김영후는 빈손으로 환국했는데, 왜 나중에 입원한 형 김영돈은 왕후를 불러들이고 함께 황제의 개혁 칙명을 받아왔을까 하는 점이 또 궁금해진다. 그리고 수상직에서 파면당한 왕후를 원 조정에서 다시 불러 개혁의 칙명을 내린 이유는 뭐란 말인가?

개혁의 저항 세력, 기황후 친족

먼저 입원한 김영후는 3개월 동안 원에 체류하면서 고려의 내부 사정도 전하고 황제를 비롯한 원 조정의 개혁 의지도 들었을 것이다. 아마 고려 조정에서도 그런 의도로 그를 갑자기 수상으로 임명하여 보냈을 테지만 그는 아무 소득 없이 환국하였다. 그 이유가 궁금한데 김영후가 개혁의 선봉을 사양했거나, 아니면 원 조정에서 그를 개혁의 적임자로 보지 않았거나 둘 중의 하나일 것이다.

그 대답은 조금 뒤로 미루고, 여기서 김영후의 정치적 성향을 참고할 필요가 있다. 그의 열전에 의하면 그는 친인척이나 친구로서 어려움에 처한 사람이 있으면 돕지 않은 적이 없다고 한다. 이는 여기저기 걸친 사람이 많다는 뜻이고 오지랖이 넓다는 얘기니, 탐욕스런 성품은 아니라도 개혁 성향과는 거리가 먼 것이다. 훗날의 일이지만 실제 그는 중요한 국면에서 개혁에 반대한 적이 있었다.

공민왕 때 김영후는 서연에 참여하면서 변정도감辨整都監을 그만둘 것을 요청하여 공민왕의 노여움을 산 적이 있었다. 공민왕 때의 변정도감에 대해서는 다음 책에서 다루겠지만, 원의 쇠퇴를 틈타 야심차게 시작한 개혁 기구였다. 김영후가 이를 반대한 것이다. 이를 보면 그의 정치적 성향은 더 설명할 필요없이 바로 드러난다.

김영후가 입원했다가 빈손으로 돌아온 이유는 원 조정의 개혁 의지에 동조하지 않았기 때문이다. 그래서 물론 개혁의 선봉에 서는 것도 사양했을 테고, 원에서는 그를 개혁의 적임자로 볼 수도 없었다. 이는 달리 말하자면 고려 조정에서 개혁을 담당할 인물로 추천한 김영후를 원 조정에서 물리친 것이라고 해석해도 별 차이가 없다.

김영후는 빈손으로 환국하여 원 조정의 의지를 전하고 전후사정을 보고했다. 그리고 이어서 형인 김영돈이 다시 원으로 들어가는데, 이 것은 김영후가 원 조정에 형을 추천해서 이루어진 것으로 볼 수도 있고, 고려 조정에서 다시 인물을 물색하다보니 김영돈이 그 대안으로 선택된 것일 수도 있다. 전후 사정을 살펴보면 후자일 가능성이 많다.

그런데 김영돈이 원으로 들어가 머물고 있던 중, 이번에는 개혁을 추진하다가 파면당했던 왕후를 원 조정에서 불러들인다. 이것은 김영돈 역시 원 조정에서 개혁의 적임자로 보지 않았다는 뜻이다. 그것이 아니면 김영돈 역시 원 조정의 개혁 의지에 부담을 느낀 결과로 보인다. 어쩌면 김영돈은 개혁보다는 권력에 부담을 느꼈을 가능성이 많다. 두 형제의 또 하나의 공통점이 권력에 대한 의지가 확고하지 않았다는 점이다. 그래서 고려 조정에서는 여러 정치 세력들의 조율을 거쳐 동생과 형을 연달아 추천했던 것이다.

그러면 이제 대안은 개혁의 선봉에 섰다가 파면당한 왕후밖에 없다. 왕후를 불러들인 것은 고려 조정의 추천이 아니라 원 황제의 명령이었다. 어쩌면 김영돈은 원에 들어가 왕후와 함께라면 개혁을 추진해볼 수 있겠다고 제의했을 가능성이 크다. 왜냐하면 결국 김영돈은 왕후와 함께 개혁에 앞장서게 되니까 말이다.

그럼 이제 마지막 궁금한 문제가 남는다. 개혁을 추진하다가 파면되었던 왕후에게 다시 개혁을 맡기려는 이유가 뭘까? 개혁을 추진하던 왕후를 파면했던 원 조정에서 다시 그에게 개혁을 맡기려 했다는 것은 앞뒤가 전혀 안 맞는 얘기다. 그래서 이 문제는 처음 왕후를 파면했던 주체가 원 조정이 아니라 별도의 다른 세력이었다는 가정을 해야 풀린다. 그게 누구일까?

개혁을 추진하던 왕후를 갑자기 파면한 배후는 바로 기황후였다고 본다. 그렇게 볼 직접적인 증거는 없지만 그렇게 정리해야만 전후좌우의 사정이 이해되기 때문이다. 앞으로 더욱 적나라하게 드러나겠지만, 기황후와 연결된 고려 내 세력들이 개혁에 반발했다는 정황은 지금까지 설명만 가지고도 충분하다. 기씨 친족은 개혁의 대상이자 가장 강력한 저항 세력이었기 때문이다.

그렇다면 황제를 중심으로 한 원 조정과 기황후는 개혁에 대해 서로 상반된 생각이었을까? 그건 아니었다고 본다. 기황후 역시 개혁의 흐름에는 분명 동조하고 있었다. 이에 대해서는 기황후가 충목왕을 즉위시키는 데 직접 개입했다는 사실과 자신의 친인척들에게 보낸 앞서의 경고 메시지가 증명한다. 그럼 개혁을 추진하던 왕후의 파면은 왜 일어났을까?

이는 기황후가 생각한 개혁이 모순에 봉착했기 때문에 일어난 일이었다. 기황후는 개혁을 추진해야 한다는 의지도 있었지만 근본적인 개혁을 추진할 처지가 못 되었다. 기황후 형제나 그 친족들의 불법과 방자함은 이미 정치 사회 문제가 되고 있었으니, 그래서 개혁의 칼끝은 결국 그들 형제를 향할 수밖에 없었기 때문이다. 자신의 친족을 자신의 손으로 내친다는 것이 얼마나 힘들고 성공하기 어려운가 하는 것은 현재 대한민국의 정치만 잠시 들여다봐도 알 수 있는 일이다. 그러니까 처음에는 기황후도 개혁에 동조하고 후원하는 입장이었지만 시간이 지나면서 그것이 불가능하다는 것을 깨달은 것이다. 그것을 해소하는 방법은 개혁을 중단시키는 수밖에 없지 않았겠는가.

왕후의 파면은 그래서 일어난 일이었다. 개혁을 추진하던 왕후를 파면할 때 떠돌던 얘기가 정방 혁파와 과전科田을 폐지한 것에 대해 나쁜 무리들의 미움을 받아 그랬다고 한다. 정방 혁파는 인사권을 정상으로 되돌리는 것이었고, 과전 폐지는 권세가들이 탈점한 과전을 몰수하여 원 주인에게 돌려주는 조치였다. 이 조치로 피해를 보는 자들은 모두 부원배 세력들이었고 기황후 친족들이 그 핵심에 들어 있었다.

그래서 왕후를 파면에 이르게 했다는 나쁜 무리들이란 바로 기황후 친족들을 비롯한 부원배 세력들인 것이다. 기황후가 적극적으로 왕후의 파면을 지시했을 수도 있고, 자기 친족들의 파면 요구를 마지못해 받아들인 것으로 볼 수도 있겠지만, 어느 쪽이든 결과는 마찬가지다.

정치도감의 설치

정치도감의 설치를 얘기하기 전에 노책盧頙이라는 인물에 대해 언급할 필요가 있다. 여기서 처음 등장하는데, 그는 언제인지 모르겠지만 평양공 현平陽公 眩의 딸인 경녕옹주慶寧翁主에게 장가들면서 갑자기 종친의 반열에 든 인물이다. 그런데 경녕옹주의 어머니는 남편 평양공이 죽은 후 다시 충선왕의 후비로 들어가 순비順妃로 책봉된다. 그러니까 노책은 형식상 충선왕의 사위나 마찬가지인 인물이었다.

노책이 갑자기 현달하게 된 배경에는 그러한 종실과의 혼인 관계가 작용하였다. 그는 그런 혼인을 배경으로 권세를 부리며 욕심이 많고 사술에 능한 자였다. 그런데 이 자가 갑자기 우정승, 즉 수상을 꿰찬 것이다. 김영돈과 왕후가 입원하여 원에 체류하고 있던 중에 있었던 일이다.

그때까지 우정승은 김영후였다. 김영후에 대한 수상 임명은 개혁의 선봉을 맡는다는 조건에서 이루어진 일이었다. 이는 수상인 왕후가 파면되고 김영후가 그 뒤를 이어 수상을 맡아 원으로 들어갔다는 점에서 알 수 있다. 그런데 김영후는 원에서 개혁의 적임자가 아닌 것으로 판명나 환국했으니 당연히 수상 자리도 내놓아야 했다. 노책은 그 틈을 타 수상에 오른 것이다.

노책이 갑자기 수상에 오른 배경에는 두 가지 이유가 있었다. 우선, 노책은 충렬왕 때의 유명한 외교관이자 수상을 역임한 조인규趙仁規의 외손자로, 그의 두 처형은 옹주로서 원으로 시집가서 하나는 원의 고관 부인이 되었고 하나는 《원사》에서는 확인되지는 않지만 황후에까지 올랐다는 기록이 있다. 여기에 더하여 노책이 수상이 되기 직전에는 그의 둘째 딸이 원으로 들어갔다는 점이다. 원 조정의 고관이나 실력자의 요구에 의해 출가시킨 것으로 보인다. 아무튼 노책은 원 조정과 끈끈한 유대 관계를 맺고 있었다. 이게 노책이 갑자기 수상을 맡게 된 인연으로 작용했을 수 있다.

또 하나는, 이게 더 중요한 이유인데, 노책이 수상을 맡았다는 것은 고려 조정에서 그에게 개혁의 선봉을 맡기려 한 것이 아니었을까 하는 생각이다. 노책에게 개혁의 선봉을 맡기려 했던 것은 왕후를 기피하기 위한 술책이었다고 보인다. 과감한 개혁을 추진하다가 파면당한 왕후가 원 황제로부터 다시 개혁의 선봉을 위임받아 돌아온다면 이는 위험천만한 일이 아닐 수 없었다. 개혁의 대상이 되는 부원배 세력들에게, 특히 기황후의 친족들에게는 말이다.

그런데 원의 명령으로 입원한 왕후는 결국 다시 개혁의 선봉을 맡아 돌아온다. 황제의 조서를 받든 원의 사신을 동반하고, 먼저 입원했던 김영돈과 함께한 환국으로 1347년(충목왕 3) 2월이었다. 김영돈은 입원한 지 5개월 만에, 왕후는 3개월 만의 환국이었다.

왕후와 김영돈은 환국하여 국왕에게 다음과 같이 보고하였다.

"황제께서 선왕(충혜왕)의 실덕에 대해 물으시기에 신들이 아뢰기를, '선왕이 처음에는 그러지 아니하였는데 소인들이 잘못 인도하여 그리된 것뿐입니다. 그 무리들이 아직도 남아 있으니 이들을 물러나게 하지 않으면 역시 마찬가지가 될 것입니다' 하니, 황제께서 그렇게 여기시고 신들에게 칙명을 내리시기를, '그대들은 돌아가서 이들을 다스리라' 하셨습니다."

더 이상 덧붙일 필요없이 왕후와 김영돈에게 전폭적으로 개혁을 위임한 것이다. 특히 왕후와 김영돈은 소인들을 거론하여 이들을 축출할 것을 황제한테 건의하였다. 여기 소인들은 충혜왕의 악정에 책임을 져야 할 자들이고 이들이 바로 개혁 대상인 것이다. 황제는 왕후와 김영돈에게 이들을 다스리라고 분명히 언급한 점이 주목된다. 개혁은 인적 청산 없이는 불가능하다는 것을 확인한 것이다.

그 자리에서 김영돈은 황제의 밀지를 전하며 다시 왕후를 수상으로 삼을 것을 주청하였다. 그때 옆자리에 있던 우정승 노책은 얼굴을 붉히고 물러나올 수밖에 없었고, 이후 그는 병을 핑계 삼아 조정에 나오지 않았다. 왕후와 김영돈이 황제의 개혁 칙명을 받아오자 노책은 뒷전으로 밀려날 수밖에 없었던 것이다. 여기 노책은 정치도감이 개혁 활동을 시작하면서 개혁 대상에 오른다.

왕후와 김영돈이 환국한 닷새 후인 1347년(충목왕 3) 2월, 드디어 개혁 기구로 정치도감整治都監이라는 임시 특별 기구가 설치되었다. 그 조직은 다음과 같이 구성되었다.

① 정치도감 판사判事 : 2품 이상 재상급 4인
② 정치도감 사使 : 3품 관리 9인
③ 정치도감 부사副使 : 4품 관리 7인
④ 정치도감 판관判官 : 5, 6품 관리 12인
⑤ 정치도감 녹사錄事 : 7품 이하 관리 6인

①의 정치도감 판사에는 왕후, 좌정승 김영돈, 찬성사 안축安軸, 판밀직사사 김광철金光轍이 임명되었다. 이들이 정치도감의 장관들로서 그 우두머리는 왕후였다. 이들은 주로 정치도감의 활동을 총괄기획하고 조율하는 정치적인 기능을 주로 했을 것으로 보인다. 개혁에는 항상 정치 사회적 저항이 따르기 마련이니 그에 대한 방어도 중요한 임무였을 것이다.

②의 정치도감 사 이하부터 ⑤의 녹사까지는 모두 정치도감 속관屬官으로 불렀다. 이들은 개혁 활동의 실무 행정을 분담했는데, 정확히 드러나 있지는 않지만, ②의 정치도감 사는 개혁 활동의 구체적인 지침을 마련하고, ③의 정치도감 부사는 이를 보좌하며, ④의 정치도감

판관은 불법행위에 대한 수사와 판결을 담당하고, ⑤의 정치도감 녹사는 문서 기록과 보관과 같은 잡무를 담당했을 것으로 보인다.

이들 속관에 임명된 자들은 관직 경력이나 나이가 많지 않아 지금까지는 행적이 드러나지 않은 새로운 인물들이었다. 하지만 그 가운데 몇몇은 이후 공민왕대의 개혁 활동에서도 청렴강직한 성향을 드러내며 크게 두각을 나타낸다. 이들 속관에 대해서는 해당 부분에서 필요하면 언급할 것이다.

이렇게 정치도감은 재상 급에서 임용된 판사 4인과 중하급 관리에서 발탁된 속관 34인으로 총 38명의 제법 큰 조직을 갖추고 출범했다. 이들 정치도감에 소속된 모든 관리를 정치관整治官으로 불렀는데, 이게 지금으로 말하자면 특검이다. 게다가 원 황제의 칙명으로 만들어진 특검인 것이다.

정치도감에서는 불법을 저지른 자를 수사하고 재판하여 징벌까지 내릴 수 있었다. 그래서 수사권과 기소권에 재판권까지 행사하는 특별기구라고 할 수 있다. 이런 막강한 권한을 행사하는 특별기구가 황제의 명령으로 출범한 것이니 그 정치적 영향력이 지금까지의 어떤 기구와도 비교할 수 없을 정도로 컸다.

그런데 정치도감의 우두머리를 맡은 왕후는 수상(우정승)으로서 그 자리를 겸임해야 마땅한 일이었지만 아무 관직 없이 정치도감의 장관에만 임명되었다. 이는 정치도감의 일에만 전념하라는 뜻으로 보일지 몰라도 그보다는 왕후에 대한 견제로 보는 것이 더 타당할 것 같다. 더구나 앞서 김영돈이 왕후를 다시 수상에 임명하라는 주청을 하였음에도 이를 실행치 않은 것은 그렇게 볼 수밖에 없다. 이는 또한 개혁에 반대하는 세력이 아직 건재하고 있다는 사실과도 통한다.

좌정승 김영돈은, 처음 그가 입원할 때는 찬성사의 직책에 있다가, 정치도감이 설치되면서 승진하여 좌정승으로서 도감의 판사를 겸임한 것이다. 또한 그가 입원한 후 뒤따라 왕후가 입원했던 것도 김영돈이 개혁에 반대하거나 소극적이어서가 아니라 왕후를 앞세우기 위한 것이었다고 짐작할 수 있다. 그가 권력욕이 있었다면 자신을 앞세웠겠지만 자신을 뒤로 하고 왕후에게 양보했다는 점에서 역설적으로 개혁의 적임자로 볼 수 있다.

안축은 앞서 맨 처음 개혁 내각에서는 지밀직사사였는데, 이번에 찬성사로 승진하여 정치도감의 판사를 겸임한 것이다. 안축은 원의 과거에도 합격할 정도로 학문과 문장이 뛰어난 인물로 한때 원에서도 관직을 역임한 경험이 있었으며, 동갑내기인 이제현과 함께 역사 편찬에 참여한 역사가이기도 했다. 안축은 충숙·충혜왕의 중조 과정에서 국왕 측근들에게 거슬려 파직당한 경험도 있었으나 주로 형법과 감찰 업무에 종사하여 정치도감의 개혁 판사로는 적격이었다.

김광철은 충선·충숙왕 때 활약이 컸던 김태현의 4남 중 둘째 아들로, 이들 광주(광산) 김씨 가문은 아버지와 네 아들이 모두 과거에 급제하여 고려 후기에 현달한 대표적인 가문이었다. 아버지 김태현이 복잡한 정치판 속에서도 올곧게 자신을 지켰듯이 김광철 역시 바른 성품으로 개혁의 적임자로 발탁된 것 같다.

개혁 프로그램

《고려사》에는 정치도감의 활동 계획을 알려주는 '정리도감상整理都監狀'이라는 기록이 있다. 정리도감은 정치도감의 별칭이기도 했으니 바로 정치도감의 개혁 활동에 대한 지침과 같은 것이었다. 이 지침은 정치도감이 단명으로 끝나 모두 실행에 옮겨진 것이 아니었지만, 이를 통해 당시 사회 실상을 이해할 수 있어 잠깐 언급하려 한다.

이 개혁 지침 문서에 의하면 당시 개혁 대상 분야를 정치·경제·사회 등 세 분야로 나눌 수 있고, 이를 다시 세분하면 12항목 정도로 요약할 수 있다. 각 항목의 내용은 먼저 잘못된 현실을 서술하고, 이에 대한 시정 조치나 그 위법자에 대한 처벌을 규정하고 있다. 흥미로운 점은 불법을 저지르거나 폐단을 야기한 주체가 언급되어 있다는 점이다. 12항목 중 중요한 몇 가지만 살펴보겠다.

정치 분야에서는 먼저, 외방 관리들의 탐학과 불공정한 처결로 백성을 괴롭히는 것에 대해서는 안렴사安廉使(조선시대 관찰사에 해당)가 감찰 징계하라고 하였다. 여기 불법의 주체로 언급한 외방 관리는 수령을 포함한 지방 거주 관리 전체를 말하는 것으로, 특히 퇴직 관리들의 탐학이 심했다. 이들은 충혜왕 때 직세職稅를 신설하여 징세의 대상이 되기도 했는데, 이들이 자신들의 직세 부담을 백성들을 착취하는 수단으로 삼았던 것 같다. 여기서는 당시 관료층이 양적으로 확대되면서 이들이 지방으로 확산 이주하고 있는 사회상을 엿볼 수 있다.

다음, 정동행성의 폐단과 불법에 대해 언급하고 있다. 정동행성은 애초에 일본원정을 위해 설치되었다가 원정이 포기되면서 원과 고려 사이의 공적인 연락 기관 정도로 남아 있었다. 이게 지금으로 치면 주한미국대사관 정도로 볼 수 있는데, 원 제국의 권위를 배경으로 설치된 기관이라 그 작폐가 컸지만 고려 정부에서는 손을 쓰기가 힘들었다.

정동행성의 작폐는 주로 고려 행정 체계를 무시하고 행성의 관리들을 지방에 파견하여 백성을 착취하고 횡포를 부리는 것이었다. 이런 작폐는 불법이면서도 고려 행정 체계와 갈등을 유발하는 것이었는데 원 간섭기라는 그 시대의 특수한 문제였다. 정치도감에서 이런 정동행성의 문제까지 개혁의 대상으로 삼았다는 것은 눈여겨볼 대목이다. 정치도감이 원 황제의 칙명으로 세워진 것이니 가능했을 것이다.

그다음, 역驛에 대한 불법 행위를 언급하였는데, 주로 원과 연결된 권력자나 권력 기관에서 각 지방의 역마를 마음대로 이용하고 있다는 것이다. 이는 역의 정상적인 운영을 방해한 것으로 판단하여 이를 억제한다는 것이었다. 당시 원에서는 고려의 역참驛站에 대해 군사적 필요성에 의해 그 이용을 제한하고 있었는데, 원과 연결된 권력자나 권력 기관에서 이 틈을 이용하여 역참을 불법적으로 이용하는 경우가 많았던 것이다.

경제 분야에서는, 권세가의 토지 탈점에 의한 농장 문제를 제일 먼저 지적하고 있다. 권세가들의 토지 탈점과 농장이라는 대토지 소유는 산천을 경계로 할 정도로 확대되어 이 시대 가장 중요한 국가 문제였다. 충선왕의 개혁 때에도 제일 중요한 과제로 거론했지만 근본적인 해결을 보지 못했고 이후 갈수록 확대되었으며, 특히 충혜왕 때의 실정이 겹치면서 더욱 심화되었다.

농장 문제와 관련하여 고리대 문제도 거론하고 있다. 고리대 문제는 농장의 확대와 함께 일어나는데 부당하게 취하는 높은 이식과 문서 변조가 문제였다. 고려시대 고리대업에서 이자가 원금과 같은 액수에 이르면 더 이상 이자를 받을 수 없다는 충숙왕 때 마련된 이식 행위 규정이 있었다. 하지만 이를 무시하고 증식을 하기 때문에 이를 견디지 못한 가난한 백성이 처자식까지 팔아넘기는 일이 일어났다.

고리대 문제는 이 시대 원 제국의 영향을 받아 상업 발달과 화폐 유통이 활발히 일어나고 있었다는 사회상의 반영이기도 했다. 이를 통해 부를 축적한 자들이 가난한 백성들을 고리대업으로 억압하고 있었던 것이다. 이는 가난한 백성들이 부채 노비로 전락하고 있는 당시 실상도 보여준다.

이렇게 백성을 억압하여 노비로 만드는 불법행위를 압량위천壓良爲賤이라고 하는데, 이 문제도 정치도감의 개혁 지침에서 중요한 경제 문제로 언급하고 있다. 이런 억압당한 노비는 그 부채에 대해 1년 노역 대가로 포 1백 필을 상환하여 환속시킨다는 고려 초 성종 때의 규정이 있었는데, 여기서는 33필 반으로 그 대가를 상환하여 환속시킨다고 하였다. 1년 노역 대가를 고려 초에 비해 3분의 1로 줄여 계산하고 있는데 그 이유는 잘 모르겠다.

농장이나 고리대업 그리고 압량위천 문제에서 그 불법행위의 주체로는 환관이나 권세가를 지목하였고 이들의 하수인으로 지방 향리와 공노비 혹은 유민 등을 거론하였다. 하수인들은 중앙의 힘깨나 쓰는 환관이나 권세가에 투탁하여 마름 노릇을 했던 모양이다. 여기서 환관이 불법행위의 주체로 언급된 점이 주목되는데, 그 시대가 환관들이 득세했다는 사회상을 반영한 것이었다.

이밖에 경제 문제에서 거론하고 있는 것은 사패전賜牌田 문제, 수조권 문제, 공해전公廨田 문제 등이었다. 사패전은 국왕이 주는 사패를 빙자하여 남의 토지나 황무지를 차지하고 해마다 소작료를 징수하는 폐단을 금지하라는 조치였다. 수조권 문제는 일반적인 전호(소작인)가 지주에게 바치는 소작료를 한 해에 3, 4차례나 받는 폐단을 없애라는 것이었다. 공해전은 관청 소속의 토지를 말하는데 여기서 조세를 징수하는 하급 관리나 서리들이 지방에 횡행하면서 많은 폐단을 일으킨다는 지적이었다.

끝으로 사회 분야의 문제로는 부역을 피하려는 자들이 정동행성이나 홀치·순군·응방 등 권력 기관에 불법으로 소속되었음을 지적하고, 이들을 적발하여 본래의 직역으로 되돌리겠다는 언급이었다. 홀치·순군·응방 등은 원과 관련된 기구로 고려의 행정력이 잘 미치지 않는 곳이라 불법을 자행하기에 용이한 것이었다. 이 문제 역시 원 간섭기라는 이 시대의 특수한 현상이었다.

정치도감의 개혁 프로그램을 몇 가지 살펴보았는데 당시 국가적 과제의 핵심은 농장 문제였다. 불법과 폐단을 자행하는 주체는 원의 기관이나 원과 직간접으로 관련된 기관이었으며, 불법을 자행하는 자들은 원과의 관계 속에서 성장하고 세력을 얻은 소위 부원배 세력이었다. 이런 문제에 대한 시정과 불법자에 대한 징벌이 어떻게 이루어질지 주목된다.

그렇게 정치도감은 개혁적이고 참신한 인물들을 앞세워 개혁 프로그램을 마련하고 야심차게 출범하였다. 원 간섭기 80여 년 동안 이렇게 원 조정에서 전폭적으로 지원하는 개혁은 이것이 처음이자 마지막이었다. 그런데 이 부분에서 근본적인 의문이 한 가지 생긴다. 원 조정에서는 왜 그렇게 고려 내정에 대한 개혁을 주문하고 지원하려고 했을까?

원 조정에서는 고려의 분열을 조장하면서 고려 국정에 대해 끊임없이 통제하고 간섭하여 억압 정책을 썼을 것으로 생각하기 쉽다. 물론 그런 정책도 제국의 이익을 실현하고 이해관계에도 부합하는 그런 면이 없지 않았다. 하지만 그러면서도 원 조정에서는 고려의 안정을 추구하려는 정책을 회피하지 않고 적극적으로 펼쳐나갔다. 변방의 안정은 곧 제국의 안정과 직결되는 문제였기 때문이다.

충혜왕 때는 그동안 누적된 사회 경제적 모순과 정치적 혼란이 극에 달해 있었다. 부마국 체제라는 원 제국과 고려의 특수한 관계가 심화 왜곡되면서 필연적으로 나타난 현상이었지만 충혜왕 개인의 폭정과 방탕도 단단히 한몫을 했다. 이런 고려 국정의 불안정은 원 제국에도 결코 바람직한 일이 아니었다. 바람직하지 않은 정도가 아니라 고려 국정 문제가 원 조정에까지 비화됨으로써 제국의 통치에 큰 정치적 부담을 안겨줬다.

농장 문제나 권력 기관의 횡포, 부원배 세력들의 불법행위는 일시적인 문제가 아니라 고려 내정을 불안하게 하는 근본적인 사회 문제였다. 여기에 심왕 옹립 책동이나 충숙·충혜왕의 중조, 조적의 반란 같은 정치적 사건들은 고려 국정을 혼돈 속에 빠뜨렸다. 이런 문제나 사건들은 원 조정에서도 외면할 수 없었고 어쩔 수 없이 개입하여 결단을 내려줘야만 할 중대 사안들이었다.

그런 과정에서 원 제국에 대한 고려의 종속을 심화시켰지만 원 조정의 처지에서는 이런 변방의 혼란이 갈수록 부담으로 작용했다. 고려를 아예 원 제국의 내지로 통합하자는 입성책동은 그런 부담을 해소하는 방안으로 제시되고 건의되었지만 이게 제국의 이해관계에 맞지 않다는 것은 이미 결론이 난 일이었다.

제국의 변경, 고려를 안정시키는 방법은 고려 국정을 개혁하여 사회 경제적 모순을 해결하고 정치를 정상적으로 회복하는 길이 최선이었다. 원 제국의 정치 사회적 부담을 덜기 위해서 말이다. 문제는 그런 혼란과 모순을 야기하는 주범들이 바로 원과 연결된 부원배 세력들이었는데 고려에서는 스스로 이들을 다스릴 능력이 없다는 점이었다.

그래서 원 조정의 요구에 의해 정치도감이 설치되었던 것인데, 그 성공 여부는 역시 원 조정에서 정치도감의 활동을 얼마나 지속적으로 확실하게 지원하느냐에 달려 있었다.

개혁 착수, 첫 걸림돌

정치도감은 설치되자마자 바로 활동에 들어간다. 제일 먼저, 전국 5도 양계에 정치도감의 속관들을 파견하여 양전 사업을 실시한다. 양광도 경상도 서해도에는 두 명씩, 그리고 인구가 적은 교주도와 북계 동계에는 한 명씩 파견하였다. 각도에 파견된 정치도감의 속관들은 모두 안렴사라는 직함을 띠고 있었고 이들이 하는 가장 중요한 일이 양전 사업, 즉 토지 조사 사업이었다.

양전 사업은 토지를 측량하여 민전의 소유자인 원주인과 소유 면적을 정확히 조사하는 것이었다. 이는 권세가에 의한 토지의 불법적인 탈점이나 약탈의 실상을 잡아내기 위한 것이었다. 그래서 양전 사업은 농장의 확대나 토지 문제를 바로잡기 위해서 반드시 치러야 할 중요한 사업이었다.

양전 사업은 정치도감이 출범한 지 이틀 만에 착수했다. 이를 보면 정치도감이 성립하기 전에 이미 만반의 준비가 되어 있었지 않았을까 하는 생각이 든다. 하지만 그보다는 정치도감 이전에 비슷한 기구가 설치된 적이 있었다는 사실을 상기할 필요가 있다. 충목왕이 막 즉위하고 아직 원에 체류하고 있을 때 박충좌를 장관으로 하는 전민도감이 그것이다.

전민도감은 그 명칭에서 알 수 있듯이 순전히 토지 문제만을 바로잡기 위한 것으로, 정치도감이 국정 전반을 다루는 것과 달리 양전 사업만을 담당하는 임시 특별 기구였다. 하지만 그때 전민도감은 개혁의 좌절로 큰 활동을 못해 보고 흐지부지되었는데, 아마 이번 정치도감에 의한 양전 사업은 그때 준비된 것을 기반으로 신속하게 착수하지 않았을까 생각된다.

양전 사업에 이어서 인사행정 기구인 정방에 참여할 새로운 인물들도 배치되었다. 좌정승 김영돈, 찬성사 이군해李君侅, 우대언 정사도鄭思度를 정방의 제조관으로 임명했다.

이군해는 본관이 철원(강원)으로 후에 이암李嵒으로 개명하는데, 충선왕 때 17세 나이로 과거에 급제하여 이름을 날렸던 인물이다. 그는 충숙왕이 복위하면서 충혜왕을 따르는 인물이라 하여 내침을 당하여 잠시 관직에서 소외되기도 했다. 하지만 권세에는 욕심이 없었던지 충혜왕의 폐신들과는 가까이하지 않은 탓에 이번에 발탁된 것으로 보인다.

정사도는 고용보의 처남인 신예와 가까운 인물이다. 신예는 원 사신들이 충혜왕을 압송할 때 주변에서 거들었고, 그 직후에는 정방에 참여하여 개혁을 방해하면서 원성을 샀던 인물이다. 여기 정사도는 신예가 추천하여 정방에 들어온 자이니 그런 그가 개혁적인 인물일 수는 없을 것이다.

이렇게 보면 이번 정방은 개혁적인 인사행정을 펼칠 수 없게 편성된 것이었다. 정방을 완전 혁파하지 않고 존속시킨 점만 봐도 그 한계가 분명했다. 정방을 그대로 존속시키고 게다가 개혁에 반대 성향을 지닌 인물을 끼워 넣었다는 것은 처음부터 개혁의 한계를 드러낸 것으로 보인다.

어쩌면 정방의 혁파는 개혁의 상징과도 같은 일이었다. 거꾸로 말하면 그만큼 개혁 반대세력에게는 정방의 존치가 중요했다는 뜻이다. 앞서 왕후가 파면되었던 중요한 원인도 이 정방을 혁파하면서 반대세력의 미움을 받은 때문이라는 사실을 기억할 필요가 있다. 이제 정치도감이 설치되고 개혁이 본격적으로 시작되었지만 그 정방을 혁파하지 못하고, 더구나 여기에 반개혁적인 인물이 끼어들었다는 것은 개혁에 대한 반대세력이 여전히 저항을 준비하고 있다는 것을 보여준다.

한편, 원에서는 사신을 보내어 왕후와 김영돈에게 의복과 술을 하사하고 정치도감의 개혁 작업을 격려하기도 하였다. 이번 개혁에 대해 원 조정에서 얼마나 깊은 관심을 기울이고 있는지를 보여주는 일이다. 원 조정의 이런 정치도감에 대한 관심 표명은 개혁 반대세력의 저항을 미연에 차단하는 효과도 노렸을 것이다.

그렇게 양전 사업을 위해 전국에 속관을 파견하고, 정방에 대한 새로운 제조관 임명에 이어서, 원 황제의 하사품을 전달하기 위한 사신 파견이 모두 정치도감이 설치된 그해 1347년(충목왕 3) 2월에 있었던 일이다. 그야말로 신속하고 거칠 것이 없었다. 이런 정치도감에 맞설 자 누가 있을지 모르겠다.

하지만 개혁의 걸림돌은 항상 예상치 못한 엉뚱한 곳에서 벌어진다. 그 걸림돌은 개혁 세력 내부에서 일어나는 경우가 많다. 그해 3월 정치도감의 속관으로 양광도에 파견된 안렴사 김두金枓가 토지 탈점 사건을 하나 적발했는데 이게 정치도감 내부에서 문제를 일으킨 것이다.

안렴사 김두는 양광도의 토지를 조사하던 중 이천현(경기)의 어느 아전 하나가 공전公田을 채하중과 윤계종尹繼宗에게 뇌물로 바쳤다는 사실을 적발하였다. 이때 채하중은 수상을 지내다 개혁 국면에서 물러나 있었고, 윤계종은 충목왕 다음의 충정왕 외조부가 되는 인물로 2년 전 찬성사로 있다가 이미 죽은 자였다. 말단 관리가 고위직 관리에게 뇌물을 바친 사건으로 우선 그 아전을 치죄해야 했다. 김두는 그 아전의 귀를 자르고 관내에 조리를 돌렸다.

하지만 뇌물을 바친 아전보다는 뇌물을 받은 채하중과 윤계종의 처벌이 더 큰 문제였다. 채하중은 수상까지 역임한 자로 거물 급이었으니 이들의 처벌은 안렴사인 김두가 마음대로 할 수 없는 권한 밖이었다. 김두는 이들을 치죄하기 위해 정치도감에 통첩을 올려 보고하였다.

그런데 정치도감에서 사건의 접수를 맡은 녹사 안길상安吉祥이란 자가 옛적 윤계종에게 은혜를 입은 적이 있어 그 보고를 묵살해버렸다. 나중에야 이런 사실을 알아차린 왕후와 김영돈은 분노하여 안길상의 뺨을 때리고 내쫓아버린다. 그리고는 북을 울려서 정치도감에서 행정 실무를 맡고 있던 여러 속관들에게 경고 메시지를 보냈다. 하지만 결국 이 사건은 뇌물 수수 관계에 있던 양쪽 모두 단호한 처벌을 벗어나게 했으니 정치도감의 개혁 활동에 대한 첫 번째 걸림돌이 되고 말았다.

안길상이 그 보고를 받고도 묵살한 것은 정치도감의 개혁 활동을 사적인 인연으로 방해한 것이나 다름없는 짓이었고 정치도감을 우습게 여기는 행동이었다. 아울러 개혁 초기부터 이런 일이 벌어진다는 것은 그에게 개혁에 대한 긴장감이나 의지가 전혀 없었다는 얘기다. 안길상은 정치도감에서 일할 자질이 부족했다고 볼 수 있다. 수십 명이나 되는 정치도감의 실무자들 중에서 그런 자가 또 나타난다면 개혁 작업은 위축될 수밖에 없을 것이다.

개혁 국면에서는 개혁에 정면으로 맞서 저항하는 반대세력도 넘어야 할 큰 산이다. 하지만 눈에 띄지 않은 개개인의 끈끈한 유대 관계는 예측이 불가능하니 대응하기도 힘들고 중요하게 여기지도 않는다. 그런 끈끈한 개인적 유대 관계는 눈에 보이지 않게 개혁 활동을 위축시키는 경우가 많다.

개혁에서는 인간의 사적인 정처럼 더러운 것이 없다. 그야말로 무자비하게 눈을 감고 칼을 휘두를 수 있어야 성공할 수 있는 것이 개혁이다. 오죽 했으면 개혁은 혁명보다 더 어렵다고 했을까.

기삼만 사건

진짜 개혁에 대한 저항 세력은 따로 있었다. 1347년(충목왕 3) 3월, 정치도감에서는 기황후의 친척 동생인 기삼만奇三萬이란 자가 세력을 믿고 남의 토지를 빼앗았다는 불법행위를 적발하였다. 이에 정치도감에서 곤장을 때려 일단 순군옥에 가두었는데 그가 20여 일 만에 옥사하고 말았다. 기씨 친족이라면 개혁의 첫 번째 대상이니 언제 걸려들어도 걸려들 자였지만 개혁 작업에 괜한 시비꺼리를 제공한 것이다.

이것만이 아니었다. 그해 4월에는 역시 기황후 친동생인 기주奇輈가 걸려들었다. 그 역시 기황후 세력을 믿고 포악한 짓을 함부로 하여 여러 사람들에게 고통을 안겨준 자였다. 그는 정치도감이 설치되자 자신의 죄과를 알고 양광도로 도주했다가 안렴사 김두에 의해 체포되어 들어온 것이다.

연달아 기씨 친족들이 걸려든 것은 이들의 불법이나 부정이 심각하기도 했지만 정치도감에서 이들을 표적 삼아 작업을 벌였을 가능성도 있다. 게다가 기황후의 개혁에 대한 전폭적인 지원 메시지가 있었으니 그 친족들은 도저히 개혁 대상에서 제외될 수 없었던 것이다. 어쩌면 정치관들은 기황후의 메시지만 믿고 너무 앞서갔는지도 모르겠다.

결국 반격이 시작된다. 옥에 갇혀 죽은 기삼만 사건이 반격의 빌미를 제공한 것이다. 반격에는 정동행성 이문소理問所를 이용하였다. 죽은 기삼만과 가까웠던 자와 기삼만의 아내가 이문소에 기삼만의 억울한 죽음을 고소한 것이다.

이문소는 정동행성의 부속 기구로 앞서도 몇 차례 언급하였지만 매우 특수한 기구였다. 고려에 설치된 정동행성은 하위직을 제외하고 대부분의 직책이 공석으로 있어 유명무실한 기구였지만 그 안의 이문소라는 부서는 상설 직책이 있어 활동을 계속했다. 이문소의 기능은 중죄인에 대한 형벌을 담당하는 것이었는데 이게 좀 특별했다. 왜냐하면 원 조정의 통제를 받고 있어 고려 조정에서는 이들의 활동을 간섭하기 힘들었기 때문이다. 정동행성을 지금의 주한미국대사관 정도로 비유한다면 이문소는 미 중앙정보부 한국 지부 정도로 보면 이해가 빠를 것이다.

기삼만의 아내가 남편의 죽음을 이문소에 고소한 이유는 그런 이문소의 독특한 위상을 이용하자는 뜻이었다. 이는 그들이 정동행성 이문소와 선이 닿았다는 얘기이며, 아울러 원 조정과도 연결되고 있었다고 추측할 수 있다. 고소를 접수한 이문소에서는 당장 정치도감의 속관으로 있던 서호徐浩와 전녹생田祿生을 잡아 가두었다.

전녹생은 담양(전남) 출신으로 충혜왕 때 과거에 급제하고 원의 과거 예비시험인 향시에도 합격한 유능한 신진 관리였다. 그는 정치도감의 속관 중에서도 부정한 권세가들을 엄하게 다루어 소문이 났었다. 서호는 잘 알려지지 않았지만 전녹생과 비슷한 성향의 인물이었다고 보인다. 그러니까 이문소에서 전녹생과 서호 두 사람을 우선 잡아들인 것은 열성적으로 활동한 이들의 기를 제압하여 정치도감의 활동을 저지해보려는 술책이었다. 기삼만의 죽음이 그 호기를 만들어준 것이다.

이 일을 그대로 방치했다가는 정치도감의 활동은 크게 위축될 게 뻔했다. 서호와 전녹생이 이문소에 구속되자 정치도감의 중심에 있던 판사 김영돈이 나서 국왕에게 물었다.

김영돈 : "전하께서는 무슨 이유로 정치관을 구속시켰습니까?"

국왕 : "기삼만은 남의 토지 5결을 빼앗은 것뿐인데 어찌하여 죽게 하였는가?"

김영돈 : "기삼만은 세력을 믿고 악행을 자행한 자입니다. 어찌 남의 토지를 빼앗은 것이 5결뿐이겠습니까?"

국왕은 그 자리에서 정동행성 이문관으로 있는 하유원河有源을 불러 김영돈과 대면케 했다. 어린 국왕이 이런 사태에 대해 정확한 진상 파악도 어려웠을 테고 김영돈의 강경한 문제 제기에 답변도 힘들었을 것이니 주변에서 이문소의 담당 관원 하유원을 불러 김영돈과 대질케 한 것이다.

하유원은 별로 알려진 바가 없는 인물이다. 이에 김영돈이 다시 하유원에게 따지듯이 물었다.

김영돈 : "우리들은 친히 황제의 명을 받들어 먼저 거물 급의 악질을 다스리는 것인데 서호와 전녹생이 무슨 죄가 있는가?"

하유원 : "정치도감에서 기삼만이 죽음으로 고소가 들어와 조사하려는 것입니다."

기삼만의 죽음에 대해 정치도감의 관원이라면 누구나 자유로울 수 없었다. 하지만 정치도감에서 기삼만을 심문하면서 죽음에 이르게 한 자는 서호와 전녹생이라고 꼭 집어 말할 수도 없었다. 김영돈은 이를 따져 물은 것이다. 반면에 이문소에서는 기삼만의 죽음에 대한 진상을 밝히는 것보다는 정치도감을 이 기회에 무력화시키는 것이 더 중요했다. 그래서 기삼만의 죽음과 관련 있든 없든 그동안 가혹하게 치죄한다고 소문난 서호와 전녹생을 잡아들인 것이다.

　김영돈이 황제의 명령을 받들어 활동한다는 사실을 강조한 것은 하유원에 대한 위협이었다. 하지만 하유원도 물러서지 않은 것이다. 하유원이 그렇게 버틸 수 있는 배경은 정동행성 이문소 관원이라는 사실뿐만이 아니었다. 정치도감이 원 황제의 명령으로 활동한다는 사실을 모르지 않았을 터인데도 하유원이 버틸 수 있었던 것은 그 뒤를 받쳐주는 세력이 따로 있는 것이 분명했다.

　그건 바로 기황후 세력이었다. 기황후 세력이 이문소를 앞세워 정치도감에 대한 견제에 나섰다는 것은 앞으로 자세히 드러나겠지만 우선, 기씨 척족인 기삼만·기주 등이 징치당하면서 정치도감의 관원이 이문소에 구속되었다는 사실로도 충분히 짐작할 수 있다. 또한 황제의 명령으로 시작한 정치도감의 활동을 견제할 세력은 기황후 외에 달리 상정해볼 수도 없다.

개혁과 수구, 창과 방패

이문소에서는 김영돈의 문제 제기를 수용하지 않았다. 이에 김영돈은 스스로 정동행성의 감옥에 자청하여 하옥되어버린다. 기삼만의 죽음에 책임을 지는 모습을 보이면서, 자신이 하옥됨으로써 정치도감의 위기를 파급시켜 원 황제의 관심을 얻으려는 것이었다. 정치도감과 이문소의 힘겨루기 속에서 별 뾰족한 수가 없었던 것이다.

　하지만 이마저 허용되지 않았다. 바로 국왕의 명령으로 김영돈을 석방시킨 것이다. 정치도감의 활동을 저지하려는 세력들이 김영돈의 그런 계산된 행동을 모를 리 없었다. 이제 방법은 원 조정에 직접 호소하는 수밖에 없었다.

1347년(충목왕 3) 5월, 왕후와 김영돈은 첨의부에 다음과 같은 글을 올렸다. 첨의부는 고려 조정의 최고 관부이니 원 조정에 전달해달라는 요구였다.

우리들은 황제의 명령을 직접 받아 국가를 바로잡으려는데, 지금 행성의 이문소에서는 기삼만의 죽음을 핑계로 그 허물을 정치도감에 돌리고 서호와 전녹생을 가두었습니다. 뿐만 아니라 이문소 관원 하유원은 사사로이 감정을 품고 심문하면서 거짓으로 허위자백을 받으려고 하니 이제 더 이상 활동할 수가 없습니다. 바라건대 이런 뜻을 원 조정에 전달하여 주십시오(《고려사절요》 25. 충목왕 3년 5월).

만약 위와 같은 글이 원 조정에 그대로 전달된다면 이문소는 정치도감에 밀릴 수밖에 없다. 정치도감은 원 황제의 칙명으로 활동하는 특별기구이기 때문이다. 정치도감의 활동을 저지하려는 세력들은 어떻게든 정치도감의 판사들과 원 조정이 직접 연결되는 것을 차단해야 했으니 위의 글은 중간에서 막히고 만다.

그해 6월, 왕후와 김영돈은 황제를 대면하기 위해 직접 원으로 들어갔다. 위의 글은 왕후와 김영돈이 직접 원으로 들어가 호소하려는 구실을 만들기 위한 것이었을 것이다. 하지만 정치도감의 활동을 저지하려는 세력들은 왕후와 김영돈의 입원을 더욱 좌시할 수 없었다. 곧 바로 이문소에서는 이들을 뒤쫓아 붙잡아 와서 하옥시켜버린다.

그런데 왕후와 김영돈이 붙잡혀 오기 전에, 원에서 고려로 파견되어 오던 원의 사신 올리불화兀理不花를 동선역(황해도)에서 만나 다행히 전후 사정을 전달할 수 있었다. 이 사신은 마침 황제의 명을 받아 그동안 정치도감의 활동을 격려하기 위해 고려에 들어오는 중이었다. 당연히 사신 올리불화는 개경에 도착하자마자 정치도감의 활동 상황을 물었고, 이에 답변이 궁색한 고려 조정에서는 다시 왕후와 김영돈을 석방하지 않을 수 없었다.

하지만 서호와 전녹생은 그대로 구속시킨 상태였다. 그리고 이들을 심하게 문초하여 결국 서호로부터 허위 자백을 받아내고 기삼만의 죽음에 관련되었다고 판단되는 정치도감의 속관 다섯 명을 추가로 구속시켜버린다. 추가로 구속된 다섯 명은 심한 문초를 받았으나 불복하여 곧이어 다시 석방된다. 서호의 강요된 자백 때문이었겠지만 더 중요한 이유는 원 사신이 방문 중이어서 그랬을 것이다. 그야말로 엎치락뒤치락 물고 물리는 싸움의 연속이었다.

그런데 이 무렵 고용보가 원에서 추방되어 고려에 들어온다. 고용보는 황제를 가까이 모시면서 권력을 남용하고 뇌물을 받아 축재를 하면서 원 조정에서 원성이 많았다. 원에서도 황제 근친과 승상들이 그를 보고 절을 할 정도였다니 그의 위세를 짐작할 만하다. 한때 그 위세가 천하를 기울일 지경이었다고 하니까 고려 출신 환관으로서는 최고의 권력을 누린 자라고 볼 수 있다.

이에 원의 어사대에서는 민심을 바로잡으려면 고용보를 탄핵하여 주살하도록 했지만 황제의 사면이 내려져 추방으로 그친 것이다. 바로 이 대목이 수상쩍다. 고용보가 원 조정에서 갑자기 탄핵당한 이유가 뭔지 궁금한 것인데, 아무래도 고려에서 벌어지고 있는 정치도감에 대한 저해 활동과 무관치 않아 보인다.

고용보는 바로 기황후의 최측근 인물이라는 사실을 기억할 필요가 있다. 기황후의 후원으로 그는 황제도 가까이 모시는 위치에 들어섰던 것이다. 고용보는 황제를 가까이 모시면서 고려에서 벌어지는 정치도감의 활동을 충분히 저지할 수 있는 위치에 있었다. 바로 그 무렵 기황후의 인척들이 고려에서 정치도감에 의해 징치당하고 있었다.

고용보는 기황후의 측근으로서 그런 정치도감의 활동을 저지할 수 있는 적격의 인물이었고 실제 그 일을 주도했던 것으로 보인다. 앞서 이문소에 의해 구속된 서호와 전녹생 문제나, 그 사건 이후 정치도감에 맞서는 이문소의 견제 활동에는 황제의 측근에 있던 고용보의 농간이 작용했음이 틀림없다. 또한 그 배후에는 기황후가 도사리고 있었다고 볼 수 있다. 고용보가 원 조정에서 탄핵당해 고려에 추방된 것은 그런 권력의 남용에 대한 단죄였던 것이다.

그런데 고용보는 고려에 추방되어 들어와서도 위세를 부렸다. 그럴 수밖에 없는 것이 기황후는 여전히 그를 후원하고 있었기 때문이다. 고용보가 처음 추방당한 곳이 금강산이란 점을 주목할 필요가 있다. 금강산 장안사長安寺는 바로 기황후가 재정을 지원하여 세운 원찰이었다. 어쩌면 고용보가 주살을 면하고 금강산 추방으로 그칠 수 있었던 것도 기황후의 구원 덕이 아니었을까 생각된다. 하지만 고용보는 금강산을 떠나 개경에 들어와 고려의 인사권에도 간여한다.

앞서 정치도감이 설치되면서 인사행정 기구였던 정방의 제조관이 새로이 임명되었다는 얘기를 했었다. 그 제조관 중에 이군해와 정사도가 있었는데, 고용보는 인사가 공평하지 못하다고 하여 국왕을 사주해 이군해와 정사도를 유배보내기도 했던 것이다. 이런 정방에 대한 간섭 역시 정치도감의 활동을 저지하려는 술책의 일환이었다.

이제 개혁과 수구, 창과 방패는 명확해졌다. 개혁을 지원하는 원 황제와 이를 반대하는 기황후, 개혁 활동을 벌이는 정치도감과, 이를 저지하려는 이문소로 전선이 형성된 것이다.

강윤충과 덕녕공주

정치도감이 다스려야 할 거물급 인물로 또 강윤충이 있다. 그는 여러 차례 강간을 저지르고 충혜왕의 음행을 부추기면서 농간을 부린 자로 앞에서도 자주 언급했었다. 강윤충은 그런 악행으로 충혜왕 사후 마땅히 축출되어야 할 인물이었지만 충혜왕의 폐행들이 원으로 압송될 때도 웬일인지 제외되어 찬성사의 직책을 띠고 아직 건재하고 있었다.

앞서 왕후와 김영돈이 이문소에서 정치도감의 속관들을 구속시킨 것을 호소하기 위해 입원하려고 할 때, 강윤충은 조득구趙得球란 자를 탐라로 유배 보낸 적이 있었다. 1347년(충목왕 3) 6월 왕후와 김영돈이 입원하기 직전의 일이었다.

여기 조득구는 처음 정치도감을 설치하기 위해 왕후가 원 황제의 명령으로 입원할 때 왕후를 수행했던 자인데, 그는 강윤충을 제거하지 않고서는 정치를 바로잡지 못한다고 왕후에게 건의했다. 이것을 마음에 담고 있던 강윤충이 왕후와 김영돈이 입원하려고 하자, 조득구가 다시 왕후를 수행하게 되면 화가 자신에게 미칠 것을 두려워하여 어린 충목왕을 사주하여 유배 보낸 것이었다.

이런 강윤충의 행동에서 알 수 있는 것은 그 역시 정치도감의 표적이 되고 있었다는 점과, 아울러 그는 조득구를 유배 보냄으로써 왕후를 견제하고 있었다는 사실이다. 정치도감의 장관인 왕후를 견제한다는 것은 곧 정치도감의 활동에 저항한 것이나 마찬가지다. 그러니까 정치도감의 활동에 저항하는 자는 기씨 친족들만이 아니었다는 것이다.

그럼 강윤충은 무슨 힘으로 정치도감에 저항할 수 있었을까? 그가 국왕을 사주했다는 것은 국왕이 어린 유주이니 그것만 가지고는 충분한 설명이 못된다. 강윤충이 어떻게 어린 국왕을 사주했을까 하는 점이 중요하다. 그 배경을 짐작케 하는 일이 다음에서 벌어진다.

1347년(충목왕 3) 7월, 아래와 같은 익명의 방문이 대궐 담장에 나붙었다.

> 찬성사 강윤충이 환관 시녀와 통하면서 왕의 어머니(덕녕공주)와 음란한 짓을 자행하여 궁중의 사랑을 얻고 있다. 지금 정치도감을 방해하는 것은 강윤충과 하유원의 모략이니 만약 이 두 사람을 주살하면 나라에 더 이상 걱정이 없을 것이다(《고려사》 124. 강윤충 열전).

강윤충이 충목왕의 어머니 덕녕공주와 사통했다는 쇼킹한 이야기다. 이런 방문은 음해라고 치부할 수 있지만 그럴 가능성도 충분히 있었다. 강윤충은 선왕 충혜왕 시절부터 배전과 함께 국왕을 여색으로 이끈 주범이었고 그런 과정에서 왕비인 덕녕공주는 외롭고 소외되었다. 강윤충이 그 틈을 노리고 접근했을 수 있는데, 그는 그러고도 남을 위인이었다.

강윤충이 덕녕공주와 사통한 것이 언제인지 정확히 드러나 있지 않지만 충혜왕이 원으로 압송당한 직후가 아니었을까 생각된다. 그 틈에 놀라고 상심한 덕녕공주와 가까이 할 수 있는 계기가 많았을 것이다. 홧김에 서방질한다는 속담처럼 덕녕공주도 완숙한 나이가 되어 여성 편력이 많은 강윤충에 끌렸는지도 모르겠다. 배전이 충혜왕 사후 덕녕공주에게 찍혀 축출당했던 것에 반해 강윤충이 건재했던 것도 이런 인연으로 덕녕공주의 구원이 작용하지 않았을까 추측된다.

강윤충은 배전보다 먼저 덕녕공주에게 축출되었어야 할 인물이었지만 유주의 모후인 덕녕공주와의 그런 추잡한 인연으로 살아남았다. 이에 힘을 받아 덕녕공주와 유주를 사주하여 왕후의 수행원인 조득구를 유배 보낼 수 있었던 것이다. 이런 점에서 보면 강윤충을 비호한 덕녕공주도 정치도감의 개혁 활동에 방해가 되었다고 볼 수 있다.

그런데 위 역사 기록에 의하면 정치도감을 방해하는 세력으로 강윤충과 함께 하유원을 정확히 지목하고 있다. 하유원은 정동행성 이문소의 관원으로 정치도감의 속관들을 구속시킨 자였고, 그 배후에 고용보와 기황후가 있었다는 사실을 앞서 언급했었다. 그리고 강윤충의 배후에는 덕녕공주가 있었으니 이들 모두 정치도감의 활동에 장애가 되기는 마찬가지였다고 할 수 있다.

덕녕공주는 충목왕이 즉위한 후 강윤충을 통해 권력 행사를 하기도 했다. 그 점을 보여주는 것으로 강윤충이 정방의 제조관으로도 참여했다는 사실이다. 그는 어느 모로 보나 정방의 제조관으로는 가장 부적절한 인물이었는데 정방의 인사권에도 참여한 것이다. 이는 덕녕공주의 후원이 있지 않고서는 생각할 수 없는 일이다. 아마 덕녕공주는 국왕의 모후였지만 개혁 국면에서 권력 행사에 제약이 많았던 것 같다. 그런 처지에서 자신의 의지를 충실히 관철해줄 인물로 강윤충을 선택했다고 보인다.

그런데 덕녕공주는 충목왕의 생모이니 태후의 위치에 올라야 했다. 게다가 그녀는 원 공주 출신의 왕비였으니 그렇게 못할 바가 전혀 없었다. 그런데도 덕녕공주는 태후에 책봉되지도 못했고 태후로서의 위상도 확보하지 못했다. 왜 그랬는지 이게 매우 궁금한 문제가 아닐 수 없다.

한 가지 짚이는 대목은 기황후와의 관계다. 덕녕공주는 기황후와 적대 관계이면서도 동반자적인 위치에 있었다. 정치도감의 활동에 대해서 기황후와 덕녕공주는 처지가 비슷했다. 두 사람은 정치도감의 개혁 활동에 찬성하는 입장이었지만 막상 자신과 관련된 인물들이 개혁의 표적이 될 때는 등을 돌려 방해했다. 기씨 친족과 강윤충에 대한 두 사람의 태도가 이를 말해준다.

하지만 그러면서도 두 사람은 같은 여성으로서 적대 관계를 숨길 수 없었다. 기황후는 원 조정에서 황제 다음의 권력을 지녔고 덕녕공주는 고려에서 재위 중인 국왕의 생모로서 위상을 지니고 있었다. 충목왕이 유주이니 덕녕공주는 마음만 먹으면 국왕의 권력 이상을 누릴 수 있었다. 그럼에도 그런 위상을 마음껏 누리지 못한 것인데, 이는 기황후의 견제 때문이 아니었을까 여겨진다.

그래서 덕녕공주가 태후로 책봉을 받지 못한 것은 그녀의 위상 제고를 꺼려 한 기황후의 견제 때문이라는 생각이 든다. 그녀가 태후가 되어 수렴청정을 한다면 기황후의 고려에 대한 영향력은 그만큼 줄어들 수밖에 없기 때문이다. 게다가 덕녕공주는 몽골 황실 여성이니 만만치 않은 상대였을 것이다. 기황후로서는 어린 유주보다 그 모후인 덕녕공주의 위상에 더 민감하지 않을 수 없었다는 얘기다.

그렇게 태후에 오르지 못한 덕녕공주는 고려 국정에 영향력을 행사할 창구가 필요했다. 현재 국정을 주도하고 있는 정치도감은 자신의 영향력 밖에 있었다. 정치도감의 개혁 정국에서 소외된 덕녕공주는 그래서 강윤충을 선택한 것이었다. 그런 양자의 정치적 밀착 관계가 스캔들로 과장되어 유언비어로 나타났을 수도 있다.

한 가지 짚고 갈 일은, 덕녕공주가 거물급 개혁 대상이었던 강윤충과 밀착되면서 비록 수동적이었지만 정치도감의 활동을 방해한 셈이 되었다는 사실이다.

고용보와 강윤충

그런데 고용보가 고려에 추방되어 오자 강윤충과 고용보의 관계가 미묘해진다. 정치도감의 활동을 방해하는 입장에서는 두 사람이 한 배를 탔지만 그 배후 세력이 달랐기 때문이다. 덕녕공주의 후원을 받는 강윤충과 기황후의 측근인 고용보 사이에 알력이 생긴 것이다.

고용보가 고려에 들어오자마자 일이 벌어진다. 1347년(충목왕 3) 6월, 그러니까 앞서 강윤충에 대한 익명의 방문이 나오기 직전의 일이었다. 먼저 강윤충이 고용보에 대한 선공에 나섰다. 고용보는 선왕을 모함하여 유배 도중 악양에서 죽게 만들었고, 그가 또 원 조정에서 처벌을 받아 추방되었는데 어찌 대접이 그리 후할 수 있느냐고 강윤충이 국왕에게 항의한 것이다.

앞서도 말했지만 고용보는 원 조정에서 농간을 부리다가 고려에 추방된 게 사실이었다. 하지만 그의 배후에 기황후가 건재하고 있었기 때문에 고려 조정에서는 그를 결코 소홀히 대할 수 없었다. 국왕은 그가 입국하자 동반했던 원의 사신과 함께 잔치까지 베풀어주었다. 뿐만 아니라 고용보는 정방의 인사행정에도 간섭하는 등 그의 위세는 여전했다. 강윤충도 정방의 제조관으로 참여하고 있었으니 이 점에서도 두 사람은 부딪힐 수밖에 없었다.

강윤충이 그렇게 공격적으로 나오자 고용보 측에서도 가만있을 수 없었다. 강윤충이 국왕의 어머니를 간통한 사실을 들어 그 죄악이 이보다 더 클 수 없다고 반격한 것이다. 이런 반격에 나선 고용보 측에서 동원한 인물이 권겸이었다. 권겸은 앞서 언급했듯이 왕후의 친동생이었지만 기철 일파와 가까운 기황후 세력이니 고용보 측 인물이 틀림없다.

강윤충이 덕녕공주와 간통을 저질렀다는 익명의 방문이 나붙은 것은 이 무렵이었다. 그러니까 그 방문은 고용보 측에서 강윤충을 잡기 위한 호재였다. 하지만 두 사람 모두 정치도감의 활동에 방해가 된다는 점에서 고용보 역시 그 익명의 방문에서 자유로울 수 없었다. 그 방문은 정치도감의 개혁 활동에 방해되는 자들을 거론하는 과정에서 나왔기 때문이다. 서로가 상대의 약점을 잡아 공격하고 있지만 갈 데까지 막갈 수는 없었다는 얘기다.

고용보는 강윤충을 직접 불러 경고하였다. 그 위세로 비교하자면 강윤충은 기황후의 측근인 고용보를 상대할 수 없었다. 고용보는 찬성사로서 강윤충의 무례한 행동을 비난하면서 지금부터는 내전에 가까이하지 말라고 경고하였다. 어린 유주나 덕녕공주 곁에 가까이 가지 말라는 뜻이었다. 이에 강윤충은 겁을 먹고 아프다는 핑계를 대면서 등청하지 않았다. 고용보의 겁박이 먹혀든 것이다.

강윤충은 이 일을 어떻게 풀어갈지 며칠을 고민하다가 뇌물을 들고 고용보의 어머니를 찾아간다. 고용보에게 끝까지 맞설 자신이 없어 화해의 제스처를 보낸 것이다. 고용보도 이렇게 숙이고 들어오는 강윤충을 끝까지 찍어 누를 수는 없었던지 누그러진 태도를 보이면서 두 사람의 알력은 일단 여기서 봉합되었다. 강윤충은 이후 등청하여 다시 국왕을 가까이 모시며 건재할 수 있게 되었다.

강윤충과 고용보, 이 두 사람은 서로의 약점을 잘 알고 있었다. 알력을 계속해봐야 서로에게 상처만 주고 얻을 게 없다는 것도 너무나 잘 알고 있었던 것이다. 두 사람이 알력을 일으키기보다는 정치도감이라는 적을 향해 서로 협력하는 쪽을 선택한 것이다.

요동치는 정치도감

정치도감에 끌려가 죽은 기삼만 사건은 아직도 마무리되지 못한 상태였다. 그 사건은 원 조정의 판결을 기다려야 했다. 정치도감을 방해하려는 세력들은 이 사건을 최대한 자신들에게 유리하게 만들려고 이용했고, 정치도감에서는 이를 무시하고 방해 세력들의 견제를 받으면서도 그런대로 활동을 계속했다.

강윤충이 고용보와 타협하여 예전대로 원상 복귀한 직후 이문소에서는 정치도감의 관리들을 다시 국문한다. 정치도감을 이 기회에 작정하고 무력화시키려는 것이었는데, 구속된 후 이미 허위 자백한 서호를 이용하여 몇몇의 정치도감 관리를 더 얽어 강제로 죄를 뒤집어씌우려는 것이다. 하지만 추가로 구속된 관리들이 모두 불복하니 다시 하옥시켰다.

그러던 중 원에서 사신이 당도하여 기삼만 사건에 대해 직접 심문하기에 이른다. 정동행성에서 국문하는데 서호는 목이 사슬로 묶인 채 끌려나왔다. 국문하는 원의 사신 곁에는 기삼만의 가족까지 동석하여 심문하는 과정에 말참견까지 하였다. 기삼만의 가족까지 배석한 것을 보면 원의 사신이 직접 나선 심문은 기황후의 입김이 들어가 이루어진 것이 분명한 것이었다.

그런 원 사신의 내왕에 힘을 얻었는지 기황후의 친오라비인 기철도 나선다. 간통 사건을 치죄하려는 어느 감찰사의 관리 하나를 기철이 국왕을 사주하여 하옥시킨 것이다. 이 감찰사의 관리는 정치도감 소속은 아니었지만 그의 감찰 업무상 정치도감의 활동을 지원하는 관리였다. 기철이 그런 관리를 하옥시켰다는 것은 기황후의 친형제들까지 이제 나서고 있다는 뜻이었다.

1347년(충목왕 3) 10월에는 이문소에서 노골적으로 정치도감의 활동을 방해하는 사건이 터진다. 정치도감의 통첩을 받고 권세가들의 토지를 회수하는 작업을 하던 밀성(경남)·여흥(경기)·서주(충남)의 지방관 셋을 잡아들인 것이다. 이는 정치도감의 가장 중요한 핵심 업무를 이문소에서 저지한 것이었다. 기황후의 친족들을 징치 대상으로 삼은 것이 아닌데도 그랬다.

정치도감의 업무 중 가장 중요한 일이 토지 탈점 문제를 해결하는 것이었다. 이를 위해 정치도감이 설치되자마자 전국 각 지방에 속관들을 파견해 토지를 다시 측량하게 했었다. 이들이 불법적인 토지 탈점을 적발하여 정치도감에 보고하면 다시 이를 각 지방에 통첩하여 토지 문제를 바로잡도록 했던 것이다. 그런데 이문소가 직접 나서서 이 작업을 저지한 것이니 이제 드러내놓고 정치도감을 얕잡아보고 하는 짓이 분명했다.

그 무렵 원 조정에서는 고용보를 다시 소환하여 불러들인다. 고용보의 소환이 원 황제의 지시였는지 기황후의 지시였는지 잘 드러나 있지 않다. 또한 고려 추방으로부터 방환을 의미하는 것인지, 아니면 고려 국정을 방해하는 것에 대한 견제였는지도 잘 모르겠다. 원 황제의 지시였다면 고려에서도 계속 권세를 부리는 그를 견제한 것으로 볼 수 있고, 기황후의 지시였다면 고용보에 대한 방환으로 볼 수 있다.

한편, 이문소에서 지방관을 잡아들인 지 한 달도 못 되어 마침내 원에서 승가노僧家奴라는 사신이 또 들어온다. 이전에 온 원의 사신이 진상을 조사하기 위한 사신이라면 이번 사신은 그 진상 조사 결과를 보고받고 그에 따라 치죄를 하러 온 사신이었다. 기삼만이 정치도감에 의해 죽은 사건에 대한 판결과 그에 대한 징벌이 내려질 것이니 정치도감은 긴장하지 않을 수 없었다.

그 판결에 의하면 애초에 구속된 서호와 전녹생을 비롯한 정치도감의 속관 16명이 연루되어 하옥되고, 정치도감의 장관인 왕후와 판사인 안축·김광철 등도 지휘 책임을 물어 잡혀 들어갔다. 정치도감의 네 명의 판사 가운데 김영돈에 대해서는 이상하게 아무런 언급이 없었다. 그리고 이들 모두에게 곤장형이 내려졌는데 실제 곤장을 맞은 것은 속관 16명뿐이었다.

왕후와 안축은 황제의 명령으로 용서되었으며, 김광철은 당시 병중에 있어 면제되었다. 애초에 기삼만이 죽어 거칠게 저항했던 기세치고는 의외로 가벼운 형량이었고 그 징치 대상도 크게 확대하지 않은 것이다. 이 대목도 조금 이상한 일이 아닐 수 없다. 또한 왕후와 안축이 황제의 명령으로 용서되었다니 이 또한 이상한 일이었다.

더욱 이상한 점은 정치도감에 대한 단죄가 내려진 직후 황제의 친서에 의해 정치도감이 다시 설치되고 왕후를 또다시 그 장관으로 임명한 것이다. 그러니까 원의 사신 승가노는 정치도감의 관리들에 대한 단죄와 함께 정치도감을 복구하라는 황제의 친서를 동시에 가지고 들어온 것이다. 정치도감을 해체한 후 그 관리들을 단죄하고 바로 이어서 다시 정치도감을 복구하는, 앞뒤가 전혀 맞지 않은 이런 원 조정의 조치는 도대체 뭐란 말인가?

황제의 명령으로 정치도감을 다시 두게 하였다는 것은 정치도감이 언젠가 해체되었다는 뜻이다. 애초에 원의 사신이 들어와 정치도감의 관리들을 심문할 때 이미 기삼만의 사건을 빌미로 정치도감을 잠시 해소한 것으로 해석된다. 아니면 정치도감은 기삼만이 죽어 서호와 전녹생이 구속되었을 때 이미 기능 정지 상태에 들어섰다고 볼 수도 있다. 아마 후자일 가능성이 크다.

이렇듯 앞뒤가 다른 원 조정의 조치는 원 황제와 기황후의 태도 차이에서 비롯된 것으로 추정된다. 앞서 여러 차례 언급했듯이 원 황제와 기황후는 처음 고려 국정의 개혁에는 동조했지만 정치도감이 설치되고 기씨 친족들이 그 징치 대상이 되면서 기황후가 태도를 바꾼 것이다. 이문소의 기삼만 사건에 대한 끈질기고 혹독한 추궁이나 정치도감의 활동에 대한 끈질긴 방해 공작은 그 배후에 기황후의 존재를 상정할 수밖에 없다.

반면에, 왕후와 안축을 용서하는 등의 기삼만 죽음에 대한 가벼운 처벌이나 정치도감의 복구는 원 황제의 의지가 반영된 것으로 판단된다. 아울러 왕후를 또다시 정치도감의 장관으로 임명한 것도 기황후를 누르고 원 황제의 의지가 관철된 것으로 볼 수 있다.

그런데 《고려사》 왕후 연전에는 흥미로운 기록이 있다. 정치도감이 복구되고 다시 왕후를 그 장관으로 임명할 때 김영돈과 왕후 사이에 언쟁이 있었다는 것이다. 김영돈이 자기 의견을 고집하므로 왕후는 그와 함께 따지는 것을 부끄럽게 여겼다고 한다. 이게 무슨 말일까?

관심의 초점은 왕후와 김영돈 두 사람이 언쟁한 내용인데, 누가 정치도감의 개혁 활동에 더 적극적이었을까 하는 궁금함이다. 애초 기삼만 사건에 대처하는 태도로 보면 김영돈이 더 적극적이었다. 서호와 전녹생이 이문소에 구속되었을 때 이를 앞장서 항의한 것도 김영돈이었기 때문이다. 그럼 왕후가 김영돈과 따지는 것을 부끄럽게 여겼다는 말은 무슨 의미일까? 또한 김영돈이 기삼만 죽음에 대한 치죄 과정에서 빠진 것도 이상한데, 이 부분은 정말 궁금한 문제다. 아무튼 정치도감은 원 황제의 명령으로 복구되었고 왕후는 다시 정치도감을 맡게 되었다.

그런데 1347년(충목왕 3) 11월 왕후가 갑자기 영도첨의사사領都僉議司事에 임명된다. 영도첨의사사라는 관직은 충선왕이 세자 시절 임시로 국정을 관장할 때 맡았던 적이 있었는데 국왕을 대행하는 수상보다 높은 위상이었다. 왕후가 이때 받은 영도첨의사사도 그와 같이 유주인 국왕을 대행하는 직책으로 볼 수 있다.

왕후가 받은 이런 직책은 언뜻 보면 정치도감의 위상 강화로 생각할 수 있다. 하지만 그게 아니었다. 오히려 이것은 정치도감의 개혁 활동을 희석시키는 쪽에 가까웠다. 왜냐하면 왕후에게 영도첨의사사라는 직책을 내리면서 정치도감의 장관에서 물러나게 하려는 의도인 것으로 드러나기 때문이다. 이에 대한 구체적인 설명은 조금 뒤에 언급하기로 하고, 우선 위에서 전개한 이야기를 다시 정리할 필요가 있다.

원의 사신이 들어와 정치도감의 관리들을 징계하면서, 동시에 정치도감을 복구하고 왕후를 그 장관으로 다시 임명했다는 것은 정치도감이 뭔가에 휘둘리고 있다는 증거였다. 정치도감을 이렇게 요동치게 만든 세력의 중심에 바로 기씨 친족들이 있었고 그 배후에는 기황후가 존재했다. 원 조정에서 고려에 가장 큰 영향력을 행사하고 있는 기황후의 처신이 애매하여 개혁 국면에서 일관되지 못했던 것이다.

정치도감이 복구된 것은 분명 개혁을 중단하지 않겠다는 뜻이었다. 하지만 이런 복구 조치가 기황후의 의지를 누르고 원 황제의 의지만을 관철한 것은 아니었다. 그래서 왕후를 영도첨의사사에 앉힌 것은 정치도감의 활동을 좀 더 온건한 방향으로 유도하기 위한 정치 세력 간의 타협의 산물로 볼 수 있다는 뜻이다. 원 황제와 기황후의 타협이라고 봐도 무방하고, 정치도감에 저항하는 정치 세력들의 의사를 어느 정도 반영한 것으로 봐도 무방하다.

어느 쪽으로 보든지 정치도감의 개혁 활동은 시간이 흐르면서 점차 무뎌지고 있다는 사실만은 부정할 수 없이 분명해 보인다.

강윤충의 죄악

정치도감의 개혁 활동이 갈팡질팡할 무렵, 해가 바뀌고 1348년(충목왕 4) 1월 덕녕공주는 김윤을 불러 뜬금없이 충혜왕의 시호諡號 문제를 제기하였다. 충혜왕에게 충성을 다했던 김윤이 시호 문제를 해결하는 데 적임자로 본 것이다.

시호는 국왕 사후 내려지는 묘호를 말하는데 원 조정에서 내려주는 것이었다. 충혜왕의 왕비로서 시급히 해결해야 할 중요한 문제이기는 했지만 정치적 발언권을 높이려는 행동으로도 볼 수 있다. 그 자리에서 김윤은 시호 문제와 관련시켜 색다른 문제를 거론하며 이렇게 말했다.

"선왕(충혜왕)께서 돌아가신 것은 간사한 소인배들을 가까이하심으로써 원망을 사고 덕을 더럽혔던 까닭이온데 그 화근의 우두머리가 아직도 건재하고 있습니다. 먼저 그의 죄를 바로잡아 선왕의 잘못이 아님을 밝히신 뒤에야 시호를 청할 수 있습니다."

원 조정에 시호를 요청하려면 당연히 유배당한 충혜왕에 대한 복권이 이루어져야 했고, 이를 위해서는 충혜왕을 실정으로 이끈 주범을 먼저 처벌해야 한다는 지당한 논리였다. 충혜왕을 실덕으로 이끈 화근의 우두머리는 바로 강윤충을 지목한 것이었다.

김윤은 이 기회를 이용하여 이제현·박충좌 등과 함께 의논한 결과, 여러 사람들로부터 원성을 사고 있는 강윤충을 처벌해야 한다는 상소문을 국왕에게 올리기로 하였다. 강윤충은 이 전년 12월에 신년하례를 위한 사신으로 원에 들어가 있어 마침 좋은 기회였다. 이제현·박충좌 등이 강윤충의 처벌에 합세한 것이다.

강윤충을 처벌하라는 상소문에는 지금까지 정치도감의 활동에서 드러난 여러 우여곡절도 자세히 언급되어 있다. 그래서 이 상소문에 약간의 윤색을 가하고 보충 설명을 덧붙여 필자가 서술하는 형식으로 바꾸어 인용해보겠다. 정치도감이 그동안 파행을 거듭할 수밖에 없던 이유를 알 수 있는 내용이 들어 있기 때문이다.

강윤충은 천한 노비 출신으로 간사함과 아첨으로 충혜왕의 총애를 한몸에 받았었다. 그런 총애를 이용하여 여러 관리들의 아내를 간통하고 음란한 행동을 자행하여 장형을 받았기 때문에 충혜왕 이후에는 물러가 자숙하고 지내야 했다. 하지만 그는 이를 속이고 정동행성의 원외랑(종6품)과 고려의 찬성사를 겸직하며 불법한 짓을 마음대로 자행했으며, 계속 영화를 탐내어 자신의 욕심만을 채우려고 하고 있었다. 한마디로 말해서 그 자는 흉물이었다.

충혜왕이 원으로 압송되고 악양에서 죽게 된 것은 강윤충이라는 그한 사람의 죄악이 근본이었고 원으로 잡혀간 민환 등 9인은 깃털에 불과했다. 그가 저지른 악행은 충혜왕에게 돌아갔으나 자신의 한몸은 오히려 징벌에서 벗어나 온 나라 사람들의 분노를 샀다. 이에 김윤 등은 그 자의 죄를 용서할 수 없어 문서로 기록하고 또 이를 원 조정에보고하여 그의 죄악을 밝혀 충혜왕의 수치를 씻고자 하였던 것이다.

지난 1346년(충목왕 2)에 원 황제가 왕후와 김영돈에게 고려의 폐정을 바로잡도록 칙명을 내렸을 때, 왕후는 황제에게, "강윤충이 화의 근본입니다. 마땅히 그를 축출해야만 정치를 바로 잡을 수 있습니다"라고 말했다. 나중에 강윤충이 이 말을 전해 듣고 두려워하여 간악한 계책으로 김영돈을 속이고 왕후를 모함하여 정치도감의 사업을 끝내 그르치게 하였다. 다음해 원 황제가 다시 왕후에게 정치도감의 사무를맡겼을 때 충목왕은 왕후와 원로대신들을 불러 황제의 의지를 자세히논의하게 하였는데, 이 자리에서 원로 재상들은 이렇게 주문했다.

"토지와 관련된 문제에 대해 판결을 내리는 것은 정치도감의 사업중 일부분입니다. 반드시 먼저 관리를 선발하는 선법選法 문제를 바로잡고 중앙과 지방의 관직에 합당한 인물을 앉혀 감찰사로 하여금 잘못된 것에 대해 바로잡은 뒤에 황제의 뜻에 부응할 수 있습니다."

강윤충은 인사행정을 관장하는 정방의 제조관으로도 참여하고 있어 먼저 선법을 바로잡아야 한다는 것을 강조한 것이다. 앞서 언급했듯이 그가 정방에 참여하게 되었던 것은 덕녕공주의 힘이 작용한 것이었다. 강윤충은 정방에서 인사행정을 독단으로 처리하고 관직을 마음대로 주고 빼앗으면서 뇌물을 받아 그 집 앞은 문전성시를 이룰 정도였다.

또한 강윤충은 왕후가 이전에 한 말 때문에 자신이 곤경에 처할 것을 두려워하고 있었다. 이에 왕후를 낙마시키려는 의도였는지 자신과 가까운 안자유安子由란 자를 정치관으로 참여케 하고 왕후를 영도첨의사사로 승진시키기도 하였다. 이런 조치들은 덕녕공주나 어린 유주에 의해 내려진 것이었는데 강윤충의 농간에 휘둘린 것으로 보인다.

그런데 왕후를 영도첨의사사로 임명한 것은 정치도감 장관으로 있는 왕후의 실권을 빼앗기 위한 것으로 왕후를 우대한 것이 결코 아니었다. 왕후가 영도첨의사사에 임명되면서 정치도감의 판사직을 그대로 유지했는지 여부는 정확히 드러나 있지 않다. 하지만 정치도감이 다시 복구된 후에는 이름만 남고 개혁 작업을 계속 실행할 수 없었던 사정을 감안하면 정치도감의 판사직에서는 물러난 것으로 보인다. 이런 배경에는 강윤충의 방해와 농간이 작용했던 것이다.

여기에 강윤충은 종묘 제사 문제에서 잘못을 저질러 감찰사의 탄핵을 받은 안자유의 죄를 모면하게 하였고 편법을 써서 찬성사로 승진시키기까지 했다. 그 안자유를 정치관으로 참여케 한 것을 보면 이때 왕후는 정치도감의 판사에서 물러난 것이 아닌가 싶다. 정확치는 않지만 왕후가 물러난 그 자리에 안자유를 대신케 했는지도 모른다.

위와 같은 내용의 상소문을 올린 김윤은 충혜왕에 대한 시호가 늦어진 것도 바로 강윤충이 아직도 건재하며 농간을 부리는데도 이를 징계하지 못한 탓이라고 본 것이다. 충혜왕의 실정을 모두 강윤충의 악행 때문이라고 한 것은 조금 문제지만, 이는 덕녕공주가 요청한 시호 문제를 기회로 김윤이 강윤충을 축출하려는 정치적 의도로 볼 수 있다.

김윤의 상소문을 읽은 덕녕공주와 유주 충목왕은 동감을 표시하였다. 이에 선왕의 죄를 바로잡아 시호를 내려줄 것을 요청하는 사신으로 김윤을 원으로 보내기로 하였다. 김윤은 당시 72세 고령이었지만 이를 사양하지 않았는데, 입원을 준비하는 도중 안타깝게도 풍질을 앓아 갑자기 죽고 만다. 1348년(충목왕 4) 2월이었다. 이로써 강윤충에 대한 처벌 문제는 원으로 비화되지 않았고, 강윤충 역시 아무 해를 입지도 않고 무사히 버틸 수 있었다.

강윤충의 악행을 살피면서 한 가지 드는 의문, 어떻게 강윤충이 그런 식으로 고려 국정을 흔들 수 있었을까 하는 점이다. 물론 강윤충의 배후에는 덕녕공주가 있고 어린 유주는 그녀 손 안에 있었기 때문에 가능한 일이었을 것이다. 하지만 이것만 가지고는 설명이 부족하다.

원 황제의 명령으로 착수한 정치도감의 개혁 활동에 대한 저항 세력에는 기황후의 친족도 있었지만 강윤충도 그에 못지않았다. 이 점에서 기황후 친족들은 강윤충과 이해관계가 맞아떨어졌을 것이다. 이런 사실은 앞서 언급했던 강윤충과 고용보의 적대적이면서도 서로를 필요로 했던 보완 관계를 통해서도 알 수 있다.

강윤충이 고려 국정을 흔들 수 있었던 것은 비슷한 처지에 있던 기황후의 친족들이나 기타 개혁에 대한 저항 세력들의 후원도 받고 있었던 탓이 컸다고 보인다. 여기에 절대 다수의 부원배 세력들도 정치도감의 활동을 마땅치 않아 했을 테니까, 그들 역시 드러나지는 않지만 강윤충의 지지 세력이었다고 볼 수 있다.

다음에 설명할 인물들도 개혁 대상자들로서 강윤충이 개혁을 방해하면서 국정을 농간하는 데 방조 내지는 일조했을 것이다.

개혁 대상자들

개혁 대상자로 관찬 사서에 이름이 올라있는 자들은 의외로 적다. 정치도감이 반대세력의 저항에 부딪혀 단명에 그친 탓으로 보인다. 정치도감의 징치 대상자로 앞서 거론했던 자들로는 수상을 역임한 채하중과 기황후의 친족인 기삼만이나 기주 등이다. 강윤충은 분명한 개혁 대상자였지만 처벌을 받지 않았고 오히려 정치도감을 무력화시키는 데 앞장섰던 자였다.

이밖에 몇 사람을 더 거론하자면, 우선 단양부원대군 왕후王珝가 있다. 왕후는 바로 심왕 왕고의 친형이다. 그는 충숙왕이 입원했을 때는 종실로서 왕권을 대행한 적도 있었으니 권세가임이 분명하다. 그의 죄는 선대부터 부당하게 압량위천된 백성들을 노비로 사역시킨 것이었다. 정치도감에서는 이를 적발하고 심리하여 모두 양인으로 되돌렸다.

그런데 단양부원대군 왕후는 정치도감의 징계 대상으로 오르자 이를 원에 고소하여 모면하려고 국경을 넘는다. 입원하는 도중에 붙잡혀 오기는 했지만 여기서 그가 어떤 성향의 인물인지 짐작할 수 있다. 그가 궁지에 몰렸을 때 진정 의지할 데는 원이었다는 사실이다. 종실이었지만 그는 분명한 부원배 세력으로 볼 수 있는 것이다.

다음으로 전영보가 있다. 전영보는 충숙왕의 측근으로서 공신에도 책봉되었고 조적의 난이 일어났을 때는 충혜왕을 도와 조적의 세력을 공격했던 인물이다. 그는 천인 출신이었는데 찬성사에까지 올랐으니 역시 유력자였다.

전영보는 불법으로 백성들을 압량위천했다는 죄를 적발당해 정치도감에서 이들을 모두 본적으로 되돌렸다. 그런데 그가 출세할 수 있었던 배경은 원으로 들어가 환관으로 활동했던 그의 처남 이숙李淑의 힘 때문이었다. 이숙은 충렬·충선왕 때 원 조정의 유력한 환관이었으니 그와 인척 관계에 있던 전영보 역시 부원배 세력에서 결코 제외될 수 없다.

그다음, 노책도 부당한 노비 탈취가 적발되어 정치도감의 징계를 받은 자다. 노책은 앞서 거론했던 대로 종실인 경녕옹주에게 장가들었던 인물이다. 그의 처가 형제들은 종실이면서 원의 관리가 되거나 원의 관리들에게 시집간 경우가 많았고, 노책이 충목왕 때 갑자기 수상직에 발탁된 것도 이에 힘입은 바 컸다. 가장 확실한 부원배 세력이었다.

마지막으로, 정치도감의 개혁 대상자로서 또 신예가 있었다. 신예는 고용보의 측근으로 앞서 자주 거론했던 이야기만 가지고도 정치도감의 징계 대상으로 충분한 인물이다. 그런데 그에 대한 위반 내용은 본인이 아니라 뜻밖에 그의 어머니가 저지른 것이었다. 신예의 어미는 남의 노비를 빼앗았다가 본 주인에 의해 고소를 당했다. 이에 정치도감이 개입하여 신예의 동생을 구속하게 되었다.

신예는 개혁이 시작되면서 정방에 참여하여 인사권을 남용하고 이에 대한 비난이 일자 자신과 가까운 정사도를 또 정방에 참여시켜 비난을 샀던 자다. 그는 강윤충과 함께 정확히 정치도감의 개혁 대상이었지만 오히려 스스로가 개혁의 주체로 들어선 것이다. 정치도감의 활동을 방해할 목적이었지만 웬일인지 본인은 무사하고 그의 모가 적발되었으며 처벌도 그의 동생이 받은 것이다.

이때가 1348년(충목왕 4) 2월의 일로 정치도감이 이미 무기력한 상황에 빠진 상태였으니 충분히 그럴만했다. 정치도감의 활동이 한계에 이르렀다는 증거였다. 여러 반대세력의 저항 속에서도 그 정도나마 할 수 있었다는 게 오히려 다행으로 여겨야할지 모르겠지만.

정치도감의 개혁 대상에 오른 몇몇을 살펴보았는데, 여기에는 특별히 환관들도 개혁의 대상으로 많이 거론되었다. 환관들이 개혁 대상에 오른 것은 그 시대가 환관들이 판치는 세상이었다는 뜻이다. 충숙왕이나 충혜왕은 반대세력의 책동 속에서 많은 권력의 제약을 받아 측근의 환관들을 이용하여 권력을 행사하는 경우가 많았던 탓이었다.

결국, 정치도감의 개혁 대상으로 징계를 받거나 거론된 자들은 대부분 원에 빌붙어 성장한 부원배 세력들이나 권세가들이었다. 원 간섭기라는 당시 사회의 특수성을 감안할 때 이는 당연한 결과였다.

그런데 사실 따지고 보면 당시 힘깨나 쓰는 사람들치고 원과 관계를 맺고 있지 않은 사람이 별로 없었다. 개혁을 위해 앞장섰던 왕후나 김영돈 등 정치관들마저 예외가 아니었다. 왕후는 충선왕을 모시고 오랫동안 재원 활동을 하면서 원에서 관리를 역임한 적이 있었다. 김영돈은 그의 누이가 원으로 시집가서 고관의 부인이 되기도 했다. 그리고 안축은 원의 과거에 합격하여 짧지만 원에서도 관리 생활을 했던 인물이다.

사정이 이러하니 부원배가 누구이고 아닌 자는 누구인지 모르겠다. 왕후·김영돈·안축 등 이들이 원과 관계가 있다고 해서 모두 부원배로 몰아붙이기에는 곤란하다고 해도, 개혁 대상이 된 반대편의 인물들을 부원배라고 특별히 규정하는 것은 왠지 개운치 않은 일이다. 원과 관계를 맺는 방법이나 혹은 이들의 성향이나 처신을 놓고 구분할 수밖에 없는데 이게 선명치 않은 것이다.

또한 학계에서는 개혁 대상자들을 과거나 음서 같은 정통적인 방법으로 관직에 들어온 자가 아닌 세력, 즉 비정통적 정치 세력으로 규정하기도 한다. 이는 말인즉슨 정상적인 방법으로는 관직에 들어올 수 없었던 자들, 즉 신분이나 출신에서 문제가 있는 자들이란 뜻이다. 이러한 차별화는 조금 더 현실과 맞는 얘기지만 역시 예외는 있다. 신예가 그런 인물이다. 그는 과거를 통해 입사했던 인물이다.

이 시대를 전공하는 학자들 사이에서 거론되는 얘기를 잠시 했지만, 사실 인간이란 너무 복잡한 존재여서 그 성향을 일반화시키고 규정하기가 매우 힘들다. 그래도 그렇게 범주화시켜 정치 세력을 구분하는 것이 정치사 연구에 효율적이다. 가끔 예외가 있어 탈이긴 하지만 이는 연구 방법론이 새로워지고 발전하면서 극복되리라 믿는다.

원 조정의 권력 판도와 정치도감

여기서 잠깐 이 무렵 원 조정의 권력 판도를 살펴볼 필요가 있다. 왜냐하면 고려 국내 정치는 원 조정에서 일어나는 권력의 추이와 결코 무관치 않기 때문이다. 고려 국정은 원 조정의 권력 판도의 변화에 따라 요동쳤다는 것은 지금까지 누누이 강조한 바다. 정치도감이 우여곡절을 심하게 겪게 된 배경을 정확히 알아보기 위해서도 이 시기 원 조정의 권력 판도를 짚고 갈 필요가 있다.

이전에 언급한 사실이지만, 문종 황제 이후 원 조정에서 전개된 군벌 통치 시대를 일별하자면 이렇다. 처음 군벌 통치자로 등장한 엘 테무르는 1329년(충숙왕 16)부터 1333년(충숙후 2)까지 약 4년, 그 뒤를 이은 바얀은 1333년부터 1340년(충혜후 1)까지 약 7년 집권했다. 그리고 바얀의 뒤를 이은 그 조카 톡토는 1340년부터 1354년(공민왕 3)까지 무려 14년을 장기 집권한다.

그런데 《원사》〈재상연표〉에 의하면, 톡토는 장기 집권한 기간 중 1344년 5월부터 1349년 7월까지 약 5년 동안 수상직에서 물러나 있었다. 그 이유가 권력에서 밀려나 실각한 때문인지, 아니면 수상직과 관계없이 최고 실력자로서 지위는 유지하고 있었는지는 분명치 않다. 이 시기 원 조정의 정치사에 대한 자세한 연구가 없어 짐작일 뿐이지만 톡토는 이때 잠시 정치 일선에서 물러난 것으로 판단된다.

바얀의 뒤를 이어 집권한 톡토는 이전 시대의 낡은 정치를 청산하고 과거 제도를 부활시키는 등 개혁 정치를 표방하였다. 또한 요遼·금金·송宋대의 역사 편찬을 주관하고 황하의 수재를 다스리게 함으로써 대내외에 현명한 재상으로 불렸다. 톡토는 한마디로 개혁 성향의 집권자로 볼 수 있었다.

이런 개혁 성향의 톡토는 기황후와 갈등을 빚었다. 기황후와 순제 사이에 낳은 아들 아유시리다라를 황태자로 책봉하려는데 톡토가 반대하고 나선 것이다. 톡토가 기황후 소생의 아들을 황태자로 책봉하는 데 반대한 이유는 기황후의 세력 확대를 경계한 때문으로 보이지만 확실치는 않다. 톡토는 기황후와 갈등을 빚다가 결국 1354년(공민왕 3) 실각하고 만다. 기황후의 승리였는데 이후 그녀의 기세는 더욱 사나워진다.

집권자 톡토와 기황후가 황태자 책봉 문제로 갈등을 드러낼 무렵 고려에서는 정치도감에 의한 개혁이 추진되었다. 톡토와 기황후 중에서 누가 더 정치도감의 설치에 적극적이었는지는 모르겠지만, 개혁 활동이 추진되면서 기황후 측이 소극적 혹은 부정적인 쪽으로 흐른 것은 분명하다. 그렇다면 톡토 측은 정치도감의 개혁 활동에 좀 더 적극적으로 지원하지 않았을까 싶다.

이 지점에서 하고 싶은 얘기는, 원 조정의 통치권이 안정되지 못하면 고려 국정에 대한 통제도 혼선을 빚게 된다는 사실이다. 유주 충목왕이 즉위하고 고려에 설치된 정치도감이 강·온탕을 반복하며 우여곡절을 겪었던 것은 이러한 원 조정의 권력 추이와도 무관치 않았다. 아울러 기황후가 고려 국정에 영향력을 행사할 수 있었던 것도 역시 이런 틈새를 이용한 작용이었을 것이다.

그런데 원 조정에서 군벌 실력자 톡토가 잠시 물러나 있던 기간에 그 대신 권력을 행사한 실력자가 좌승상 첩목아탑실帖木兒塔失(테무르 타쉬)이란 자였다. 그는 1340년(충혜후 1)에 우승(정2품)에 발탁된 후 1년 뒤에는 평장정사(종1품)로 승진하여 6년 재임하고, 1347년(충목왕 3)에는 좌승상(정1품)과 평장정사를 겸임하게 된다. 이 테무르 타쉬가 우승을 맡아 재상 급으로 들어온 1340년은 원 조정의 최고 실력자가 바얀에서 그 조카 톡토로 바뀐 때다. 이를 보면 테무르 타쉬는 톡토가 잠시 물러나 있던 기간에 부상하여 권력을 잡았던 과도기의 실력자였는지도 모른다.

그런데 이 테무르 타쉬가 잠시 집권할 때 고려의 정치도감 활동에 대해서 중요한 지침을 내린다. 1348년(충목왕 4) 2월, 원의 중서성에서 고려에 전달된 외교문서 한 통이 그것이다. 이 문서는 좀 미묘한 내용이었는데 중요한 메시지를 담고 있었다. 원문의 뜻을 훼손하지 않는 범위에서 요약하여 제시하면 이렇다.

① 지정 7년(1347. 충목왕 3) 9월 14일에 …… 좌승상 테무르 타쉬가 황제의 뜻을 받들었는데 이를 전한다. 고려가 우리에게 귀부하기 이전에는 그들의 본래 법속을 따르도록 했었지만 우리에게 귀부한 이후에는 그럴 수 없다. 충혜왕이 백성들을 해치고 있어 그를 처벌해서 강남으로 보냈는데 또 다른 자들이 세력에 의탁해서 법도를 지키지 않고 마음대로 한다고 한다. ② 이 문제를 처리하기 위해 고려의 사정을 잘 알고 있는 왕후와 김영돈에게 명령하여 이를 다스리도록 보냈었다. 그런데 그때는 너무 급하게 독촉하여 어떻게 다스릴 틈이 있었겠는가? ③ 그래서 이제 충목왕과 왕후 등에게 다시 잘 다스리도록 하였으니, ④ 덕망 있고 유능한 인사들과 함께 의논하여 세력을 믿고 백성들을 억압하는 자는 누구나 막론하고 처벌하고, 사리에 맞지 않은 일들도 잘 처리하기 바라며 이에 대해서 보고하도록 하라 《고려사》 37. 충목왕 4년 2월 을미).

해석상 몇 가지 애매한 부분이 있지만 정치도감과 관련된 내용을 중심으로 번호를 붙여 다시 정리하여 설명하자면 이런 내용이다.

①의 좌승상 테무르 타쉬가 황제로부터 명령을 받았다는 것은 그 명령에 자신의 의지도 실려 있다는 의미다. 더구나 그가 최고 실력자였다면 말할 필요도 없다. 그래서 중서성에서 보낸 이 외교문서를 간단히 말하자면, 테무르 타쉬가 황제의 명령에 의탁하거나 빙자하여 정치도감에 대한 자신의 의지를 고려에 전달한 것으로 볼 수 있다.

그리고 테무르 타쉬가 황제의 명령을 받은 1347년 9월이라는 시점은 기삼만이 정치도감의 징치를 받다가 사망한 사건을 조사하기 위해 원 조정에서 조사관이 파견될 무렵이다. 이런 조치 역시 테무르 타쉬의 의지가 반영된 것으로 판단할 수 있다.

②의 내용은 정치도감의 초기 활동을 언급한 것인데, 조금 미묘한 메시지로 읽힌다. 너무 개혁을 독촉하여 큰 성과를 낼 수 없었다니, 이게 무슨 말일까? 초기의 정치도감이야말로 제대로 활동하면서 성과를 올리고 있었는데 말이다. 아마 원 조정의 입장에서 볼 때는 만족스럽지 못했다는 것일 텐데, 이는 기삼만 사건을 두고 하는 말일 것이다.

기삼만 사건은 정치도감이 초기에 의욕적으로 활동하다가 일어난 일이었다. 그 사건으로 정치도감의 활동은 벽에 부딪히고 주춤거리게 되었으니, 결과로만 본다면 ②의 내용은 틀리지 않은 말이다. 다만, 기삼만 사건 같은 것을 개혁 과정에서 불가피한 것으로 보는 것이 아니라 앞으로는 그런 물의는 일으키지 말라는 뜻으로 읽힌다.

그래서 ③과 같이 충목왕과 왕후에게 다시 정치도감의 활동을 재개하라고 지시한 것인데, 이는 정치도감의 복구를 말하는 것이 분명하다. 이게 1347년(충목왕 3) 10월의 일로서, 승가노라는 사신이 와서 기삼만 사건에 관계된 정치도감의 관리들의 죄를 판결하고 처벌이 내려졌었다. 아울러 잠시 정지되었던 정치도감이 이때 다시 복구되고 왕후가 또다시 정치도감의 장관으로 들어왔다는 점을 언급한 것으로 보인다.

④는 위 인용문의 핵심으로 정치도감이 앞으로 어떻게 활동해야 할지 방향을 제시해주고 있다. 특히 덕망 있고 유능한 인사들과 의논하라는 얘기가 의미심장하다. 덕망 있고 유능한 인사들이란 게 누구를 가리키는 것인지 드러나 있지 않지만 기득권 세력을 지칭한 것으로 봐도 크게 틀리지 않을 것이다.

그렇다면 정치도감이 개혁 활동을 하면서 기득권 세력과 논의하라는 얘기가 되니, 이는 개혁에 대한 물타기 수법이다. 그래서 ④의 내용은 정치도감의 독주를 견제하려는 의도로 보인다. 게다가 말미에 보고하라는 말을 덧붙이고 있으니 정치도감은 원 조정의 통제를 받으면서 활동할 수밖에 없게 된 것이다. 결국 정치도감의 개혁 작업은 온건한 방향으로 흐를 수밖에 없을 것이니 이를 좋아할 자들은 부원배 세력밖에 없다.

결국, 정치도감의 장관을 다시 맡은 왕후가 1347년(충목왕 3) 11월 영도첨의사사로 옮긴 것은 그가 개혁 작업에서 손을 놓게 되었다는 뜻과 같다. 정치도감이 해체되지 않고 남아 있긴 했지만 개혁 활동은 더 이상 기대하기 어려운 상황에 직면한 것이다. 그렇게 정치도감이 무력화된 것은 위와 같은 원 조정의 권력 변화 탓이 컸다고 할 수 있다.

반동 세력의 득세

정치도감의 개혁 활동에 반대하는 저항 세력들은 원 조정의 권력 추이를 예민하게 살피면서 이를 최대한 이용했다. 그들이 궁지에 몰렸을 때 의탁할 곳이라고는 그밖에 없었기 때문이다.

강윤충은 1347년(충목왕 3) 12월 신년하례를 위한 사신으로 발탁되어 원으로 들어갔다. 온갖 폐단의 주범이고 개혁의 주 대상이었던 그가 입원 사신으로 발탁되었다는 것 자체가 이후 정치도감의 개혁 활동에 부정적인 요인으로 작용할 소지가 많았고, 정치도감의 존재에 위험한 일이기도 했다. 그가 원 조정에 들어가 무슨 일을 할런지는 보지 않아도 짐작할 수 있기 때문이다.

1348년(충목왕 4) 2월에는 노책이 또 원으로 향했다. 국왕의 입조를 요청하기 위한 입원이었지만 역시 의혹의 눈길을 보내지 않을 수 없는 행차였다. 이 시점에 왜 국왕의 입조가 필요했는지도 의문이지만, 강윤충과 마찬가지로 그의 입원도 정치도감의 활동에는 바람직한 일이 결코 아니었기 때문이다. 그래서 강윤충이나 노책이 입원한 것은 정치도감의 개혁 활동을 저지하기 위한 방해 공작의 일환이었을 가능성이 많다고 본다.

그해 3월에는 김영돈이 원으로 들어간다. 김영돈의 입원은 선왕 충혜왕의 죄를 바로잡아줄 것을 요청하기 위한 것이었다. 이는 충혜왕의 시호와 관련된 문제로서 먼저 충혜왕에 대한 복권이 선행되어야 가능했기 때문이다. 그래서 김영돈의 입원은 한발 앞서 입원한 강윤충을 견제하려는 것이었다. 충혜왕의 복권이 이루어지려면, 김윤의 상소문에서 살펴보았듯이, 강윤충에 대한 처벌이 먼저 단행되어야 했고, 이는 먼저 입원한 강윤충을 억압하는 수단일 수 있기 때문이다.

이렇게 개혁 대상과 주체들이 몇 달 새 원으로 들어간 것은 모두 정치도감의 활동과 무관치 않은 일이었다. 한쪽은 그것을 방해하려고 하고, 다른 한쪽은 그 방해 공작을 막으려 하고. 결국 정치도감의 활동은 원 조정의 태도에 달렸다는 얘기다.

그렇게 정치도감의 활동을 놓고 양측에서 원 조정의 태도에만 매달리고 있을 때, 그해 6월 정치도감의 판사였던 안축이 62세의 나이로 죽는다. 안축은 정치도감에서 큰 활동을 하지 못했었지만 아까운 인재였다. 게다가 그해 7월에는 김영돈마저 죽는다. 그의 죽음은 정치도감의 큰 손실이 아닐 수 없었다. 김영돈은 정치도감이 복구되는 과정에서 왕후와 갈등하긴 했지만 정치도감의 한 축이 무너진 것이나 다름없었다. 이제 정치도감의 판사 중에 남은 인물은 왕후와 김광철뿐이었다.

그런데 김영돈이 죽은 바로 뒤인 1348년(충목왕 4) 7월 미묘한 사건이 터진다. 감찰사의 장령掌令(종4품)으로 있던 송천봉宋天逢이 첨의평리(종2품)로 있던 전윤장을 탄핵하다가 오히려 자신이 좌천된 사건이었다. 송천봉은 과거를 통해 관직에 들어와 감찰사의 관리를 주로 역임하다가 우왕 때에는 대사헌에까지 오른 인물이다. 전윤장은 앞서 거론했는데 통역관으로 충혜왕의 복위 과정에서 힘을 쓰면서 성장했던 인물이었다.

송천봉이 전윤장을 탄핵한 이유는 충혜왕의 복권 문제와 관련이 있었다. 과거 충혜왕이 실정을 거듭하고 있을 때 전윤장은 충혜왕이 국왕으로서 자격이 없다는 말을 황제에게 한 적이 있었다. 이 문제가 지금에 와서야 사건화된 것은 전윤장의 다른 여죄도 작용했지만 충혜왕의 시호 문제가 거론되면서 아울러 그 선행 조건으로 복권이 이루어져야 했기 때문이다.

충혜왕의 복권 문제는 국왕을 실정으로 이끈 주범들을 처벌할 수 있는 연결고리 같은 것이었다. 앞서 강윤충을 처벌하기 위해 충혜왕의 복권 상소를 올린 김윤이나, 또 충혜왕의 복권을 위해 입원한 김영돈 등의 활동은 모두 정치도감에서 추진하는 개혁 활동의 일환이었던 것이다. 충혜왕의 자질 문제를 거론했다는 것을 들어 전윤장을 탄핵하려 했던 송천봉의 행동도 이런 맥락에서 서로 통하는 문제였다.

송천봉은 전윤장을 탄핵하면서 그를 파면해야 한다고 주장했지만, 전윤장은 오히려 그런 송천봉을 무고하여 도서 벽지의 말단 관리로 좌천시켜버렸다. 여기에는 역시 정치도감의 개혁 활동에 대해 반대하는 세력들의 동조가 있었을 것이다. 이에 감찰사의 모든 관리들이 송천봉을 구하기 위해 나서지만 소용이 없자 재상들까지 나서 요청하면서 송천봉은 겨우 광양 감무로 돌아올 수 있었다.

그런데 송천봉을 구제하는 데 왕후가 앞장섰다는 사실을 주목할 필요가 있다. 왕후가 이 일에 앞장섰다는 것은 이 문제가 정치도감의 개혁 활동과 무관치 않았다는 것을 다시 보여준다. 전윤장 역시 정치도감의 개혁 대상에서 벗어날 수 없는 인물이었기 때문이다. 그래서 전윤장을 탄핵하는 데 실패했다는 것은 정치도감의 개혁 활동이 점점 멀어지고 그에 저항하는 세력들이 다시 득세하고 있다는 정황을 말해주기도 한다.

정치도감의 활동에 저항하는 반동 세력들이 득세하고 있다는 증거는 또 있다. 1348년(충목왕 4) 8월 첨의부의 헌납獻納(정5품)으로 있던 원송수元松壽가 정천기鄭天起를 탄핵하려다 자신이 하옥당하는 일이 벌어진다. 원송수는 원주(강원)를 본관으로 하여 충렬왕 때 수상을 역임한 원부元傅의 증손자로 과거를 통해 관직에 들어온 인물이다. 그는 방탕한 충혜왕의 사부로 추천될 만큼 학문과 인망이 있었던 젊은 관료였는데, 충목왕이 들어서면서 관리들에 대한 서경과 탄핵을 담당하는 헌납으로 있었다.

정천기는 충혜왕을 실정으로 이끈 인물로 지목되어 국왕 사후 그 측근들과 함께 시골로 추방된 적이 있었다. 정천기는 그 후 언젠가 다시 조정에 들어와 찬성사에 임명되었고 정방에도 참여하고 있었는데 이는 덕녕공주의 힘이 작용한 것이었다. 정천기는 덕녕공주와 밀착되어 정방에 참여했다는 점에서 앞서의 강윤충과 비슷한 부류로 볼 수 있는데, 역시 개혁 대상에서 벗어날 수 없는 자였다.

이때 원송수가 정천기를 탄핵한 이유는 정천기가 서경도 거치지 않고 정방에 참여한 죄를 물은 것이었다. 하지만 원송수가 오히려 정동행성의 감옥에 갇히고 마침내 파면당하고 만 것이다. 여러 재상과 대간의 관리들이 원송수를 구원하려고 했지만 뜻을 이루지 못했다.

이 사건은 앞서 송천봉 좌천과 정치적 맥락이 같은 일로서 개혁 대상인 정천기를 탄핵하려다 오히려 원송수가 보복을 받아 파면당한 사건이다. 이런 연이은 사건들은 정치도감에 대한 반동 세력의 부상을 여실히 보여주는 일이다. 달리 말하면 정치도감의 개혁 활동이 한계에 이르렀다는 얘기나 다름없다.

반동 세력들이 다시 부상하는 데 발판이 되었던 기구가 바로 인사를 담당하는 정방이었다. 정방에는 참신한 인물이 참여한 경우도 있었지만 시간이 흐르면서 점차 개혁 대상자들이 다시 차고 올라왔다. 신예·전숙몽·강윤충·정천기 등이 바로 그들인데, 이들은 정치도감이 무력해지자 드러내놓고 인사권을 전횡하면서 농간을 서슴지 않았다. 역시 정치도감이 무력해지면서 나타난 현상이었다. 특히 신예를 가리켜 당시 사람들이 '신왕辛王'이라 부를 정도였다고 하니 그의 인사권 남용을 짐작할 수 있을 것이다.

1348년(충목왕 4) 후반기에 들어서면 정치도감의 개혁 활동에 저항하는 반동 세력들이 드러내놓고 활동하고 있다는 정황은 여기저기서 포착된다. 여기에 1348년(충목왕 4) 12월 충목왕이 죽고 그 모후인 덕녕공주가 국정 전면에 나서면서 이들의 부상은 더욱 활발해졌다.

사라지는 정치도감

정치도감의 개혁 활동에 저항하는 반동 세력이 득세하고 있는 도중에 충목왕이 죽고 새 국왕이 즉위한다. 여기에 1349년(충정왕 1) 6월에는 정치도감의 판사 김광철이 죽는다. 그는 정치도감이 출범할 때부터 병이 있어 큰 활동을 못했지만 무력해져가는 정치도감에는 역시 손실이었다.

그리고 이어서 7월에는 왕후가 또 죽는다. 그해 3월 황제의 생일을 축하하기 위한 성절사로 입원했다가 환국 도중 국경을 막 넘자마자 죽은 것이다. 54세의 나이였다. 그가 성절사로 입원했던 것도 어떻게든 정치도감의 개혁 활동을 지속시켜 보려는 노력이었는지도 모른다.

왕후의 영구가 들어오는 역참에서는 역리들이 부모 모시듯 하면서 울었다고 한다. 그런 중에도 노책은 왕후의 영구를 정청에 들이지 못하게 하고 장례를 관청에서 치르는 것까지 방해했다니 정치도감의 징계를 받은 것에 끝까지 감정을 품었던 모양이다. 왕후의 죽음을 노책은 정치도감의 끝장으로 판단하고 그런 행동을 했을 것이다.

왕후는 선이 굵은 얼굴에 성품이 강직하고 장중하여 바라보는 자들이 경외감을 느꼈다고 하니까 외모만 가지고도 한몫했다는 생각이 든다. 왕후는 공민왕이 즉위한 후 교서를 내려 공신 책정과 시호를 받고 공민왕의 묘정에 배향되었다. 왕후는 사후에야 그 개혁 활동을 인정받은 셈이었다.

이렇게 정치도감의 네 판사가 모두 죽고 특별기구는 더 이상 존속할 여력이 없었다. 죽은 네 판사를 대신하여 나설 인물도 없으려니와 원 조정의 관심과 후원도 처음과 달리 눈에 띄게 달라졌기 때문이다. 다음 장에서 설명하겠지만 다시 유주가 등장한 것은 원 조정에서도 정치도감의 개혁 활동을 더 이상 지원할 수 없다는 판단이 작용한 것이었다.

결국 1349년(충정왕 1) 8월 정치도감은 공식적으로 해체되었다. 해체에 따른 별다른 반발도 없었다. 이미 정치도감의 해체를 누구나 예견하고 당연하게 받아들였다는 뜻이다. 1347년 2월에 설치되어 이때 폐지되었으니 2년 반 동안 존속한 셈이었다.

정치도감은 실제 의욕적으로 활동한 기간이 매우 짧았고 성과도 크지 않아 한계가 분명했지만 그 충격과 남긴 흔적은 적지 않았다. 어찌 보면 원 조정에서 먼저 개혁을 주문하고 정치도감을 설치했다는 사실 만으로도 뜻밖의 일이었다. 그 정도나마 개혁을 주문할 수 있었다는 것이 가상한 일이었고, 아직은 원 제국의 변경에 대한 통치력이 발휘 되고 있었다는 증거로 볼 수 있다.

하지만 원 제국의 속국으로 전락한 고려에서 원에 빌붙어 세력을 떨치는 부원배 세력들을 단죄한다는 것 자체가 자가당착 같은 일이었 다. 그들이야말로 원 조정에서 고려에 대한 통제를 강화하는 수단으 로 활용된 제국에 필요한 존재들이었기 때문이다. 특히 기황후와 연 결된 고려의 그 친족들은 기황후에게는 반드시 필요한 존재들이었다. 그런 기황후 친족들과 부원배 세력들은 고려 조정의 처지에서는 '절 대악'이었지만 원 제국의 입장에서는 '필요악'이었던 것이다.

이제 고려의 내정 개혁은 원 제국이 쇠망하기를 기다리는 수밖에 없었다. 원 제국의 쇠망은 필요악을 비호해줄 배후 세력이 힘을 잃어 간다는 것을 의미했으니, 고려 조정에서는 이 틈을 이용하여 개혁의 명분을 찾을 수 있었던 것이다.

한 가지 주목되는 점은 공민왕 시대의 개혁을 주도한 세력들이 정 치도감의 개혁 활동에 참여한 세력과 직간접으로 연결되고 있다는 사 실이다. 정치도감의 개혁 활동은 실패했지만 다가오는 제국의 쇠망을 기다리면서 다음 시대를 준비했다고 볼 수 있다. 정치도감의 역사적 의미는 바로 이것이다.

이렇게 본다면 정치도감의 개혁 활동은 비록 원 황제의 명령에 의 해 타율적으로 시작했지만 역사적 필연이었다는 생각이 든다. 당시 고려의 처지에서 개혁이 요구되었다는 것은 말할 필요도 없지만, 원 제국의 처지에서도 속국인 고려의 내정 개혁을 회피할 수 없었다는 뜻이다. 그래서 정치도감의 개혁 활동이 실패했다는 것은 고려 내정 개혁의 실패이기도 하지만 원 제국의 변방 정책이 실패한 것이기도 했다.

이것은 쇠퇴의 길로 접어든 원 제국이 회복할 수 없는 길로 들어섰다는 반증이기도 하다. 하지만 고려에서는 정치도감의 활동을 계승하려는 또 한번의 기회가 오고 있었다. 원 제국이 쇠망한 틈을 탄, 이번에는 자율적인 개혁으로 공민왕 시대가 그런 기회를 맞은 것이다. 이게 정치도감의 활동에 대한 역사적인 자리매김이다. 실패하긴 했지만 다가오는 시대의 개혁을 준비하기 위한 과도기였다고 평가해도 좋다.

그런데 정치도감이 해체되기 전에 충목왕이 죽고 또 유주인 어린 국왕이 즉위한다. 어린 국왕의 즉위는 정치도감에 저항하는 반동 세력과 지지 세력 사이의 싸움에서 반동 세력의 승리를 결정짓는 사건이었다. 이에 대해서는 다음 장에서 자세히 언급할 것이다.

3. 다시 유주, 충정왕

충정왕의 왕위 계승

정치도감이 해체되기 전인 1348년(충목왕 4) 12월 충목왕이 죽는다. 8세에 즉위하여 4년 재위했으니 12세의 어린 나이인데 병으로 죽었다.

충목왕이 죽고 눈에 띄게 부상한 인물이 바로 그 생모인 덕녕공주다. 덕녕공주는 국왕이 죽기 몇 달 전부터 국왕을 대신하여 국정을 주도하고 있었다. 이는 어린 국왕의 모후로서 특별할 게 없지만 그녀의 정치적 부상과 함께 정치도감의 개혁 작업이 퇴색하고 반동 세력들이 득세했다는 점은 주목할 필요가 있다. 이는 그녀가 개혁 주체 세력보다는 개혁 반동 세력과 가까웠다는 뜻이고, 달리 말하면 정치도감이 개혁을 주도할 시기에는 그녀에게 별 영향력이 없었다는 뜻도 된다.

덕녕공주는 충목왕이 죽은 직후 기철과 왕후에게 정동행성의 권한 대행을 맡긴다. 개혁 주체 세력의 대표와 반동 세력의 대표인 두 사람에게 임시 왕권 대행을 맡긴 것이다. 기철이 여기에 발탁되었다는 것은 기황후의 고려 내정에 대한 입김이 여전함을 보여주는 것이고 왕후의 발탁은 원 조정의 의지를 반영한 것 같다. 이는 덕녕공주가 국정을 주도하긴 했지만 그녀 역시 원 조정의 의지대로 움직이고 있었다는 것을 말해준다.

가장 중요한 문제는 충목왕이 어린 나이에 죽고 후사가 없으니 다음 왕위를 누가 잇느냐의 문제였다. 그에 대한 결정권은 물론 원 조정에 있었다. 이에 고려에서는 이제현을 원으로 보내 두 사람을 다음 왕위 계승 대상자로 복수 추천한다. 충목왕이 죽은 직후였다.

왕위를 계승할 후보자로 추천된 한 사람은 충혜왕의 친동생인 왕기王祺(후의 공민왕)였고, 또 한 사람은 충혜왕과 희비禧妃 윤씨 사이에 태어난 왕저王眡였다. 왕기는 당시 19세의 나이였는데 12세 때 이미 원으로 들어가 지금 숙위 중에 있었다. 왕저는 충혜왕의 서자이니 충목왕의 이복동생으로 당시 11세의 나이였다. 왕저의 생모 희비 윤씨는 생존해 있었지만 외조부 윤계종은 이미 죽고 없었다. 두 사람을 복수 추천한 것은 고려 왕위를 이을 인물을 원 조정에서 결정해달라는 뜻이었다.

그런데 조금 이상한 점은, 두 사람을 추천하여 그 결정을 원 조정의 선택에 맡겼다는 사실이다. 원 간섭기 왕위 계승 문제가 발생했을 때는 보통 특정한 한 사람을 고려 조정에서 국왕으로 선택하여 원 조정의 승인을 받는 것이 일반적이었다. 이렇게 두 사람을 추천하여 선택권을 원 조정에 위임한 것은 아주 특별한 일이었다. 왜 그랬을까?

이 무렵은 원 조정의 영향력이 어느 때보다도 강화된 때였다. 유주 충목왕의 즉위가 그런 상황을 더욱 심화시키기도 했다. 아마 그런 상황에서 고려 조정의 의지대로 택군하여 승인을 요청하기에는 부담스러웠던 것 같다. 쉽게 말해서 원 조정의 눈치를 보지 않을 수 없었다는 얘기다.

다른 이유는, 같은 맥락의 얘기지만, 고려에서는 왕기를 다음 국왕으로 결정해주기를 바랐지만 원 조정의 생각은 그럴 가능성이 희박했다는 것이다. 이에 고려 조정에서는 왕기를 1순위로, 왕저를 2순위로 올리는 방법을 썼다. 왕기는 충혜왕 다음의 왕위 계승자로 물망에 오르기도 했고, 현재 원 조정에서 숙위 중에 있으니 그가 1순위에 추천된 것은 당연했다. 게다가 고려에서는 유주 충목왕 시대를 겪은 후라 이제 그런 유주를 피하고도 싶었을 것이다.

후보자를 두 사람 추천한 정말 중요한 또 하나의 이유가 있었다. 그것은 국내 정치 세력 사이에 다음 왕위 계승자를 놓고 의견이 엇갈렸다는 사실이다. 한쪽에서는 왕기를 밀었고 다른 한쪽에서는 왕저를 민 것이다. 왕기를 민 쪽은 아직 어린 왕저를 피하기 위한 것이었고, 왕저를 민 쪽은 반대로 계속 어린 국왕을 염두에 둔 것이다. 이들 양쪽 인사들의 면모는 다음에 곧 드러난다.

그런데 원 조정의 판단은 왕기가 아닌 어린 왕저로 기울고 있었다. 이듬해 1349년(충정왕 1) 2월 원 조정에서는 왕저를 불러들인다. 왕기가 이미 재원 숙위 중에 있는데도 따로 왕저를 불러들인 것은 왕저를 다음 왕위 계승자로 더 의중에 두고 있다는 뜻이 분명했다.

이때 왕저를 따라 원으로 들어간 인물들이 노책·손수경·이군해·민사평·윤시우尹時遇·최유崔濡 등이었다. 이들이 바로 왕저를 민 인물들이다. 노책·손수경·이군해·민사평은 앞에서 한 번쯤 등장한 인물들인데, 그중 노책은 대표적인 부원배로서 정치도감의 개혁 대상으로 여러 차례 언급했으니 더 이상의 설명은 생략하겠다.

손수경은 무장 출신으로 충숙왕 때 입성책동을 저지한 공로로 일등공신에 책정되었고, 이어서 충혜왕 때는 조적의 난을 진압한 공로로 또 일등공신에 든 자였다. 당시 공신 책정이 남발되어 그 의미가 퇴색하긴 했지만 손수경이 두 왕대에 연거푸 공신에 들었다는 것은 조금 특별한 인물로 볼 수 있다. 그는 충혜왕과 가까운 인물로 국왕의 방탕한 생활과 조금 관련되어 있었지만 노골적인 부원배 세력으로 보기는 어려울 것 같다.

이군해는 충혜왕 때 주로 관직 생활을 했는데 충목왕이 즉위한 직후 정방의 제조관으로 발탁되면서 관심을 받은 인물이다. 이로써 보면 그는 정치도감의 개혁에 일정부분 동참했다는 것을 알 수 있다. 또한 과거에 합격하여 관직에 나왔고 충혜왕의 측근도 아니었으니 정통 관료로서 지조를 지켰다고 볼 수 있다. 이군해는 다음 공민왕 때 더욱 두드러진 활약을 보인다.

민사평은 심왕 옹립 책동 당시 이를 저지하는 데 앞장선 민종유의 손자이자 김윤의 사위로 충목왕 즉위 직후 감찰대부에 발탁되면서 등장했는데, 역시 크게 보면 개혁에 동참했다고 볼 수 있다. 그는 정통 사대부 가문 출신의 손색없는 관료로서 부원배 세력과는 거리가 멀다.

윤시우는 여기서 처음 등장하는데, 이후부터 활동을 주목할 필요가 있다. 윤시우 역시 정통 사대부 가문 출신의 관료였지만 새로운 왕이 즉위하고 갑자기 권력의 중심에 서면서 욕심을 드러낸다. 아마 그는 개혁적인 성향과는 거리가 멀게 느껴진다.

최유는 앞서 충숙왕의 최측근으로 자주 거론했던 최안도의 아들이다. 그는 아비의 덕으로 거만의 재산을 모으고 한때 원으로 들어가 어사 벼슬까지 역임했으며, 이런 권력을 이용하여 고관의 부인을 둘이나 강간하여 원 조정에까지 고소당한 전력이 있었다. 그는 대표적인 부원배 세력이었고 개혁에 대한 반대 세력이었다.

이상 여섯 명이 충목왕이 죽고 새로운 국왕을 결정하는 과정에서 국왕 후보자로 입원하던 어린 왕저를 따라간 자들이다. 이들 대부분은 왕저가 새로운 국왕으로 낙점될 것을 확신하고 권력을 좇아 따라간 것이 분명하지만 일부는 단순히 황제의 명령을 따른 것으로 볼 수도 있다. 굳이 구분하자면 노책·윤시우·최유 3인은 개혁 반대세력이 확실하지만, 손수경·이군해·민사평 3인은 대강 중립적이거나 개혁 세력에 가깝다고 보인다. 어쨌든 이들 여섯은 다음 새로운 왕이 즉위하고 권력의 중심에 선다.

그런데 이들이 왕저를 따라 원으로 향할 때 이들의 입원을 저지하려는 자들이 있었다. 대간臺諫과 전법사典法司의 관리들이었다. 대간은 관리들에 대한 감찰·탄핵과 국왕에 대한 간쟁·봉박·서경을 담당하는 관리들이고, 전법사는 죄인에 대한 형벌을 담당하는 형부刑部를 말한다. 그래서 대간이나 전법사는 정치도감의 개혁 활동을 지원하는 부서이기도 했다.

이들은 왕저의 왕위 계승을 반대하기 위해 회합을 갖고 왕저 일행의 입원을 저지하려 했지만 뜻을 이루지 못했다. 이들이 바로 왕저보다는 왕기를 다음 왕위 계승자로 선택한 세력이라고 볼 수 있다. 왕기를 앞세운 세력이 대간이나 전법사의 관리들이라면 이들은 크게 보아 개혁에 찬동하는 세력이라고 판단해도 큰 착오가 없을 듯하다.

마침내 1349년(충정왕 1) 5월 원 조정에서는 왕저를 다음 왕위 계승자로 결정한다는 통보를 내려보낸다. 그리고 3개월 뒤에는 정치도감이 정식으로 해체되었으니 이것은 개혁에 찬동하는 세력의 분명한 패배였다. 그러니까 고려에서 다음 왕위 계승자로 왕기와 왕저라는 두 사람을 원 조정에 추천한 것은 개혁 반대 세력과 주도 세력 사이의 알력이 개입되어 있었던 것이다.

결국 왕저가 왕위를 이으니 30대 충정왕忠定王이다. 몽골식 이름은 미사감타아지迷思監朶兒只였고 해가 바뀌어 이때 12세였다. 앞선 충목왕에 이어 다시 유주가 등장한 것이다.

유주의 생모, 희비 윤씨

유주 충정왕은 원으로부터 왕위 계승을 승인받은 후 1349년(충정왕 1) 7월 환국한다. 새 국왕의 환국에 앞서 그해 6월 이군해를 먼저 환국시켜 국정을 관장하게 하였다.

여기 이군해는 왕저를 새 국왕으로 세우기 위해 함께 입원했으니까 그는 개혁에 반대하는 부류에 동참했다고 볼 수 있지만, 그의 가문이나 개인적인 성향으로 보면 개혁 반대세력이었던 것 같지는 않다. 이군해는 지금까지 그런대로 관리로서 모범을 보였던 인물이기 때문이다. 이군해를 먼저 환국시켜 국정을 관장하게 했던 것도 그런 자질을 높이 산 것으로 보인다.

그런데 유주 충정왕이 환국하기 전에 중요한 사건이 하나 터진다. 전직 국왕 비서관이었던 윤택尹澤·김경직金敬直·이승로李承老 등이 왕저의 왕위 계승을 반대하면서 원의 중서성에 글을 올린 일이 발각된 것이다. 이는 충정왕의 왕위 계승이 결정되기 전의 일로 왕기(공민왕)를 추대하려는 움직임이었다.

윤택은 충숙왕 때 과거를 통해 입사했는데, 국정을 농단하는 측근들과 가까이 하지 않으면서도 충숙왕의 신임이 컸던 인물이다. 한때 충숙왕은 대도에 머물면서 그런 윤택에게 자신의 후계 왕으로 왕기를 생각해두고 부탁한 적도 있었다. 부왕이 충혜왕을 회피하려는 시도였는데 그때는 윤택의 조심스런 태도로 구체화되지 않았다.

김경직은 충혜왕 때의 강직한 충신 김윤의 아들인데, 왕저를 비난했다는 것으로 보아 역시 왕기에게 여망을 드러냈던 인물로 보인다. 이승로는 충목왕 때 정방에 참여했다는 것으로 보아 정치도감의 개혁 활동에 미약하나마 동참했던 인물로 추측된다. 그 역시 윤택과 함께 왕기를 추대하려고 했던 것이다.

윤택은 이승로와 함께 백성들의 인망은 왕기에게 있고, 역대 고려 국왕 중 형제숙질 간에도 왕위 계승이 이루어졌던 전례가 있으며, 유주는 국정을 감당할 수 없다는 구체적인 사정을 들어 중서성에 글을 올렸다. 이는 왕저를 반대하고 왕기를 새 국왕으로 세워야 한다는 분명한 주장으로, 충정왕의 즉위에 저항하는 세력이 있었음을 보여주는 일이다.

하지만 유주 충정왕이 왕위를 잇게 되면서 중서성에 올린 그 글이 문제가 되었고 윤택을 비롯한 몇몇 인물은 귀양이나 좌천을 피할 수 없게 된 것이다. 이러한 충정왕 반대파에 대한 축출은 다음에 자세히 드러나겠지만 유주의 생모인 희비 윤씨가 주도한 것이었다.

이어서 충정왕이 환국한 직후 새로운 대대적인 인사 발령이 있었다. 이때 노책을 수상인 첨의정승에 임명하고 손수경·이군해·민사평 등이 재상으로 승진 발탁된다. 유주를 따라 입원했던 자들이니 당연한 결과였다. 아울러 손수경·이군해·민사평 3인은 공신으로도 책정되어 유주의 왕위 계승에 대한 보답을 분명히 받았다.

하지만 유주를 따라 함께 입원했던 윤시우와 최유에 대해서는 공신으로만 책정했지 관직 수여는 없었다. 또한 노책은 수상으로 발탁되긴 했지만 그 역시 공신으로는 책정받지 못했다. 이상하게도 이들 3인은 유주를 따라서 입원했던 공로를 반밖에 인정받지 못한 것이다. 이들의 그런 불만은 다음에 폭발하고 만다.

또 하나 이번 인사에 주목되는 점은 윤신계尹莘係와 윤안숙尹安淑이라는 인물의 발탁이다. 두 사람 모두 여기서 처음 등장하는데 윤신계는 윤시우의 아비이고 윤안숙은 윤시우의 외숙이라는 점을 주목할 필요가 있다. 윤신계·윤시우 부자는 본관이 기계杞溪이고 윤안숙은 본관이 파평坡平인데, 윤안숙은 바로 충정왕의 생모인 희비 윤씨의 아비 윤계종의 친동생이라는 사실이 중요하다. 그러니까 간단히 말해서 이들 윤씨들은 모두 충정왕의 외척이었던 것이다.

충정왕의 외척으로 희비 윤씨와 인척이 되는 민사평도 있다. 민사평의 누이가 윤계종에게 출가하여 그 사이에 희비 윤씨가 태어난 것이다. 그러니까 민사평은 희비 윤씨의 외삼촌이니, 앞서 윤씨 일족과 여기 민사평 모두 충정왕의 모후 희비 윤씨와 인척 관계에 있었던 것이다.

윤신계는 충숙왕 때부터 순탄한 관직 생활을 해오던 인물이니 갑작스런 발탁은 아니었지만 유주 충정왕의 즉위와 함께 도첨의찬성사(정2품)에 오른 것은 충정왕의 생모 희비 윤씨나 아들 윤시우의 힘이 작용했다고 볼 수 있다. 도첨의참리(종2품)에 오른 민사평 역시 처음 발탁은 아니지만 희비 윤씨의 힘에 의한 것임은 말할 필요가 없다. 또한 윤안숙은 충정왕 즉위 직후에 갑자기 삼사좌사(정3품)에 오르고 공신으로도 책봉되는데 이는 말할 필요도 없이 충정왕의 생모 희비 윤씨가 아비가 죽고 없자 그 대신 숙부를 우대한 결과로 보인다.

이러한 인사 내용을 주목한다면 새로운 국왕이 즉위하고 인사권을 비롯한 국정을 주도한 인물은 유주 충정왕의 생모인 희비 윤씨라는 사실이 드러난다. 그녀 외에 달리 상정할 인물도 없다. 앞선 충목왕 때도 유주를 대신해서 생모인 덕녕공주가 그 일을 했지만, 그녀는 원공주 출신의 왕비여서 외척 문제에서는 자유로웠다고 할 수 있다.

그런데 이 인사 발령이 있고 한 달도 못 되어 노책을 우정승으로 손수경을 좌정승으로 하는 대대적인 인사 개편과 공신 책정이 다시 이어졌다. 이번 인사에서도 윤씨 가문에는 주목할 만한 변화가 있었다. 윤안숙이 찬성사(정2품)로 승진하였고 윤신계는 공신으로 책정되었다. 앞선 인사에서 아쉬웠던 점을 다시 보완한 것으로 보인다.

이로써 유주의 생모 희비 윤씨와 가까운 윤신계·윤시우 부자와 윤안숙 등이 모두 공신으로 책정되어 강력한 외척 세력이 자리를 잡았다. 그렇다면 이런 판단이 가능하다. 이들 윤씨들이 바로 충목왕이 죽은 직후 왕기보다 왕저를 국왕으로 내세워 충정왕을 즉위시킨 핵심 세력으로 볼 수 있다.

1349년(충정왕 1) 8월에는 희비 윤씨의 관부를 세우고 유주의 모후로서 위상을 갖춘다. 다만 그녀도 태후로서 책봉되지는 못했는데, 앞서 충목왕의 모후인 덕녕공주와 마찬가지로 원 조정이나 기황후의 견제가 작용한 것으로 보인다. 하지만 희비 윤씨의 국정에 대한 영향력이 지속되리라는 점은 충분히 예측해볼 수 있다. 물론 그것은 원 조정에서 허용하는 범위 내에서만 가능했을 테지만.

그런데 그해 10월에 있었던 인사에서 노책을 수상에서 파면하고 손수경과 이군해를 수상인 좌·우정승으로 하는 대대적인 인사 개편이 또 뒤따랐다. 이 역시 희비 윤씨의 작품이라고 볼 수 있다. 다만 수상인 노책을 파면한 이유가 드러나 있지 않은데, 희비 윤씨나 그 외척 세력과의 권력 다툼에서 결국 밀려난 것이 아니었나 싶다.

노책을 처음에 수상으로 발탁했던 것은 왕저를 충정왕으로 세운 공로를 인정받은 것이었다. 여기에 한 가지 더 공로를 든다면 개혁 반대 세력으로서 정치도감을 해체하는 데도 일조를 했다는 사실이다. 그러니까 노책을 수상으로 삼았다는 것은 정치도감의 개혁 작업이 더 이상 계속될 수 없음을 선언한 것이나 다름없었다. 여기까지는 희비 윤씨 등 충정왕대의 핵심 세력과 노책의 이해관계가 맞아 떨어졌다고 볼 수 있다.

하지만 그 이후 노책은 희비 윤씨나 외척들의 권력 장악에 방해가 되었다. 대표적인 부원배로서 노책은 어린 유주나 그 모후에게는 권력 장악의 가장 큰 걸림돌이었던 것이다. 결국 고려에서 배반당한 노책은 공민왕 때 반란을 도모하다가 제거당하는데, 그가 반란에 뛰어든 것은 이 사건에서 비롯되었다.

노책이 파면되고 열흘도 못 되어 손수경·민사평·윤시우 등을 정방의 제조관으로 삼아 인사행정을 담당케 했다. 윤시우가 여기에 포함된 것으로 보아 희비 윤씨의 권력 장악이 이제 마무리 단계에 접어들었다는 것을 알 수 있다.

유주 시대, 국정의 한 단면

소수에 의한 권력 장악은 반드시 반발이 따르기 마련이다. 그런 반발을 무마하려고 그랬는지 모른다. 1350년(충정왕 2) 4월 윤시우를 도첨의찬성사로 임명하고 최유를 첨의참리(종2품)로 발탁하는 등의 대폭적인 인사 개편이 또 있었다. 새 국왕이 즉위하고 1년도 못 되어 벌써 세 번째였다. 여기서 우선 주목할 인물은 윤시우보다는 최유다.

이 두 사람은 전년 충정왕의 맨 처음 인사에서 이미 공신으로 책정되었었다. 윤시우의 도첨의찬성사는 아비 윤신계가 공신으로 책정되자 그 직책을 그대로 물려받은 격으로, 언제라도 권력의 핵심으로 들어올 인물이었으니 이미 예상된 일이었다. 하지만 최유의 발탁은 이전의 인사에 대한 불만을 무마하려는 것으로 보인다.

인사 개편이 있자마자 바로 인사 문제에 대한 불만이 불거진다. 국왕이 주최하는 원의 사신을 향연하는 자리에서였다. 먼저 배전이 최유에게 야유를 보내면서 시작되었다.

여기 배전은 강윤충과 함께 충혜왕의 폐행으로 온갖 문제를 일으키며 설치다가 충목왕이 즉위한 후 덕녕공주에게 밉보여 축출당했던 자였다. 그런 그가 충정왕이 즉위하면서 무슨 배경이 있었는지 정동행성 이문관이 되어 화려하게 복귀하였다. 아마 덕녕공주와의 관계를 회복하여 재신임을 얻었거나, 아니면 원과 결탁하여 재기한 것으로 보인다. 덕녕공주는 원 공주 출신의 왕비였으니 어느 쪽으로 판단해도 크게 어긋나지 않을 것이다.

아무튼 그렇게 재기한 배전이 최유에게 이런 야유를 보낸다.

"네가 재상이 된 것은 내가 천거한 덕분이다."

이런 말을 들은 최유가 기분 좋을 리 없으니, "내가 네 힘을 입었단 말이냐"라고 욕하면서 주먹질을 하였다. 최유도 원에서 관직까지 역임한 전력이 있는 힘깨나 쓰는 부원배로서 배전에게 밀릴 수 없었던 것이다. 덕녕공주의 힘을 믿고 배전이 자신의 재기를 확인하려다 오히려 최유에게 봉변을 당한 모양새였다.

그런데 정작 최유의 불만은 다른 데 있었다. 그 표적은 윤시우였다. 다시 최유는 국왕을 향하여 이렇게 힐난을 퍼부었다.

"국왕을 도와 옹립한 공이 신보다 큰 자가 어디 있습니까? 그런데 겨우 참리로 승진하였을 뿐입니다. 윤시우는 무슨 공이 있어 밀직부사에서 삼재三宰(관직서열 3위로 좌우정승 바로 다음)로 발탁되었습니까? 그 아비 윤신계와 그 숙부 윤안숙도 모두 일찍이 삼재가 되었으니 아마도 삼재는 그들의 가전家傳의 관직인 것 같습니다."

국왕을 대놓고 막가자는 판이었고, 충정왕의 외척들이 권력의 핵심을 차지한 것에 대한 불만이었다. 최유의 국왕에 대한 횡포를 옆에서 지켜보던 민사평이 최유를 꾸짖었다.

"그대는 노비의 후손으로 재상에 들어온 것만도 극에 이른 것이거늘 어찌 만족을 알지 못하는가?"

이 말을 들은 최유는 분노하여 또 민사평을 구타하였다. 최유의 안하무인은 원의 사신을 위한 연회라는 점도 고려 대상이 아니었다. 국왕도 화가 났지만 그를 제어하지는 못하였다. 독이 올라 막가파식으로 나오는 최유를 연회에 참석한 누구도 어찌해볼 도리가 없었던 것이다.

그렇게 연회는 최유의 폭언과 폭력 사태로 엉망이 되었지만 사태의 뒷수습은 필요했다. 그대로 넘길 수 없어 감찰사에서 최유를 탄핵하기로 결정하고 조사를 위해 그 가솔들을 잡아들이는데 최유는 여기에도 거세게 저항했다. 감찰사의 관리를 구타하고 붙잡혀간 가솔들을 다시 빼내갔다. 요즘 말로 해서 공권력에 대한 정면 도전인데 뭔가 믿는 구석이 있는 것이 분명했다.

그런데 이 무렵 최유의 동생인 최원崔源 역시 국왕에게 불만을 품고 불손한 말을 하다가 구속되는 일이 있었다. 하지만 여기 최원도 구속을 거부하고 행패를 부렸다. 그러면서 최원이 자신은 황제의 겁설怯薛이니 누구도 자신을 건들 수 없다고 엄포를 놓았다.

'겁설'은 몽골어 '키시kie-sie'의 한자어인데 황실의 숙위병이나 호위병을 뜻한다. 그러니까 최유의 동생 최원은 황실의 호위병이었다는 얘기인데, 현직이 아니라 이전에 황실 호위병인 적이 있었던 모양이다. 고려인이 황제의 호위병으로 발탁되는 것은 쉽지 않았을 테니 어쩌면 말단의 보잘것없는 직책이 아니었을까 싶다. 그것도 고려에서는 중요한 권력의 수단으로 활용되었던 것이다.

그런데 앞서 언급한 바 있지만, 형인 최유 역시 어사라는 원의 관직을 역임한 적이 있었다. 그러니까 최유·최원 형제는 아비 최안도로부터 전형적인 부원배 세력이었다. 이들 형제가 고려의 공권력에 정면으로 맞설 수 있었던 것은 바로 그런 배경 때문이었다.

1350년(충정왕 2) 6월, 결국 최유·최원 형제는 원으로 달아나고 말았다. 그들이 쥐꼬리만한 원의 관직 경력으로 고려 국정에서 행패를 부릴 수는 있을지언정 고려 조정에 정착하기는 어려웠던 모양이다. 고려 조정에 정착하려면 좀 더 유연한 대처가 필요했을 터인데 최유 형제는 좀 성급했던 것 같다.

고려 조정에 정착하지 못한 부원배 세력이 갈 길은 뻔했다. 그것은 지금까지 부원배 세력들의 행태에서 드러났듯이 고려 조정을 배반하는 일이었다. 결국 최유는 공민왕 때 원과 결탁하여 고려에 대한 반란을 도모하다가 주살당한다.

인사 문제에 대한 최유의 불만을 얘기하다가 여기까지 왔는데, 결국 최유는 도태되고 윤시우와 배전이 유주 충정왕 시대에 권력의 중심에 선다. 배전과 윤시우의 권력이라 해봐야 인사권에 영향력을 행사하는 정도였지만 유주 시대에는 그게 가장 큰 위세였다. 당시 벼슬을 청탁하려는 자들이 배전 아니면 윤시우에게 붙었다고 하니까 이들의 인사권에 대한 영향력을 짐작할 수 있을 것이다.

배전의 힘은 덕녕공주의 후원을 배경으로 하고 있었다. 덕녕공주가 원 공주 출신의 선대 왕비로서 아직 힘이 있었던 덕분이었는데, 배전은 그 덕녕공주와의 관계를 회복하여 다시 신임을 얻고 있었던 것이다. 그는 덕녕공주 궁에 들락거리며 예전과 같이 인사 문제에 영향력을 행사했다.

이에 반해 윤시우는 현직 충정왕의 모후로서 위상을 차지하고 있던 희비 윤씨의 총애를 입어 권력의 중심에 섰다. 게다가 윤시우는 충정왕의 즉위 과정에서도 공로를 세운 공신이기도 했다. 희비 윤씨의 그에 대한 총애는 덕녕공주의 배전에 대한 후원과는 그 밀도가 달랐을 것이다.

당연히 덕녕공주의 후원을 배경으로 한 배전과 희비 윤씨의 총애를 등에 업은 윤시우 중에서, 윤시우 쪽이 앞섰던 것 같다. 당시 사람들이 윤시우를 윤왕尹王이라 부를 정도였다니 그의 위세를 짐작할 것이다. 마치 충목왕 시절에 고용보의 측근으로서 신왕辛王이라 불린 신예를 연상시켰다.

갑작스런 유주의 폐위

충정왕 시대에는 인사 문제로 시비가 자주 일어났다. 인사 시비는 어느 시대나 나타날 수 있는 것이지만 특히 충정왕 때는 국왕이 배석한 자리에서 불상사가 일어났다는 사실이 중요하다. 앞서 원 사신을 환영하는 연회에서 일어난 최유의 폭행 사건이 대표적인 것이었다.

1350년(충정왕 2) 8월에는 국왕의 생일잔치 자리에서 또 인사 문제로 폭행 사건이 일어났다. 윤환이 정방의 인사행정을 담당한 관리들에게 국왕이 보는 앞에서 행패를 부린 것이다. 여기 윤환은 충혜왕 때에 배전과 함께 측근으로 활동하다가 충목왕 때는 정치에서 소외되었던 자였다. 그 후 충정왕이 서고 공신으로 책정되었지만 벼슬이 없어 그에 대한 불만이 폭발한 것으로 보인다. 국왕이 배석한 자리에서 일어난 이런 행패는 결국 인사 문제에 대한 불만으로 볼 수밖에 없을 것이다.

인사 문제에 대한 불만은 덕녕공주에게도 나타났다. 1350년(충정왕 2) 9월, 덕녕공주는 정방의 제조관으로 있던 김광재金光載에게 불만을 표출하다가 저항을 받기도 했다. 여기 김광재는 김태현의 아들이자 정치도감의 판사로 활동했던 김광철의 친동생인데 청렴강직한 관리로 충정왕의 사부이기도 했다. 그런 김광재에게 덕녕공주가 인사 행정에 간섭하려 하자 분연히 저항했던 것이다. 국왕도 덕녕공주를 제지하지 못한 것인데 김광재가 나선 것이다.

이러한 인사 문제에 대한 불만은 유주 시대에 국정의 중심이 확고하지 못한 탓으로 보인다. 유주 충정왕대는 희비 윤씨나 윤시우를 비롯한 그 인척들이 중심에 있긴 했지만 얼마든지 주변 세력들에 의해 휘둘릴 수 있었던 것이다. 이러한 현상은 충숙·충혜왕대의 측근에 의한 인사 부정과는 차원이 다른 것이었다. 유주 시대는 그런 측근 세력마저도 확고하게 자리 잡지 못했기 때문이다.

그런데 덕녕공주가 인사 문제에 간섭하려다 김광재의 저항을 받은 사건은 그녀의 영향력이 한계에 도달했다는 뜻이었다. 이는 인사행정의 독립성을 말해주는 것이 아니고, 김광재라는 담당 관리의 개인적 강직함으로 겨우 인사행정의 독립성이 유지되고 있었다는 뜻이기도 했다. 그러니 김광재 같은 인물이 아니라면 누구한테나 언제라도 인사행정은 휘둘릴 수 있었던 것이다.

덕녕공주는 김광재의 저항을 받은 며칠 후 갑자기 원으로 들어가버린다. 남편 충혜왕도 없고 아들 충목왕도 죽고 없는데 고려 조정에 아무런 힘도 발휘할 수 없으니 더 이상 남아 있을 이유가 없었던 것이다. 덕녕공주는 공민왕이 즉위하고 다시 고려에 들어온다.

그런데 이 무렵 충정왕은 재위 3년째에 접어들면서 이탈 행동을 하기 시작한다. 이때 14세로 사춘기가 시작되는 나이였는데 그런 성장기 탓이었는지도 모르겠다. 날 새는 줄도 모르고 새벽까지 환관들과 장난치고 노는 것은 나이 탓이라고 쳐도, 공부하다가 강학을 하는 관리들에게 갑자기 먹물을 뿌리기도 하고, 길거리에 나아가 여자와 함께 걷는 자는 달려들어 구타를 하기도 하며, 심지어는 철퇴로 죽을 지경까지 내려치기도 했다. 이런 가학적인 행동은 충혜왕의 그 나이 때 모습을 그대로 재현하고 있었다.

그런 이탈 행동 때문이었는지 1351년(충정왕 3) 10월, 원에서 온 단사관 완자불화完者不花(올제이부카)가 강릉대군江陵大君 왕기를 새 국왕으로 세운다는 갑작스런 조치를 전한다. 강릉대군은 당시 원에서 10년째 숙위 중에 있었는데 이 이가 31대 공민왕恭愍王이다. 이어서 원의 단사관은 창고와 궁실을 봉쇄하고 국새를 거두어 원으로 들어갔다.

아무도 예상치 못한 너무나 갑작스런 일이었다. 충정왕에 대한 무슨 잘못을 거론하여 특별한 폐위 조치도 없었고 폐위를 설명하는 황제의 조서도 없었다. 숙위 중인 강릉대군을 새로운 고려 국왕으로 삼음으로써 충정왕은 자동 폐위당한 것이다. 원 제국으로서는 마치 지방 관리 하나 갈아치우는 것 같았다. 고려 왕위는 그렇게 가볍고 왜소했다.

그런데 충정왕의 폐위와 공민왕의 왕위 계승 소식을 전하려 고려에 들어온 원의 사신 완자불화는 바로 기황후의 오라비 중 하나인 기원奇轅의 아들이었다. 이는 기황후나 그 일족이 공민왕의 왕위 계승에 중요한 영향력을 행사했다는 것을 시사한다. 완자불화는 이후에도 사신의 사명을 띠고 몇 차례 고려에 들어오는데, 기황후의 고려에 대한 영향력이 계속 발휘되고 있다는 뜻이다.

원의 사신 완자불화의 통보로 충정왕은 바로 강화도로 쫓겨갔다. 몇 명의 관리가 충정왕을 따라 시종하려 했지만 모두 체포 구속당하고 박사신朴思愼이란 자만 홀로 따라갔다. 강화도로 쫓겨나간 충정왕에게는 왕래하는 자도 없었고 음식 제공도 없었다. 근심에 쌓여 울부짖으며 세월을 보낼 뿐이었다. 생모 희비 윤씨가 공민왕에게 간청하여 겨우 들어가 만나고 며칠 머물다 돌아올 수 있었다.

1352년(공민왕 1) 3월 충정왕은 그 강화도에서 독살당하고 만다. 독살의 배경이나 경위에 대해서 관찬 사서에는 아무런 설명도 없다. 그냥 독살이라고만 언급하고 있을 뿐이다. 충정왕의 부음을 접한 도성에서는 눈물 흘리지 않은 사람이 없었다고 하니 당시 사람들도 충정왕에 대해 연민의 정이 컸던 모양이다.

충정왕은 왜 그렇게 갑자기 폐위되어 독살당해야 했을까? 부왕인 충혜왕의 전철을 밟지 않도록 하기 위해 원 조정에서 미리 손을 쓴 것일까? 아니면 원에서 숙위 중인 강릉대군을 따르는 세력들이 주도한 반역이었을까? 그것도 아니라면 원으로 들어갔던 덕녕공주나 기황후의 힘이 다시 작용했을까?

충정왕의 폐위에 대해서는 공민왕대를 다룰 다음 책에서 구체적으로 살펴보겠다.

왜구의 침략이 시작되다

충정왕대는 국왕이 유주인데다가 재위 기간도 짧아 특별히 언급할 중요한 사건도 없다. 하지만 이 시기에 왜구의 한반도 침략이 시작되었다는 사실은 반드시 짚고 갈 필요가 있다. 왜냐하면 몽골 제국이 쇠퇴하면서 본격적인 왜구의 침략이 시작되었다는 사실은 우연의 일치라고는 결코 볼 수 없기 때문이다.

왜구의 침략은 그 이전에도 종종 있었지만 충정왕 이전의 왜구 침략은 주된 흐름이 아니었다. 수십 년 만에 한 번 나타날까 말까 하는 정도의 것이었다. 원 간섭기 동안 충정왕 이전에 있었던 왜구 침략은 1323년(충숙왕 10) 6월경에 군산 앞바다에 출몰한 것이 처음이었다. 이때 왜구는 조운선을 약탈하고 물러가면서 추자도를 침략하여 남녀노소를 사로잡아 간 것이었다. 이어 고려에서는 7월에 장수를 파견하여 왜구 1백여 급을 베었다는 기록이 있다.

그리고 30년 정도 지난 1350년(충정왕 2) 2월, 왜구는 경남 남해안 지역의 고성·거제·합포(마산) 지역에 출몰하여 노략질하였다. 이때 합포 천호 최선崔禪이란 자가 나아가 왜구와 전투를 벌였는데 죽은 왜구가 3백 명이 넘었다. 전투하다 죽은 왜구가 3백 명이 넘었다는 것은 그 침략 규모가 작지 않았다는 것을 말해준다. 이때 침략한 왜구의 규모는 천 명 가까이 되지 않았을까 추측된다. 이것이 고려 말에 시작되는 최초의 본격적인 왜구의 침략이다.

이어서 같은 해 3월 조정에서는 이권李權을 경상·전라 도지휘사로 삼고 유탁柳濯을 전라·양광 도순문사로 삼아 왜구에 대비한다. 여기 이권은 충정왕이 즉위한 직후 지도첨의사(종2품)에 발탁된 인물인데 나중에 왜구 침략을 막으라는 국왕의 명령을 거부해버린다. 그리고 유탁은 유명한 통역관 출신이자 입성책동을 일으켰던 유청신의 손자인데, 원 황제로부터 합포만호를 제수받았고 충정왕이 즉위한 후에는 도첨의참리(종2품)에 발탁된 인물이었다.

이렇게 재상 급의 최고위 관료를 왜구 방어의 책임자로 임명한 것은 이번 왜구의 침략이 심상치 않은 것이었음을 말해준다. 특히 유탁은 합포 만호로서 왜구 침략을 방어할 책임을 온전히 진 인물이었다. 문제는 그런 합포 만호가 중앙 고위직을 겸하고 있고 휘하에 볼 만한 군사도 없어 유명무실했다는 점이다. 이는 왜구에 대한 방어 체계가 이미 무너지고 있었다는 뜻이다.

그런데 같은 해 4월 왜선 1백여 척이 순천부(전남)에 쳐들어와 침략하고 이어서 남원·구례·영광·장흥의 조운선을 노략질했다. 남원과 구례는 전라도 동부 지역의 세미를 운송하는 거점으로 이들 지역은 섬진강을 따라 올라와 침략한 것이었고, 영광과 장흥은 전라도의 가장 큰 조창이 있던 곳이라 왜구의 표적이 된 것이다. 세미를 중앙으로 운송하는 조운선은 보통 2월부터 시작하여 봄철 농사가 시작되기 전까지 움직이는데 왜구는 정확히 그 점을 미리 알고 노린 것이다.

또한 그해 5월에는 왜선 66척이 다시 순천부에 쳐들어와 노략질을 하는데 고려 군사가 출동하여 그중 배 한 척을 나포하고 10여 급을 베었다. 연달아 순천부가 왜구의 침략에 노출되었다는 것은 방비를 제대로 하지 못했다는 것을 보여준다. 아울러 왜구의 침략이 일회적인 사건이 아니라는 점도 분명히 알 수 있다.

그것만이 아니었다. 그해 6월에는 왜선 20척이 합포에 침입하여 병영을 불사르고 고성·장흥에까지 그 침략의 손길을 뻗쳤다. 왜구는 그해 2월부터 6월까지 매달 한 번도 거르지 않고 경상 전라도 남해안 지역을 마음껏 휘젓고 다니며 노략질한 것이다. 앞서 왜구 방어를 위해 임명된 도지휘사나 도순문사는 아무런 손도 쓰지 못했다. 이는 고려 조정의 왜구 침략에 대한 대비가 아무런 효과가 없었다는 것을 보여준다.

더욱 심각한 것은 합포가 왜구에 공격당했다는 사실이다. 합포는 일본원정이 끝난 후 몽골 제국의 요구로 대일본 방어를 위한 진변만호부가 설치된 곳이었다. 그 사령관을 처음에는 진변만호라고 불렀는데 나중에 합포만호로 바뀐 듯하다. 그런 방어 사령부가 있던 합포가 공격당했다는 것은 대일본 방어 기능이 무력해졌음을 말해주는 것이다.

그런데 몽골 제국이 고려 정부에 부여한 중요한 군사 전략적 가치가 바로 대일본 방어 기능이었다. 일본원정 실패 후 합포에 진변만호부가 설치된 것도 그런 군사 전략적인 목적 때문이었다. 앞서 언급했던 고려를 제국의 내지로 편입하자는 입성책동에 대해 고려에서 반대 이유로 가장 중요하게 내세운 것도 대일본 방어 기능이었다. 또한 원 조정에서 그 입성책동을 수용하지 않은 것도 대일본 방어라는 고려의 군사 전략적 가치를 버릴 수 없었기 때문이었다.

그렇다면 고려의 대일본 방어 기능이 무력해졌다는 것은 몽골 제국의 쇠퇴와 결코 무관치 않은 일이었다. 이 시기 본격적으로 시작되는 왜구 침략의 역사적 의미는 바로 몽골 제국 중심의 동아시아 국제 질서가 무너지면서 더 이상 유지되기 어려웠다는 사실이다. 그러니까 몽골 제국이 돌이킬 수 없는 쇠퇴기에 접어든 이 시기 왜구의 침략은 결코 우연의 일치가 아닌 역사적인 필연이라고 볼 수 있다. 마치 늙고 병든 사자임을 눈치챈 하이에나들이 백수의 왕에게 무리지어 몰려드는 형국이었다. 이런 현상은 동아시아의 새로운 패자인 명明 제국이 자리 잡을 때까지 계속될 것이었다.

1351년(충정왕 3) 8월에는 왜구가 인천 앞바다의 자연도를 비롯한 여러 섬들을 침략하여 불을 지르고, 경기도의 남양·시흥 등지의 내륙에까지 상륙하여 노략질하였다. 왕도 개경 코밑에까지 왜구의 침략이 미친 것이다. 왜구에게 이미 숨길 수 없는 방어 체계의 허점이 노출되었던 탓이다.

고려 조정에서는 얼마나 다급했던지 앞서 경상·전라 도지휘사로 임명된 이권에게 서울을 방어하게 하고, 인당印璫에게는 바다로 나가 왜구를 잡도록 하였다. 여기서 이권은 자신은 무장도 아니고 봉록을 받고 있지도 않으니 명령을 받들 수 없다고 사퇴해버린다. 이 대목에서도 왜구에 대한 방어 체계가 이미 무너졌다는 한 단면을 다시 읽을 수 있다. 또한 이권의 명령 거부는 유주 충정왕대의 국정 운영이 엉망이었다는 뜻이다.

그런데 더 중요한 점은, 왜구의 이러한 심각한 상황에 대해 원 조정이 제대로 파악하고 있었다면 이권의 명령 거부는 상상도 할 수 없는 일이라는 사실이다. 그것은 원 조정에서 고려에 부여한 대일본 방어라는 군사 전략적 책임을 회피하는 일이었기 때문이다. 다시 말해서 이권의 명령 거부는 원 제국이 쇠퇴기로 접어들면서 대일본 방어에 신경 쓸 여력이 전혀 없었다는 점을 말해주는 것이다.

제국의 내우외환

몽골 제국은 1320년 인종 황제가 죽고 영종이 즉위한 이후부터 1333년 마지막 황제 순제가 즉위할 때까지 10여 년 동안 일곱 명의 황제가 들어섰다. 이 가운데 군벌 쿠데타로 황제가 세워지는 정치적 격변도 여러 차례 있었지만, 그것이 아니더라도 전제적인 황제 체제 국가에서 잦은 황제 교체는 정국 불안으로 이어지는 것이 필연이다.

여기에 1333년 이래 10여 년 동안 북중국에서 빈번하게 일어나는 황하의 범람을 비롯한 자연재해로 기근은 절정에 이르고 있었다. 이는 분명 불안한 세계 제국의 토대를 더욱 위태롭게 했을 것이다. 또한 이 시기에는 서양에서 흑사병이 번지면서 중앙아시아를 비롯한 제국의 외곽마저 불안하게 만들고 있었다.

그런 대자연 재해의 여파였을 것이다. 황하 치수공사에 강제 동원된 피폐한 민중들에 의해 화북에서 백련교白蓮教라는 무장종교집단이 나타나고, 홍건적紅巾賊이라 통칭되는 반란집단이 등장하면서 사회 불안을 더욱 고조시키기도 했다.

그런데 이 무렵 정말 제국을 위기로 몰아넣는 군웅群雄들이 일어나고 있었다. 1351년에서 1353년 사이에 강남에서는 장사성張士誠·방국진方國珍·진우량陳友諒·주원장朱元璋 등의 무장 세력이 발생 성장한다. 이어지는 이들의 반란과 북상은 몽골 제국을 더 이상 회복할 수 없는 상태로 만들고 있었다.

역사적으로 보면 세계 제국의 쇠망에는 자연재해와 함께 내우외환이 겹쳐 일어나는 경우가 많다. 제국의 흥망성쇠를 인간의 생로병사와 비교해서 말한다면, 이것은 필연이다. 흥성했다면 언젠가는 쇠망의 길로 가는 것이다. 세계를 지배하던 몽골 제국도 예외일 수 없다.

몽골 제국이 이런 쇠망기에 접어들었으니 한반도에 침략한 왜구에 대해서는 관심을 기울일 여력이 없었다. 어떻게 알아챘는지 왜구는 그 허점을 놓치지 않고 침략을 시작하였고, 제국의 변방에 있던 고려가 그 위험을 고스란히 직면하게 된 것이다.

에필로그

부원배, 혹은 세계화 시대의 주역

원 간섭기에 고려의 정치 사회를 주도한 세력을 부원배附元輩라고 부른다. 이 말은 원에 아부하거나 빌붙어서 출세한 자들을 가리키는 말이니 당연히 부정적인 의미를 담고 있다.

이들 부원배는 처음에 환관이나 통역관, 내관, 무관 등 원을 왕래하던 국왕을 시종하는 관리 출신에서 많이 나왔다. 이들의 신분상 공통점은 그 이전까지 사회 주도 세력인 문벌귀족이나 전통적인 관료집단에서 한참 벗어나 정상적인 고려 사회에서는 현달하기 어려운 자들이었다. 하지만 부마국 체제의 성립은 이들이 출세할 수 있는 중요한 발판이 되었다.

충렬·충선왕 때까지만 해도 이들은 국왕에 의존하거나 기생하는 존재였다. 원의 황실에 근무하는 환관과 같은 경우는 이 무렵에 벌써 원 조정에 개별적으로 권력의 기반을 마련한 자도 있었지만, 대부분은 국왕에게 의존해야 했고 고려 조정을 통해서 권력을 행사했다. 그러니까 이때까지만 해도 고려 조정이나 국왕은 권위가 어느 정도 살아있었다.

그런데 부마국 체제가 깊어지면서, 달리 말하면 양국 관계가 밀착되면서 부원배 세력은 여러 신분 계층에서 나온다. 양반 사대부 가문이나 전통적인 관료집단, 심지어는 고려 왕실의 종친에서도 부원배가 배출된다. 이들이 부원배로 등장하는 계기는 이전과 다르게 장기간의 재원 생활이나 몽골인과의 결혼 관계, 혹은 원의 관직 경력을 통해서였다. 딸이나 형제자매가 원으로 시집가서 황실의 종친이나 고관의 부인이 된다거나, 원에서 잠시라도 관직 생활을 했던 경력을 통해서 부상한 것이다.

이들은 대부분 고려에서 사용하는 본명 외에 몽골식 이름을 따로 가지고 활동하기도 했다. 이것을 일제강점기 창씨개명에 빗대서 비판할 수는 없지만 몽골식 이름을 따로 가진 자들은 싫든 좋든 원과의 관계를 통해서 성장한 자들이란 것은 분명하다. 오랜 숙위 생활을 통해 몽골식 이름을 가지고 있던 고려 국왕도 이런 점에서는 예외가 될 수 없으니 일반 관료들은 말할 필요도 없다. 양국 관계가 밀착되고 원에서의 활동이 많아지면서 자연스럽게 나타난 현상이었다.

새롭게 등장한 이들은 이전의 부원배라고 부르는 세력과 그 성향을 다르게 볼 수도 있어 이들을 모두 몰아서 부원배라고 통칭하기가 조심스럽기도 하다. 하지만 양국 관계가 깊어지면서 필연적으로 나타났고 그래서 부원배의 범주가 확대되었다고 보면 무리가 없을 것이다. 그들 중에는 고려에서 고위 관직을 역임한 자도 많았고, 때로는 죄를 짓고 원으로 도망친 자도 있었다.

부원배의 범위가 확대된 배경에는 기존의 부원배들이 세대를 거듭하면서 자연스레 나타난 일이기도 했다. 아비 세대의 재원 활동 기반이 자식 세대에게 그대로 이어졌기 때문인데, 원에서의 장기간 생활로 인해 세력기반이 더욱 강화되고 심화된 측면도 있다. 이렇게 확대된 부원배들 중에는 제국과 고려를 넘나들며 양쪽에서 관직을 역임한 자도 많았다. 쉽게 말해서 부마국 체제가 깊어지면서 부원배들이 원제국 사회에 확실하게 뿌리를 내리게 된 것이다.

이 책에서 언급한 충숙왕 이후의 부원배들이 바로 그런 세력들이다. 이들은 장기간의 재원 활동을 통해 이 시대 국제어인 몽골어나 한어를 스스로 배우고 익혀 구사했다. 특히 몇 년씩 원에 체류하던 국왕을 호위하던 무관들은 그렇게 국제어를 익히는 데 누구보다도 앞서나갔다. 그래서 충숙왕 이후에는 통역관이 따로 필요치 않았고, 국왕 스스로도 원 조정에서 숙위 생활을 거치면서 국제어를 충분히 익혀 통역관이 필요 없을 정도였다.

아울러 이들은 세계 제국의 문화와 관습을 앞서 받아들이고 이를 기반으로 원 제국의 사회에 안착해나갔다. 이들이 제국의 사회에 안착했다는 것은 고려 왕조의 존립과 무관하게 정치 사회 활동을 영위할 수 있었다는 뜻이다. 고려를 벗어나 원 제국에서도 생활기반을 갖추게 되었고, 일상적인 의식주를 고려에서 조달받지 않고도 해결할 수 있었던 것이다. 원 제국에서 무역이나 상업에 종사한다든지, 제국의 말단 관리로 들어간다든지, 아니면 소개업이나 중개업 등 일상적인 서비스업에도 참여할 수 있었다.

이러한 제국에서의 생업 활동은 고려에서 삶을 영위하는 것보다 더 유리했고 기회도 많았다. 몽골 제국이 지배하는 세계화 시대의 혜택을 톡톡히 누린 것이다. 그래서 단순히 생업을 찾기 위해 제국으로 향하는 백성이나 관리 출신들도 줄을 이었고, 죄를 짓고 도망친 자들도 끊이지 않았다. 요양·심양 지방의 고려 유민집단이나 제국의 수도였던 대도(베이징)에 상주하는 수만 명의 고려인 집단은 이를 말해준다.

그런데 이렇게 원 제국의 사회에 정착한 부원배들은 여원 간의 정치 사회적 문제에서 주역으로 등장하기도 하고 여기에 가담하기도 했다. 아울러 이들은 요·심 지방의 고려 유민집단이나 대도에 상주하는 고려인들을 자신들의 정치적 목적을 위해 동원하기도 했다. 제국 안에 형성된 교민 사회를 배경으로 책동을 일으킨 것인데, 심왕 옹립 책동이 바로 그런 사건이었다.

이런 책동의 주동자나 여기에 동원되어 가담한 자들은 고려에서 성취할 수 없는 새로운 신분 상승의 기회를 노리고 일으킨 경우가 많았다. 그것이 성공하여 실제 보상이 주어진 적은 없지만 이들의 고려 국정에 대한 간섭이나 영향력은 갈수록 높아갔다. 그래서 고려 유민집단은 제국과 변경 사이에서 정치의 중심 무대가 되어 활기를 띠었다. 그 구심점 역할을 했던 것이 심왕인데 그 역시 부원배의 범주에서 제외될 수 없는 것이다.

그런데 이들 부원배는 고려의 통치권 밖에 있는 존재이기도 했다. 당연히 고려에 들어와 범죄를 저지르거나 사회적 물의를 일으키고도 원으로 도망쳐버리면 그만이었다. 이들은 그래서 고려 왕조의 신민이 아니라 세계 제국의 신민이라고 판단해도 무방하다. 지금으로 말하자면 미국 시민권을 가진 것과 진배없는 것이다. 원에서 활동하던 심왕 옹립 책동의 주동자들이 하나도 처벌받지 않은 것은 그 때문이었다. 처벌은 고사하고 제국과 고려를 넘나들며 오히려 고려에서 고위 관료로 다시 중용되는 경우도 허다했다.

제국의 일원이었던 이들은 고려 국왕의 권위에 도전하면서 고려 왕조를 존폐의 위기에 몰아넣기도 했다. 이들 부원배는 세계 제국에 성공적으로 정착하여 고려 왕조의 존립 문제에 큰 의미를 두지 않았기 때문이다. 고려 왕조의 건강한 존립은 배신을 일삼았던 이들에게 오히려 바람직한 일이 아니었을 것이다. 그것은 이들이 고려 조정에서 영영 멀어지고 돌아올 수 없는 길이었기 때문이다. 고려를 원 제국의 내지로 편입하자는 입성책동은 그래서 일어났다.

입성책동과 같은 고려 왕조와 국가에 대한 그런 중대한 배반행위를 저지르고도 이들은 무사했다. 아니, 고려 국왕은 그런 책동을 일으킨 고려인들을 결코 단죄할 수 없었다고 말하는 것이 온당할 것이다. 이들은 제국의 신민으로서 고려의 통치권 밖에 존재했기 때문이다. 입성책동을 일으킨 자들은 고려인이건 아니건 모두 그런 자신들의 입지를 최대한 활용한 것이다.

말할 필요도 없지만, 심왕 옹립 책동이나 입성책동은 고려 왕조와 국가에 대한 정면 도전이기도 했다. 일반적인 왕조 시대라면 한 점 착오 없는 명백한 반역이기도 했다. 그런 반역행위가 드러내놓고 벌어졌던 것은 원 조정의 암묵적인 후원이나 방조가 있었던 탓도 컸다. 부원배의 그런 책동은 제국에 대한 고려 왕조의 의존을 더욱 심화시켜 통제를 용이하게 하는 효과도 있었기 때문이다.

하지만 부원배의 책동으로 인한 혼란과 부작용이 너무 커서 문제가 되기도 했다. 세계 제국의 처지에서는 변방의 정치 사회적 안정을 유지하는 것도 무시할 수 없는 중요한 일이었기 때문이다. 원 조정에서 정치도감을 설치하여 고려 사회의 개혁을 주문한 것은 그런 제국의 이해관계가 작용한 것이었다. 이러한 개혁도 부원배 세력의 반발로 실패로 돌아갔는데, 이는 고려의 내정 개혁이 실패한 것일 뿐만 아니라 제국의 변방 정책이 실패한 것이기도 했다.

양쪽의 실패는 부원배의 득세를 계속 용인하게 만들었다. 고려 국왕은 이들 부원배를 단죄하기는커녕 다시 중용하곤 했는데, 충숙왕 복위 이후의 수상을 역임한 자는 부원배 출신이 아닌 자가 없을 정도였다. 이들에 의탁하지 않고는 왕권을 유지하기도 힘들었기 때문이다. 이런 사정이었으니 고려 조정이나 국왕의 권위가 추락할 것은 당연한 노릇이었다.

폐위와 복위라는 왕위 계승의 파행과 중조가 일어난 것도 이러한 부원배 세력의 책동과 결코 무관치 않은 일이었다. 고려 왕위는 그렇게 부원배들에 의해 휘둘리고 있었으며 왜소하고 허약하기 이를 데 없었다. 유주의 등장은 그에 대한 임시방편의 대책으로 나온 것으로 추락하는 왕권을 방치한 꼴이나 다름없었고, 왕권의 허약성이 최고조에 이른 때였다.

여기서 원 간섭기 부원배에 대한 역사적 단죄나 도덕적 평가를 내리는 것은 무의미하다. 이들이 우리 한국 역사상에 어떤 의미가 있는 존재들이며 어떤 변화를 가져왔는가를 생각해보는 것이 더 중요하다. 이런 문제를 규명하는 것은 간단치 않지만 이들이 세계화 시대 주인공으로 등장하여 시간이 흐를수록 커지는 세력 확대는 이 시대의 필연이었다는 생각이 든다.

기황후의 등장은 그러한 세계화 추세의 최대 성과로서 부원배의 세력 확대와 그 영향력이 최고조에 이르렀던 시기였다. 기황후가 고려 정치 사회에 좋은 영향을 미쳤는가 나쁜 영향을 미쳤는가, 하는 문제는 부차적이다. 기황후는 부원배 세력의 정점에 서서 적극적으로 세계화 시대의 수혜를 마음껏 누렸던 것이다. 생각해보라. 고려의 일개 사대부가 여성이 궁녀로 들어가 세계 제국의 황후라는 극치에 올랐다는 것이 얼마나 역동적인지를.

조선 왕조를 개창한 이성계李成桂의 선조도 몽골에 귀부한 무장들이니 역시 부원배의 범주에서 벗어날 수 없다. 몽골 제국이 쇠망하자 그 부원배의 후손이 다시 고려에 복귀하여 새 왕조를 창건했으니, 이는 부원배가 역사적 변신에 성공한 것이었다. 이성계의 선조와 같이 변신에 성공한 경우가 희귀하거나 유일한 사례는 아니지만, 역사적 변신에 성공할 수 있었던 것도 역시 몽골 제국이 지배하는 세계화 시대의 주역으로서 활발한 활동과 업적이 있었기 때문에 가능하지 않았을까.

그래서 부원배 세력에 대한 역사적 의미를 한 가지 부여한다면 세계 제국을 향한 국제 사회로의 진출을 활발하게 하면서 정치 사회 활동과 신분 상승의 기회를 확대하였다는 점이다. 다시 말해서 사회적 유동성을 높여준 것인데, 이게 다음 조선 시대 지배 세력의 확장으로 나타난 것이 아닐까 싶다. 부원배에 대해 어떤 평가를 내리든지, 이들은 좋건 싫건 세계화 시대에 고려 사회의 역동성을 높인 주역들이었음은 분명하다.

다음 공민왕대가 되면 원 제국의 쇠망과 함께 부원배들도 쇠퇴의 길로 접어든다. 공민왕은 그 기회를 이용하여 이들에 대한 공격을 시도하지만 이들의 저항도 만만치 않았다. 이게 공민왕의 반원정책인데, 다음 책에서는 이 문제를 살펴볼 것이다.

2015. 8. 이승한

참고문헌

● 사료

1. 《高麗史》: 조선 초에 편찬된 기전체의 관찬사서. 동아대학교 고전연구실에서 1965~1971년에 펴낸 번역본 《譯註 高麗史》가 있음.

2. 《高麗史節要》: 조선 초에 편찬된 편년체 관찬사서. 민족문화추진회에서 1968년에 펴낸 번역본 《국역고려사절요》가 있음.

3. 《元史》: 원이 망하고 명이 건국된 직후에 편찬된 기전체 사서. 중국 정통 25사 중에서 소략하고 부실하기로 이름이 높음.

4. 《新元史》: 《원사》의 미흡한 부분을 보완하기 위하여 다시 개수 편찬한 것.

5. 《集史》: 일 칸국의 재상으로 있던 페르시아 역사가 라시드 앗 딘Rashid ad-din이 14세기 초에 페르시아어로 저술한 역사. 김호동의 역주로 3권의 번역본이 최근에 나와 있음.

6. 《益齋亂藁》: 이제현의 시문집으로 그 후손들이 흩어진 원고를 모아 정리하여 1362년(공민왕 11) 이색李穡이 서문을 써서 편찬함.

7. 《櫟翁稗說》: 이제현이 1342년(충혜왕 3) 잠시 관직에서 물러나 사저에 칩거하고 있을 때 쓴 책.

8. 《益齋集》: 앞의 《익재난고》·《역옹패설》을 비롯한 이제현의 글과, 이제현의 연보 묘지명 등을 한데 모아 편찬한 것인데, 조선 세종 때 초간본이 나오고 그 후에도 조선조에서 수차례에 걸쳐 중간본이 나옴. 민족문화추진회에서 1980년 그 한글 번역본

이 《국역 익재집》 I · II 두 권으로 나옴

● 연구서

1. 고병익, 《동아교섭사의 연구》 서울대 출판부, 1970.

2. 변태섭, 《고려정치제도사 연구》 일조각, 1971.

3. 고병익, 《동아사의 전통》 일조각, 1976.

4. 허흥식, 《고려과거제도사 연구》 일조각, 1981.

5. 홍승기, 《고려귀족사회와 노비》 일조각, 1983.

6. 변태섭 편, 《고려사의 제문제》 삼영사, 1986.

7. 박용운, 《고려시대사》 상·하, 일지사, 1987.

8. 강진철, 《한국중세 토지소유 연구》 일조각, 1989.

9. 국사편찬위원회 편, 《한국사》 19·20, 탐구당, 1994.

10. 14세기 고려사회 성격연구반 편, 《14세기 고려의 정치와 사회》 민음사, 1994.

11. 장동익, 《고려후기 외교사 연구》 일조각, 1994.

12. 조동일, 《한국문학통사》 2, 지식산업사, 1994.

13. 김당택, 《원간섭하의 고려 정치사》 일조각, 1998.

14. 지영재, 《서정록을 찾아서》 푸른역사, 2003.

15. 박용운, 《고려사회와 문벌귀족가문》 경인문화사, 2003.

16. 이종서, 《제국 속의 왕국, 14세기 고려와 고려인》 울산대출판부, 2005.

17. 역사학회 역음, 《전쟁과 동북아 국제질서》 일조각, 2006.

18. 김호동, 《몽골제국과 고려》 서울대 출판부, 2007.

19. 민현구 편집, 《한국사 시민강좌》 40, 2007.

20. 이승한, 《쿠빌라이칸의 일본원정과 충렬왕》 푸른역사, 2009.

21. 장동익, 《고려시대 대외관계사 종합연표》 동북아역사재단, 2009.

22. 보르지기다이 에르데니 바타르, 《팍스 몽골리카와 고려》 혜안, 2009.

23. 역사비평 편집위원회 편, 《논쟁으로 읽는 한국사》 1, 역사비평사, 2009.

24. 이승한, 《혼혈 왕, 충선왕》 푸른역사, 2012.

● 번역서

1. 룩 콴텐 저, 송기중 역,《유목민족 제국사》민음사, 1984.

2. 스기야마 마사이키 지음, 임대희 등 옮김,《몽골 세계제국》신서원, 2004.

3. 젝 웨더포드 지음, 정영목 옮김,《칭기스 칸, 잠든 유럽을 깨우다》사계절, 2005.

4. 라시드 앗 딘 지음, 김호동 역주,《칸의 후예들》사계절, 2005.

5. 모리스 로사비 지음, 강창훈 옮김,《쿠빌라이 칸, 그의 삶과 시대》천지인, 2008.

찾아보기

[ㄱ]

강동성(평남) 전투 137

강릉대군 완기 335, 440

강양공 왕자 64

강윤충 272, 291, 305, 319, 321, 390~
397, 403, 404, 405~407, 409, 416,
418, 420, 435

강장 327

겁설 436

계양현 329

경녕옹주 367

경사만 36, 86, 88, 101, 103, 107, 157, 158

경화공주 242, 259, 278, 279, 282, 283,
284, 288, 289, 291

계국대장공주 70

고리대 375

고용보 296, 307~310, 322~324, 335,
336, 344, 356, 388, 389, 394~398

고이 부곡 113

고자영 75

공녀 295, 296

공포 321

공해전 376

과전 367

광흥창 347

국새 290

국왕인 290

국청사 247

군부사 354

권겸 36, 339~341, 353, 395

권보 275, 276, 339

권적 352, 353

권한공 25~29, 34, 35, 40, 74, 81, 95,
99, 100, 102, 103, 104~106, 147,
156~161, 299, 327

권형 271

귀부고려군민총관 43, 45, 46, 48, 52

금동공주 167, 177, 179~181, 183, 187,
263

기삼만 383, 385, 386, 388, 397, 399,
400, 407, 414, 415

기식 302

기원 302, 441

기윤 302~305, 325

기윤숙 295

기자오 295, 302

기주 302, 383, 386, 407

기철 302, 323, 325, 326, 330, 339, 341, 346, 350, 356, 395, 397, 398, 422, 423

기황후 294, 295, 298, 302, 303, 307, 308~310, 323~326, 336, 337, 344, 346~351, 354, 366, 369, 382, 386, 389, 393~395, 400~402, 411, 412, 422

김경직 430

김광재 439, 440

김광철 370, 372, 399, 420

김두 381, 383

김방경 328, 361

김선장 318, 319, 323

김순 24, 361, 362

김심 27, 156, 185, 216

김영돈 327, 328, 361~365, 368, 369~372, 379, 380, 382, 385, 386~388, 390, 391, 404, 409, 410, 413, 416, 416, 418

김영후 352, 355, 356, 357, 360~365

김원상 25, 79, 93, 104, 112, 160, 165, 218, 220

김윤 288, 291, 292, 305, 327, 328, 329, 339, 340, 352, 354, 402, 403, 406, 418, 430

김이용 24, 86

김인연 86, 87, 101, 103, 107, 158, 169, 231, 289, 291, 305

김자 290, 291

김정미 25, 27, 28, 191~193

김지겸 290, 291

김지경 88, 103, 107, 197, 203, 206, 207, 208, 232, 233, 248, 276

김취기 204

김취려 137

김태현 25, 125, 214, 216, 372, 439

[ㄴ]

나유 341

나익희 339, 341

남파점 150

녕종 241

노강충 251

노영서 277, 278, 289, 291, 305, 354

노책 367, 368, 369, 370, 408, 416, 421, 426, 427, 428, 431~434

녹과전 343, 354, 355, 357

농장 374, 376, 379

[ㄷ]

다나시리 297

다우라트 샤 200, 201

단양대군 왕후 244, 407

답납실리 297

당기세 297

대간 428

대언 20

덕녕공주 212, 334, 354, 356, 357, 391~394, 396, 402, 405, 406, 419, 420, 424, 425, 434, 435, 437, 439, 440

덕비 67, 82, 107, 219, 226

덕천고 312, 347

도적 234

독만실아 296

두린 289, 290

등암사 253, 254

[ㅁ]

마찰아태 293

만권당 18, 66, 69, 135, 155

매려 188, 189, 196, 191, 196, 197

명덕태후 홍씨 281

명종 201, 202

무뢰자제 163, 164, 165, 167, 172

무종 17, 49, 167

문종 201, 203, 205, 212, 237, 240

미사감타아지 429

민사평 426, 427, 428, 431~434, 436

민상정 231, 232

민종유 102, 103

민지 100, 103, 146, 147

민천사 316, 328, 330

민환 321, 323, 404

[ㅂ]

바얀 266~269, 274, 275, 291, 292, 297, 298, 411, 413

바얀투쿠스 41, 152

바이주 148, 150

박사신 441

박양연 318, 319, 323

박연 228~230

박원 105

박인간 157, 158

박인평 77, 78, 88, 89

박전지 104, 105, 157

박충좌 230, 338, 340, 355, 357, 379, 403

박허중 88, 96, 169

박효수 36, 82, 85, 101

발피 274

방국진 447

방신우 54, 55

배전 124, 125, 216, 314, 356, 392, 434, 435, 435, 437, 438, 439

배정지 30, 31, 34, 35, 40

배주 91

백련교 446

백문보 208

백안독고사 40, 191~193

백안홀도 297

백원항 36, 82, 85, 101, 102

백응구 83, 117
변정도감 364
별리가불화 363
보타산 69
보탑실리 207
보화 349
보흥고 312, 347
복국장공주 23, 69, 107
부타시리 210

[ㅅ]
사기옹주 304, 311
사림원 20, 105, 275
사적 90
사패전 376
산해세 321
서연 348
서호 384, 385, 386, 387~389, 397, 399, 400
석기 311
선법 404
선세 313
세자 감 62, 63
손기 79, 80, 86, 93, 96, 97, 232, 233
손수경 274, 275, 319, 339, 341, 426~428, 431~434
송명리 279, 314, 323
송서 228
송천봉 417, 418
수비 권씨 271, 272

순군 376
순비 367
순제 242, 295~297, 302
승가노 398, 399, 415
승신 314, 315, 323
시데발라 16
신시용 208
신예 323, 344, 346, 355~358, 380, 408, 410, 420, 438
신왕 438
신청 270, 271
실리미 253, 254
심양 42, 44, 45, 54
심양왕 37, 41, 49~52, 62
심왕 65
심왕당 113, 147~149, 164, 169, 173, 174, 177, 185, 186, 188, 189, 190, 208

[ㅇ]
아도라 83, 90
아라눌특실리 258
아리기파 200, 201
아리길팔 200
아목가 167, 263
아유르바르와다 201
아유시리다라 243, 302, 412
아홀반 363
악양현 330
안규 20, 37, 38, 90, 91

안길상 381, 382
안렴사 373, 378
안문개 97, 98
안비 81, 89, 100
안서왕 50
안승단 357
안축 370, 372, 399~401, 409, 410, 416
압량위천 375
애유식리달랍 302
양안길 77
양왕 65
양재 248, 252, 256, 257
양전 사업 376~379, 381
엘 테무르 200~202, 206, 212, 213, 217,
    222, 236~238, 240~242, 265~267,
    272, 274, 297, 411
역련진반 212
역참 133, 374
연덕대군 왕훈 160, 165
연안군 왕고 64
연왕 50
연첩목아 200
염승익 72~74
영녕공 왕준 45, 46, 48
영도첨의사사 401, 415
《역옹패설》 343
영안궁 284~288
영안왕대부인 302
영왕 야선첩목아 23, 66
영종 16, 17, 39, 79, 140, 148, 149,
    150~152, 168, 193, 446
오도순방계정사 29, 30, 32, 81
오잠 24, 25, 37, 38, 40, 78, 111, 112,
    115, 117, 119, 130~132, 135, 149,
    154, 161, 162, 190, 191, 194, 209,
    222~224
올리불화 388
완자불화 440, 441
완자完者 205~207
완자홀도 294
완택독 64
왕고 64~70, 72, 76, 79~83, 93, 96,
    101, 148, 154, 160, 161, 163, 191~
    195, 219, 220, 244, 262, 264, 274,
    358, 407
왕관 124~132, 134~136, 139, 140~142
왕기 337, 425, 426
왕도 66, 67, 69, 70, 194, 195
왕삼석 178~181, 224, 248, 252
왕영 251
왕의 251
왕자 정 67
왕저 425, 426, 428~430
왕정 187, 188, 195, 197, 207, 210, 211,
    268
왕탈환 353
왕후 352, 354, 355, 357, 360, 361,
    363, 365~367, 368, 369~372, 380,
    382, 387, 388, 390, 391, 399~401,
    404, 405, 409, 410, 413, 415, 417,

420~423
왕흔 334, 335
요양 42
요양·심양 43, 173
요양등처행중서성 56, 57
요양행성 27
용산 원자 180, 181, 187, 208, 218, 262,
    263, 264, 280
운남왕 50
올제이호톡 294
원경 158
원선지 158, 169
원송수 419
원충 37, 38, 185, 216
위왕 167~169, 263
유청신 29, 37, 38, 40, 78, 111, 113,
    115, 117~119, 130, 131, 132, 135,
    149, 154, 161, 162, 190, 191, 194,
    222~224, 443
유탁 443
윤계종 381, 382, 425
윤석 37, 79, 80, 93, 94, 158, 182, 185,
    197, 198, 216, 228, 232, 234, 293,
    305~307
윤선좌 103
윤시우 426, 428, 431, 434, 435, 438
윤신걸 231
윤신계 431, 432
윤안숙 431, 432
윤왕 438

윤택 430, 431
윤환 314, 319, 438
은천옹주 311
응방 376
의린질반 241
의비 188
의성고 312
이곡 344, 346, 347, 357
이공수 355, 356, 358
이광봉 30, 34, 35, 40, 74, 95, 99, 103,
    104, 156, 158, 159
이군해 379, 390, 426~429, 431, 433
이권 443, 445, 446
이규 273, 274
이노개 204
이능간 294, 306, 327, 328
이린친발 212
이문소 27, 283, 383, 384, 386, 387~
    389, 397, 390, 398, 400
이색 344
이숙 408
이순 테무르 151
이승로 430
이암 379
이의풍 36, 74, 75, 79, 93, 179, 249, 252
이인길 185, 221
이제현 135~139, 140~142, 147, 153,
    155, 292, 293, 306, 329, 339, 340,
    342, 343, 344, 346, 348, 372, 403,
    425

이조년 185, 226, 227, 286, 291, 292, 294, 301, 305, 306
이주 295
이행검 295
인당 445
인승단 284
인종 16, 17, 39, 63, 64, 149, 167, 275, 446
인후 284
일본원정 124, 137
일수왕 50
임서 41, 152
임신 304, 323
임자송 185
임중연 20, 36, 89, 90, 157, 158, 231
입성책동 55, 58, 59, 60~64, 71, 110, 120~123, 126~128, 134~136, 138, 139, 142, 143, 146, 189, 222, 225, 250~252, 325, 326, 337, 343, 376, 444

[ㅈ]
자정원 308, 309
자정원사 308
장백상 222~225, 230, 231, 233, 234, 248, 251, 252
장사성 447
장세 178, 179
장안사 389
장원지 158

저정원 308
전녹생 300, 384~399
전리사 354
전민도감 338, 340, 355, 379
전법사 428
전숙몽 344, 346, 348, 354, 420
전영보 79, 80, 88, 96, 158, 182, 185, 284, 408
전윤장 274, 275, 417, 418
전자유 303
정동등처행중서성 56, 57
정동행성 57~60, 373, 374, 376, 384
정리도감 373
정리도감삼 373
정방 19, 21, 89, 343, 354, 355, 367, 379, 380, 381, 395, 404, 408, 420
정방길 125, 218
정사도 379, 380, 390, 409
정천기 419, 420
정치관 371
정치도감 367, 370~372, 374
정화공주 69, 70, 82
정화궁주 64
제국대장공주 69, 72, 314
제폐사목소 32, 33
조광한 20
조국장공주 167
조득구 391, 392
조륜 208
조식 106

조신경 249

조연 24, 79, 93

조연수 24, 79, 93, 104, 160, 165

조익청 219, 237, 325

조인규 24, 116

조적 72~76, 78, 79, 93, 95, 113, 117,
     154, 161~165, 172, 188, 189, 196,
     232, 244, 279, 283~ 288, 291, 292,
     305, 306, 340

조적의 난 282, 328, 343, 357, 362

종정부 91, 98

주원장 242, 243, 447

중서성 61

지인방 124

직세 311~313, 321, 373

진변만호부 60, 129, 444

진서무정왕 212. 213

진왕 203

진우량 447

[ㅊ]

찰리변위도감 31~34, 39, 81

채하중 30, 76, 77, 81, 82, 86, 89, 93,
     95, 103, 104, 106, 117, 154, 161,
     163~165, 172, 232, 244, 293, 294,
     305, 307, 321, 328, 338~341, 346,
     348, 354, 381, 407

채홍철 25, 28~30, 32, 34, 35, 40, 74,
     76, 81, 95, 99, 100, 103, 104, 156,
     232, 234, 244, 249

천력의 내란 203

철실 150

첨사원 308

초팔 212

최노성 257

최선 442

최성지 147, 153, 155

최안도 74, 75, 79, 182, 197, 203, 204,
     208, 227~229, 239, 240, 248, 276,
     428, 429

최원 314, 315, 436, 437

최유 426, 428, 431, 435~438

최유엄 87, 156, 166, 174

칭킴 50

[ㅋ]

카말라 151

카이두 난 200

카이산 200, 201

코실라 200~202, 211

쿠릴타이 202

쿠빌라이 49, 50, 122, 123, 126, 133,
     137~139, 142, 276

[ㅌ]

타사마 148, 151, 153, 155

타아적 349

타환첩목이 237

탈탈 293

탈탈첩목아 165, 166

탑라해 297

태정제 151, 161, 167, 168, 199, 200,
  210, 263

테무르 타쉬 414

테쿠시 199

토곤 테무르 237, 238, 240~243, 294

톡 테무르 200~202, 211, 237

톡토 293, 411, 412, 413

통사사인 122, 132

통정원 133

투만드르 296

투쿠스 테무르 243

파사부 90

팔사마타아지 334

홍다구 46, 47, 48, 52, 59

홍무제 243

홍복원 43, 46

홍빈 283, 284, 288, 305, 306, 323, 325,
  330

홍융 107, 271

홍중희 47, 52~55, 59~64, 71, 120

홍탁 311

화비 311

회녕왕 50

휘정원 308, 309

흑책정사 207

흥성궁 309

흥성태후 53~55, 150, 151

희비 윤씨 425, 431~433, 438

[ㅎ]

하유원 385~387, 392

한악 36~38, 169, 185, 227, 293

한종유 20, 21, 184, 185, 226~229, 288,
  291, 305, 339, 340, 348

합단(카다안) 137, 138

합라첩목아 77

합포 59, 60, 129, 137, 444

합포 만호 443

허경 74

허유전 146, 147

홀치 376

홍건적 446

홍군상 47, 48, 59, 60

홍규 67, 107, 271

고려 왕조의 위기, 혹은 세계화 시대

- ⊙ 2015년 9월 15일 초판 1쇄 발행
- ⊙ 2019년 1월 24일 초판 3쇄 발행
- ⊙ 글쓴이   이승한
- ⊙ 발행인   박혜숙
- ⊙ 디자인   이보용
- ⊙ 펴낸곳   도서출판 푸른역사
  우) 03044 서울시 종로구 자하문로8길 13
  전화: 02) 720-8921(편집부) 02) 720-8920(영업부)
  팩스: 02) 720-9887
  전자우편: 2013history@naver.com
  등록: 1997년 2월 14일 제13-483호

ⓒ 이승한, 2019

ISBN   979-11-5612-053-7 93900
        979-11-5612-116-9 94900 (세트)